WE did murder MArtain brown Fuckof you Bastard

GITTA SERENY

POR QUE CRIANÇAS MATAM

A HISTÓRIA REAL DE

MARY BELL

TRADUÇÃO
ERICK RAMALHO

REVISÃO DA TRADUÇÃO
PEDRO PINHEIRO

VESTÍGIO

Copyright © 1998 Gitta Sereny
Copyright da introdução à edição brochura © 1999 Gitta Sereny
Copyright da tradução © 2019 Editora Vestígio

Publicado originalmente em 1998 em língua inglesa pela Macmillan, um selo da Macmillan Published Ltd. 25 Eccleston Place, Londres SW1W 9NF e Basingstoke.

Título original: *Cries Unheard: Why Children Kill – The Story of Mary Bell*

Todos os direitos reservados pela Editora Vestígio. Nenhuma parte desta publicação poderá ser reproduzida, seja por meios mecânicos, eletrônicos, seja via cópia xerográfica, sem a autorização prévia da Editora.

GERENTE EDITORIAL
Arnaud Vin

CAPA
Diogo Droschi

EDITOR ASSISTENTE
Eduardo Soares

DIAGRAMAÇÃO
Larissa Carvalho Mazzoni
Guilherme Fagundes

ASSISTENTE EDITORIAL
Pedro Pinheiro

REVISÃO
Mariana Faria

Dados Internacionais de Catalogação na Publicação (CIP)
Câmara Brasileira do Livro, SP, Brasil

Sereny, Gitta
  Por que crianças matam : a história de Mary Bell / Gitta Sereny ; tradução de Erick Ramalho. -- 1. ed. -- São Paulo : Vestígio, 2019.

  Título original: Cries Unheard: Why Children Kill – The Story of Mary Bell

  ISBN 978-85-54126-22-3

  1. Bell, Mary Flora, 1957- 2. Delinquentes juvenis - Inglaterra 3. Homicidas - Inglaterra - Biografia 4. Homicídio juvenil - Inglaterra I. Título.

18-22857   CDD-364.15230942

Índices para catálogo sistemático:
  1. Inglaterra : Assassinatos : Criminologia 364.15230942

Maria Paula C. Riyuzo - Bibliotecária - CRB-8/7639

A **VESTÍGIO** É UMA EDITORA DO **GRUPO AUTÊNTICA**

São Paulo
Av. Paulista, 2.073 . Conjunto Nacional
Horsa I . 23º andar . Conj. 2310-2312
Cerqueira César . 01311-940 . São Paulo . SP
Tel.: (55 11) 3034 4468

Belo Horizonte
Rua Carlos Turner, 420
Silveira . 31140-520
Belo Horizonte . MG
Tel.: (55 31) 3465 4500

www.editoravestigio.com.br

Para Lee Hindley Chadwick,
o professor que toda criança deveria ter.

"Ao teres meu livro, rogo-te o zelo
de lê-lo bem, isto é, d'entendê-lo."[1]

Ben Jonson, Epígrafe a um leitor

---

[1] *"Pray thee take care, that tak'st my book is hand, to reade it well: that is, to understand."*

SUMÁRIO

———

11 Introdução à edição brochura

19 Introdução

25 Prólogo: Newcastle upon Tyne, 1968

32 1995: o norte da Inglaterra

Parte 1 – O julgamento: dezembro de 1968

53 O tribunal: dezembro de 1968

63 Mary – Reflexões 1

68 A investigação policial: agosto a novembro de 1968

86 Mary – Reflexões 2

92 A acusação: dezembro de 1968

104 Mary – Reflexões 3

112 O veredito: dezembro de 1968

140 Mary – Reflexões 4

Parte 2 – Red Bank: fevereiro de 1969 a novembro de 1973

159 Deixando para trás: Red Bank, 1969 a 1970

180 Traições: Red Bank, 1970 a 1971

196 Lembranças: Red Bank, 1971 a 1973

Parte 3 – A prisão: novembro de 1973 a maio de 1980

213 Retrocesso: Styal, 1973

235 Monotonia: Styal, 1973 a 1975

253 Desistindo: Styal, 1975 a 1977

276 Rebeldia: Styal, Moor Court, Risley, 1977 a 1978

293 Transição: Risley, Styal, Askham Grange, novembro de 1978 a maio de 1980

Parte 4 – Depois da prisão: 1980 a 1984

309 Uma tentativa de vida: 1980 a 1984

Parte 5 – De volta à infância: 1957 a 1968

337 "Tirem essa coisa de perto de mim": 1957 a 1966

346 Uma decisão: 1966 a 1968

349 O ponto de ruptura: 1968

Parte 6 – O começo de um futuro: 1984 a 1996

363 Passos hesitantes: 1984 a 1996

379 Conclusão

395 Agradecimentos

Introdução à edição brochura

———

Muitas pessoas que pegam esta nova edição ouviram falar desse livro. Durante duas semanas, antes que *Por que crianças matam* começasse a ser publicado de maneira seriada no *The Times* em maio de 1998, três semanas antes da data de publicação do livro (e, portanto, sem que se tivesse a mínima ideia de seu conteúdo ou de seu propósito), uma explosão sem precedentes de ira dos tabloides foi descarregada durante seis semanas contra a pessoa cuja história este livro conta e, é claro, contra o livro e sua autora.

A essa altura, é claro, tudo isso já mudou: já houve muitas resenhas sérias, inúmeros debates na TV e na rádio, muitas declarações de profissionais em apoio ao propósito do livro, bem como perguntas e respostas na Câmara dos Comuns e na Câmara dos Lordes. Ainda assim, quero ter certeza de que qualquer um que vire esta página saiba desde o começo qual é e sempre foi o meu propósito.

Por que crianças matam é sobre a vida de uma garota inglesa nascida em 1957 que, aos 11 anos, matou dois garotinhos de 4 e 3 anos. Condenada em um Tribunal da Corte por homicídio culposo, a jovem foi sentenciada à prisão perpétua. Quando, em 1996, ela me conta a história de sua infância e adolescência sofridas, ela tem 39 anos. Mary Bell, pois esse é seu nome, é inglesa. Mas ela poderia também ter sido belga, francesa, alemã, norueguesa, sueca, japonesa ou norte-americana – em todos esses países jovens crianças foram machucadas de maneira similar e nos anos recentes, por sua vez, machucaram outros, acredito eu.

De fato, o crime juvenil – roubo, incêndio, agressão armada, estupro, homicídio culposo ou doloso (geralmente cometidos por crianças cada vez mais novas) – aumentou de tal maneira em todo o mundo ocidental que pessoas esclarecidas estão fazendo perguntas duras. Temos alguma ideia, pergunta-se a sociólogos, psicólogos, advogados, juízes e jornalistas sérios, de por que as crianças estão ficando tão violentas? Elas compreendem as consequências de suas ações? Elas sabem que a morte é irreversível? E em que medida sua exposição ao sexo e à violência na sociedade, em que medida as pessoas imediatamente próximas a elas, como pais ou responsáveis, são culpadas?

Escrevi *Por que crianças matam* como uma busca por essas respostas, baseando minha investigação na vida e nas experiências de uma antiga criança dessas, a qual, com seu consentimento, usei deliberadamente como exemplo e símbolo de várias outras. O relato central aqui, a história como Mary Bell me contou, não tenciona nem de minha parte nem da dela ser a história de seus crimes, mas sim um documento que pode servir como incentivo para todos nós que nos importamos com o bem-estar de crianças para tornar suas vidas melhores. Sejam pais ou jovens pais em potencial, vizinhos, assistentes sociais, professores, juízes e advogados, policiais ou oficiais do governo; se as dolorosas revelações de Mary sobre uma infância sofrida e uma adolescência espantosamente mal administrada em detenção puderem nos persuadir a aprender como detectar a angústia de jovens crianças, por mais oculta que esteja, e ouvir seus gritos por ajuda, por mais fracos que sejam, podemos talvez ser capazes de evitar que crianças cometam delitos, em vez de processá-las erroneamente e puni-las inabilmente quando elas os cometem – algo que ocorre na maior parte do mundo ocidental.

Mary Bell é uma mulher atraente e inteligente; enquanto escrevo este texto, três anos e meio após o início deste projeto, ela está no ápice da meia-idade. Como sua história deixa claro, quando cometeu o terrível ato de matar dois bebês trinta anos atrás, ela estava no limite após anos de abuso e sofrimento praticamente ininterruptos nas mãos da mãe. Isso não é uma desculpa, no meu ponto de vista e no dela. Não há desculpa, mas pode e precisa haver explicações. Para ela, que sempre temeu haver algum defeito fundamental nela que fez com que sua mãe a odiasse, mesmo o relativo *insight* sobre os efeitos de sua infância desastrosa não é uma explicação boa o bastante. Mas é para mim, porque estou convicta de que crianças nascem "boas", ainda que, assim como aconteceu com Mary em 1968, mais cedo ou mais tarde, possam ser levadas a esse "limite" em que o bem e o mal não têm mais qualquer significado.

Como regra geral, o objetivo é que crianças condenadas à prisão na Grã-Bretanha desapareçam no anonimato: cuidadores ou membros da equipe prisional são proibidos de discutir o caso dessas crianças com pessoas de fora ou sequer divulgar sua presença onde quer que estejam. Essa regra excelente nunca funcionou no caso de Mary Bell, embora certamente se aplicasse a ela, porque sua mãe usou cada oportunidade e cada visita que lhe fez por anos para vender histórias sensacionalistas à mídia local, que muitas vezes as vendeu aos veículos nacionais. O resultado foi não apenas que o já difícil encarceramento de Mary se tornou imensuravelmente pior pelo medo dessas indiscrições que tanto a equipe quanto seus colegas detentos sentiam, mas também que os tabloides e as revistas populares, britânicos e estrangeiros, estavam permanentemente de olho nela. Além do interesse óbvio dos jornais sensacionalistas em uma jovem prisioneira notável e excepcionalmente bonita, ela era uma fonte em potencial para uma história expositiva sobre prisões, diretores prisionais e detentos – um banquete para os tabloides. Assim, quando descobriram em 1979 sobre sua transferência para uma prisão aberta e sua designação para um programa de trabalho fora da prisão, organizado minuciosamente como preparação para a libertação de um prisioneiro, teve início uma perseguição midiática que se tornaria um pesadelo para ela e, como vou demonstrar, poderia ter levado a uma tragédia se não fosse a gentileza de autoridades locais e do público britânico. Ao longo dos dezesseis anos seguintes, ela não apenas rejeitou todas as ofertas sobre sua história (a maioria delas chegando a seis dígitos) como também, a cada vez que chegaram perto de encontrá-la, mudou-se repetidamente de endereço ou mesmo para outras áreas do país, em um esforço para proteger o anonimato da família, acima de tudo da filha. Com o apoio constante de agentes de condicional simpáticos ao seu caso e de liminares extraordinariamente fortes contra interferência da mídia expedidas por um oficial do Ministério Público,[1] órgão que detinha

---

[1] No original, "Official Solicitor", cargo do Ministério da Justiça do Reino Unido responsável por atuar em defesa de pessoas incapazes de representarem a si mesmas e a quem outras agências se recusaram a representar. [N.T.]

a custódia da filha de Mary desde seu nascimento em 1984, cuja proteção funcionou de fato até abril de 1998.

A liminar do tribunal se aplicava não apenas aos tabloides, mas também a mim. E o livro em que Mary e eu concordamos em trabalhar juntas em novembro de 1995 (uma decisão que cabia inteiramente a nós e poderia trazer problemas, os quais foram todos cuidadosamente avaliados) teria sido impossível de levar a cabo sem o conhecimento do Tribunal e da Unidade de Prisão Perpétua do Ministério do Interior. Esse departamento é encarregado da libertação de prisioneiros em licença – sob a lei britânica, prisioneiros libertos que tenham sido condenados por assassinato ou homicídio culposo continuam sujeitos a serem chamados de volta até o fim da vida. Nenhum desses departamentos governamentais estava em posição para proibir Mary de trabalhar em conjunto em um livro: uma vez libertada, ela era em tese alguém sem impedimentos. Porém, do mesmo modo, nem eu nem meus editores britânicos teríamos ido em frente com esse projeto sem um certo grau de segurança de que não havia nenhuma objeção legal. O Ministério do Interior, que já conhecia meu primeiro livro investigativo sobre o tema de levar jovens crianças a julgamento como se fossem adultos, *The case of Mary Bell* [O caso de Mary Bell], publicado em 1972, deixou claro que não estava feliz com a perspectiva, mas não podia fazer nada a respeito. Eles eram responsáveis tanto pelo Departamento de Crianças quanto pelo de Prisões e certamente tinham consciência de que Mary Bell relataria o tratamento recebido das autoridades desde seu encarceramento aos 11 anos de idade, e que era improvável que muito desse relato fosse positivo. Obviamente, eles tinham sido informados sobre os termos do contrato proposto e sabiam que em março de 1996, por insistência minha, Mary receberia parte do adiantamento dos *royalties* que minha editora britânica, Macmillan, havia me oferecido.

Eu sabia que nosso trabalho em conjunto levaria vários meses; Mary e sua família teriam que se mudar, possivelmente muitas vezes, para se manterem seguros, e enquanto durasse nosso trabalho eles teriam que viver em acomodações alugadas para que pudessem se mudar quando fosse necessário. Seria preciso que alguém cuidasse da filha de Mary, então com 11 anos, portanto seu parceiro não poderia trabalhar. E, além dessas considerações financeiras existenciais, como o livro não poderia existir sem a participação dela eu senti que ela tinha todo o direito de receber uma parcela da recompensa autoral. Legalmente não corríamos riscos, pois, embora o Ato dos Rendimentos de Crimes[2] da Grã-Bretanha torne ilegal que criminosos lucrem com seus crimes (escrevendo ou colaborando em trabalhos escritos sobre eles), isso se aplica apenas para delitos cometidos nos seis anos anteriores à publicação. Não só esse livro era sobre sua vida inteira e as consequências de sua infância, em vez de seus crimes, como também trinta anos haviam se passado desde aqueles dois dias terríveis, e certamente ninguém – eu pensava, por mais que eu viesse a me provar errada – poderia pensar naquela menina de 11 anos como uma criminosa no sentido mais comum do termo, ou seja, um infanticida adulto como, por exemplo, as duas assassinas britânicas notáveis do nosso tempo, Myra Hindley e Rosemary West, que participaram na tortura e no assassinato de numerosas crianças e adolescentes.

Eu sempre soube, assim como meus editores, que o fato de Mary receber dinheiro seria um ponto complicado, especialmente para as famílias dos garotos mortos. Devido às regras que nos foram impostas, elas não podiam ser avisadas sobre a publicação do livro com mais de um ou dois dias de antecedência sobre o público geral, uma vez que, sem dúvida, a informação que lhes déssemos se tornaria pública. A única condição imposta pelo oficial do Ministério Público era que o assunto do livro fosse guardado em absoluto segredo até muito pouco antes da publicação – dias, nem mesmo semanas – a fim de garantir que o anonimato da criança fosse preservado pelo maior tempo possível. Mesmo sabendo que esse era o certo, estávamos muito preocupados quanto a isso e, embora nada que realmente ajudasse as famílias pudesse ser feito, deixamos tudo arranjado para que elas fossem avisadas da publicação iminente o quanto antes e com a maior gentileza possível. Essa condição também significava que, por quase dois anos e meio, ninguém exceto os principais envolvidos – do lado de Mary seu parceiro, seus advogados, seus agentes de condicional; do meu lado minha família, um conselheiro legal, meus agentes e eventualmente três psiquiatras, dois dos quais estavam fora do país; e os quatro executivos-chefes da Macmillan – sabia o que eu estava escrevendo.

Desde aqueles meses terríveis em 1968, quando os dois garotinhos morreram no intervalo de nove semanas, Mary não machucou um único ser humano. Libertada em 1980 e reabilitada após doze anos de detenção, sete dos quais, a partir dos 16 anos, em uma prisão feminina de segurança

---

[2] Em inglês, "Proceeds of Crimes Act". [N.T.]

máxima, ela viveu uma vida completamente comum desde então. Apesar de viver há muitos anos em um estado de remorso devastador e imperdoável, ela conseguiu manter uma relação longa e estável com um homem carinhoso e criar uma criança excepcionalmente feliz e bem ajustada.

Mas esses aspectos positivos não tiveram nenhum peso com a mídia populista britânica, que se empenhou por anos em uma amarga guerra de circulação. Tanto o *The Observer*, em 19 de abril de 1998, quanto o *The Guardian*, uma semana depois, publicaram artigos com informações jornalisticamente legítimas, ainda que sem credibilidade e apresentadas de maneira um tanto quanto sensacionalista. O *The Observer* revelou o tema até então desconhecido do livro e o *The Guardian* apontou (incorretamente) uma quantia que Mary Bell supostamente teria recebido. O mais incomum foi que nenhum dos jornais apurou a informação nem com a editora, nem com a autora. Um comentário imediato e lamentável do primeiro-ministro, pego visivelmente despreparado por um repórter de TV e, claro, sem saber que estava comentando sobre algo feito por uma criança de 11 anos de idade trinta anos antes (no qual declarou não achar correto que "pessoas" que tinham cometido crimes sérios recebessem dinheiro por uma história sobre seus crimes), foi publicado em manchetes. O mesmo aconteceu um dia depois com uma primeira reação igualmente improvisada (e infelizmente intensificada mais tarde pela pressão contínua dos tabloides) do secretário do interior, Jack Straw.

Isso deu início a uma competição de difamação de Mary Bell em tabloides, com manchetes diárias gritando sobre a "matadora de crianças" e o "monstro cruel" que estava sendo pago "por sua colaboração" na "história de seus crimes". Depois de o *The Times* adiantar o início da publicação seriada e a editora antecipar a publicação do livro até então não impresso, a maioria dos jornais de qualidade, salvando pelo menos um pouco da honra do jornalismo britânico, publicou vários artigos defendendo e elogiando a obra. Apesar disso, durante a primeira semana os ataques virulentos a Mary Bell e o debate amargo sobre meus métodos e meus motivos pautaram a discussão. No fim da primeira semana, com minha casa então sitiada pela mídia, faxes e ligações telefônicas começaram a chegar dos meus familiares e amigos nos Estados Unidos, na Suécia, na Áustria e no Reino Unido dizendo que estavam recebendo ligações de Londres perguntando o que eles sabiam sobre Mary Bell e qual era a conexão deles comigo. Foi assim que descobrimos que nossas contas de telefone tinham sido obtidas ilegalmente, ou seja, compradas por tabloides, sem dúvida em um esforço para descobrir o paradeiro de Mary. E em 29 de abril, dez dias após o início do escândalo, eles a encontraram. Às dez e meia daquela noite, dezenas de repórteres e fotógrafos cercaram a pequena casa para onde Mary e sua família haviam se mudado apenas uma semana antes e bateram nas portas daquela rua, perguntando às pessoas, nenhuma das quais tinha sequer conhecido seus novos vizinhos ainda, se elas sabiam que uma assassina havia se mudado para perto delas. Quatro horas depois, com a multidão de jornalistas ainda posicionada e raivosa, a polícia e os agentes de condicional, protegendo Mary e a criança com cobertores, removeram-nas da casa e levaram-nas a um lugar seguro. "O que foi tudo isso, mamãe?", a menina de 13 anos perguntou no carro, e o agente de condicional disse que agora Mary precisava contar. Então, chorando e à beira de um colapso, ela contou.

"Eu sabia que havia um segredo", a criança disse. "Mas, mamãe, por que você não me contou? Você era só uma criança, mais nova do que eu sou agora." E elas se abraçaram.

Ao longo dos anos, desde o nascimento da criança em 1984 — quando, como é costumeiro para os filhos de prisioneiros libertos em licença, foi colocada sob custódia do tribunal —, o Ministério Público emitiu liminares extraordinariamente fortes contra as constantes ameaças da mídia de publicar revelações sobre a vida de Mary Bell. Já em 1987, quando um tabloide estava prestes a divulgar a localização da família, o tribunal decidiu que nada poderia ser publicado por qualquer mídia que interferisse em seu anonimato e sua privacidade. Seguindo o furor, na primavera de 1998, o tribunal emitiu mais uma liminar, única na história do sistema legal da Grã-Bretanha, proibindo qualquer um de se aproximar, ou de fotografar ou filmar a distância a família, seus amigos, seus vizinhos e os cuidadores da escola da criança; e Mary e a filha receberam alarmes móveis que podiam trazer a polícia para onde elas estivessem em minutos.

Os tabloides – não apenas na Grã-Bretanha, mas também nos Estados Unidos – justificavam o tratamento sensacionalista que davam a assuntos sérios alegando que estavam meramente refletindo os sentimentos e as opiniões dos leitores. Mas, como podemos ver claramente nesse caso, isso não é verdade. A previsão da mídia popular britânica era que a vida da filha de Mary seria arruinada pela maneira como ela descobrisse sobre o passado de sua mãe, e que a própria existência de *Por que crianças matam* e a reação do público ao livro e à família de Mary os levaria a se esconder, longe de onde haviam escolhido viver.

A verdade é muito diferente: a menina, como podemos ver, ficou aliviada por não haver mais segredos. Além disso, aos 13 anos ela entendeu imediatamente que os atos de uma criança pequena, por mais terríveis que tenham sido, devem ser vistos exclusivamente no contexto da infância. Afinal de contas, ela conhecia sua mãe como uma adulta havia 13 anos e sabia a diferença entre aquela criança e essa mulher.

Quanto ao público – que pode ser momentaneamente induzido ao erro por superstições, medo ou até mesmo má informação –, qualquer que seja sua bagagem educacional ou social, em última instância ele gosta de formar sua própria opinião. Ainda mais acertado, porém, é o fato de que seres humanos são essencialmente gentis, uma qualidade da qual Mary e sua família se beneficiaram no último ano, tanto das pessoas responsáveis por cuidar deles – a polícia, o serviço de condicional e a escola da criança – quanto do público. Nem uma palavra de ódio sequer foi dita a nenhum deles por ninguém no local onde eles se estabeleceram e escolheram ficar.

Frente à oferta das autoridades de adotar uma nova identidade e se mudar para qualquer lugar que quisesse no Reino Unido, Mary não hesitou por um minuto. "Não vou deixar ninguém nos expulsar", ela me disse. "É hora de encararmos a realidade e viver com ela."

Janeiro de 1999

Introdução

A maioria de vocês que estejam virando esta página pela primeira vez não deve saber o que aconteceu na cidade de Newcastle upon Tyne na primavera de 1968. Vocês podem ter esquecido; talvez fossem jovens demais ou nem tivessem nascido. É possível, ainda, que morassem em outros países, os quais estavam em meio aos seus próprios problemas no final dos anos 1960.

Rapidamente, então: em um período de nove semanas, dois garotinhos, de 3 e 4 anos, foram encontrados mortos. Alguns meses depois, em 1968, duas crianças, ambas meninas, foram a julgamento pelos assassinatos. Norma Bell, de 13 anos, foi absolvida; Mary Bell (elas não são parentes) foi declarada culpada e condenada à prisão perpétua. O caso gerou um alvoroço, o julgamento foi amplamente publicizado, e Mary Bell foi demonizada pelo país inteiro como a "semente ruim", inerentemente má.

Escrevi outro livro sobre a tragédia que aconteceu em Newcastle[3] naquele ano. Em *The Case of Mary Bell* [O caso de Mary Bell], publicado pela primeira vez em 1972, descrevi os principais fatos daquela história baseando-me na investigação da polícia e nos registros das sessões em que compareci do chamado Tribunal Itinerante[4] de Newcastle ao longo de

---

[3] "Newcastle": simplificação do nome da cidade, adotada a partir dessa citação; é o mesmo que Newcastle upon Tyne. [N.T.]

[4] No original, "Assizes", que são, como a própria autora explicará mais adiante, sessões periódicas de um tribunal superior em cada condado da Inglaterra. [N.T.]

nove dias. Nesse livro, eu também relatei tudo o que pude descobrir nos dois anos seguintes a partir de depoimentos da família, de amigos e de professores sobre a menina de 11 anos que foi declarada culpada naquele julgamento e sentenciada à prisão perpétua.

Mais de trinta anos depois, esse livro ainda pode ser encontrado em livrarias tanto na Grã-Bretanha quanto em outros países europeus, e está disponível em bibliotecas públicas e universitárias. Para os propósitos deste livro, *The Case of Mary Bell* ainda constitui uma importante fonte de documentação desse caso e, para este novo trabalho, tomei emprestadas do livro anterior algumas descrições e depoimentos originais indispensáveis para a história. Meu relato ali já refletia fortemente minhas dúvidas sobre um sistema judiciário que expunha crianças pequenas aos desconcertantes processos dos tribunais, planejados para o julgamento de pessoas adultas, e que considerava irrelevantes sua infância e as razões para terem cometido o crime que cometeram. Mas aquele relato também assinalava de maneira clara minha suspeita de que havia elementos da história de Mary Bell que me eram desconhecidos ou que me tinham sido ocultados. No prefácio da nova edição de *The Case of Mary Bell,* publicada pela Editora Pimlico,[5] em 1995, manifestei a esperança de que um dia Mary Bell e eu pudéssemos conversar. Ao descobrir não a partir de outras pessoas, mas a partir dela mesma o que *aconteceu em* sua infância, assim como o que *foi feito com* sua infância, eu sentia que poderíamos dar um passo no sentido de quais pressões internas ou externas podem levar crianças a ultrapassar um determinado ponto de ruptura para acabar cometendo crimes graves e assassinatos. Além disso, ao conversar com Mary sobre seus doze anos de detenção e sobre sua vida desde que foi libertada, poderíamos descobrir qual é o efeito do encarceramento sobre crianças à medida que elas se tornam adultas e de que forma a maneira como a sociedade lida com elas as prepara para o futuro.

Assim, esperei por dezoito anos para escrever o livro que agora lhes apresento, no qual fala conosco Mary Bell, uma criança excepcionalmente inteligente aos 11 anos, libertada do cárcere, em 1980, aos 23 e agora com 40 anos. Ela nos conta o que fez e o que sentiu, o que fizeram *a* ela e *por* ela, e em quem ela se transformou. Ela descreve os meses que antecederam as duas mortes, sua amizade com a vizinha e também acusada Norma

---

[5] Também na Alemanha e na França.

Bell, e a vida de fantasia das duas, que resultaria na trágica morte de duas crianças que mal haviam aprendido a andar. Ela relembra as vozes de todos os homens diplomados que participaram de seu julgamento, os quais falavam de uma maneira incompreensível, o que para ela pareceu durar anos; e revive sua horripilante certeza de que eles a mandariam para a forca.

Ela nos conduz por seus doze anos de encarceramento, tendo passado os primeiros cinco (dos 11 aos 16 anos) em uma unidade de segurança na qual não tinha qualquer assistência psiquiátrica, mas onde encontrou no diretor, um ex-oficial da Marinha, o primeiro adulto decente a quem ela podia respeitar e amar. Observe-se de passagem que, durante a maior parte desse tempo, ela foi a única menina em um grupo de mais ou menos vinte garotos. Aos 16 anos, todavia, a despeito dos apelos de seu tutor, fez-se valer a regra de que jovens condenados, ao completar essa idade, devem cumprir sua pena na prisão. Dessa forma ela foi afastada da segurança afetiva e de uma estrutura educacional à qual estava reagindo bem e mandada para uma prisão feminina de segurança máxima. Recusando-se, por sete anos, a se submeter ao sistema carcerário, rebelando-se e utilizando sexo para manipular o ambiente que a cercava, ela perdeu praticamente tudo o que conquistara nos cinco anos anteriores. Como a maioria dos adolescentes mandados para instituições penais destinadas a adultos, ao ser colocada em liberdade condicional, ela emergiu como uma adulta caótica de 23 anos de idade, emocional e sexualmente confusa.

Mary Bell fala sobre os anos que se passaram desde que saiu da prisão, quando voltou a ficar sob a influência da mãe, a quem sempre esteve ligada por laços de amor e ódio. Em 1984, ela tem uma filha e, com a ajuda de sua agente de condicional, Patricia Royston,[6] passa a lutar pelo direito de ficar com a guarda da criança. Pela primeira vez na vida, ela sente um amor absoluto e, por meio daquela criança, consegue dar um propósito e uma direção à vida. Mas com seu amor pela filha vem também a terrível compreensão do que ela fez, e essa nova e dolorosa consciência apenas contribui para intensificar sua confusão interior.

Finalmente, volto ao início de sua infância, que, à medida que conversávamos, começava a emergir lentamente de sua mente, que havia bloqueado essas memórias por tanto tempo. Nessa parte do livro, ela fala com dolorosa dificuldade do abuso sexual ao qual foi submetida quando

---

[6] Todos os nomes de pessoas da esfera pública que falaram para este livro foram alterados.

criança – testemunhados e dirigidos por sua mãe. Hesitantemente, ela vasculha a memória durante meses em busca do que aconteceu em sua vida no período que vai dos 8 anos de idade até a véspera do dia em que completou 11 anos, quando matou Martin Brown. Ela acaba por falar, de forma indecisa e desesperada, sobre aqueles quinze minutos do dia 25 de maio de 1968, ao fim dos quais a criança de 4 anos de idade estava morta, bem como sobre as nove semanas seguintes, que culminariam na morte de uma criança de 3 anos de idade, Brian Howe. Escrevo sobre esses atos apenas na extensão em que eles me parecem necessários.

Há diferentes formas de escrever sobre os acontecimentos. É possível relatá-los, descrevê-los, citar as testemunhas, as vítimas e, às vezes, os heróis. E mesmo que, pelo fato de sermos humanos, não possamos nunca esperar sermos inteiramente objetivos, devemos fazer tudo isso com uma grande dose de imparcialidade. Em um outro nível da narrativa, devemos também comentar esses eventos, avaliar sua importância e, se pudermos, colocá-los no contexto da vida que vivemos, das regras e dos princípios que, por nossa escolha, governam nossa existência.

Sob todos esses ângulos, este livro foi extraordinariamente difícil de ser escrito. Uma coisa é escrever, como fiz em outros livros, sobre homens e mulheres que, parcialmente como consequência de uma infância infeliz, tornaram-se adultos delinquentes. É uma coisa inteiramente diferente escrever sobre uma pessoa que cometeu quando criança não só uma, mas duas vezes a pior das maldades, e que contra todas as expectativas e sem a ajuda de recursos hoje muito difundidos – como terapias pós-trauma e tratamento psiquiátrico – parece ter se tornado uma adulta moralmente consciente.

Ao longo de toda esta jornada, a grande dificuldade foi acreditar nisso tudo. Isso exigiu de minha parte rever e renovar continuamente um gesto de fé quanto à possibilidade da transformação, isto é, quanto à integridade de um adulto que eu sabia que havia sido, em determinado momento, uma criança patologicamente perturbada e, depois, uma adolescente assustadoramente manipuladora. Por diversas vezes, fui tentada a olhar para ela como se fosse duas pessoas: a criança e a adulta. E isso, obviamente, não é verdade: ela é uma pessoa só, tal como todos nós, desde o momento em que nascemos até o momento em que morremos.

Quando enfim me dei conta de que não podia ceder àquela tentação, tive que aceitar o fato de que o mistério inicia-se com a questão de saber o que, consciente ou inconscientemente, pode ser instilado em uma criança por outro ser humano para acabar produzindo ações inteiramente incompatíveis com a bondade intrínseca que o ser humano tem ao nascer. São apenas os pais que podem afetar uma criança dessa forma, ou isso pode ser causado pelo comportamento de outros adultos próximos à vida dela? Uma criança, por exemplo, reagiria de maneira igualmente forte se fosse emocionalmente manipulada ou abusada por adultos encarregados de sua supervisão em orfanatos ou casas de acolhimento? E podemos ainda perguntar: é possível que crianças causem um colapso moral como esse umas nas outras?

Trata-se de uma pergunta que surge não apenas sobre este caso e sobre o caso em Liverpool dos dois garotos de 10 anos que mataram um outro menino, James Bulger, em 1993. Ela também pode ser feita sobre o que ocorreu em março de 1998, em Jonesboro, Arkansas, no momento em que eu terminava este livro, quando dois garotos, com idades respectivas de 11 e 13 anos, cometeram um massacre no pátio de sua escola, matando quatro meninas e uma professora.

O segundo mistério, no caso de Mary, é como uma criança pode reagir de uma forma inteiramente impensável para aquele mesmo ser humano quando adulto. E, portanto, surge a pergunta: o que, na mente humana, no seu espírito, no seu coração, destrói ou paralisa a moralidade e a bondade num primeiro momento e pode mais tarde recriá-las ou reinstalá-las? São questões amplas demais para serem respondidas pelo exame da vida de apenas uma criança. Respondê-las, entretanto, foi e continua sendo minha esperança.

Assim, o livro que apresento a vocês precisa ser lido com todos esses pontos em mente. Durante os dois anos em que trabalhei nele, não houve nem um dia em que as famílias dos dois garotinhos – que agora teriam 34 e 35 anos de idade – não estivessem em meu pensamento. E não houve tampouco um único dia em que não me perguntei se escrever este livro era o certo: para aqueles que o publicariam; para aqueles que o leriam; para Mary Bell, cuja vida, de forma difícil e dolorosa para ela, tentei captar; para as famílias das crianças que ela matou; e para sua própria família, sobretudo para a sua filha, que é, agora, sua vida.

Não cometo nenhuma indiscrição quando menciono sua filha, pois a mídia, tanto a britânica quanto a estrangeira, que durante anos perseguiu Mary Bell com uma obsessão proporcional ao esforço de Mary para evitá-la, sempre soube de sua existência. Foi para proteger o interesse da criança que ela foi colocada sob a guarda do tribunal quase na hora em que nasceu. Ninguém – inclusive eu, obviamente – pode identificá-la ou escrever qualquer coisa que leve a sua identificação.

Assim, essa criança, a quem Mary ama com cada fibra de seu ser e a quem ela está determinada a dar uma infância feliz, não aparece no livro. Ainda assim, ela é essencialmente sua razão de ser. Espero que o livro mostre o porquê disso.

É muito raro que uma escritora possa guardar uma história por mais da metade de sua vida, e ainda mais raro é que tenha, após trinta anos, a oportunidade de aplicá-la a um propósito maior. Pode parecer à primeira vista que a história em si, como uma crítica à natureza anacrônica do sistema jurídico britânico da segunda metade do século XX, é o propósito do livro. Mas, mesmo que o lamentável fracasso de sucessivos governos britânicos em reformar o sistema judiciário no que tange a crianças seja motivo de uma profunda preocupação para muitos de nós, e mesmo que a história de Mary Bell, com seus diversos elementos trágicos, possa realmente justificar um livro, meu propósito é mais abrangente.

O meu propósito – e não hesito em dizer isso – é o de *usar* Mary e sua história. Os *insights* que conseguimos a partir das recordações de sua infância, de seu julgamento e de sua punição precisam ser usados como contribuição em favor de reformas jurídicas que são tão necessárias na Grã-Bretanha quanto em grande parte da Europa e na maior parte dos Estados Unidos, onde a crescente criminalidade infantil está levando a medidas punitivas cada vez mais rigorosas. Mas ela também deve nos levar a examinar com muito cuidado a natureza da comunicação que mantemos com nossas crianças, tanto no interior da família quanto na sociedade como um todo. Sinto que reside aí a resposta à pergunta do título deste livro, a explicação para as milhares de crianças desconhecidas que estão em prisões na Europa e nos Estados Unidos por crimes cometidos não em razão daquilo que elas são, mas daquilo que foram levadas a ser por não serem ouvidas quando, em sua infância, elas gritaram por socorro.

Prólogo

Newcastle upon Tyne, 1968

Antes de chegar à essência deste livro, devemos fazer um breve retorno ao passado até o ano 1968, à velha e adorável cidade no norte da Inglaterra, às margens do Rio Tyne, e aos dois garotinhos que morreram.

Hoje, Newcastle é relativamente rica. Há novas indústrias, novas fábricas, novas casas. Acima de tudo, há empregos. Não o bastante para todo mundo, mas infinitamente mais do que havia em 1968, quando a cidade estava decadente, à beira da ruína econômica devido à derrocada das indústrias de mineração e de construção de navios. Newcastle, nessa época, detinha os recordes pouco honrosos de maiores taxas de crimes, mais alto índice de alcoolismo e uma das mais elevadas e consistentes taxas de desemprego, se comparada a qualquer outra cidade britânica. E isso era mais evidente em Scotswood, uma área de aproximadamente 800 metros quadrados que se estendia por uma colina a oeste, a 4,8 quilômetros de distância do centro da cidade, cujas ruas de humildes casas da prefeitura, pelas quais os inquilinos pagavam quase 2,40 libras por semana, eram espremidas em extensos blocos que desciam até o aterro industrial ao longo do Rio Tyne. Cerca de 17 mil pessoas viviam lá e o desemprego atingia mais de cinquenta por cento da população.

Os moradores de Newcastle são e sempre foram um povo amigável, apesar de suas reações explosivas e de seu vocabulário ácido, em momentos de alegria ou de raiva. Eles falam *geordie,* um dialeto que é praticamente incompreensível para forasteiros: *home* [lar], por exemplo, é *hyem*; *my wife* [minha esposa] é *wor lass*; *pretty* [lindo/linda] é *canny*, embora *canny* também possa significar *many* [muitos/muitas], como em *canny few* [muito poucos]. A língua, pode-se deduzir, é mais subjetiva que lógica: quando uma criança acha que vai ser castigada, ela fala em ser *wrong* [errado] e a palavra *me* [me/mim], como em *he asked me* [ele me perguntou] é sempre substituída por *us* [nós]. Independentemente de quão confuso possa ser o dialeto, porém, a hospitalidade e o riso são inatos e, apesar da rapidez do tapa que segue alguma má-criação, existe muito amor pelas crianças, tal qual havia naqueles tempos ruins do final dos anos 1960.

Em Scotswood, duas grandes ruas – a Whitehouse Road e, abaixo dela, a St. Margaret's Road – contornam a colina com umas poucas ruelas e curvas entrecortando-as. Quase todos os vizinhos se conheciam e eram muito tolerantes uns com os outros – pelo menos era o que parecia aos estranhos. Havia uma pequena loja ao final da St. Margaret's Road, conhecida como "Dixon's" ou "Davy's", e, próxima dali, a Escola Woodlands Crescent e seu tanquinho de areia. Ambos desempenhariam um papel importante nos terríveis acontecimentos daquela primavera.

As casas nas duas ruas mais importantes davam vista para as ferrovias, bem como para uma fábrica que pertencia à Vickers Armstrong, um grande aterro chamado pelas crianças que lá brincavam de "Tin Lizzie". Além dele, via-se a rua principal Scotwood Road, o rio e, a uma curta distância, a cidade.

Como os moradores conheciam uns aos outros e ficavam cientes de imediato da presença de estranhos, as crianças eram muito livres. Mesmo quando muito novas, elas tinham liberdade para brincar na rua, vagar pela vizinhança, aparecer sem avisar na casa de parentes (era comum em Newcastle gerações de uma mesma família conviverem juntas), levar cachorros para passear no pequeno Parque Hodkin; pular no tanque de areia da escola ou comprar batatas fritas, um pirulito ou um picolé na Davy's.

Apesar das pressões financeiras daquele período e da hostilidade contra as autoridades – que só apareciam para fazer ameaças ou caridade, da qual os habitantes também se ressentiam –, era uma vida amistosa e sociável: um sem-fim de xícaras de chá, bate-papos por cima das cercas ou de janela a janela, um costume quase igual ao do sul da Europa. E na hora das refeições, gritos pelas portas abertas para que as crianças entrassem eram rapidamente obedecidos: "John, Ian, Kate, Brian, May, Martin – o chá!".

Em 25 de maio de 1968, Martin Brown tinha 4 anos e 2 meses. Era um garotinho robusto, loiro, com olhos azuis e um rosto arredondado e travesso. Morava em uma casa de dois andares de tijolos vermelhos e quintal, no número 140 da St. Margaret's Road, com sua mãe, June, que chamava de "mamãe", seu pai, que chamava de "Georgie", e sua irmã Linda, de 1 ano, com quem dividia o quarto. A irmã mais velha de June, Rita Finlay, morava com seus cinco filhos numa casa próxima, no número 112. June trabalhava; então, sua mãe tomava conta de Linda durante a semana e Rita ficava com Martin; ele a chamava de "Fita".

Naquela manhã de sábado, como sempre acontecia nos finais de semana quando seus pais demoravam a se levantar, Martin levou um pouco de leite e um pedaço de pão para a irmãzinha, segurando a xícara com cuidado enquanto Linda mastigava a torrada.

"Ele sempre fazia isso", June me contou mais tarde. "Eu ouvia quando ele a encorajava: 'Vamos, Linda, beba seu leite'." Depois disso, ele vestia o bebê e o entregava para June, antes de tomar seu próprio café da manhã na cozinha.

"Pirulitos eram os favoritos dele", disse June. "Ele vestiu sua capa de chuva – eu estava lavando louça na cozinha – e ouvi quando ele disse: 'Estou indo, mamãe. Tchau, Georgie!'. Foi a última vez que eu o vi e o ouvi."

Inimaginável, não é? Mas foi a última coisa que June Brown viu ou ouviu de seu Martin. Outras pessoas viram-no naquela manhã: ele ficou por algum tempo olhando dois trabalhadores da Companhia Elétrica de Newcastle que desconectavam cabos de tensão de casas abandonadas na St. Margaret's Road – eles lhe deram um biscoito. Rita o viu quando ele a acordou no final daquela manhã; ele chorou quando ela o mandou embora.

"Minha mãe estava passando quando ele chorava e deu pão com ovo para ele. Eu não me lembro de vê-lo sair – você sabe, não nos preocupávamos em vigiá-los quando eles andavam para lá e para cá – todas as crianças estavam por todos os lados; todo mundo era amigo de Martin."

Seu pai, Georgie, foi o próximo a vê-lo, quando Martin apareceu logo antes das três da tarde, quando a Dixon's estava abrindo, para comprar um pirulito. O filho de Dixon, Wilson, deu uma bronca nele por estar com os dedos na boca e as mãos imundas quando Wilson lhe entregou o pirulito. Rita o viu mais uma vez quando ele entrou e pediu páo com manteiga. Ela lhe disse que a manteiga era para a hora do chá, mas que tinha margarina.

"Ele estava bravo", contou-me ela. "'Eu não volto mais para sua casa de jeito nenhum. Não vou voltar...' Mas ele não conseguia ficar zangado por muito tempo. 'Ah, não faz assim, Fita', ele disse e saiu; essa foi a última vez que o vi."

Às três e meia da tarde, não mais de vinte minutos após Wilson Dixon ter vendido a ele o pirulito, três garotos que procuravam lenha nas casas abandonadas para construir uma gaiola de pombos encontraram Martin no quarto dos fundos do número 85 da St. Margaret's Road. Ele estava deitado de barriga para cima em meio aos destroços no chão, com os braços estendidos e sangue misturado a saliva saindo de sua boca. Não havia sinais de luta ou queda, sua roupa não estava rasgada nem danificada, não havia ossos quebrados nem ferimentos externos, exceto por um esfolado trivial em seu joelho. Entre os destroços havia vidros vazios de comprimidos, o que fez a polícia pensar brevemente na possibilidade de envenenamento acidental.

Gordon Collinson, um dos trabalhadores da Companhia Elétrica, correu para chamar uma ambulância; John Hall, outro trabalhador, tentou fazer respiração boca a boca. Havia gritaria nas ruas. Rita e June vieram correndo e a ambulância chegou em minutos.

"Eles tentaram reanimá-lo", contou-me June. "Eu assisti, mas já sabia." Martin morrera, eles acreditaram durante meses, por causa de um inexplicável acidente. "Tudo o que eu queria", me disse June, "era deitar e morrer também".

Noves semanas depois, no dia 31 de julho de 1968, Brian Howe estava com 3 anos e 4 meses de idade. Tinha belos cabelos encaracolados e bem loiros, um rosto branco e rosado, e ainda não tinha saído de sua fase de bebê. Morava no número 64 da Whitehouse Road com seu pai, Eric; seu irmão de 7 anos de idade, Norman; sua irmã de 14 anos, Pat; seu irmão mais velho, Albert, que estava flertando com uma garota chamada Irene; e sua cadela de pelo preto e branco, Lassie. Sua mãe os havia abandonado quando ele tinha apenas 1 ano e meio, mas, entre Albert e Pat, que cuidava da casa quando não estava na escola, Irene, que frequentemente estava com eles, e Rita Finlay, cujo filho de 3 anos de idade, John, era seu melhor amigo, Brian era bem cuidado.

"Eu amava o pequeno Brian", disse Rita, "de um jeito diferente de como eu amava nosso Martin, mas o amava. Eu amava Pat também – ela estava sempre por aqui. Eu costumava ir acordá-la quando ia levar John para o maternal; eu levava Brian também...".

Naquela manhã, entretanto, eram férias escolares e ninguém respondeu quando Rita bateu à porta da casa número 64. "Eu disse para mim mesma: Pat deve ter resolvido ficar na cama até mais tarde. A mulher da creche perguntou onde Brian estava."

Na hora do almoço, porém, Brian e John tinham se encontrado e saíram para brincar. Quando Rita saiu para procurá-los por volta da uma e meia da tarde, ela os achou sentados no chão, assistindo aos trabalhadores derrubarem uma das velhas casas de St. Margaret's Road.

"Fiquei fora de mim", ela me contou. "Gritei com os homens e disse que eles não tinham consideração por deixarem os garotos se sentarem ali onde podiam se machucar. E então bati tão forte nas crianças, uma por uma, que minhas mãos ficaram ardendo. Coloquei John para dormir e dei alguns biscoitos para Brian e disse para ele contar à Pat de suas idas às casas velhas, mas que não era para ela bater nele porque eu já tinha batido nos dois. Foi quando o vi pela última vez."

Não sabemos se Brian foi para casa, porque Pat, sabendo que Irene estava lá, decidiu ir com amigas até a cidade. Quando voltou, às 3h20 da tarde, e perguntou por Brian, Irene disse que ele estava "brincando lá fora, nos fundos" e de fato algumas crianças disseram mais tarde que o tinham visto brincando aqui e ali no começo da manhã com seu irmão Norman e duas garotinhas de bicicleta que todos conheciam. Lassie, todos eles disseram, estava com ele. Ninguém estava preocupado. Todas as crianças estavam sempre por toda parte e, de qualquer maneira, Lassie estava com ele. Somente às 5 horas da tarde, quando Pat havia preparado o chá, que ela saiu para a rua, gritando pelo nome de Brian.

Mary Bell, que tinha 11 anos, a mais velha de quatro crianças, morava com seu pai, Billy, e sua mãe, Betty, no número 70 da Whitehouse Road, e estava sentada na porta da casa de número 66, conversando com Maxine Savage. Era com a irmã mais nova de Maxine, Margaret, que Pat Howe tinha saído naquele dia. Pat perguntou a May – era assim que todos chamavam Mary – se ela tinha visto Brian. Ela disse que não, mas que iria com Pat procurar por ele. Norma Bell, a melhor amiga de Mary, que vivia com os pais e mais dez irmãos no número 68, também saiu para caminhar por algum tempo.

Elas procuraram por Brian na Davy's, um chamariz para todas as crianças, e depois desceram a colina até o estacionamento da Vickers Armstrong, outra grande atração. Então, subiram de volta até a ponte da ferrovia, de onde podiam ver toda a região de Tin Lizzie, mas não viram criança alguma. Mary Bell sugeriu que Brian poderia estar brincando atrás dos "blocos" (enormes placas de concreto) lá embaixo, ou entre eles, mas Norma, que conhecia muito Brian porque frequentemente ficava como babá de John para Rita, disse: "Ah, não, ele nunca vai lá", e Pat também achou que ele não iria, não sozinho. Pat decidiu que dariam mais uma olhada no Parque Hodkin e ao longo das ruas e, se não o encontrassem até as 7 horas da noite, ela chamaria a polícia.

Usando holofotes de busca, a polícia encontrou Brian às 11h10 daquela noite.

"Nós todos procuramos por ele durante horas", Rita me contou. "Centenas de nós, ao que parecia, até escurecer. Estava muito quente naquela noite. Acho que todo mundo ainda estava acordado quando ouvimos os carros da polícia correndo com todas as sirenes ligadas. As pessoas gritavam umas às outras de dentro das casas... Eu não sei quem soube primeiro – veio de rua em rua e de casa em casa."

Mary Bell, que tinha sono leve, desceu as escadas às 11h30 e foi para junto de seu pai, que estava em pé, à porta, olhando a comoção na rua.

"Então, o que está acontecendo?", ela perguntou.

"Eles encontraram Brian Howe", respondeu Billy Bell, "lá em Tin Lizzie".

"Ah", disse Mary.

Brian estava deitado no chão entre duas placas de concreto em Tin Lizzie. Seu braço esquerdo se estendia para fora do corpo e a mão estava escura de sujeira. Deixada na grama próximo a ele estava uma tesoura com uma lâmina quebrada e a outra entortada para trás. Seu corpo, todo vestido e aparentemente sem ferimentos, estava coberto com um tapete de grama alta e ervas daninhas de cor púrpura, que cresciam por toda parte em Tin Lizzie. Havia, contudo, arranhões em seu rosto, traços de bolhas de saliva manchadas de sangue em sua boca, seus lábios estavam azuis e havia marcas de pressão e arranhões em ambos os lados de seu pescoço, o que afastara a possibilidade de acidente. Mais tarde, outros pequenos e inexplicáveis ferimentos seriam descobertos. Ele estava morto.

É estranho como as famílias dessas crianças que mal começaram a andar – talvez uma reação inconsciente de autoproteção – lembraram-se delas mais tarde como sendo muito maduras.

"Um monte de gente adorava Martin", June disse muito tempo depois. "Ele era aquele tipo de garoto com quem adultos podiam conversar".

"Eu sinto falta dele", disse Eric Howe sobre o pequeno Brian. "Eu sinto tanta falta dele. Ele era minha vida. Era apenas um moleque, mas costumávamos conversar, você sabe, conversar de verdade. Eu não penso em nada a não ser nele. Isso nos destruiu", ele disse, com lágrimas escorrendo pelo rosto. "Já não somos mais uma família."

"Nós conversamos...", disse Pat, com o rosto enrijecido. À época, ela tinha 16 anos, era casada e tinha um filho bebê; mas a maior casa de uma rua agradável, para onde a prefeitura os realocou, não exibia nenhuma cor, era quase estéril em sua tristeza. "Mas nós não dizemos nada."

Ao escrever sobre seres humanos cujos atos trouxeram destruição à vida de outros, não se pode jamais esquecer a dor que eles causaram e a amargura que, inevitavelmente, permanece junto àqueles que foram feridos, não importando há quanto tempo isso tenha acontecido. Ao escrever sobre tais tragédias em busca de explicações para esses fatos e para as deficiências do sistema que contribuíram para elas, autores estão sujeitos a se esquecerem, por sua conta e risco, de que existem feridas que nunca se curam. Essa possibilidade paira como uma enorme nuvem em uma empreitada como essa. Nenhuma palavra que Mary Bell tenha dito para mim, nenhuma palavra que eu tenha escrito, pode ser interpretada como uma desculpa para o que ela fez.

1995

O norte da Inglaterra

A primeira vez que vi Mary Bell foi no dia 5 de dezembro de 1968, no Moot Hall, em Newcastle, onde aconteciam os tribunais itinerantes. Ela, então com 11 anos, e sua amiga Norma Bell, dois anos mais velha, eram acusadas do assassinato de dois garotinhos. Mary era pequena naquela época – bem menor que a garota mais velha – e era, de fato, excepcionalmente bonita, com cabelos curtos e escuros e olhos de um azul intenso. Eu voltei a vê-la diversas vezes nos anos seguintes enquanto ela ainda era criança. A última vez foi quando tinha 13 anos, no verão de 1970, dois anos após o início de sua detenção.

Vinte e cinco anos e meio depois, em novembro de 1995, quando sentamos em uma pequena sala no norte da Inglaterra para discutir a viabilidade deste livro, ela me disse que se lembrava da última ocasião – não por minha causa, mas porque a mãe dela tinha ficado zangada ao vê-la conversando comigo. "Muito zangada", ela disse.

Ela estava muito nervosa naquele dia. Suas mãos estavam geladas e um tanto úmidas; havia suor em seu rosto e sua voz estava não rouca, mas áspera. Ela era esbelta, como pensei que seria, e estava vestida de maneira inadequada para a época do ano: usava algo bege, com enfeites e desenhos de flores coloridas, meias de lã escura até o joelho e sapatos barulhentos ("Compro tudo em brechó", ela disse quase de imediato). E seu longo cabelo era encaracolado, brilhante e cheirava a xampu. De fato, ela toda cheirava não a perfume, mas a algo como um sabonete delicado. Conforme eu notaria com frequência mais tarde, e também como me confirmaram todas as pessoas sob cujos cuidados ela ficara ao longo dos anos, ela toma banhos constantes e é muito asseada. Coloquei meus braços ao redor dela e a abracei por um momento, num gesto inteiramente impulsivo, não porque fosse esperado ou mesmo adequado, mas porque de repente eu tive vontade de fazê-lo.

Ela tinha sido parte de minha memória por tanto tempo, e a razão de nosso encontro, agora, era tão complexa; as motivações dela, tão embaralhadas e meus sentimentos acerca da ética deste projeto, tão ambivalentes, que a tensão dentro do pequeno escritório cedido a nós por sua agente de condicional, Pat Royston, era tangível, quase elétrica.

É claro que na época de seu julgamento, em 1968, eu não podia falar com Mary, bem como – agora eu sei – ela não era capaz de "enxergar" qualquer pessoa, traumatizada pelos eventos e pelo julgamento formal.

"Foi como um borrão", ela diria mais tarde. "Como um redemoinho... Eu não entendia um monte de palavras... Alguém me disse: 'Este é o júri'. E eu perguntei: 'O que é isso?', e eles disseram: 'São as pessoas que decidem o que vai acontecer com você'. Eu disse: 'Como?', e eles mandaram eu me calar. Disseram que o juiz era o homem com manto vermelho, sentado na cadeirona, e que era o homem mais importante, então eu sempre me virava para ele para responder quando alguém me perguntava alguma coisa. Então, meu advogado disse que aquilo era grosseiro e que eu deveria olhar diretamente na cara das pessoas que me faziam perguntas – que eu tinha que tentar conseguir 'passar uma boa impressão'. E minha mãe, que estava sentada atrás de mim, ficava chiando 'Trate de ficar quieta' toda vez que eu me mexia. E me dava um tapa com a mão aberta atrás da cabeça ou no meio das costas cada vez que eu me mexia de novo. Doía, mas eu não conseguia não me mexer." De repente, ela sorriu para mim, interrompendo seu fluxo de palavras: "Meu bumbum estava cansado".

Isso era uma das coisas que eu viria perceber durante os meses em que conversamos: em seu vocabulário e em seu tom de voz, ela soa inteiramente como uma criança ao falar de sua infância – discursivamente, às vezes, como fazem crianças imaginativas, mas com mais frequência de maneira inteligente; às vezes com humor, mas com mais frequência em desespero. A razão para isso, eu viria a entender, não se trata de uma reação ao ato de vasculhar sua memória, nem é de modo algum atuação ou fingimento (nem se trata, eu me apresso em dizer, de um sintoma de um transtorno dissociativo de identidade – "personalidade múltipla" –, conforme alguns psiquiatras especularam). É, creio eu, porque se trata de alguém que não teve infância e que fala como a criança que nunca foi, mas que dentro de si ainda é ou precisa ser. Seu "ser criança" – não uma infantilidade –, enfim, vem a ser menos surpreendente que aquelas vezes em que ela age exatamente como o que é: uma adulta madura em profundo conflito consigo mesma.

Após o julgamento, ao final do qual Norma foi inocentada e Mary, declarada culpada de homicídio culposo – devido à atenuação de responsabilidade – e condenada à prisão perpétua, eu tinha passado meses em Newcastle investigando os antecedentes do julgamento e as consequências futuras do caso dela. E, com a ajuda de algumas pessoas de sua família, buscava traçar, tanto quanto elas estavam dispostas ou eram capazes de me auxiliar, os eventos passados de sua infância – os primeiros dez anos com sua mãe, Betty Bell.

Mary nasceu no dia 26 de maio de 1957, quando Betty McC. tinha 17 anos. Dez meses depois, em março de 1958, Betty, então grávida de dois meses de seu segundo filho, casou-se com Billy Bell, de 21 anos de idade, que ela havia conhecido alguns meses antes. Em setembro de 1966, quando Billy e Betty Bell já tinham três filhos juntos, o nascimento de Mary foi registrado de novo, com o nome de Billy Bell. Esse é um procedimento de certa forma raro que pode substituir a adoção formal e que fornece à criança uma certidão de nascimento com o nome do marido da mãe, cancelando-se a certidão original, na qual o nome do pai estava em branco.

"Tirem essa coisa de perto de mim!", Betty Bell tinha gritado quando tentaram colocar o bebê recém-nascido em seus braços. E de acordo com o que eu descobriria durante meus meses de pesquisa em 1969 e 1970, foi isso que Betty gritou silenciosamente repetidas vezes desde então, audível o bastante, porém, a qualquer um que soubesse escutar.

Eu não tinha como saber à época do julgamento o que os parentes de Mary (seus tios e tias, seu "pai", Billy Bell, e sua frágil avó, a Sra. McC[7]), todos aterrorizados e desnorteados pela tragédia, se esforçariam para me contar muito depois sobre a rejeição que Betty tinha por Mary. Mas o que descobri foi que, nos primeiros quatro anos da vida de Mary, sua mãe havia tentado repetidamente se livrar daquela criança indesejada. Por diversas vezes, tentou dá-la a parentes e, por duas vezes, até mesmo a estranhos. Por quatro

---

[7] A fim de proteger membros familiares ainda vivos, eu não uso seus sobrenomes a não ser que eles já tenham se tornado públicos.

vezes, tentou matá-la. Em três ocasiões, sua irmã mais velha, Cath, e Jack, o marido dela, ficaram tão preocupados que pediram para adotá-la ou, pelo menos, para ter permissão de cuidar da jovem até que terminasse a escola. O que eu não sabia até que Mary, com enorme dificuldade, me contou no ano anterior era que quando ela tinha entre 4 e 8 anos de idade sua mãe, que trabalhava então como prostituta, submeteu-a a um dos piores casos de abuso sexual infantil com que já me deparei. O irmão de Mary, um ano e meio mais jovem, teria sido muito novo para entender e falar disso, e estou certa de que nenhum dos parentes estava ciente dessa parte do início da vida de Mary. Antes de conversar comigo, eles nunca haviam falado a ninguém sobre Betty – e, pelo que sei, nunca mais falaram de novo.

Em 1968, nem o Serviço Social de Newcastle, nem as autoridades de educação e saúde, nem a polícia, nem – o que é mais importante – qualquer um dos psiquiatras que examinaram a garota de 11 anos antes do julgamento (portanto, ninguém no tribunal) sabiam absolutamente nada sobre a infância de Mary. Essa ignorância quase total sobre os traumas que ela sofreu deixou um grande ponto de interrogação em minha cabeça sobre opinião de dois psiquiatras designados pelo tribunal, mesmo antes de eu saber a totalidade dos problemas dela. Eles, sem dúvida na falta de uma explicação melhor, rotula-ram-na com aquele diagnóstico versátil (considerado altamente questionável pela maioria dos especialistas quando aplicado a crianças) de "psicopata".

Assim rotulada, o promotor descreveria Mary como "perversa", "cruel", "aterrorizante"; até mesmo o juiz deixaria a palavra "maléfica" escapar em um de seus discursos. Era de se surpreender que a mídia – respondendo ao tom estabelecido pelo tribunal e ao medo e clamor públicos, mais do que os criando – chamasse Mary de "aberração da natureza", "nascida do mal" e (sem dúvida, em referência ao livro e ao filme popular nos anos 1950) "semente ruim"?[8]

Mas eu não conseguia acreditar naquilo: tornou-se claro para mim, mesmo em meu primeiro ano de pesquisa, que de uma maneira ou de outra a patologia da mãe de Mary tinha que ter sido a causa de seu desequilíbrio mental muito antes de ela matar os dois garotos, e essa convicção permeou todos os meus escritos sobre ela e sobre o caso. Dois longos artigos no *Daily Telegraph Magazine* em dezembro de 1969 foram seguidos, dois anos

---

[8] Referência ao filme *The Bad Seed*, de 1956, exibido no Brasil com o título *Tara maldita*. [N.E.]

mais tarde, por meu livro *The Case of Mary Bell,* que trazia a investigação da polícia sobre o caso, transcrições *ipsis litteris* de partes do julgamento e tudo o que me foi permitido revelar sobre os primeiros anos da detenção de Mary. Dado que o objeto de ambos os artigos e do livro era uma criança, e que seus familiares estavam vivos, esses escritos foram, é claro, submetidos a muitas limitações legais. Mas os artigos e o livro abririam muitas portas para mim, permitindo-me acompanhar a vida de Mary e, quando parecia útil, comentar sobre ela ao longo dos doze anos em que ficou detida.

O caso de Mary e sua vida desde a libertação têm despertado um grande – e, para ela, perturbador – interesse midiático. Não posso culpar meus colegas da mídia, dado o quanto eu mesma tenho tido interesse por ela nesses trinta anos. Ela era e é excepcional, com uma vida excepcional e dons excepcionais de expressão. Nunca escrevi sobre ela após sua libertação e nunca repassei informações que tinha sobre seu paradeiro e suas circunstâncias, nem para colegas e nem mesmo para amigos. Achei que ela precisaria de anos de readaptação e senti que ela deveria ter a possibilidade de viver no anonimato por muito tempo. Mas eu também acreditei por muitos anos que, se alguém pudesse ajudar-nos algum dia a entender, primeiro, o que leva uma criança a cometer assassinato e, depois, o que precisa ou pode ser feito com tal criança ou em prol dela, então, com aquela sua curiosa inteligência que presumi fosse perdurar, essa pessoa seria Mary. Sempre pensei que chegaria o dia em que ela mesma, sem pressão externa, desejaria contar sua história.

Isso começou a acontecer, de modo bem inusitado, no outono de 1995, em Londres, na noite da festa de lançamento de meu livro sobre Albert Speer, quando Hilary Rubinstein, que tinha sido meu agente literário para *The Case of Mary Bell,* perguntou-me discretamente se eu ainda estaria interessada em escrever sobre Mary. Na manhã seguinte, ele me disse que a mãe de Mary havia morrido no último janeiro e que esse poderia ser o momento para ela encontrar uma maneira de contar sua história.

Desde sua libertação em 1980, ela tinha recebido inúmeras ofertas de enormes somas em dinheiro por sua história, tanto de revistas britânicas quanto estrangeiras (a revista alemã *Stern* ofereceu aproximadamente 250 mil libras), todas as quais ela recusou. Rubinstein havia sido contratado para representar os interesses dela pela primeira vez em 1983, quando aquele que era então seu companheiro e que via para si um futuro cheio de ouro tinha persuadido Mary a tentar escrever ela mesma sobre sua vida. Mas, apesar de ter um distinto dom para as palavras e de ter produzido um rascunho de cem páginas, o qual uma editora pensou que poderia ser transformado em livro com a ajuda de um profissional. O projeto foi abandonado porque não se chegou a um acordo sobre as condições.

Rubinstein acreditava que Mary se sentia diferente agora. Antes de encontrá-la de novo, ele havia conversado por muito tempo com sua agente de condicional e seu advogado, que juntos, ele disse, haviam feito com que Mary se recuperasse de muitas reviravoltas, ajudando-a a se libertar daquele primeiro relacionamento e protegendo-a da mídia nos quatorze anos anteriores. Ele havia lhes sugerido e, mais tarde, à própria Mary que, se o que ela estava pensando por ora era um livro sério, então ela deveria se encontrar comigo. Após alguma persuasão, ela concordou em fazer isso.

"Ela é extraordinariamente desconfiada, particularmente em relação a você, por mais estranho que isso possa parecer." Eu não achava aquilo estranho. Ninguém havia exposto Mary e, é claro, sua mãe tanto quanto eu. Algo que me surpreendia era sua disposição agora, depois de relativamente pouco tempo desde a morte da mãe dela, se encontrar comigo.

"Para minha mãe, você era o diabo, sabe", Mary disse quase no instante em que nos sentamos naquela pequena sala, no escritório da agente de condicional. "Ela disse que você tinha escrito aquele livro cheio de mentiras; que você saiu revirando latas de lixo para achar os podres das pessoas; que você tinha interpelado meu primo de 5 anos, filho de minha tia Cath, para saber informações sobre ela; que você a chamou de prostituta. Ela disse que foi a todas as livrarias de Newcastle e virou seu livro de costas para que as pessoas não olhassem para ele. Ah, eu acho que ela odiou você até o dia em que morreu. E, bem, eu era só uma criança, não era? Então por anos eu acreditei nela."

Eu perguntei sobre quando sua mãe havia lhe prevenido contra mim pela primeira vez.

"Ah, eu lembro muito bem", ela disse. "Foi muito antes de me falar sobre o livro. Foi no inquérito... Sabe... Sobre aquele tutor. Lembra? Você apareceu para conversar comigo."

Na verdade, havíamos nos encontrado cara a cara duas vezes antes do dia mencionado por Mary, mas ela havia esquecido. No início de 1970, pouco depois de o *Daily Telegraph Magazine* ter publicado meus artigos e novamente quando eu havia começado a trabalhar no livro alguns meses mais tarde, o

Ministério do Interior[9] permitiu que eu fosse a Red Bank – a unidade especial para onde Mary havia sido mandada depois de ser condenada – para vê-la e conhecer a equipe da unidade. Em ambas as vezes, eu conversei brevemente com ela, tendo aquelas conversas que se tem com crianças, sobre seus desenhos, sobre o que ela escrevia, sobre quais esportes mais gostava (natação).

Ela tinha chegado a Red Bank havia dezesseis meses quando, em junho de 1970, com apenas 13 anos, acusou um tutor de molestá-la sexualmente. O inquérito a que ela agora se referia fora realizado para determinar se havia um caso a ser investigado. Eu havia dado uma saída para conversar com ela sobre isso durante um intervalo – conversamos sobre uma jovem professora de quem ela gostava, segundo me disse – não porque eu quisesse saber sobre qualquer coisa (isso seria impensável), mas porque, de forma incompreensível, ela havia sido deixada sozinha, sentada, e parecia perdida. Escreverei mais à frente sobre o episódio do tutor, mas em 1995, quando nos encontramos novamente, fiquei surpresa de saber que ela conseguia se lembrar daquele breve encontro. Ela me contou, na verdade, que havia se lembrado disso só após a libertação, ao ver uma fotografia minha na orelha do meu livro.

"Naquele dia, eu não tinha ideia de quem era você", ela disse. "Mas minha mãe estava lá e viu você conversar comigo. Ela correu e gritou comigo, dizendo que era para eu nunca, *nunca* falar com você. Ela estava sempre furiosa, mas daquela vez ela estava... Simplesmente enlouquecida. Eu fiquei tão assustada."

Mary falou bastante sobre a mãe nas horas seguintes, sem dizer qualquer coisa real sobre ela. A mãe era como uma sombra, surgindo ou desaparecendo do fundo de sua memória: uma figura à qual ela se referia repetidas vezes como "esperta", mas com a mesma frequência de "doente" e "triste"; ela aparecia continuamente nesse relato sem se tornar, mesmo que por alguns instantes, uma *pessoa*. Ia e vinha em meio à torrente de palavras que jorrava de Mary, como se aquele fosse – e como se tivesse que ser – o momento em que ela me contaria tudo: sobre Red Bank, onde ela ficou por cinco anos, e sobre o tutor de lá, o Sr. Dixon, que instilou nela uma primeira, ainda que pálida, noção da diferença entre certo e errado.

"Não dava para *não* entender aquilo com o Sr. Dixon como tutor. Eu o amava", ela disse. "Vou amá-lo até eu morrer." Ela falava sem parar

---

[9] No original "Home Office", ministério dos negócios interiores: departamento do governo britânico responsável pela polícia, pela imigração e pela transmissão de TV. [N.T.]

sobre o Sr. Dixon e também sobre seus anos de rebeldia na prisão: "Eu não ia me entregar. Eu não ia me tornar uma criatura deles. Eu não iria me deixar ser institucionalizada".

Então, ela aprendeu sobre jogos de poder e corrupção durante aqueles anos, praticamente incontrolável para a equipe da prisão; utilizou-se do sexo (com colegas detentas) e de seus dotes de manipulação (junto às colegas e à equipe) em suas tentativas de dominar o ambiente que a cercava. Mary falou sobre sua vida depois da libertação e sobre sua filha: repetidas vezes sobre a filha, mas nunca, sequer uma palavra, sobre sua própria infância.

Finalmente perguntei se ela havia lido *The Case of Mary Bell* (que tanto traz sobre sua infância). Em 1981, ela disse, um ano depois de sua libertação e vivendo agora com um nome diferente, ela disse que havia se inscrito para cursos em uma faculdade em West Yorkshire – à qual ela se refere como "uni" [de "universidade"] – e foi na biblioteca de lá que uma aluna conhecida, passando com um livro, havia lhe perguntado se já o tinha lido. "É tão triste", a garota tinha dito, "tão triste o que eles fizeram com aquela garotinha Mary Bell".

Depois disso, Mary havia lido "não ele todo, apenas partes", ela disse.

"Não era nem um pouco como minha mãe tinha dito. Eu não conseguia acreditar que havia alguém que sentia compaixão por mim. Minha mãe sempre falava que ninguém tinha, ninguém poderia ter, porque eu era muito má... Um motivo de vergonha na vida dela. Quando fui solta, ela disse que não era para eu falar com ninguém que ela era minha mãe, que não poderia viver com essa vergonha, e me apresentava para as suas companheiras, nos *pubs*, como irmã dela, e outras vezes como prima dela." Agora, Mary queria falar sobre aquilo tudo, mas, mais ainda, queria ajudar a pensar sobre aquilo tudo: chamava isso de "colocar as coisas em seus devidos lugares".

Eu perguntei o que precisava ser colocado no seu devido lugar. Ela estava alegando ter sido injustamente condenada? Ela balançou a cabeça em negativa.

"Não é isso", disse, visivelmente incapaz de se aprofundar no assunto naquele momento. Já haviam se passado quase cinco horas. Tínhamos almoçado sanduíches e tomado infinitas xícaras de café e chá; ela parecia pálida e muito cansada.

"Não foi assim tão... Simples", ela disse. "Quero falar sobre como aconteceu... Como aquilo foi feito... E... E... Você sabe, passar pelas recordações daquilo, por mim mesma. Como aquilo aconteceu? Como eu me tornei aquela criança?"

Ela estava ciente, eu perguntei, que tal livro estava fadado a ser polêmico? Que as pessoas certamente pensariam que ela estava fazendo aquilo por dinheiro? Que nós duas seríamos acusadas de insensibilidade em relação às famílias das duas pequenas vítimas por trazer a lastimável tragédia de volta aos holofotes e, quase inevitavelmente, de sensacionalismo, por causa do material do livro? Acima de tudo, ela entendia que os leitores não aceitariam quaisquer sugestões de uma possível atenuação de seus crimes? E ela havia confrontado a realidade de que, se colaborasse com tal livro, seria exposta a novos massacres da mídia, caso eles a encontrassem?

Nos meses que viriam, sua habilidade de ponderar por longos momentos sobre perguntas feitas a ela se tornaria muito familiar. Em tais ocasiões, ela se sentava imóvel, as mãos levemente entrelaçadas, quase em posição de meditação, com uma curiosa aparência de introspecção em seu rosto. Eu nunca me cansava de observar esse esforço de concentração, essa manifesta busca dentro dela mesma não por uma resposta "adequada", como se poderia suspeitar – e eu suspeitei naquele primeiro dia –, e sim por algo que fosse importante tanto para ela quanto para mim.

Foi a pergunta sobre as famílias de Martin Brown e Brian Howe que ela respondeu primeiro. Ela os havia feito sofrer tanto, disse, que não queria fazê-los sofrer mais... E, de repente, ela estava chorando.

"Mas... Mas... Há coisas que eles não sabem... Não vai mudar nada para eles, eu sei, mas ainda assim..."

"Que tipo de coisas?", perguntei.

"Ah, não sei. Apenas coisas..." Era óbvio que ajudá-la a organizar seus pensamentos e trazer à tona o que quer que ela queria dizer demandaria, como eu sempre suspeitei, um ambiente adequado, conversas cuidadosamente estruturadas e, sobretudo, tempo.

O contínuo interesse da mídia, ela disse pouco depois, era uma das principais razões pela qual havia se decidido. Ela pensava que ao me contar toda a sua história, respondendo a todas as minhas perguntas da forma mais honesta possível, talvez eles a deixassem em paz. "Afinal", ela sorriu com o canto da boca, "quando você tiver terminado seu interrogatório comigo, não vai sobrar muito para os outros perguntarem, vai?".

Eu tentei dissuadi-la desse otimismo. Os jornais, falei para ela, particularmente aqueles que a haviam perseguido por tanto tempo, eram um meio muito diferente de um livro, com um público diferente, e repórteres sempre achariam perguntas a fazer. E o dinheiro que eu mesma proporia que ela recebesse se decidisse ir em frente (com a esperança de que fosse depositado em benefício de sua filha) – porque eu pensava que isso era correto, já que sem Mary o livro não poderia ser escrito – seria um verdadeiro problema moral, não apenas para a mídia, mas também para as famílias dos garotos mortos e para muitas pessoas sensíveis.

Discutir sobre dinheiro seria sempre difícil para ela. Apesar de o querer desesperadamente para mudar o estilo de vida instável da família, Mary estava ciente das possíveis objeções morais; e ao falar no assunto, sua voz era tensa, como se repetisse argumentos que não eram seus, parecendo excepcionalmente defensiva, teimosa e não totalmente sincera.

Ela e seu companheiro, também seu principal apoio emocional há onze anos, tinham vivido uma vida de mera subsistência por longos períodos. Sendo Mary uma prisioneira notória em liberdade condicional e caçada pela mídia, eles raramente conseguiam manter empregos por qualquer duração de tempo e, com frequência, recorriam a viver às custas do Estado – exceto por um período de vários anos quando, vivendo no próspero sul da Inglaterra, ambos haviam tido empregos regulares. O parceiro de Mary ficou longas temporadas sem trabalhar e a própria Mary, que teve muitos empregos desde sua libertação, precisou desistir de todos eles após alguns meses ou até mesmo semanas, seja porque o Serviço de Liberdade Condicional considerava o emprego inadequado para ela, seja porque tinha sido reconhecida ou estava com medo de ser.

Seu companheiro, Jim, é um homem interessante. Quando eu o conheci, me senti um tanto irritada com sua filosofia esotérica e *new age*. Mas há outros aspectos da personalidade dele que são admiráveis, como sua total rejeição a qualquer tipo de racismo, sua oposição a drogas pesadas e álcool, e sua profunda crença na tolerância e nos valores familiares. Acima de tudo, é preciso reconhecer sua lealdade a Mary, com cujos profundos sentimentos de culpa, carência e falta de autoconfiança é irrefutavelmente difícil de conviver. Ele também é, como fiquei sabendo por aqueles que o conhecem, um excelente pai.

Porém, havia desde o começo uma diferença radical entre eles nas atitudes com relação ao dinheiro que ela receberia. Ele sentia, e me dizia sempre, que a despeito dos crimes que havia cometido quando criança ela era agora, e tinha sido durante anos, uma "pessoa bem diferente". Dado o que ela havia sofrido nas mãos desse "sistema capenga" que, ele alegava, estava estagnado na idade da pedra em seu entendimento sobre crianças, qualquer dinheiro que Mary pudesse vir a ganhar não seria nem presente, nem caridade: Jim achava que ela o "merecia"; Mary não sentia o mesmo (nem eu, é claro). E durante muito tempo ele reagiu com ceticismo quando uma de nós tentava explicar que as prioridades para o projeto do livro nada tinham a ver com dinheiro. "Parem com essa bobagem", essa era sua reação automática, uma atitude à qual, eu percebi, Mary estaria exposta – e contra a qual teria que brigar – durante quase o projeto inteiro. Com o passar do tempo, porém, Jim veio a compreender por completo a verdadeira importância dessa empreitada. Além disso, nos dois anos desde que Mary e eu iniciamos o projeto, ele se estabilizou em um emprego satisfatório e seguro, e está agora sustentando a família.

Quando conversamos naquela primeira ocasião, o que ela disse sobre dinheiro me pareceu razoável. "Não vou dizer que não quero dinheiro", ela disse. "Isso seria desonestidade: todo mundo quer dinheiro. Mas o que eu mais quero é uma vida normal. Quero sair da rotina da assistência social e trabalhar naquilo que gosto. Quero criar raízes e proporcionar uma vida normal, estável, para a minha filha", repetia.

Muito mais do que dinheiro, Mary disse, ela começara a sentir que precisava falar... Sobre o que havia feito, sim, mas também (ela balançou a cabeça devagar, um outro gesto, de susto e de desespero, que se tornaria familiar para mim) sobre o que tinha acontecido com ela. Quando eu sugeri, e eu repetiria essa sugestão muitas vezes ao longo dos meses seguintes, que um psiquiatra pudesse ser uma solução melhor do que conversar comigo para um livro, fiquei surpresa com a veemência de sua reação.

"Não", ela disse. "Não. Eu não vou conversar com psiquiatras, não vou. Não vou. *Nunca*." A voz dela tinha se tornado quase estridente devido à tensão. "Se você não quer fazer isso, eu vou encontrar outra pessoa." Ela se levantou de um jeito brusco. "Vou fumar um cigarro", Mary disse e saiu.

No início daquela manhã, eu havia conversado por um longo tempo com Pat Royston. Surpreendentemente, ela foi a favor do projeto do livro desde o início. Dado que suas próprias experiências com a mídia ao representar Mary tinham sido amplamente desfavoráveis, questionei a ela sobre o que a fez concordar com a decisão de Mary em colaborar com este livro.

"É porque eu acho que alguém precisa descobrir e explicar como acontecem crimes terríveis como o de Mary, o das duas crianças de 10 anos que mataram James Bulger, e um grande número de outras transgressões graves de crianças mais novas." Ela disse também que está fora de questão desculpar ou, ao compreendê-los, legitimar atos como esses. "Mas no justificado horror do público a esses acontecimentos e na pronta aceitação do mau como explicação [para eles]", ela continuou, "as pessoas tendem a esquecer que essas são, ou foram, crianças. Trata-se de crianças que, antes de chegarem ao ponto de 'explodir' em tais atos de violência, traziam uma bagagem de experiências infantis desconhecidas ou ignoradas por qualquer adulto responsável".

Pat explicou que sua experiência havia lhe ensinado que, se tais crianças eram tão jovens quanto Mary e, de fato, quanto os dois garotos que mataram James Bulger, a razão para tal bagagem de experiências na infância – "se é que se pode utilizar a palavra 'razão'", ela disse com amargor – teria sido incompreensível para as próprias crianças.

"Talvez tenhamos progredido desde 1968. Talvez, apesar de eu ter minhas dúvidas, aqueles dois jovens [agora cumprindo sentenças de prisão perpétua, como Mary] estejam recebendo ajuda para entender o que os levou ao ponto de matar o pequeno James. Mas, no que diz respeito a Mary, as experiências na infância que ela viveu antes de cometer os crimes ainda não foram digeridas, elas ainda não foram nem realmente compreendidas, nem aceitas. Ela teria precisado de ajuda psiquiátrica ao longo de sua detenção. Porém, exceto basicamente pela gentileza que lhe foi demonstrada quando criança pelo diretor e pela equipe de Red Bank, e um pequeno período de terapia em grupo uma vez por semana na prisão – um privilégio pelo qual teve que lutar –, ela não recebeu nenhuma atenção ou acompanhamento profissional de qualquer espécie por doze anos de 'amadurecimento'." Agentes de condicional na Inglaterra não costumam ser terapeutas treinados; não é a função deles.

"Acontece de eu ter bastante interesse nisso", Pat Royston acrescentou, "e ter desenvolvido esse estilo de trabalho com a ajuda de treinamento adicional. Por causa disso eu pude, dois anos após Mary sair da prisão, ajudá-la a começar o longo processo para desembaraçar suas confusas emoções, o que tornou possível para ela criar uma família e começar a ter algum tipo de vida". Havia quatro razões, Pat disse, pelas quais, depois de longa ponderação, ela aceitara a decisão de Mary de cooperar com o livro. Duas aplicavam-se especificamente a Mary e duas às muitas outras crianças em dificuldades.

"A primeira é que, para que Mary consiga um dia tornar-se um ser humano funcional, ela precisa de ajuda para entender não o que ela *fez* – pois isso ela já entende e lhe causa uma culpa esmagadora –, mas sim o que foi feito *a* ela quando criança. E isso significa que Mary deve se dar conta disso e receber ajuda para aceitar quem era sua mãe e o que ela fez com a filha no passado, e aceitar seus próprios sentimentos em relação à mãe." Em segundo lugar, Pat Royton tinha esperanças, assim como Mary, embora com menos otimismo, que uma vez que sua história estivesse registrada a mídia a deixaria em paz para ela poder, enfim, começar a levar uma vida normal.

Sua terceira razão originou-se de sua preocupação pessoal com as graves deficiências no treinamento de assistentes sociais, professores primários e também de agentes de condicional, o que resultou na falta de sensibilidade e cuidado em relação a crianças em sérias dificuldades. "Sem dúvida nenhuma", ela disse, "isso contribui para o aumento catastrófico de crimes graves cometidos por crianças e, como pudemos ver no caso de Mary, no qual muitos gritos por ajuda permaneceram ignorados, do risco de resultados trágicos em tais casos".

"Por fim", disse Pat, "minha quarta razão é minha própria angústia, e da maioria das pessoas do meu ramo, com o modo pelo qual o sistema judicial lida com crianças e adolescentes que cometem crimes graves. Vim a compreender que, mesmo se tratando de uma estratégia muito pouco convencional – e, normalmente, uma estratégia nem desejável, nem aceitável para profissionais como eu –, permitir que Mary, que se expressa muito bem oralmente, problematize a si própria ao ponto de falar em público talvez seja um meio legítimo de demonstrar, em primeiro lugar, a extensão do fracasso da sociedade no cuidado com as crianças e, em segundo, como fracassamos duplamente na maneira como lidamos com as tragédias resultantes. Eu cheguei à conclusão de que, nessa era da comunicação, esse pode ser o único meio de alertar as pessoas para a necessidade gritante por mudanças em atitudes públicas e na lei".

Quando Mary retornou, murmurando um "desculpa" – pedir desculpas nunca foi fácil para ela –, eu tentei explicar por que eu estava, de certo modo, fazendo o papel de advogada do diabo contra meu próprio desejo de fazer este livro ao questioná-la se ela deveria mesmo aceitar a difícil empreitada. Porém, ainda levaria muito tempo para fazê-la compreender como um livro desse teria que ser; o que ela teria que dar de si mesma para que fosse possível que eu o produzisse. E enquanto não começássemos a trabalhar juntas, eu a adverti, não teríamos certeza de que ele *poderia* funcionar e que não acabaríamos tendo que abandonar o projeto. Eu também lhe disse que não tinha como saber antecipadamente como ela reagiria às minhas perguntas, nem em que medida ela iria não apenas *conseguir*, quanto mais querer, ser sincera consigo mesma ou comigo a respeito de coisas sobre as quais, com toda certeza, seria insuportável falar. Disse-lhe também que sequer estava segura de ser a pessoa certa para fazer isso com ela, tampouco de que era *certo* que eu fizesse, e que fora por isso que eu sugerira, antes, que poderia ser preferível para ela consultar um psiquiatra.

Ao longo de nosso tempo juntas no ano seguinte, ela resistiria a essa ideia. Logo que começamos a conversar, Mary me contaria uma de suas primeiras lembranças.

"Acho que eu tinha 6 ou 7 anos", ela disse. "Nós, minha mãe e eu, estávamos indo ver os pais do meu pai, que moravam do outro lado da ponte sobre o Rio Tyne. Lembro que estava escuro, porque havia luzes na ponte e nos carros. Estávamos andando pela ponte. Minha mãe estava furiosa. Eu não me lembro por quê. Ela agarrou meu braço e apontou para uma guarita à frente, sabe, uma daquelas coisas de concreto, e disse que, se eu contasse mentiras para qualquer pessoa, era lá que eu seria colocada. 'Isso é o que fazem com crianças que não ficam de boca fechada quando mandam', ela disse. E me deu um safanão."

Mas naquele dia teria sido não apenas impossível, mas também errado trazer à tona sua infância, a qual eu sempre tive certeza de que foi ainda pior do que a família tinha admitido para mim, e que tinha que ser não uma desculpa, mas sem algo que poderia levar a uma explicação para seus terríveis atos em 1968. Isso, porém, precisaria de um desenvolvimento lento. Quanto aos atos em si, seria claramente essencial que ela confrontasse o que havia feito. Ela havia sempre negado, até aquele dia, que matara Martin Brown e havia sempre minimizado, acreditava eu, a extensão de sua responsabilidade na morte de Brian Howe. Antes que fosse possível procurar pelos motivos com ela, seria necessário que ela encarasse o fato de que havia cometido aqueles atos, não importando se alguma outra pessoa estava presente ou não. Todas essas eram questões a serem abordadas com muito cuidado, deixando para ela a iniciativa de quando e como falar sobre elas na maior parte do tempo e protegendo-a do choque que quase certamente seguiria essas revelações, caso um dia ela fosse capaz de abordá-las.

Conforme eu perceberia com frequência no futuro, sua atenção havia se desviado logo depois que eu começara essa discussão longa e difícil, e seus pensamentos estavam tão mergulhados em outro lugar que ela provavelmente não havia ouvido metade do que eu dissera.

"...Norma," disse ela, como se respondesse a uma pergunta. "Não quero dizer nada contra ela... Mas...". Ela parou e, então, recomeçou: "Pobre Norma...".

Muitos pensamentos permaneceram não declarados entre nós naquele primeiro dia, mas uma quantidade de assuntos sobre os quais ela se sentia incansavelmente amarga surgiria por diversas vezes ao longo dos dois anos seguintes. O fato de que o tribunal de Newcastle declarou Norma inocente e a absolveu talvez seja a recordação mais amarga de Mary em relação àquele dia, em dezembro de 1968, em que o julgamento terminou, embora ela não sinta mais qualquer animosidade pessoal contra a amiga de infância.

"Lembro bem claramente o sentimento de saber o que aconteceria. Eu não sei como sabia. Deve ter sido a partir do que eles disseram... Sobre ela? Para ela? Não sei." Eu poderia ter-lhe dito, embora não o tenha feito naquele dia, que, sim, estava bem claro, dias antes de o julgamento terminar, que aquele tribunal, com aquele júri, jamais condenaria ambas as garotas e que Norma sairia livre.

"Como eles puderam?", ela perguntaria diversas vezes depois, e frequentemente acrescentaria, como naquele primeiro dia: "Pobre Norma...". E meses depois de iniciarmos nossas conversas, ela disse não uma, mas diversas vezes: "Talvez o que aconteceu com ela tenha sido, afinal, pior para ela do que o que aconteceu comigo foi para mim".

O maior medo de Mary é o da mídia, e da imagem de monstro que se criou dela em 1968. Em sua percepção, esse "mito", como ela sempre o chama, perdura a despeito do fato de que, desde aquela época, houve grande quantidade de casos "similarmente terríveis" (palavras dela) e mesmo mais visíveis no Reino Unido e em outros lugares. Esse mito a manteve isolada de seus tios, tias e parentes, os quais amava, e dos filhos deles, a quem ela ansiava conhecer. Quanto ao público que, segundo ela sente e com certa razão, não a esqueceu, o mito de sua maldade inata e singular continua intacto, como confirma a absolvição de Norma. Outro ponto de amargura é que ela era lembrada – ainda é e sempre será, ela acredita – como mentirosa e manipuladora.

"Mas, pelo amor de Deus", ela disse. "Eu era uma criança; que outra coisa eu podia fazer, senão mentir?" Outra questão, que não deixa de estar relacionada à anterior, é seu ressentimento por ser considerada excepcionalmente inteligente. Em suas lembranças do julgamento, toda menção a sua "inteligência" é entremeada por sugestões de manipulação. "E isso quer dizer que as pessoas pensam que eu nunca sou honesta. Mas sou, eu sou...", ela diria repetidas vezes, e começaria a chorar.

Se acreditei em suas lágrimas, naquele dia e depois? Se pensei, quando Mary foi embora no final daquela tarde, que poderia confiar nela, que seus motivos eram aqueles que ela havia descrito, e que sua história, qualquer que fosse, seria verdadeira? Não sou dada a ilusões. Pensei que os motivos dela eram confusos e suas descrições não eram sinceras, mas que isso era resultado da insegurança e da inexperiência mais do que da manipulação. Ela não me conhecia, nem havia jamais conhecido alguém como eu ou o mundo em que vivo. E o que Mary estava propondo fazer, mesmo que ainda não tivesse compreendido as dimensões daquilo (e não tinha), era um grande passo para fora dos limites muito específicos de sua vida, e isso demandava coragem.

Mas sim, pensei que ela tentaria me manipular, como tentaram outros muito mais sofisticados do que ela. Da mesma maneira, eu sabia que haveria mentiras – como pode não haver quando seres humanos concordam em abrir, uns aos outros, o que existe de pior dentro deles? Ainda assim, eu tinha certeza ao final daquele dia de que quaisquer mentiras *deliberadas* que ela pudesse contar seriam mais sobre pequenas coisas do presente do que sobre coisas importantes do passado. Pois eu acreditava em sua infelicidade sobre o que havia feito e isso era decisivo para mim. Eu acreditava em sua tristeza em relação às famílias cujas crianças ela havia tirado, e eu acreditava em sua necessidade de conhecer a si mesma.

Contudo, já naquele primeiro dia eu sabia que trabalhar com Mary jamais seria fácil. Eu havia contado a ela, ao final de tudo, como visualizava o tempo que passaríamos juntas: que, embora eventualmente fosse fazer arranjos para trabalhar em locais próximos a sua família, eu acreditava que a melhor coisa seria se ela concordasse em vir até Londres e ficar conosco durante a primeira semana, quando poderíamos começar a trabalhar e nos conhecer melhor.

Percebi que, exceto pela supervisão do Serviço de Liberdade Condicional, uma exigência para sua libertação, sua vida anterior a havia deixado quase obsessivamente resistente a ser contida. Eu havia lhe avisado que, a partir do momento em que os contratos de publicação fossem assinados, nós estaríamos sujeitas a suas condições, tanto no que dizia respeito às datas especificadas quanto à discrição absoluta que seria demandada de nós. Pois eu sabia *a priori* – Pat Royston havia me avisado e o advogado de Mary havia confirmado – que o tribunal responsável pelo bem-estar da filha de Mary, ainda que não se opusesse a tal projeto, requereria absoluta discrição a fim de proteger a criança.[10]

Tal necessidade de sigilo foi enfatizada, mesmo enquanto nós esperávamos os seis meses que advogados, agentes e editores levaram para chegar a um acordo. Pat Royston recebeu um pedido de entrevista com Mary de um de seus perseguidores da imprensa mais persistentes e, por duas vezes, houve evidências de que um carro estranho estava passando pelas ruas próximas ao local onde Mary vivia e que alguém estava fazendo perguntas na vizinhança. Ficou claro, como em numerosas ocasiões anteriores, que ela teria de se mudar. Ainda que isso tenha sido feito, e uma carta tenha sido enviada para lembrar o editor do jornal em questão sobre a liminar do tribunal, isso intensificou nossa atenção e nossa obrigação para com ele.

Essa preocupação com o segredo não apenas sobre o paradeiro de Mary, mas também sobre todo o projeto se tornaria um peso tanto para Mary quanto para mim. Do lado dela, ninguém sabia do nosso arranjo, exceto seu companheiro, Jim; dois parentes próximos dele; o padrasto dela, George; quatro antigos professores de Red Bank e os advogados de Mary (o Ministério Público foi informado desde o início, bem como, no fim das contas, a unidade de prisão perpétua do Ministério do Interior). Pat Royston e outra agente de condicional de Mary, Samantha Connolly, trabalharam comigo do começo ao fim e corroboraram essencialmente com a maior parte de sua história. Para Mary, isso significou a separação praticamente total por três anos dos poucos amigos que havia feito.

Do meu lado, além de minha família e de meu editor, apenas duas pessoas sabiam desde o começo: uma amiga (uma antiga assistente social) que me auxiliou com parte da papelada, e um amigo advogado (especialista em crimes cometidos por crianças ou contra elas) que me aconselhou. Posteriormente, eu consultaria algumas outras pessoas, psiquiatras na Grã-Bretanha e fora dela, assistentes sociais e dois de meus amigos mais próximos, ambos escritores, ambos no exterior. Tudo isso me levou a um

---

[10] A filha de Mary esteve sob custódia tribunal até seus 18 anos. Em 1985, devido à contínua perseguição da mídia a Mary, uma ordem judicial foi publicada para proibir qualquer revelação que conduzisse à identificação da criança.

isolamento estranho e bem perturbador, mesmo em relação a meus amigos e meus colegas mais próximos.

A intensidade da preocupação de Mary quanto ao projeto do livro e às condições que ele exigia tornaram-se aparentes logo na primeira vez que combinamos de trabalhar juntas. Nós não sabíamos a que horas ela chegaria a Londres, mas ela havia telefonado da estação no início da noite e dito que tinha dinheiro, preferindo tomar um táxi a esperar que a apanhássemos. Essa foi a última coisa que ouvimos dela até sua chegada às 11 horas da manhã do dia seguinte, num estado lastimável, carregando uma mala pesada e quatro sacolas plásticas abarrotadas de jornais e fotografias.

"Desculpe", ela repetia de novo e de novo. "Desculpe mesmo, mas eu precisava ficar sozinha."

"Mas onde você esteve? O que você fez?", eu perguntei.

"Caminhei", ela disse.

"A noite toda?", perguntei, incrédula, e ela confirmou com a cabeça.

Depois descobri que ela havia tomado inúmeras xícaras de chá e descansado em soleiras até o amanhecer. Por fim, não querendo tocar nossa campainha muito cedo e também, àquela altura, terrivelmente relutante quanto a todo o projeto, ela havia se sentado numa lanchonete próxima e bebido um café após outro enquanto buscava coragem para se aproximar da rua em que moramos.

Naquela manhã, tudo o que eu podia fazer era preparar um banho para ela e colocá-la na cama. Quando acordou, seis horas depois, dei-lhe o telefone para que ligasse para casa. Ao entardecer – para mim uma indicação tanto do nervosismo quanto do caos dentro dela – ela havia coberto todo o espaço livre do meu escritório, onde dormiu, com jornais, cosméticos, maquiagem e um resto de roupas mal separadas, empacotadas de maneira visivelmente caótica.

Mas, muito mais indicativo de seu estado de espírito, tudo o que ela queria naquela noite e no dia seguinte era falar sobre sua filha – quase como se quisesse estabelecer para mim sua identidade no presente antes de dizer qualquer coisa sobre o passado. E para Mary ela é, mais do que qualquer outra coisa, a mãe de sua filha. Levou vários dias para que eu entendesse que havia nela duas partes completamente distintas. Uma é a mãe jovem, atraente, calorosa e de amor incondicional que, com talento, imaginação e inteligência, está dedicando uma grande parte de sua mente e de sua personalidade a criar uma infância ideal para a filha. Nesse aspecto de sua vida ela é calma, organizada, disciplinada e feliz. A outra parte – com a qual eu me tornaria mais familiarizada (embora não houvesse um dia sequer, naqueles cinco meses, que não surgisse o assunto da filha) – é caótica, praticamente incapaz de organização e disciplina e, apesar de um esperto senso de humor à espreita, sempre muito triste.

Uma das coisas que eu descobriria apenas semanas depois de termos começado a conversar é que ela desenvolveu uma dependência parcial a analgésicos, que foram dados a ela pela primeira vez na prisão e ainda são receitados devido a enxaquecas frequentes. Quando ela teve um desses ataques durante a semana que passou conosco e eu fiz uma observação sobre a óbvia severidade da dor, Mary disse que tinha tanto medo de que ela viesse que tomava os comprimidos, que tinham efeito calmante até soporífero, antes que dos ataques, e tomava uma dose muito maior que a receitada. Foi mais tarde que percebi – e, claramente buscando ajuda, ela admitiu – que a fala arrastada que eu havia notado ocasionalmente era causada por essas doses preventivas que ela tomava. Ela me contou mais, então, sobre a quantidade de drogas que havia sido receitada para ela na prisão: uma das consequências positivas de nós termos discutido esse problema foi que ela o admitiu para seu médico e recebe ajuda para reduzir a ingestão desse remédio.

Os meses durante os quais conversamos, prolongados porque ela faltava frequentemente – uma vez, passei duas semanas esperando por ela em vão às 9h15 de todas as manhãs –, foram dominados pela necessidade imediatamente óbvia não apenas de dar-lhe tempo para que chegasse ao cerne de muitas de suas lembranças, mas também de checar a autenticidade de muitas de suas recordações repetindo várias de minhas perguntas semanas ou meses mais tarde. Ao longo dos meses, contudo, eu ficaria totalmente convencida de sua sinceridade e da realidade de sua dor.

"Como me tornei aquela criança?" Essas são as palavras que ficaram em minha mente durante a noite em claro que se seguiu àquele primeiro encontro em novembro de 1995. E elas permaneceriam comigo enquanto trabalhávamos juntas quando, dia após dia, ela trazia à tona o fantasma sempre presente de sua mãe, Betty, que quase teve sucesso diversas vezes em matar e certamente em prejudicar emocional e psicologicamente sua filha. Mary só foi libertada da mãe, de fato, quando Betty morreu, em janeiro de 1995.

PARTE I

O julgamento: dezembro de 1968

O tribunal

Dezembro de 1968

A idade para responsabilidade criminal na Inglaterra e no País de Gales é 10 anos (8 na Escócia). Crianças entre 10 e 13 anos, porém, até a aprovação do Ato de Crime e Desordem em 1998, eram consideradas legalmente como *doli incapax,* incapazes de intenção criminosa, e tal pressuposição devia ser refutada pela promotoria antes que elas fossem condenadas. Isso significa que a acusação deve provar não apenas que a criança realizou os atos alegados, mas também que, ao fazê-lo, sabia que aquilo era seriamente errado. A lei de 1998 aboliu até mesmo essa proteção, e considera-se que qualquer um com 10 anos ou mais tem a mesma percepção moral de certo e errado que pessoas mais velhas. O julgamento "Coroa *versus* Mary Flora Bell e Norma Joyce Bell" destacaria de maneira singular os problemas relativos ao *doli incapax* e de todo o sistema de julgamento de crianças em tribunais para adultos, mas nunca houve dúvidas de que ele ocorreria.

O procedimento judicial em qualquer país é determinado por suas próprias regras firmemente estabelecidas, mas, onde quer e como quer que um tribunal ocorra, ele é sempre precedido por uma investigação policial e pela prisão de um suspeito que tem direito a fiança ou a ficar sob custódia, exceto em caso de assassinato. Na Grã-Bretanha, a decisão sobre se um caso deve ir a julgamento é tomada tradicionalmente pelo diretor da Promotoria Pública, o funcionário do sistema legal mais importante do governo (que, desde 1985, preside o Serviço de Promotoria da Coroa).

Casos de assassinato, porém, quase sempre terminam diante de um juiz ou um júri e, até 1972, isso significava que casos fora de Londres seriam atendidos em Tribunais Itinerantes, nos quais os juízes da Alta Corte fazem suas sessões periódicas diversas vezes ao ano, viajando pelo país em vagões de trens fechados e vivendo reclusos em residências próprias para juízes em todas as grandes cidades onde eles atuam.

O propósito de todo tribunal criminal, seja conduzido sob o sistema acusatório (a exemplo do Reino Unido e dos Estados Unidos, onde a promotoria deve provar que o acusado é culpado para além da dúvida razoável), seja sob o sistema inquisitório do Código Napoleônico (como na maioria dos países europeus, em que o juiz desempenha um papel muito mais ativo), é determinar culpa ou inocência. Em teoria, os fatos por si só determinam esse fim, apesar de os juízes poderem interferir no resultado por meio de suas perguntas ou daquilo que acrescentam ou sugerem. Na maioria das vezes, essas perguntas ou sugestões indicam suas próprias posições e, indubitavelmente, influenciam os jurados. Do mesmo modo, o sumário do caso feito pelo juiz terá grande peso sobre a opinião de qualquer membro do júri e, conforme o caso de Mary provaria de maneira clássica, juízes também são apenas humanos e podem ser influenciados por aparências, sendo sujeitos à emoção.

As circunstâncias nas quais um julgamento é conduzido, contudo, podem ser predeterminadas e, na cidade de Newcastle, em 1968, providências foram tomadas para permitir intervalos frequentes no processo e propiciar relativo conforto às crianças. Os policiais e a equipe de plantão no tribunal haviam recebido instruções especiais para que mantivessem o ambiente calmo e tratassem as crianças e suas famílias com gentileza. Ainda assim, um tribunal do júri para julgar um assassinato intimida; é deliberadamente sério em seus atos e assustador em seu efeito.

As sessões do tribunal de Newcastle aconteceram em Moot Hall, um prédio de pedra do início do século XIX ao sul da cidade onde todas as atividades relativas ao tribunal eram conduzidas até a construção recente de um novo edifício. A galeria pública no centro do tribunal e as galerias laterais, reservadas à imprensa nessa ocasião, estiveram cheias apenas em quatro dos nove dias do julgamento: no primeiro dia, quando o promotor Rudolph Lyons (Conselheiro da Rainha) apresentou seus argumentos; no sexto dia, para o interrogatório principal de Mary; no oitavo dia, para o resumo feito pelo juiz ao júri, e no nono dia, para o veredito. Nesses quatro dias – a programação do dia seguinte era afixada na sala de imprensa ao final dos trabalhos de cada dia – havia repórteres de todos os principais jornais e muitos jornalistas estrangeiros, e filas desde o início da manhã para os assentos reservados ao público. Nos outros dias, entretanto, grande parte da galeria pública estava quase vazia e a maioria dos repórteres permaneceu a distância.

Esse sentimento óbvio de resistência ao caso, em Newcastle e no resto do país, indicativo da diferença entre os anos 1960 e 1990 no que se refere à opinião pública, seria refletido na condução do julgamento e na atmosfera no tribunal ao longo do processo. O tribunal – o juiz e os advogados – e os psiquiatras, alguns dos quais compareceram em assentos especialmente demarcados e de onde podiam observar as crianças, estavam intrigados. Mas o público (que, 25 anos depois, estaria fazendo fila desde as primeiras horas da manhã em cada um dos dezessete dias do assim chamado "Julgamento de Bulger") e a imprensa nacional rejeitaram o caso: em 1968, crianças problemáticas ainda não eram "moda"; quanto ao "mau", era melhor que fosse ignorado para evitar que contagiasse.

Embora o progresso do julgamento fosse brevemente noticiado nos telejornais e comentários aparecessem em jornais de qualidade após o veredito, a BBC, em consideração a seus telespectadores jovens, proibiu qualquer menção sobre o assunto durante o noticiário das 6 horas da noite. De maneira ainda mais surpreendente, os tabloides de domingo – todos os quais, um quarto de século mais tarde, acompanhariam o caso Bulger e pagariam grandes somas de dinheiro para membros da família Bulger por suas histórias – rejeitaram completamente o caso. O jornal *The Sun*, em determinado ponto do julgamento, recusou a história da vida de Mary Bell quando posta à venda por seus pais.[11]

---

[11] Sidney Foxcroft era repórter da *People* e do *The Sun* em Newcastle. "Um homem me telefonou um dia", ele me contou. "Ele disse que era amigo dos Bell e que eles queriam vir conversar comigo sobre algo. Eu levei um amigo meu para esse encontro. Sabe, eu mesmo mal conseguia acreditar naquilo. Eles vieram juntos, Betty e Billy Bell e o amigo deles, e disseram que queriam nos vender a história da vida de Mary. A filha deles estava em julgamento por assassinato lá em Moot Hall e eles sentaram aqui e disseram: 'Nós tentamos ensinar a ela a ser direita, mas não conseguimos fazer nada com ela...'". Bem, era minha função escutá-los, mas eu nunca tinha ficado tão enojado em toda a minha vida. Liguei para o escritório em Londres e contei para eles. Disseram que não iam nem chegar perto dessa história."

Os julgamentos mais importantes eram normalmente dirigidos para o Primeiro Tribunal, o maior tribunal em Moot Hall. Nesse caso, porém, o julgamento fora transferido para o Segundo Tribunal, que, em comparação ao Primeiro, era um pequeno recinto com paredes cobertas por carvalho escuro. Ele era considerado menos ameaçador e tinha uma sala de espera e um banheiro adjacentes, o que tornaria mais fácil cuidar das duas crianças. Não tinha o banco dos réus, permitindo que as crianças se sentassem em uma fileira entre os advogados, à frente, e suas famílias, atrás, o que as fazia se sentir e parecer menos isoladas. Tinha também excelente acústica, que permitia ouvi-las mesmo quando – como ocorreu com frequência – elas sussurrassem. Isso foi um grande contraste com Preston Crown Court, em 1993, quando o banco dos réus foi elevado sobre uma plataforma especialmente construída, sem a qual os dois garotos acusados não seriam vistos pelo juiz e pelo júri. O resultado foi que a altura de seus assentos, alinhados com o do juiz e acima de todos os outros, isolava-os totalmente das únicas pessoas que importavam para eles, suas famílias, que estavam sentadas na parte central do tribunal em posição inferior e posterior a eles, não sendo possível para os garotos enxergá-las.

Apesar das cuidadosas providências tomadas para as duas garotas, nenhuma delas havia sido preparada para o caráter solene dos trabalhos do tribunal. Durante nove dias, duas linguagens incompatíveis entre si seriam faladas na antiga câmara: uma era a linguagem dos adultos, algo sobretudo mais formal; a outra era a linguagem de duas crianças perturbadas, cujas mentes funcionavam de uma forma que era um mistério para praticamente todos os presentes ("Ninguém nos falou nada", Mary me contaria depois. "Nem sobre as pessoas indo assistir."). Ninguém havia esperado pela multidão que compareceu ao dia de abertura do julgamento, e ambas as garotas – Norma reagia sempre um instante após Mary – riram animadamente quando três batidas precederam a fala do oficial de justiça: "Todos de pé no tribunal!".

"Nós quase não conversamos durante o julgamento, mesmo quando podíamos", disse Mary. "Mas, sim, eu me lembro: nós rimos. Eu não sei por que ou sobre o que, mas sempre que olhávamos uma para a outra, ríamos". E vinte e cinco anos depois, em Preston, eu notei os dois garotos fazendo exatamente o mesmo toda vez que seus olhos se encontravam.

Eu estava sentada na galeria situada acima e em frente de onde estavam as duas garotas, e percebi como a diferença entre elas ficava evidente quase de imediato: Norma aterrorizada, em contraste com a falta de senso de realidade de Mary. Quando o juiz entrou com sua capa vermelha e com passos lentos e calculados, os advogados de peruca branca e os oficiais do tribunal se curvaram e os vários policiais espalhados pelo tribunal postaram-se rijos e atentos; Mary quase não conseguia conter seu prazer por aquele espetáculo. Norma, todavia, com o corpo todo expressando desorientação, virou-se para seus pais, o rosto refletia a mistura de sorriso nervoso com lágrimas incipientes que iriam se tornar tão familiares aos espectadores quanto a cena de sua mãe balançando a cabeça e indicando gentilmente com a mão que a menina voltasse a olhar para o tribunal.

Norma também era uma garota linda, de cabelos também castanho-escuros e tão brilhantes quanto os de Mary. Todos os dias ambas usavam vestidos de algodão limpos e passados, meias brancas e sapatos lustrados. Mais alta e fisicamente mais desenvolvida, Norma tinha um rosto arredondado que parecia eternamente confuso e grandes e delicados olhos castanhos. Era fácil para qualquer pessoa se preocupar com Norma o tempo todo, comovida por seu visível cansaço e preocupada com os pais claramente cuidadosos, além dos numerosos parentes que, sentados atrás dela, compareciam a todas as sessões, afagando e acariciando a criança desesperada nas muitas vezes em que ela rompia em lágrimas. Seus dez irmãos e irmãs, cujas idades iam do irmão com deficiência física de 16 anos até um bebê de colo, esperavam do lado de fora do tribunal todos os dias, acenando para ela com entusiasmo sempre que a porta se abria. E a cada intervalo elas subiam e desciam depressa as escadas para o lugar que Mary, anos mais tarde, descreveria para mim como "o calabouço", uma sala de teto abaulado e pilastras no porão do prédio do tribunal os dois grupos amontoavam-se em cantos opostos da enorme câmara durante os intervalos do julgamento. Isso ocorreu até o quinto dia do julgamento, quando o juiz ordenou que as garotas fossem mantidas em salas separadas. Havia amor e uma alegria determinada ao redor de Norma do início ao fim do julgamento. E ninguém no tribunal poderia ter pensado por um único instante que qualquer um na família dela acreditava que aquela garotinha fosse capaz de assassinato.

Mary, muito menor, com o rosto em formato de coração e memoráveis olhos de um azul brilhante, também não estava sozinha, apesar de os membros de sua família que estavam lá parecerem incapazes de esconder sua ansiedade e aflição. Sua avó, a Sra. McC, mãe de Betty, magra e de ossos finos, esteve lá todos os dias, com uma expressão cansada no rosto baço, a coluna ereta e em silêncio. Vieram as tias Cath e Isa, irmãs de Betty; e a irmã de Billy, Audrey; e também Peter, marido de Audrey, e o marido de Cath, Jack; todos eles reverentes e silenciosos, evitando contato com qualquer um ao redor e, durante os intervalos, apresentando o que uma policial de Newcastle descreveu para mim como "uma animação forçada e uma ternura desesperada para com Mary".

A pessoa mais visível e impossível de ser ignorada, entretanto, era Betty. Longe de ficar em silêncio, ela gritava por qualquer coisa e não parava de soluçar de forma escandalosa. Mais de uma vez, com a peruca loira e desgrenhada mal posicionada e sem cobrir completamente o cabelo de um preto profundo, ela demonstrou sua indignação ao que estava sendo dito sobre a filha, deixando o tribunal de forma desafiadora, batendo os saltos, apenas para voltar, igualmente desafiadora, poucos instantes depois.

Billy Bell, alto e bonito, com cabelos pretos e costeletas de um loiro-avermelhado, sentava-se curvado com os cotovelos sobre os joelhos e com as mãos apoiando a cabeça, escondendo o rosto durante grande parte do tempo. Nunca o vi falar com ninguém, embora a policial que vigiava Mary me contasse que ele era gentil com ela durante os intervalos e, apesar de tão taciturno na sala do tribunal, empenhava-se em fazer Mary rir na sala do porão. Exceto por um beijo quase ritual ao sair, a mãe dela nunca a confortou a não ser que percebesse que alguém estava observando. Mas Billy abraçava e beijava Mary toda vez que ele entrava ou saía, e ela, que diversos de seus parentes diziam que nunca se deixava beijar por qualquer um deles que "sempre virava o rosto", ficava grudada nele.

Mary me contou depois que sentiu muito medo da mãe durante o tribunal.

"Ela foi ficando mais e mais..."

"Mais o quê?", perguntei.

"Brava comigo", disse ela, utilizando as mesmas palavras e o mesmo tom de voz de antes.

Foi muito depois do julgamento que três assistentes sociais me contaram sobre sua primeira experiência com Betty Bell. Antes de o caso chegar aos tribunais, as duas crianças haviam estado sob custódia quatro vezes. Billy Bell e Audrey, com a avó de Mary, compareceram à primeira audiência de custódia no Tribunal Juvenil em 8 de agosto, um dia após a prisão das crianças julgadas. E para a revolta do Departamento Infantil de Newcastle, Betty estava ausente. As assistentes sociais ficaram indignadas, elas disseram, e, no final da tarde na véspera da segunda audiência de custódia, em 14 de agosto, três delas saíram do serviço em um feriado de meio período para ir até Glasgow.

"Oficialmente, é claro, nós não tínhamos permissão para fazer isso. Mas já era ruim o suficiente saber tão pouco sobre aquela criança; não iríamos, além disso, deixá-la sem a assistência da mãe nem um dia a mais." Elas descobriram o *pub* de Betty e seu "ponto", como elas disseram, numa rua de Glasgow. "Nós simplesmente fomos até lá, a agarramos e a colocamos de qualquer jeito no carro de volta a Newcastle à noite. Ela gritava e berrava, usando palavrões para se referir a nós, ao departamento e ao tribunal, mas ela estaria lá para dar apoio àquela criança pela manhã, mesmo que fosse a última coisa que fizéssemos."

Foi um ato interessante, menos de compaixão do que de princípios, pois todas as três admitiram para mim na época que não "gostavam" de Mary e que, de fato, ela lhes dava "calafrios" (e todos esses anos mais tarde, Mary, buscando em sua memória, acrescentaria que se lembrava da primeira vez em que viu a mãe depois de ser presa. "Ela veio me ver, acho que foi nas celas do departamento de polícia de West End, e ficou completamente histérica, gritando comigo sobre o que eu tinha feito com ela dessa vez, fazendo com que pessoas a perseguissem... Que era minha culpa e que vergonha eu era para ela.").

Quando as duas crianças se sentaram para a sessão do tribunal, veríamos muito rapidamente que a atenção de Norma era de curta duração: ela escutava atentamente por alguns minutos, depois começava a se contorcer, olhar ao redor e se virar para falar com sua mãe, que, invariavelmente, virava sua cabeça de volta para o juiz. Então, dava para ver em seu rosto o esforço em escutar até que, segundos e não minutos mais tarde, sua cabeça começaria de novo a girar para cima e para baixo, olhando para o recinto, as galerias e novamente para a mãe, que com paciência infinita, embora cansada, como se podia sentir, repetia o processo de dirigir sua atenção para quem quer que estivesse falando.

Mary, ao contrário, ficava surpreendentemente atenta. Ela mal notava as demonstrações dramáticas da mãe e não parecia confusa ou particularmente aflita. A impressão geral que ela dava era de intenso interesse. Seu rosto era intelectualmente ativo, quer quando ela conversava aos sussurros com seu advogado, David Bryson, que estava sentado próximo a ela, quer quando testemunhou, e tinha um quê de constante escuta, embora, exceto em momentos de raiva, fosse emocionalmente inexpressiva. O corpo de Mary estava quase todo inerte; seu nervosismo estava nas mãos. Desproporcionalmente largas, as mãos dela se movimentavam com muita frequência, como se fossem parte separada de seu corpo. Parecendo não perceber, ela passava a mão sobre o vestido, sobre os cabelos e sobre si mesma, e constantemente colocava um dedo na boca, embora nunca o polegar. De poucos em poucos minutos ela tirava o dedo da boca e limpava os lábios com as costas das mãos; esfregava na saia primeiro as costas das mãos, e depois o dedo, que era secado no tecido para de imediato colocar esse ou outro dedo de volta na boca.

Vinte e cinco anos mais tarde, em circunstâncias quase idênticas, eu veria uma repetição dessa extraordinária manifestação de perturbação, quando um dos dois garotos de 10 anos que assassinaram James Bulger demonstrou maneirismos semelhantes, às vezes idênticos. Ele também se sentou durante grande parte do julgamento com um dedo, normalmente o polegar, na boca ou na orelha, e também o limpava de um jeito distraído em suas calças apenas para novamente inseri-lo de imediato na boca, movendo-o para a frente e para trás ou em círculos.

Mary parecia escutar cada palavra, mesmo quando não conseguia compreender aquela linguagem formal. Mas em visível contraste em relação à outra criança, ela parecia isolada daquilo que a cercava. Exceto pelo jovem advogado, que por três ou quatro vezes durante os nove dias respondeu às suas perguntas em seu lugar, ninguém conversava com ela. E exceto pelas poucas vezes quando, obviamente cansada, Mary se mexia com impaciência e (conforme ela havia lembrado naquele primeiro dia em que conversamos 28 anos mais tarde) recebia de sua mãe um tapa firme na parte de trás da cabeça, ou no dia do veredito, quando a menina começou a chorar e David Bryson segurou-a por um momento, ninguém mais a tocava.

Na época do julgamento, as duas crianças estiveram sob custódia durante quatro meses. Advogados escolhidos pelo tribunal prepararam o caso para cada uma e instruíram aqueles que as representariam durante o julgamento, todos pagos com auxílio legal. Norma foi representada desde o início por R. P. Smith, um advogado de grande reputação e um dos mais jovens e (conforme me disseram) mais brilhantes *silks*[12] do país. Em questão de dias depois da prisão, ele convenceu o juiz em Londres, por meio de audiência privada fora do tribunal, de que ela deveria passar o tempo da custódia como paciente de um hospital psiquiátrico próximo, sendo "observada" por enfermeiras e médicos.

Mary foi representada por um advogado velho e distinto com título de *barrister*, Harvey Robson, cuja extensa carreira legal incluía diversos casos enquanto advogado-geral da Grã-Bretanha em Camarões do Sul, além de diversos casos criminais no Nordeste da Inglaterra, embora nenhum fosse de assassinato. O Sr. Harvey Robson, uma fonte de confiança me disse mais tarde, não tentou obter um pedido hospitalar para Mary em sua custódia (o advogado dela, David Bryson, diria-me depois que foi pelo fato de considerar isso uma tentativa infrutífera). Ela foi mandada primeiro para um centro de avaliação em Croydon e depois para um lar de custódia em Seaham, no Condado de Durham, dirigido pelo departamento de prisão para garotas de 14 a 18 anos de idade entre as quais, por causa de sua idade e do crime do qual era acusada, ela imediatamente se tornou uma estrela.

Em casos de crianças acusadas de crimes graves na Inglaterra, é bastante incomum que psiquiatras sejam requisitados antes do julgamento, exceto para determinar que o menor acusado é capaz de distinguir o certo do muito errado, e que a criança era psicologicamente responsável por seus atos quando eles foram cometidos. Qualquer outro tipo de atenção psiquiátrica é interrompido antes de um julgamento para não adulterar as evidências. Era surpreendente, portanto, que fosse permitido que Norma passasse os meses de custódia na ala infantil do Hospital Prudhoe Monkton sob a supervisão do psiquiatra Ian Frazer.

Embora tanto a custódia de Norma no hospital quanto a de Mary em uma casa de detenção tenham ocorrido em lugares com boas condições,

---

[12] Conselheiros da Rainha (ou do Rei). Advogados apontados anualmente pela Coroa com base em sua habilidade, sua experiência e sua idade mais avançada. Note-se também que Harvey Robson é um *barrister* e David Bryson, advogado de Mary, um *solicitor*. Ambos são *lawyers*, termo geral para designar advogados, mas, de acordo com a terminologia legal do Reino Unido, um *barrister* é um advogado especialista em determinada área legal que tem permissão para advogar em qualquer tribunal. Já um *solicitor* é um advogado que tem campo de atuação mais restrito, cuja tarefa principal é conduzir as relações entre o cliente e o *barrister*, que é por ele instruído acerca das peculiaridades de cada caso. [N.T.]

e nenhuma das duas crianças tenha parecido infeliz, a diferença nas providências tomadas para elas – um ambiente hospitalar para Norma, um semipunitivo para Mary – logo se fez conhecida.

É quase impossível hoje em dia para qualquer pessoa, por mais determinada ou disciplinada que seja, não ser influenciada por aquilo que lê em nossa agressiva e indiscreta imprensa ou por aquilo que vê nas telas onipresentes. Considerando quanto interesse público casos como esses inevitavelmente atraem, existe certa hipocrisia em continuar a confiar na objetividade dos júris ou mesmo na dos tribunais. E mesmo trinta anos depois, todo o inevitável apelo público – em relação à morte de dois garotinhos, à prisão de duas garotinhas (cujos nomes, até então, eram desconhecidos) sob suspeita de assassinato, às condições da custódia delas (primeiro através de boatos, depois revelada no julgamento) e finalmente à ocasião do julgamento propriamente dito – sem dúvida influenciou de maneira considerável a atitude final do tribunal e, possivelmente, o resultado do julgamento.

Foi antes de o júri sentar-se e de as crianças serem levadas ao tribunal que o juiz, *Sir* Ralph Cusack, perguntou se os advogados de defesa desejavam que ele proibisse a divulgação dos nomes das garotas. Ambos responderam que não tinham objeção à revelação dos nomes. O motivo por eles alegado, que na época não me parecia convincente, era que a identidade das crianças já era conhecida em Scotswood e que somente se chamassem as garotas pelos nomes é que se poderia evitar uma teórica difamação que pudesse incorrer sobre outras crianças cujos nomes viessem a ser mencionados no curso do julgamento. Vinte e cinco anos depois, foi o precedente estabelecido pelo caso de Mary Bell que persuadiu o tribunal em Preston a permitir a revelação dos nomes dos dois meninos de 10 anos de idade acusados de matar James Bulger. A decisão provocou o mesmo dano às famílias dos garotos e irá reverberar em suas próprias vidas da mesma forma que aquela tomada pelo juiz Cusack em 1968 reverberou nas vidas de Mary e Norma.

Mary

Reflexões 1

Mary falou bastante sobre Norma quando conversamos, mas suas lembranças são apenas da infância e, quando tenta transpô-las para a vida adulta, Mary fala sobre ela com nada mais do que simpatia. O ressentimento que carrega, apesar de associado a Norma, não é contra ela, e sim contra um sistema que, agora ela acredita, usou Norma de forma deliberada, da mesma maneira que ela própria – embora não deliberadamente.

"A família de Norma se mudou para a casa ao lado da nossa em Whitehouse Road uma semana depois que nós chegamos [na primavera de 1967]", ela disse. "Quando eu ouvi que o sobrenome deles era Bell, como o nosso, perguntei a papai se eram nossos parentes. Ele disse: 'Sem chance'.

"Eu era fascinada com o fato de eles terem onze filhos. Ficava extremamente curiosa em saber como eles viviam, como faziam para sobreviver. Sabe, a casa deles era exatamente como a nossa: uma cozinha, uma copa, um banheiro e uma sala de estar na parte de baixo e três quartos e um banheiro em cima. Como colocavam trezes pessoas lá? Depois eu descobri que todos comiam em turnos.

"Eles eram boas pessoas. Eu passei a gostar muito da mãe dela. Não consigo imaginar como ela fazia para sobreviver. Ela devia trabalhar duro. E era legal, sabe. Ela costumava cantar. Eu conseguia ouvir...

"Minha melhor amiga era uma garota chamada Dot, que tinha morado perto da nossa casa, em Westmoreland Road [uma região de Newcastle notavelmente degradada na época, onde os Bell moraram antes de se mudarem para Whitehouse Road]. Mas ela se mudou para outra região quase na mesma época que nós, então nossa amizade foi diminuindo. Logo fiquei amiga da irmã de Norma, Susan, que era da minha idade, mas ela acabou se mostrando uma menina enjoada, certinha, então eu comecei a brincar com Norma. Ela era alguns anos mais velha e disseram, depois, que tinha mentalidade inferior à idade, mas eu nunca achei isso. Sempre me pegavam em flagrante quando eu aprontava alguma coisa, mas ela sempre conseguia se safar de tudo, fazendo-se de desentendida, como se não tivesse nada a ver com aquilo. Ela era muito boa em se fazer de desentendida e a aparência dela, com aqueles olhos que ela tinha, ajudava muito nisso. Mas era bastante esperta. Era espirituosa e muito engraçada. Costumava me fazer rir e eu também a fazia rir."

Perguntei se, olhando agora para trás, ela pensava que havia sido uma criança agressiva.

"Eu era uma criança provocadora", ela disse. E, pensando sobre isso, sua voz se tornou sonhadora; ela saltava de lembrança em lembrança, raramente concluindo uma frase: "Eu queria... Veja, quando você é criança... Eu costumava achar que eu podia estar num tipo de gangue como Jesse James, o fora da lei do Velho Oeste, sabe, andar a cavalo e tirar alguém da prisão amarrando uma corda nas barras da grade e botando o cavalo para correr, puxando as barras, como eu vi nos faroestes que assistia com meu pai na TV...".

Perguntei a ela se, tirando os faroestes, ela acreditava que quando criança teria fantasiado sobre crimes e prisões. Essa foi uma das perguntas que a fez refletir por muito tempo – essa reflexão, logo entendi, raramente era porque tivesse medo de "se incriminar", mas ocorria quando ela sabia que sua resposta revelaria algo íntimo, algo que ela considerava só dela.

"Bem, você sabe, meu pai... Bem, ninguém me contou nada, mas eu costumava ouvir daqui e dali e estava ciente da polícia e de que ele era uma espécie de gângster. Bem de leve. Ele apenas roubava, né? Ele nunca machucou ninguém e nunca faria isso, mas estava constantemente, sabe, meio que fugindo. E, apesar de eu não saber disso naquela época, sei que nosso estilo de vida... O da minha família... Era de desconfiança para com a autoridade. A polícia, o serviço social, o governo, as leis, tudo isso era tratado com desdém e escárnio. E também o trabalho, eu acho.

"Minha mãe nunca se referia a nenhuma autoridade sem utilizar um palavrão. Com exceção de meu tio Philip – o irmão da minha mãe, da

Escócia, que esteve no Exército –, do marido de minha tia Audrey, meu tio Peter, que era um caminhoneiro, e do marido de tia Cath, Jack, que trabalhou nas minas até adoecer, eu não conhecia ninguém que trabalhasse. Claro que burlar a lei era 'trabalho' e você sabe o que minha mãe estava fazendo, e *aquilo* era tratado como sair 'a negócios'. Naquela época eu não sabia, mas as palavras 'trabalho' e 'negócios' eram totalmente distorcidas. Se as pessoas saíssem para roubar uma loja ou furtar coisas de caminhões estacionados, isso era chamado de 'sair para o trabalho' ou de 'fazer negócios'. A polícia batia na porta e meu pai saía pelos fundos como um relâmpago, e eu dizia que ele estava fora ou que não morava ali. Eu o amava e ele era um herói para mim, porque era sempre muito bom para nós. Mas agora eu sei que se uma família vive assim, então não é só a polícia que é inimiga, qualquer autoridade é.

"Eu gostava da escola, mas ficava muito tempo longe dela. Agora acho que, talvez sem entender, eu fazia isso por algum sentimento confuso de solidariedade em relação a meu pai – você sabe, 'professores também são inimigos'. Então talvez eu pensasse que, se eu brincasse de desprezá-los, eu seria admirada por isso.

"Era confuso porque, se minha mãe realmente descobrisse que eu faltara à escola ou tinha sido grosseira lá, eu apanharia, independentemente de quão grosseira *ela* fosse com os professores ou com o sistema escolar. Mas isso não importava. Vira e mexe eu voltava a 'enfrentar' as pessoas."

E Norma era esse tipo de criança provocadora também?

"Não do mesmo jeito, não, nem um pouco. A família dela era realmente muito correta, claro que pobres, mas honestos. Mas ela era briguenta. Ela arrumava brigas com crianças negras. Eu não sabia por que, mas ela não gostava delas."

Depois disso, Mary falou durante muito tempo sobre o quão fortemente ela e seu companheiro são contrários ao preconceito e de como a filha dela jamais poderia ser intolerante ou se sentir superior em relação a qualquer pessoa por causa da cor da pele ou por sua religião. "Crianças são aquilo que nós fazemos delas", disse, finalmente.

"De qualquer jeito, ela se metia em muitas brigas", ela disse, voltando a Norma. "Agora eu acho que era apenas para chamar atenção – como eu, mas não do meu jeito. Eu – como sei agora – precisava da atenção de algum adulto para... Para me distanciar da minha família. Com ela, eu acho que era provavelmente o contrário. Ela só queria que a família a notasse. Deve ter sido duro, naquela família com tantas crianças, ser uma das mais velhas e, como disseram depois, ser uma das mais lentas. Era possível que ela acabasse ficando esquecida. Mas ela realmente adorava o irmão que tinha deficiência física, e quando as crianças tiravam sarro dele, você sabe, como crianças costumam fazer, ela se punha de pé na frente dele com os punhos cerrados e gritava 'Quem vai ser o primeiro?'. E ficava com uma aparência selvagem."

Eles brigavam com ela então?

Ela riu, descartando essa ideia. "Não, claro que não. Ela os assustava e eu admirava aquilo. E eu ficava incrivelmente impressionada porque ela era uma fujona..."

Fujona?

"Ela fugiu de casa diversas vezes..."

Mas por que ela fugiu? Ela falava sobre ser infeliz em casa?

"Sim, ela ficava dizendo que odiava a casa dela, que queria ficar longe deles. Eu me pergunto hoje se eles realmente notavam que ela havia fugido de casa... Agora que eu penso sobre isso, ela estava constantemente... Eu não sei... Simplesmente triste. Eu acho que nós duas éramos, do nosso jeito, duas garotinhas muito tristes."

"A primeira vez que eu vi Norma desde a custódia foi no primeiro dia do julgamento", Mary disse. "Disseram que não era para falarmos uma com a outra, mas claro que falamos. E ela estava diferente... Ela parecia uma pessoa completamente diferente da garota que eu conhecia. Logo me dei conta de que ela estava... Bom, recebendo uma porção de agrados. Vi que ela tirava proveito disso e também da ideia de que ela era burra. Ela pode ter sido uma criança abaixo do normal em termos educacionais, como dizem, mas burra é uma grande besteira. Naquela ocasião, achei que era um esquema dela, mas olhando para trás, eu realmente não acho mais isso. Acho que ela fez o que mandaram – a família, os advogados..."

Ela achava que seu próprio comportamento no tribunal fora controlado por seus advogados e por sua família?

"Bem, eu realmente nunca tive nada a ver com meu advogado. O Sr. Bryson me disse logo de cara que qualquer coisa que eu quisesse falar para o outro advogado tinha que ser por meio dele. Eu lembro que pensava: 'Como o outro advogado podia falar sobre mim sem me conhecer?'. Então, quando eu os ouvia dizer coisas que não eram verdade no tribunal, eu queria falar com o Sr. Bryson, mas ele me mandava parar de sussurrar para ele. Ele também me mandava parar de sorrir para Norma quando eles diziam alguma coisa que eu achava engraçada. Ele dizia que o melhor a se fazer era me sentar em silêncio e escutar."

O que ela achava engraçado?

"Era quando alguém – eu não sei quem – me chamava de 'monstruosidade da natureza' ou algo assim. Eu achava que essas palavras eram realmente muito engraçadas e não tinham nada a ver comigo. Elas me faziam pensar sobre um programa de TV que eu tinha visto, *Perdidos no Espaço*. De qualquer jeito, na maior parte do tempo eu achava que não tinha nada a ver comigo. Era como se eu não estivesse lá; ou como se estivesse lá, mas não fizesse parte daquilo."

Seus pais ou outro membro de sua família conversaram com ela sobre o que estava acontecendo e sobre como ela deveria se comportar?

"Nunca", ela disse de imediato. "Ninguém jamais mencionou a razão do julgamento, exceto meu pai, uma vez, quando ele veio me ver durante um intervalo e, de repente, me abraçou e sussurrou 'Você vai ficar bem. Eu sei que você vai ficar bem'." Billy acreditou durante anos que Mary era inocente e – alguém da família me disse –, quando ficou óbvio que ela seria condenada, concebeu com alguns de seus amigos um plano para raptá-la e escondê-la. "Minha mãe nunca me disse nada, embora ela levasse vestidos para mim. Ela fez o vestido que eu usei no dia do meu interrogatório, pelo menos disse que fez."

"De fato, sua mãe foi todos os dias ao tribunal", eu a lembrei.

"Bem, minha avó foi, minhas tias também, então ela não ousaria *deixar de ir*. Mas... Para ela era um espetáculo, um show. Meu pai, minhas tias, meus tios achavam também. Agora acho que eles estavam desesperados por mim e, provavelmente, comigo também. Ela estava desesperada por si mesma e, depois de alguns dias, começou a me maltratar quando vinha me ver sempre que não tinha ninguém olhando."

Maltratar como?

"Me beliscando nos braços e nas costas. Eu sempre soube, durante todos os dias de custódia e do julgamento que, quando eu fosse para casa – parte de mim pensava que eles teriam que me deixar ir para casa –, ela me bateria até a morte."

A investigação policial

Agosto a novembro de 1968

Nos dois casos fundamentais da Grã-Bretanha desde a Segunda Guerra Mundial – o caso de Mary Bell, como ficou conhecido, e o assassinato de "Jamie" Bulger (cuja imagem de mãos dadas com um de seus raptores, filmada pela câmera de segurança de um *shopping*, dominou as telas de TV e as primeiras páginas durante semanas na Grã-Bretanha em 1993) –, não havia dúvida desde o início de que crianças estavam envolvidas nas mortes. Enquanto escrevo, tenho à minha frente uma cópia do relatório que o detetive inspetor-chefe James Dobson escreveu em 15 de agosto de 1968. O documento formaria a base das evidências para o julgamento após acordo com o Departamento de Polícia.

É estranho lê-lo agora, tantos anos depois, pois seu fraseado oficial o faz parecer bem diferente do homem profundamente humano que vim a conhecer. Alto, com olhos azuis brilhantes e uma mente incisiva, seu jeito durão era uma fachada necessária, como ele logo me contou, para um coração "de manteiga" sempre que se tratava de crianças. De todas as pessoas envolvidas na investigação, James Dobson foi o único que logo suspeitou de que havia nesse caso algo mais do que uma "criança maligna", uma "aberração da natureza", como a imprensa a chamou.

"Digamos que percebi que havia alguma coisa terrivelmente errada", ele contou-me logo após o julgamento, quando (tal como aconteceria com muitos dos policiais com os quais eu falaria 25 anos mais tarde, durante o julgamento do caso Bulger em Liverpool) senti grande depressão e muito desânimo nele. "Mas minha função era determinar quem havia cometido o crime e como ele fora cometido. Em nosso sistema, não é função da polícia descobrir por que crimes são cometidos. Mas como vimos aqui, infelizmente, quando quem comete crimes são crianças, parece que não é trabalho de ninguém."

Ele estava dormindo em casa quando o telefone tocou à 1 hora da manhã de quinta-feira, 1º de agosto de 1968, para contar-lhe que Brian Howe, de 3 anos, fora encontrado morto, esfaqueado, como se acreditava. Ele vestiu as calças e um suéter por cima do pijama, calçou os sapatos sem as meias e "voou" até Scotswood.

"Estacionei na estrada e, enquanto descia a pé para Tin Lizzie, pensei em Martin Brown de repente. Eu não tinha nada a ver com aquele caso e não tinha ideia do que encontraria em Tin Lizzie. Mas eu havia parado o carro exatamente em frente à casa onde Martin tinha sido encontrado e, de alguma maneira, ele ficou na minha cabeça ao longo dos dias seguintes."

Quando Dobson chegou a Tin Lizzie, holofotes já tinham sido colocados, recorda. "A área toda estava muito iluminada. Tinha um monte de gente por lá", ele se lembra, "mas tudo estava, de alguma maneira, muito quieto". Ele sentia que era uma primeira indicação do choque que logo tomaria conta de Scotswood, Newcastle e todo o país. "Assassinato é sempre especial, quem quer que seja a vítima; mas há algo muito diferente para nós, algo muito pessoal, quando o crime é com uma criança", disse. "O que mais ouvi foi o barulho da estrada de ferro. É muito alto à noite. Nossos companheiros", ele repetiu, "estavam quietos".

A primeira suposição, imediatamente após o corpo ter sido encontrado, foi de que um tarado estava à solta. Mas após examinar o corpo do pequeno Brian *in loco,* o legista Bernard Tomlinson concluíra que ele havia sido estrangulado, não esfaqueado, e provavelmente havia morrido entre 3h30 e 4h30 da tarde anterior. As tênues marcas de pressão em seu pescoço e em seu nariz e a leveza dos ferimentos à faca – havia seis feridas pequenas e pontuais nas coxas e nas pernas dele e uma pequena área sem pele no meio de seu saco escrotal – eram muito mais hesitantes do que seriam se tivessem sido causadas por um adulto e indicavam claramente a ação de uma criança ou de crianças.

"Não havia raiva, ninguém conseguia ver, ninguém conseguia sentir", disse o Sr. Dobson. "Havia um terrível ar de brincadeira em tudo aquilo, uma terrível delicadeza, se você preferir, e de alguma maneira esse ar de brincadeira tornava aquilo mais, e não menos, aterrorizante. Era incompreensível. Como poderia ter ocorrido? E por quê?"

Cem oficiais da Scotland Yard foram chamados e estavam reunidos em grupos. "Falei com eles que trabalharíamos sem parar até resolvermos aquilo", disse o Sr. Dobson. "Tomamos depoimentos preliminares das famílias e dos vizinhos naquela noite e produzimos centenas de questionários mimeografados para distribuir na manhã seguinte. Começamos em Scotswood às 8 horas da manhã e, exceto por breves pausas para dormir, não paramos por oito dias.

Durante as primeiras 24 horas, mil casas em Scotswood foram visitadas e 1.200 crianças com idade entre 3 e 15 anos, bem como seus pais, receberam questionários para preencher. Houve muita inconsistência nas respostas e cerca de doze crianças foram convocadas a dar depoimentos adicionais, entre elas Norma Bell e Mary Bell.[13]

As diferenças entre as famílias das duas garotas foram comentadas desde o primeiro dia da investigação, quando o detetive Kerr chegou à casa de Norma para pedir esclarecimentos sobre uma parte do questionário. Havia dez perguntas na ficha e, no caso de Norma, a resposta para a pergunta 8 – "Você conhece alguém que brincava com Brian? Se sim: nome e endereço" – não estava clara. "Aquela era uma família em que pelo menos sete das onze crianças caíam na faixa entre 3 e 15 anos de idade", o detetive Kerr me contou mais tarde. "Claro que tinha gente demais lá. Mas eles me deram a impressão de ser uma família unida. Conversei com a mãe e com várias das crianças. Elas eram simpáticas e educadas, e limpas também, o que me pareceu uma vitória, sendo tantas."

"Achei mesmo que Norma era peculiar", ele acrescentou. "Quero dizer, eu estava fazendo perguntas sobre algo muito terrível e o pequeno Brian era uma criança que todos eles conheciam bem, mas ela ficava lá, sorrindo sem parar como se tudo fosse uma grande piada. A mãe dela – e eu achei que, sob tais circunstâncias, isso era estranho também – foi muito ríspida com ela: 'Você não ouviu o que ele perguntou? Responda à pergunta!'."

Norma acabaria por dar ao detetive Kerr o primeiro de vários depoimentos que ela faria ao longo dos dias seguintes (os quais, ao final, seriam parte das evidências que o júri poderia ver no tribunal). Examinado em retrospecto, para uma criança que foi considerada abaixo do normal em

---

[13] Os depoimentos das duas garotas são apresentados na íntegra em *The Case of Mary Bell*.

termos educacionais e que, no semestre seguinte, começaria a frequentar uma escola especial, ele se mostrou uma inteligente e instigante mistura entre verdade e invenção.

> A família Howe mudou-se para nossa rua há cerca de um ano e o pequeno Brian Howe começou a brincar com meus irmãos John Henry e Hugh Bell [...] Nunca vi nenhum deles perto dos trilhos, atrás do *pub* Delaval Arms. Só desci até lá duas ou três vezes e a última foi há meses.
>
> A última vez que vi Brian Howe foi por volta de 12h45, quarta-feira, 31 de julho de 1968, quando ele estava brincando com seu irmão e duas garotinhas na esquina da Whitehouse Road com Crosshill Road... Entre 1 e 5 horas da tarde daquele dia eu estava brincando na minha rua com Gillian e Linda Routledge, no número 59 da Whitehouse Road. Estávamos fazendo pompons [próximo a essa última frase aparece a observação da polícia "verificado"].

Até esse ponto, a polícia não tinha conectado Norma e Mary. Quando o detetive Kerr foi à casa ao lado, no número 70 da Whitehouse Road, era apenas para esclarecer a resposta de Mary à pergunta 6 – "Quando você viu Brian pela última vez?" – e à pergunta 9 – "Você esteve brincando atrás do *pub* Delaval Arms perto dos trilhos entre 1 e 5 horas da tarde na quarta-feira, 31 de julho?".

"A atmosfera era bem diferente lá", o detetive Kerr me contou. "Não parecia um lar de qualquer espécie, apenas uma concha: muito peculiar, silencioso, mobília surrada e escassa; e não era arejado, mas abafado, escuro, mesmo naquela tarde ensolarada de verão. O único sinal de vida era o latido de um cachorrão, um pastor alemão que parecia feroz."

"Mary era a criança mais evasiva que já encontrei", ele disse. "E o pai dela era muito estranho. Perguntei a ele: 'Você por acaso é o pai dela?', e ele disse: 'Não, sou tio dela'. 'Onde estão os pais dela?', perguntei. E ele respondeu: 'Ela só tem mãe e ela está fora a trabalho'."

Muito depois descobri que os Bell haviam se mudado para Whitehouse Road um ano e meio antes, e Betty Bell havia notificado a prefeitura de que seu marido havia lhe abandonado. Ela, então, reivindicou o pagamento do auxílio social a que tinham direito as pessoas nessa situação, e as crianças foram instruídas para chamar o pai de "tio" quando qualquer estranho estivesse ouvindo.

"Em todas as perguntas que fiz a Mary", o detetive Kerr continuou, "ela ficou olhando para ele [Billy Bell] sem parar em busca de direcionamento". Ele finalmente anotou a seguinte declaração de Mary, mais curta do que a de Norma, mas em acordo com ela:

> Vi Brian Howe pela última vez em Whitehouse Road por volta das 12h30 da tarde, na quarta-feira, 31 de julho [...] Quando ele estava brincando com seu irmão. Não cheguei perto dos trilhos nem do aterro próximo de lá nem uma vez na quarta-feira [...] Estive lá embaixo antes, mas faz pelo menos dois meses.

Quando o detetive Kerr voltou à casa de Norma, às 7h05 daquela primeira noite, após os depoimentos das duas garotas terem sido estudados pelo Sr. Dobson na delegacia de West End, ela fez uma correção para acrescentar que havia "se encontrado" e "brincado" com "Mary Flora Bell" no quintal delas, na manhã daquela quarta-feira até a 1h30 da tarde. Ela disse também que a havia reencontrado às 2h30, e que ambas foram brincar durante meia hora com "Elaine, a filha do proprietário da Davy's [na esquina da rua delas]". Voltando para as suas respectivas casas "por cerca de dez minutos", ela disse, as duas se reuniram novamente às 3h15 e "brincaram na rua [Whitehouse Road] até às 5 horas daquela tarde". Claro que isso era mentira: conforme eu descobriria em minhas conversas com Mary em 1996, Norma estava, ainda nesse ponto, mantendo um "pacto" que as duas garotas haviam feito. "Então, fui para a casa de Gillian e Linda Routledge e sentamos na escada da frente fazendo pompons. Pelo que sei, Mary Flora Bell simplesmente foi para a casa dela. Não a vi de novo até às 7 horas da noite, na rua atrás da nossa casa, quando ela estava sozinha. Não sei onde ela esteve."

A confecção de pompons – que realmente aconteceu de forma intermitente naquela tarde – serviria até o final como a garantia de Norma: a prova de que estivera na presença de outra pessoa. Como tinha acontecido em seu primeiro depoimento, entretanto, a maior parte das horas indicadas não era verdadeira.

No dia seguinte, sexta-feira, 2 de agosto, outro policial, o detetive-sargento Docherty, visitou Mary novamente por causa de mais algumas inconsistências em suas respostas. Ela havia se lembrado de outra coisa dessa vez, contou a ele. Na quarta-feira após Brian Howe ter sido morto, ela viu um garotinho (que a polícia chamou de "A") em pé sozinho na Delaval Road e "ele estava coberto de grama e pequenas flores". Ela o vira brincando sempre com Brian e também o vira bater sem motivo no menino na cabeça e no pescoço. E, montando uma armadilha para si mesma em uma tentativa de tirar ela e Norma de encrenca por meio de mentiras, acrescentou:

"Vi [A] brincando com uma tesoura meio cor de prata e tinha algo errado com [ela], uma lâmina estava quebrada ou entortada. Eu o vi tentando cortar o rabo de um gato com essa tesoura".

"Essa tesoura que Mary Bell mencionou, que fora encontrada sobre a grama próxima ao corpo de Brian Howe", o Sr. Dobson disse, "não tinha sido fotografada ou descrita em nenhum jornal. 'A' tinha 8 anos de idade; ele foi a primeira criança que visitei, e gastamos dois dias com ele. Sua história, do jeito como ele contou claramente por diversas vezes, foi confirmada não apenas pelos seus pais, que, é óbvio, poderíamos esperar que encobririam o filho, mas por um monte de outras pessoas". "A" havia, de fato, brincado com Brian Howe de manhã, mas saiu com a família à tarde e não voltou a Scotswood até às 10 horas da noite.

"Tudo que 'A' disse foi provado", o detetive continuou. "Mas Mary Bell tinha dito que viu 'A' com aquela tesoura. Como ela sabia sobre a tesoura, que poderia ter sido usada para fazer as marcas no corpo de Brian? Como ela poderia saber o suficiente para descrever exatamente como era a tesoura? Aquelas duas garotas, Mary Bell e Norma Bell, já tinham mudado seus depoimentos duas vezes. Àquela altura, já tínhamos eliminado todos os outros. Eu não as tinha visitado ainda, mas elas ficaram em algum canto da minha cabeça: tinha que ser elas, ou uma delas."

No domingo, 4 de agosto, um terceiro policial, o detetive Thompson, interrogou Norma novamente em casa. Ele a confrontou com o fato de ter sido vista por várias pessoas com Mary Bell e o cachorro dela naquela quarta-feira em horários diferentes daqueles que ela havia declarado. Nesse momento, Norma começou a chorar. Estava claro que ela, então, estava sob muita pressão por parte da família. Ela pediu para falar com o policial sem a presença do pai, e ele saiu do quarto antes que o policial Thompson pudesse impedi-lo (a polícia não tem permissão de entrevistar uma criança exceto na presença de outro adulto).

"Desci até a Delaval Road com Mary e o cachorro", ela disse depressa. "Mary me levou para ver Brian..."

O policial Thompson a interrompeu, chamou o pai dela de volta e disse que estava levando Norma para a delegacia. A menina voltou a dizer que não queria que o pai estivesse junto e, novamente, o Sr. Bell concordou, mas foi levado até lá pouco depois em outro carro da polícia.

Quando o detetive Dobson conversou com Norma às 8h10 daquela noite, ela estava pálida e nervosa. "Seus olhos saltavam de um de nós para o outro e ela tinha um sorriso nervoso que se transformava em lágrimas de repente", ele disse. "Eu sabia que não era a hora da verdade, mas era quase…"

Após ter sido advertida pelo detetive, ela contou que havia descido para os "blocos" – os blocos de concreto em Tin Lizzie – com Mary Bell: "E eu tropecei na cabeça dele".

Brian estava morto, ela disse, e alegou que Mary tinha contado que "apertou o pescoço dele e empurrou os pulmões", e que tinha dito a ela "Fique fora de encrencas e não conte a ninguém". Ela então descreveu como o pequeno Brian parecia e como estava deitado, e que Mary, após mostrar uma "lâmina" e onde tinha "cortado a barriga dele", escondeu a lâmina embaixo de um bloco, mandando que Norma não contasse para o pai ou teria problemas. Ao ser questionada se poderia mostrar ao detetive Dobson onde a lâmina estava escondida, ela respondeu que sim e, quinze minutos depois, após ser levada para o local em Tin Lizzie onde Brian fora encontrado, apontou para um bloco de concreto sob o qual a polícia encontrou a lâmina. Quando o Sr. Dobson pediu que ela mostrasse como estava o corpo de Brian, Norma deitou-se no chão na posição exata em que Brian havia sido encontrado.

Menos de meia hora depois, de volta à delegacia, o detetive perguntou a Norma, na presença do pai, se ela queria fazer outra declaração por escrito. "Deram chá e um sanduíche para ela", ele me contou. "Ela estava muito cansada àquela altura. Mas não havia outra saída. Tínhamos que fazer aquilo."

Norma havia começado a dar sua declaração de maneira nervosa, mas então parou, olhando ansiosamente para o pai. O Sr. Dobson perguntou se ela queria que ele saísse. Ela disse que sim, e uma policial veio se sentar com ela.

De acordo com esse terceiro depoimento, Norma não sabia nada sobre a morte de Brian até que, caminhando com Mary, deparou-se com o corpo dele, e depois disso Mary contou-lhe que o havia matado. Em seu segundo depoimento, ela já estabelecera uma série de horas e nomes, além de Mary, que mostravam que ela poderia estar em qualquer lugar menos em Tin Lizzie naquela tarde. Nessa terceira declaração, ela admitiu ter "caminhado" com Mary e o cachorro e ter ficado "dez minutos" nos blocos antes que voltasse para fazer "pompons" às 4 horas da tarde: horas exatas e os "pompons" continuariam a aparecer. Depois disso, ela afirmou que "não viu [Mary] por muito tempo". Às 6h45 da noite, afirmou dessa vez, que se juntou a Pat Howe, a irmã de Brian, e a Mary para procurar o garoto, mas as deixou às 7 horas da noite e voltou para brincar com Linda até 8h30, quando foi para casa e lá ficou.

Muito pouco dessa declaração era verdade, exceto o fato de ela ter saído com os outros à procura de Brian (ainda que mais cedo que o declarado) e os pompons. Mas, cansada demais para manter a sequência lógica que conseguira até aquele momento, ela terminou com o que James Dobson chamou de "a grande mentira". Ela não contara a ninguém sobre o que vira, disse, "porque eu estava assustada e, se tivesse dado com a língua nos dentes, Mary poderia mexer com o filho de alguma outra pessoa. A última vez que vi Brian", ela mentiu, "foi por volta da hora do almoço [meio-dia], quando ele estava brincando com Norman [irmão dele]. Esqueci de dizer que, quando deixamos Brian, May colocou algumas flores no tufo de grama que estava sobre ele".

Às 10h30 da noite, com o pai dela já tendo concordado, Norma foi levada para Fernwood, o lar de acolhimento de crianças da prefeitura, onde quatro meses depois Mary passaria as duas semanas do julgamento no sótão ou no último andar, sendo vigiada 24 horas por uma equipe de quatorze policiais femininas ("Eu nunca soube até muito depois", contou-me ela, "que minhas duas irmãzinhas e P. [irmão dela] estavam lá o tempo todo[14] em que estive trancada, lá em cima").

Enquanto isso, o policial Kerr foi novamente bater à porta do número 70. "Mary atendeu. Perguntei se poderia entrar. Ela disse que não e perguntei por que; ela disse 'Meu tio não está aqui'. Perguntei onde ele estava e, quando ela disse que estava no *pub*, mandei que ela fosse buscá-lo. Billy Bell estava muito hostil quando eles voltaram. Mary ficava olhando para ele continuamente mais uma vez. Claro, eu acreditava que ele fosse tio dela. Não tinha motivos para não acreditar. E tive a sensação de que aquele tio estava só de passagem, sabe, que não morava lá. Não consegui mais informações deles naquela noite."

---

[14] As três crianças dos Bell ficaram sob cuidados temporários e seriam liberadas para ficar com o pai após o julgamento.

O policial Kerr estava correto em suas impressões: Billy e Betty Bell, àquela altura, já não viviam juntos: ela exercia sua profissão quase totalmente em Glasgow e, como Mary bem disse, estava "fora" a maior parte do tempo. Sempre que ela saía, Billy vinha. Se ele também estivesse fora, na prisão ou exercendo seu próprio negócio de arrombamentos e crimes menores, a irmã dele, Audrey, que morava praticamente em frente, levava todas as crianças ou, pelo menos, as duas mais novas, deixando Mary e o irmão dela perambulando entre a casa dela e a deles.

À 0h15 da segunda-feira, 5 de agosto, apenas duas horas depois que Norma deu seu terceiro depoimento, o Sr. Dobson foi à casa de Mary com dois policiais. A casa estava às escuras, exceto pela lareira acesa na sala de estar e a televisão, que estava no volume máximo.

"Em um inquérito de assassinato", disse James Dobson, "você tem que ignorar se é dia ou é noite". Billy Bell estava assistindo à televisão. Sua esposa tinha saído, disse ele (esquecendo-se da história do "tio") ao atender à porta sem abri-la totalmente, de modo a impedir que eles entrassem. As quatro crianças estavam dormindo no segundo andar. "Expliquei que queria interrogar Mary na delegacia. Quando Billy se recusou a acordá-la, falei com ele que estávamos prontos para subir e pegá-la, mas que seria mais fácil para ela se ele fosse." Billy Bell então disse-lhes para esperar do lado de fora e atravessou a rua para buscar a irmã. Audrey veio depressa, vestiu Mary e foi com ela no carro para a delegacia.

"A tia ficou conversando com ela de maneira muito sensível no banco de trás do carro, dizendo para ela contar a verdade. Eu as levei direto para minha sala e mandei alguém trazer chá e biscoitos", o Sr. Dobson disse. "Mas Mary não parecia estar incomodada. Ela tinha um rosto tranquilo, alegre e confiante. Estava completamente alerta, apesar de ter sido acordada daquele jeito."

Durante as três horas seguintes, disse James Dobson, Mary fez uma performance extraordinária. Ela afirmou saber sobre a morte de Brian, porque ajudara a procurar por ele quando tinha desaparecido. Onde ela estava na tarde de quarta-feira, 31 de julho? Brincando com Norma. Não, ela não descera até os trilhos perto dos blocos. "Nunca vou lá." Ela esteve lá uma vez, muito tempo antes. E ela desceu até o estacionamento com Pat Howe e Norma "quando estávamos procurando por Brian". Ela havia visto Brian naquele dia? "Sim, cerca de 12h30. Ele estava brincando com o irmão dele em Whitehouse Road."

O Sr. Dobson disse que tinha motivos para acreditar que ela fora aos blocos de concreto às 3h45 daquela tarde com Norma e que vira Brian Howe lá.

"Nunca", disse ela. Mary havia ido ao parque com seu cachorro, sozinha. Ela tinha certeza de que estava sozinha? Ela cedeu em parte: "Não, eu lembro, eu estava com Norma". Elas teriam voltado às 4h30 da tarde.

Testes forenses tinham encontrado fibras de tecido cinza nas roupas de Brian e marrons em seus sapatos. "O que você estava vestindo naquele dia?", o detetive perguntou. O vestido preto que estava usando naquele momento, disse ela, e uma blusa branca. Outro dos policiais presentes, o detetive inspetor Laggan, disse que tinha motivos para acreditar que ela estava usando o vestido cinza.

"Não, eu não estava. Não o visto há semanas." E não, ela nunca brincava com Brian: "Ele é muito pequeno".

"Tenho motivos para acreditar que, quando você estava perto dos blocos com Norma, um homem gritou com algumas crianças e vocês duas fugiram correndo de onde Brian estava caído. Esse homem provavelmente vai te reconhecer", disse o detetive Laggan.

"Ele teria que ter boa visão", respondeu ela.

"Por que ele precisaria de boa visão?", o detetive Dobson perguntou depressa, e ela retomou o controle de si imediatamente:

"Porque ele teria que ser...", ela fez uma pausa por alguns segundos, "... esperto para me ver onde eu não estava". Ela se levantou. "Vou para casa."

O Sr. Dobson disse que ela ainda não poderia ir para casa.

"Então vou telefonar para alguns advogados", ela disse. "Eles vão me tirar daqui. Isso é lavagem cerebral."

"Tenho motivos para acreditar que", o Sr. Dobson prosseguiu, "quando você esteve nos blocos com Norma, você mostrou a ela um objeto com o qual você disse que tinha feito algo a Brian. Aí você escondeu esse objeto."

"De jeito nenhum", ela disse.

"Norma me mostrou onde esse objeto estava. Estou com ele agora", disse o detetive.

"O que é?", Mary disse. "Vou matar Norma."

James Dobson perguntou se ela queria dar um depoimento por escrito dizendo onde esteve naquele dia.

"Não vou dar depoimento nenhum. Dei um monte de depoimentos. É sempre em cima de mim que você vem. Norma é mentirosa. Ela sempre tenta me colocar em encrenca."

Tudo isso aconteceu muito lentamente, o Sr. Dobson me contou. Muitas vezes ela ficava em silêncio por longos momentos e as perguntas tinham que ser repetidas.

"Ou então ela ficava se remexendo, pulava dizendo que estava indo embora, que não ia ficar lá. Em certo momento recebi um telefonema, e ela disse: 'Este lugar está grampeado?'. Parecia que ela se via em um tipo de cenário clichê de um filme de tiras e bandidos: nada a surpreendia e ela não admitia nada. Fiquei com a menina lá durante três horas, e ela apenas manteve a história: ela não sabia de nada.

"Claro que poderia ser verdade. Eu não estava, de forma alguma, seguro de que não fosse. Certamente aquelas duas garotas estavam envolvidas, tinham estado lá. Mas quem fez o quê? Eu não tinha ideia. Nós ainda não havíamos feito a ligação com o assassinato de Martin Brown e francamente, mesmo depois que a fizemos, não fomos tão mais espertos."

Às 3h30 da madrugada, eles mandaram Mary de volta para casa.

"Era extremamente preocupante", o detetive Dobson disse. "Qualquer uma delas que tivesse feito aquilo era uma criança muito, muito perturbada e, nesse estágio de perturbação, muito perigosa."

Na tarde seguinte, Norma, que tinha estado com a polícia durante todo o dia, disse que queria dar outra declaração. Disse também que era para contar ao Sr. Dobson o que ela não havia dito na noite anterior. Ela foi novamente advertida e, mais uma vez, disse que não queria o pai dela lá: "Quero só você".

"O detetive Thompson vai ter que ficar lá", disse o Sr. Dobson.

"Tudo bem", ela respondeu. "Ele é um de seus homens."

"Deveria ser engraçado", o detetive me disse mais tarde, "mas não era". Questionei se ele sentira que Norma estava tentando enganá-lo. "De caso pensado, não. Instintivamente, talvez", ele respondeu. Ele sabia por que ela não queria que o pai estivesse presente? Ela parecia ter medo dele? Dobson disse que não tinha certeza, mas era certo que ela tinha contado e, provavelmente, pretendia continuar a contar mentiras e não queria que o pai ouvisse.

"Acho que era especificamente de seu pai que ela tinha medo. Mas era mais complicado do que isso. Ela estava muito, muito eufórica, e nunca tive certeza se era essa curiosa euforia que ela não queria que seu pai visse."

Eufórica porque tinha feito algo?

"Eu não sabia se ela fizera ou não, mas eufórica, sobretudo, porque se sentia importante.", explicou o detetive.

Perguntei também se ele teve a sensação de que Norma mentiu e Mary não; ou de que ambas mentiram, ainda que uma mentisse mais que a outra.

"Não sei. Não sabíamos dizer. Norma era muito, muito mais infantil do que ela. Mary estava mentindo também, é claro. Mas, para dizer a verdade, ela era um mistério para mim. O que me preocupava muito era que havia, em relação às duas, uma curiosa propensão à fantasia a qual eu não conseguia compreender. Eu sempre soube que deveria ter compreendido, mas claro que tinha o garotinho morto, e não podíamos ficar pensando em 'fantasia'. Não era nossa função. E seja lá o que pudesse parecer, a conduta de Mary era excepcionalmente sofisticada, de maneira perturbadora para uma criança de 11 anos de Scotswood. Não sabíamos o que fazer com ela na época e, como você sabe, ninguém jamais soube depois."

Norma estava muito nervosa naquela segunda-feira, disse o Sr. Dobson, "inquieta, balançando na cadeira, olhando em volta da sala mesmo sem ter ninguém nem nada para olhar. Não sei o que se passava na cabeça dela, mas a garota estava morrendo de vontade de ser útil".

O quarto e mais longo depoimento de Norma, ainda que alguns dos detalhes estivessem errados e sua descrição acusasse especificamente Mary de ter matado Brian, não a inocentava completamente, de modo algum. Pois nesse depoimento ela não apenas admite ter estado presente quando o ato foi cometido, como também não faz nenhuma afirmação de que ela própria tenha sido forçada ou que tenha ficado com medo, admitindo ter retornado voluntariamente à cena do crime duas vezes depois de a criança estar morta.

Por volta de 1 hora da tarde daquela quarta-feira, Norma estava brincando com May, disse ela, e por volta das 3 horas elas viram Brian Howe brincando com o irmão dele, que havia lhe dado uma tesoura. "Nós duas fomos com Brian. May disse que íamos levá-lo... Passamos pelos trilhos. Peguei a tesoura de Brian na rua e a levei."

Elas desceram para a margem do rio e passaram por duas cercas – "Eu subi primeiro, e May passou o garoto por cima"; caminharam ao longo dos blocos de concreto até que chegaram a um velho tanque. "Tinha um buraco num dos lados do tanque", Norma disse. "May entrou primeiro. Eu levantei Brian para May, aí entrei. Cheirava mal, então nós saímos.

May então disse: 'Para os blocos, Norma'; e fomos para junto dos blocos. Aí May disse para Brian: 'Levante a cabeça'".

Foi nesse momento que alguns garotos apareceram e Lassie, a cadela de Brian Howe, que os seguira, começou a latir, e Mary disse:

"Vão embora ou vou soltar o cachorro em vocês." Os garotos foram embora. May disse outra vez para Brian: "Levante a cabeça". May colocou as duas mãos no pescoço dele e disse que tinha dois caroços que ela tinha que apertar. Ela disse que queria fazer mal a ele. Ela o deitou na grama e parecia que estava ficando esquisita, dava para ver que tinha algo errado com ela. May ficou lutando com ele, que também lutava, tentando afastar as mãos dela. Ela o soltou e eu pude ouvi-lo tentando respirar. Ela apertou o pescoço dele de novo, e eu disse: "May, deixe o menino em paz". Mas ela não deixou. E disse para mim: "Minhas mãos estão ficando inchadas, vem você agora". Aí eu fugi correndo.

Norma voltou para Whitehouse Road, disse ela, onde brincou por cerca de vinte minutos até que Mary reapareceu e pediu que ela voltasse lá para baixo. "Esqueci de te dizer", ela contou, "que quando fugi e deixei Brian e May, eu deixei a tesoura na grama. Demos a volta no estacionamento. Não levamos o cachorro dessa vez. Foi aí que tropecei na cabeça de Brian como te falei no outro depoimento. No caminho até lá embaixo, May achou a lâmina".

Isso não era verdade: a lâmina veio da casa de uma das garotas, embora, como uma acusasse a outra, nunca tenha ficado claro de qual casa ela veio. "Não te contei antes", Norma acrescentou, "quando eu levantei a cabeça e os ombros de Brian e dei tapinhas nas costas dele, a mão dele caiu de um lado e eu o deitei de novo; senti o pulso dele, mas não estava subindo e descendo. May apertou a lâmina na barriga de Brian algumas vezes no mesmo lugar. Ela levantou o suéter dele e foi aí que ela fez aquilo. Não vi sangue nenhum. Foi aí que ela escondeu a lâmina e disse: 'Não conte a seu pai ou vou ficar de castigo'".

Foi em decorrência desse depoimento de Norma, que não tinha como saber que não existe sangramento depois da morte, que o corpo da criança foi reexaminado e o legista descobriu na barriga dele o desenho apagado da letra N, ao qual uma quarta linha vertical havia sido acrescentada, em outra caligrafia, como achou o legista, mudando a letra para um "M".

Norma disse que ela deixou a tesoura "no canto perto dos blocos ao lado dos pés de Brian" e que as duas voltaram para casa. Por volta de 5 horas da tarde, ela viu Mary novamente depois do chá, e elas levaram o cachorro para o estacionamento "para ver o garoto de novo. May disse que iria deixá-lo careca", Norma explicou, "e cortou uma mecha do cabelo dele na frente, colocou o tufo na grama, acima da cabeça dele. Ela apertou a tesoura na barriga dele algumas vezes, mas de leve".

Foi nesse ponto que o homem gritou ao ver as garotas, e Mary, disse Norma, "não teve tempo de cortar mais o cabelo antes de sairmos correndo. O cabelo que ela colocou na grama estava um pouco separado. Ela colocou a tesoura na grama em algum lugar perto dele, no lado onde estava a mão suja dele". Então, elas subiram de volta para Whitehouse Road. "Vi May de novo por volta de 6h45 da noite quando fomos procurar Brian com Pat."

Uma hora depois, o Sr. Dobson confrontou Norma com oito tesouras e perguntou se ela reconhecia a que Brian carregava na quarta-feira em que elas o levaram para os blocos. Ela imediatamente apanhou a correta, jogou-a na mesa e disse: "É esta".

"Eu conversei com ela diversas vezes no dia seguinte, 6 de agosto", ele me contou. "Fiz as mesmas perguntas, repetidamente. Ela não voltou atrás nem um pouquinho. Ou ela era uma mentirosa hábil, ou estava dizendo a verdade".

O funeral de Brian Howe, na manhã de 7 de agosto, aconteceu em meio às investigações. "Era um dia brilhante e quente de verão. Havia montes de flores", disse o detetive. "Tinha pelo menos duzentas pessoas lá. Um monte delas que não tinha nada a ver com a família Howe chorou. Foi muito triste."

Ele disse que Mary estava em pé perto da casa quando o caixão foi levado para fora. "Quando a vi lá, soube que não arriscaria perder outro dia. Ela estava lá em pé, rindo. Rindo e esfregando as mãos. Pensei: 'Meu Deus, tenho que buscá-la, ela vai matar outro'." Uma sargento da polícia foi mandada para pegar Mary às 4h30 da tarde.

"Ah, meu Deus", disse Mary para mim quando eu li isso para ela trinta anos depois. "Isso soa tão terrível, tão duro, tão *insensível*." Ela chorou. "É verdade", ela disse, "eu geralmente começo a rir quando estou nervosa, mesmo agora. Mas eu poderia não ter... Sabe... Ficado rindo do jeito que ele disse. Poderia?"

Mary estava muito apreensiva quando foi levada para o escritório do Sr. Dobson naquela tarde de 7 de agosto. "Ela estava pálida e tensa", ele disse. "Me deu a impressão de que sabia que a hora da verdade tinha chegado."

Ele perguntou primeiro sobre o vestido que ela usava em 31 de julho, e ela disse que era o cinza numa parte do dia, mas que mudou para o preto à tarde. E acrescentou: "Quero lhe dizer a verdade, mas vou ser castigada".

O detetive questionou se ela dizia isso porque não era verdade que tinha trocado de vestido. "Não", ela disse. "Quero dizer sobre eu estar lá quando Brian morreu."

Ela ditou seu depoimento assim que a freira enfermeira requisitada pelo detetive Dobson chegou do Hospital Geral de Newcastle, perto dali, para lhe servir de companhia.

> Brian estava na rua, em frente à casa dele; eu e Norma estávamos andando na sua direção. Passamos por ele, e Norma disse: "Você está indo até a loja, Brian?". E eu disse: "Norma, você não tem dinheiro, como você vai à loja. Onde você arrumou dinheiro?". "Fique longe de encrencas", ela disse. O pequeno Brian nos seguiu e Norma disse: "Vai andando na frente". Eu queria que Brian fosse para casa, mas Norma ficou tossindo alto para Brian não nos ouvir. Descemos a Crosshill Road com Brian ainda à nossa frente. Tinha um garoto negro e Norma tentou arrumar briga com ele. Ela disse: "Escurinho, vá se limpar, é hora de você ficar branco". O irmão mais velho dele veio e bateu nela. "Vamos, punhos para cima!", ela gritou. O cara se afastou e a olhou, como se ela fosse uma idiota. Passamos do lado da Dixon's e subimos nos trilhos, quero dizer, passamos por um buraco e fomos para os trilhos. Aí eu disse: "Norma, onde você está indo?"; e Norma respondeu: "Sabe aquela piscininha onde tem girinos?". Quando chegamos lá, tinha um tanque grande e comprido com um buraco grande e arredondado com buraquinhos em volta dele. Norma disse para Brian: "Você vem para cá porque tem uma senhora vindo lá da casa do número 82 e ela tem caixas de doces e tudo mais". Todos nós entramos. Aí Brian começou a chorar, e Norma perguntou se ele estava com dor de garganta. Ela começou a apertar o pescoço dele, e ele voltou a chorar. Ela disse: "Não é aqui que a senhora vem, é lá, nos blocos grandes". Fomos lá para os blocos e Norma

disse: "Eh, você vai ter que deitar", e ele se deitou do lado dos blocos onde foi encontrado. Ela continuou: "Levante a cabeça", e ele levantou. Aí ela agarrou o pescoço dele e disse: "Abaixe", começando a deslizar a mão pelo pescoço dele. Ela apertou firme, dava pra saber porque as pontas dos dedos dela estavam ficando brancas. Brian estava lutando e eu estava puxando os ombros dela, mas ela ficou doida. Eu estava puxando o queixo dela, mas ela gritou comigo. Nessa hora, ela tinha batido a cabeça de Brian em alguma ponta de madeira e ele perdeu os sentidos [a necropsia provaria que isso não era verdade]. O rosto dele estava todo branco e roxo e os olhos estavam abertos. Seus lábios estavam arroxeados e tinha saliva por cima, parecendo com borbulhas. Norma o cobriu, e eu disse: "Norma, não tenho nada a ver com isso, eu deveria te entregar, mas não vou fazer isso". A pequena Lassie estava lá e ficou chorando, e ela disse: "Não comece ou faço o mesmo com você". A cachorra continuou chorando e Norma foi para pegar o pescoço dela, mas Lassie rosnou para ela. "Vamos, vamos, tenha calma", ela disse.

Então, segundo Mary, elas voltaram para casa e levaram a cachorra de Brian com elas:

Norma estava agindo de um jeito meio engraçado, fazendo caretas e esticando os dedos. Ela disse: "este é o primeiro, mas não será o último". Fiquei com medo nessa hora. Peguei Lassie no colo, coloquei-a nos trilhos e subimos para Crosswood Road. Norma foi para casa, pegou uma tesoura e a escondeu nas calças. Ela disse: "Vai pegar uma caneta". Eu falei: "Não, para quê?". Ela respondeu: "Para escrever um bilhete na barriga dele"; mas eu não peguei a caneta. Ela tinha um barbeador com lâminas. Nós voltamos para os blocos e Norma cortou os cabelos dele. Ela tentou cortar a perna e a orelha dele com a lâmina. Tentou me mostrar que estava afiada, tirou uma parte do vestido dela que estava rasgada e cortou, fez um talho [exames dos vestidos, entretanto, refutariam essa declaração]. Um homem desceu por perto dos trilhos com uma garotinha de cabelo loiro comprido, ele usava uma camisa xadrez vermelha e calça jeans. Eu me afastei. Norma escondeu a lâmina embaixo de um bloco grande e quadrado de concreto. Ela deixou a tesoura do lado dele. Saiu antes de mim pela grama em direção a Scotswood Road. Eu não conseguia correr na grama porque estava com meus chinelos pretos. Quando a alcancei, ela disse: "May, você não devia ter feito isso porque você vai estar encrencada". E eu não tinha feito nada, eu não tive coragem [isso era tão, tão absurdo que, quando ela repetiu isso mais tarde no julgamento, causou um burburinho de risos nervosos no tribunal]. Eu não conseguia matar um passarinho pelo pescoço ou fazer qualquer coisa desse tipo, isso era horrível. Subimos a escada e fomos para casa. Eu estava quase chorando e disse: "Se Pat descobrir, ela vai te matar, não importa que você conseguiu matar Brian, pois Pat é durona. Ela está sempre subindo nos prédios velhos e tudo mais". Depois eu estava ajudando a procurar Brian e tentava mostrar para Pat que sabia onde ele estava nos blocos, mas Norma disse: "Ele não vai estar lá, ele nunca vai lá", convencendo Pat de que ele não estava lá. Me gritaram às 7h30 para entrar e eu fiquei em casa. Acordei às 11h30 daquela noite e estávamos em pé, na porta de casa, quando Brian foi achado. No outro dia, Norma queria ser colocada num lar para delinquentes. Ela perguntou se eu fugiria com ela, e eu disse que não. Ela me disse que "se você for coloca-da num lar para delinquentes e ficar cuidando dos pequenos e os assassinar, então fuja de novo".

O tribunal não percebeu, quando isso foi lido em voz alta mais tar-de, que tal relato era uma clara referência aos *Contos de Fadas dos Irmãos Grimm,* páginas que a mãe de Mary, Betty, havia colocado no "livro" que ela carregava por todo lado e que a menina leu escondido.

"Você sabe que é errado apertar o pescoço de um garotinho?", per-guntou o detetive Dobson.

"Sim. É pior que Harry Roberts. Ele apenas roubava trens."

Não era apenas o fato de ela ter misturado Harry Roberts, que matou três policiais em Londres, em 1966, e que se tornou uma figura lendária na Grã-Bretanha com o assalto ao trem pagador, em 1963, que deu aos criminosos (a maior parte dos quais foi capturada) muitos milhões de libras. O mais impressionante era que ambas as crianças pa-reciam não estar cientes da natureza ou da gravidade do crime: o caráter definitivo da morte. Norma, que tinha demonstrado sobretudo "euforia" antes e durante seu principal depoimento, estava mais preocupada com a lâmina e a tesoura, e sua rejeição desesperada a esses itens ou ao que tinha sido feito com eles continuaria ao longo do julgamento. Mas no depoimento de Mary o assassinato e a morte da criança também quase não apareceram.

"Ela não sentiu nada", a freira enfermeira que tinha ficado encarregada de acompanhar sua declaração me disse mais tarde. "Nunca vi nada assim. Ela disse todas aquelas coisas horríveis que tinha feito, mas não sentiu nada. Eu a achei uma criança muito inteligente. Mas ela sequer parecia uma criança. Tenho um menino de 11 anos, mas ele não conseguiria usar as palavras como ela usava. Naquela noite inteira repeti para mim mesma o que eu ouvi. E ainda assim não conseguia acreditar..."

Tanto Mary quanto Norma foram acusadas na noite de 7 de agosto pelo assassinato de Brian Howe. Mary respondeu: "Tudo bem por mim". E Norma disse: "De jeito nenhum. Vou descontar isso em você", e chorou.

Mary

Reflexões 2

"Eu estava no segundo andar na casa da minha tia Audrey quando eles vieram atrás de mim", Mary me contou, lembrando-se do dia 7 de agosto de 1968. "Minha mãe estava em Glasgow. Meu pai também não estava lá. Ele teve quer ir à polícia em Durham, por causa de alguma coisa que tinha feito, não lembro o que, e minha tia Audrey foi com ele. Então o tio Peter ficou de babá de todos nós – dos seus filhos e de nós. Era uma confusão, sabe, policiais femininas, policiais masculinos, e todos eles tão grandes...". De repente, ela riu. "P. tinha visto eles chegarem, ele tinha feito alguma estripulia, não sei o quê, e fugiu porque pensou que eles tinham vindo por causa dele. Ele era *rápido*!", ela disse com orgulho.

Você ficou surpresa quando a polícia chegou?

"Na verdade, não. Eles vinham todo o tempo – indo de casa em casa, sabe – e eu sabia que Norma os tinha visto mais do que eu, eles meio que iam de uma para a outra. Aí eles me contaram que Norma, Brian e eu tínhamos sido vistos juntos, e eu contei não sei mais quais mentiras para eles. Aí, eles voltaram até ela, que virou e disse: 'Não fui eu, foi May...'." Ela disse que Norma chorou quando, ao conversar por cima da cerca, contou a Mary o que tinha dito.

"Eu sabia que era... Diferente para ela. Acho que a família dela esteve conversando com ela e, para tirá-la daquilo, eles queriam..."

A verdade? Perguntei.

"Sim, sim, mas... Bem, eles queriam que ela fosse a primeira a dizer alguma coisa ou a admitir que, sabe, ela tinha alguma coisa a ver com aquilo."

E quanto a você? Seus pais conversaram sobre isso?

"Minha mãe não estava lá. Ela estava fora."

E seu pai? Ele perguntou se você tinha algo a ver com aquilo? Você acha que ele sabia?

"Ele sabia, mais ou menos", Mary respondeu, vagarosamente. "Era tarde da noite e Brian tinha sido encontrado; meu pai me chamou e ficamos sentados na escada da frente e... Hum... Ele se virou e olhou para mim e disse 'Eles o acharam, ele está morto'. E ele só olhou para mim e eu só... Abaixei a cabeça."

Agora, você achava que ele sabia ou adivinhara alguma coisa?

"Acho que o fato de eu não ter perguntado onde eles o encontraram... Não sei o que ele pensou. Só me lembro de estarmos sentados lá e tinha muito barulho vindo lá de Tin Lizzie, um monte de luzes e meu pai sem dizer nada, só olhando para mim..."

Seu tio Peter foi com ela à delegacia.

"Eu estava sentada numa daquelas cadeiras giratórias que eles tinham e estava brincando nela. Tio Peter chegou, me deu um tapa na cara e me disse que eu estava encrencada para valer, e que era para ficar de boca fechada, para não admitir nada."

Perguntei se ela havia sentido, naquela ocasião, que seu tio achava que ela era culpada. Ela sacudiu a cabeça.

"Não lembro agora o que senti, mas claro que sabia que tinha feito algo errado e esperava levar uns tapas ou coisa assim. Eu sabia que minha mãe nem me faria perguntas, ela simplesmente me espancaria até a morte. Mas, pensando sobre isso agora, da perspectiva de hoje, muito mais que acreditar que eu era culpada de uma coisa terrível assim, ele pode ter pensado que eu tagarelaria alguma coisa que tivesse inventado para a polícia, para me exibir, sabe. Minha mãe sempre falou com todo mundo que eu ficava imaginando coisas e que não se podia acreditar em nada do que eu falava. Foram anos e anos, na verdade uma vida inteira para mim, antes que eu entendesse que ela fazia isso era para se proteger. Então, o motivo por ele ter me batido era, provavelmente, menos pelo que eu tinha feito de verdade – que ele não poderia saber mesmo, poderia? – e mais porque o que eu podia dizer poderia botar meu pai, e cunhado dele, em encrenca. Ele queria que sua família não tivesse ligação com aquilo."

Ela se lembrou daquele tapa quando conversou comigo, mas não se lembrou da primeira ida à delegacia no meio da noite, dois dias antes, quando sua tia Audrey sentou-se no banco de trás do carro com o braço em volta dela, conversando calmamente e pedindo para ela dizer a verdade.

Antes, ela havia dito repetidamente que tanto ela quanto Norma *queriam* ser apanhadas. Bem, eu disse, enfim elas foram.

"Bem, não foi assim que imaginamos", ela disse.

Havia algum tipo de acordo, perguntei, para assumirem a responsabilidade juntas?

"Não teve nenhum... Hum... Na verdade não fomos tão longe assim... Nunca pensamos... Pensamos que estaríamos fugindo, na Escócia, como grandes criminosos."

Mas grandes criminosos fogem, eu disse, porque sabem que fizeram algo de errado. Vocês nunca se deram conta de que a polícia era esperta e que elas seriam presas?

"Sim, nos demos conta, mas... Como vou colocar isso? Era isso que *queríamos*. Era tudo parte da fantasia. Mas não estávamos pensando logicamente... Racionalmente", ela disse. "E mesmo enquanto queríamos ser apanhadas, fugir de onde estávamos..."

De suas famílias?

"Sim. Mas também tínhamos pensado sobre como iríamos fugir. Nossos cavalos viriam com uma corda e o cavalo derrubaria a grade da cadeia. Era assim que imaginávamos, durante horas, dias, semanas..."

Claro que a "cadeia", na imaginação infantil delas, era o tipo de coisa que ambas viam nos inumeráveis faroestes a que assistiam na televisão e nada tinham a ver com a realidade das celas para jovens da delegacia de West End – dois quartos pequenos no final de uma estreita passagem que levava do banheiro ao escritório principal. Menos pesadas que as celas comuns, elas eram usadas com as portas abertas e uma policial feminina, nesse caso, sentada no corredor dentro do campo de visão, se menores tivessem que passar a noite lá.

As policiais Pauline J. e Lilian H. eram as que estavam de plantão naquela primeira noite e, quando conversei com elas um ano depois, ainda estavam tomadas pelo que viram e sentiram, como as outras colegas com as quais eu conversaria.

"Quando começamos nosso turno às 10 horas", disse Pauline, "elas estavam deitadas juntas batendo papo na cama de um dos quartos. A primeira coisa que elas nos falaram era que tinham comido peixe com batata frita no jantar. 'O Sr. Dobson comprou para nós', disse Mary, meio orgulhosa, sabe".

("Sim, lembro-me das duas policiais", Mary disse. "Mas conversando? Estávamos brigando. Eu estava com um medo terrível de molhar a cama.")

"Era uma noite tão quente", Pauline continuou, "e elas estavam naquela agitação e não conseguiam dormir. Nós as colocamos em celas diferentes depois de um tempo. Eu sentei com Mary e Lil sentou com Norma. Em certo momento Mary gritou: 'Vou matar minha mãe!'... Não tenho certeza se foi isso que ela disse", acrescentou um segundo depois, duvidando de sua própria memória. "Pode ter sido 'vou chutar minha mãe'."

("Não me lembro de ter dito isso", Mary disse. "Não diria nem mesmo 'vou chutar minha mãe'. Não na frente de uma policial.")

"Ela estava mais preocupada com seus sapatos rasgados do que com qualquer outra coisa", Pauline continuou. "'Falei com minha mãe que precisava de novos', Mary disse. 'O que as pessoas vão pensar se me virem assim?' Eu tentei acalmá-la, conversei com ela calmamente e, depois de um tempo, ela disse que tinha medo de molhar a cama. 'Normalmente eu molho', ela disse."

("É isso de que mais me lembro", disse Mary. "Eu pensava nisso todo o tempo. Sempre pensei nisso mais tarde, em qualquer lugar para onde me levassem.")

"Falei para ela não se preocupar com isso", disse Pauline, "mas ela se preocupava. Ficava indo ao banheiro. Ela não molhou a cama, mas também não dormiu."

Quando foi a primeira vez que você reviu sua mãe depois de ter sido presa?

"Tia Isa foi a primeira pessoa que vi", ela disse. "Veio naquela primeira manhã. Ela colocou os braços ao meu redor e cheirava a ar puro. Não vi minha mãe, acho que até uma semana depois ou coisa assim. Foi quando ela gritou comigo, como eu te disse, o que eu tinha feito com ela desta vez e tudo mais."

Outra policial, Lynn D., levou Mary para o centro de avaliação Croydon depois da segunda reunião de custódia em 14 de agosto.

"Ela estava alegre, sabe. Era fácil não gostar dela por causa do que pensavam que ela tinha feito. Mas no trem para Croydon, de repente, ela ficou muito calada e eu olhei para ela e pensei 'ora, ela não é nada mais que uma criança'. Ela ficou pálida e cansada, e coloquei meu braço a seu redor, embora sua cabeça estivesse cheia de lêndeas, e ela ficou entregue... Suave, sabe. 'Espero que minha mãe não tenha que pagar uma multa', ela disse. Eu não conseguia acreditar, mas foi isso o que ela disse, era com isso que ela estava preocupada. E aí Mary falou sobre ter que ir para o tribunal novamente na semana seguinte – elas tinham que aparecer lá toda semana até o julgamento – e ela continuou: 'Minha mãe vai estar lá. Espero que ela não fique chateada'.

"Eu disse que a mãe dela ficou chateada naquela manhã, que estava chorando. 'Sei que ela estava', Mary afirmou, 'mas não era para valer. Acho que ela não gosta de mim, tenho certeza de que não gosta. Ela me odeia'.

"Eu falei: 'Ela é sua mãe, ela deve te amar'. 'Se me ama, por que ela foi embora?', Mary me respondeu, e eu não entendi o que ela estava querendo dizer."

É questionável se a própria Mary, naquele momento de confusão e desespero, sabia o que estava tentando dizer, apesar de que alguém treinado para entender a mente de uma criança teria se dado conta do quanto ela estava revelando e poderia tê-la ajudado a revelar ainda mais naquela época. Podemos ver que, mesmo nessa terrível fase de semiconsciência de que havia feito algo terrível e que coisas terríveis estavam para acontecer com ela, Mary Bell gritou por ajuda. Continuaria a fazer isso em muitos de seus comentários dirigidos àqueles que tomaram conta dela e às policiais que a vigiaram durante os quatro meses de custódia e os nove dias de julgamento. Mas ninguém ouviu; ninguém estava apto a entender.

As policiais que a vigiaram contaram-me que precisavam relatar cada palavra que ela dizia, e tenho certeza de que fizeram isso com diligência. Mas essas informações eram requeridas somente para fornecer à polícia e aos advogados possíveis evidências adicionais, não para lançar luz sobre a personalidade ou os problemas da criança acusada.

A maior dificuldade de julgar crianças em tribunais para adultos é que o processo judicial inteiro é exclusivamente baseado em evidências. A motivação fica à margem dos julgamentos britânicos de assassinato: não é função nem da polícia – como disse o detetive Dobson – nem da promotoria buscar uma resposta sobre por que crianças cometem crimes como esse. Sob o sistema vigente, não há nenhum mecanismo interno que demande conhecimento sobre a criança, e a partir dela, como parte de um inquérito sobre o crime que ela pode ter cometido. Não há nenhuma investigação automática quanto ao histórico familiar e à situação da criança que seria admissível como evidência na consideração de seu caso. Acima de tudo, não há a percepção de que crianças são, de fato, diferentes de adultos em seu entendimento dos rituais e da função do tribunal, nem da sua compreensão de certo e errado. Na verdade, elas são julgadas como pequenos adultos.

Para adultos de quem, teoricamente, se pode esperar o mesmo senso de certo e errado daqueles que estão sentados para julgá-los, esse sistema é justificável: eles têm que ser responsabilizados legalmente pelo que fazem; qualquer coisa diferente disso levaria ao caos. Mas, quanto a crianças, para quem há uma grande diferença entre o que elas sabem ou crê-se que sabem e o que sentem e entendem de verdade, as evidências que servem de prova a seus crimes, uma vez obtidas, deveriam tornar-se quase irrelevantes. A única coisa que deveria contar são as evidências humanas – a resposta à pergunta: "Por quê?".

A acusação

Dezembro de 1968

Quando o julgamento teve início em Newcastle, o promotor Rudolph Lyons levou todo o primeiro dia e metade da manhã do segundo para fazer sua apresentação. Aquelas duas crianças tão novas, ele afirmou, eram acusadas do assassinato de dois garotinhos no período de pouco mais de dois meses. Embora as semelhanças na escolha das vítimas e do método para matar tendessem a indicar que ambos os garotos foram mortos pela mesma pessoa ou pelas mesmas pessoas, isso não isentaria o júri de considerar cada caso separadamente.

Seguindo o palpite do detetive Dobson, a investigação sobre a morte de Martin Brown havia sido reaberta. O promotor explicou que gastou mais de dois terços de sua apresentação com o assassinato de Martin Brown, fundamentando o caso – de responsabilidade da Coroa – não nas descobertas originais da polícia em maio, quando a conclusão foi morte acidental, mas naquelas que se seguiram à morte de Brian Howe em julho. A segunda investigação, ele relatou, produzira novas provas relativas às duas garotas e aos eventos que antecederam e se seguiram à morte de Martin, em 25 de maio. Ele descreveu as evidências que sugeriam que uma ou ambas as garotas fossem as responsáveis pela morte do menino.

Em primeiro lugar, na tarde da morte de Martin Brown, aquelas duas garotas, Norma Bell e Mary Bell, de acordo com o promotor, estiveram na cena do crime, o número 85 da Whitehouse Road, poucos minutos depois da descoberta do corpo e antes de qualquer outra pessoa. Somente minutos mais tarde as duas, ansiosas, informaram à tia de Martin, Rita Finlay, sobre a morte da criança. No dia seguinte, essas mesmas garotas invadiram escondidas a escola local e deixaram quatro bilhetes com palavras vulgares que se iniciavam com "Nós assassinamos..." e que traziam assinaturas falsas, conforme descobrira a polícia um dia depois. E, quatro dias mais tarde, Mary Bell (ele enfatizou) tocou a campainha da casa dos Brown e, sorrindo, pediu que a mãe de Martin, ainda em estado de choque, a deixasse ver o garotinho no caixão. Então, no final de julho, Mary Bell visitou a casa de Brian Howe, cuja irmã Pat, de 14 anos, conhecia bem, e falou a ela e a uma amiga que "Norma agarrou o pequeno Martin pelo pescoço". Ela, então, mostrou àquelas garotas como supostamente Norma enforcara Martin – isso antes de alguém suspeitar que a morte do menino pudesse não ter sido um acidente.

Em setembro, depois da morte de Brian Howe e da prisão das garotas, relatou o Sr. Lyons, uma professora encontrou um desenho em um dos cadernos de exercício de Mary Bell, que estava perdido até então. Sob o título "Meu caderno de notícias", ela desenhara a figura de uma criança na posição exata em que o corpo de Martin Brown fora encontrado, com a palavra "comprimido" próxima à figura e um operário de boné carregando uma espécie de ferramenta. A importância disso, segundo ele, era que Mary Bell fizera o desenho dentro de dois dias após a morte da criança, como parte de uma tarefa escolar que consistia em escrever uma história de jornal – o desenho estava datado como 27/5/68 –, antes que houvesse qualquer menção por parte da polícia ou da imprensa de que um frasco vazio havia sido encontrado perto do corpo de Martin.

Porém, quando questionada após o assassinato de Brian Howe, ela afirmou que a primeira vez que vira o corpo de Martin Brown foi nos braços de um operário, logo depois que o menino fora encontrado. Além disso, duas semanas antes da morte de Martin, no domingo, 12 de maio, Mary Bell, ao ir até o tanquinho de areia da escola local (novamente ele deu a impressão de que ela estava sozinha), havia atacado três garotinhas, quatro anos mais novas do que ela, apertando-lhes o pescoço. O júri poderia perceber que aquilo indicaria uma anormal propensão de uma das garotas a apertar o pescoço de crianças mais novas.

"Uma propensão desse tipo", disse o promotor, "poderia ser considerada indício quando não houvesse motivos para tanto, exceto prazer e excitação, ou possivelmente o sentimento de superioridade de uma criança querendo se mostrar mais esperta do que a polícia".

Em sua comparativamente breve descrição da morte de Brian Howe ele disse que, em depoimentos tomados pela polícia, ambas as garotas contaram mentira atrás de mentira. Mas, enquanto as duas negavam que tinham algo a ver com a morte de Martin Brown, elas admitiram ter estado lá quando Brian foi morto, embora uma acusasse a outra de ter cometido o crime. Fibras de tecido idênticas às de um vestido de lã cinza que Mary usava foram encontradas tanto na roupa de Martin Brown quanto na de Brian Howe (o Sr. Lyons deixou de mencionar, nesse ponto, que fibras de tecido idênticas ao vestido marrom de Norma também foram encontradas nos sapatos de Brian). Porém, Mary tentara envolver um garotinho totalmente inocente na morte do pequeno Brian, como afirmou o promotor.

Claro que agora sabemos muito mais sobre o que Mary fez, ao passo que não podemos entrar em muitos detalhes sobre Norma. Certamente, não se pode apontar falhas nos fatos propostos pelo Sr. Lyons, os quais foram fornecidos a ele por uma excepcional equipe da polícia, e não há a menor dúvida sobre a culpa de Mary. Porém, o efeito das evidências, conforme veremos, depende não somente do que é dito e do tom em que a informação é apresentada, mas também daquilo que, deliberadamente ou por padrão, não é dito. Era impossível não ver como a interpretação dos fatos pelo promotor nesse caso e o uso que fez deles tinham inevitavelmente que influenciar o tribunal, o júri, o público e as vidas de todos os envolvidos.

Um julgamento não acontece no vácuo: é necessário considerar as circunstâncias que o trazem à tona, as condições sob as quais ele é conduzido e as circunstâncias que ele cria em vidas futuras. Conforme eu disse, a primeira pergunta que deveria ter sido feita é como crianças poderiam chegar a esse ponto de perturbação sem que isso fosse notado por alguém em suas famílias ou por aqueles que eram responsáveis por elas. A segunda é por qual medida se avalia a culpa. A terceira, que deve se aplicar a todos os casos que envolvem crimes graves cometidos por crianças, é como se interpreta a culpa – primeiro pelo tribunal, depois por parte das várias autoridades a quem o caso da criança (ou sua punição) é delegado, e finalmente pelo público.

O Sr. Lyons listara sete incidentes que apontavam para o envolvimento de uma ou das duas garotas na morte de Martin Brown. Mais tarde eu descobriria que ocorreram outros incidentes, igualmente graves, que a acusação desconhecia ou não mencionara. Com o propósito de entender como as mentes fantasiosas de Mary e Norma evoluíram nos meses de maio, junho e julho, aqui está uma lista de doze datas a partir de 11 de maio, duas semanas antes da morte de Martin Brown, até 31 de julho, o dia em que Brian Howe morreu, quando ambas as garotas – ou, em três dessas ocasiões, Mary sozinha – se comportaram de maneira suspeita ou, de fato, agiram contra a lei: dias 11, 12, 25 (o dia do assassinato de Martin Brown), 26, 27, 29 e 31 de maio; em junho, os dias 1º, 8, 14 a 16, 17; aproximadamente 27 de julho; e um outro acontecimento importante em junho ou julho do qual não há registro, data de que Mary não consegue se lembrar. Em cinco desses doze dias, ambas as garotas (e, em um sexto, Mary sozinha) chamaram atenção das autoridades.

No início da tarde de sábado, 11 de maio, duas semanas antes do assassinato de Martin Brown, a polícia foi chamada no *pub* Delaval Arms, em Scotswood, onde um garoto de 3 anos, John Best, primo de Mary, fora trazido por duas garotas, Mary Bell e Norma Bell, com um machucado sem gravidade na cabeça. Soluçando amargamente, ele disse que havia sido "empurrado" do alto de um aterro, mas se recusava terminantemente a dizer quem o havia empurrado. Como foram Mary e Norma que o encontraram, elas foram interrogadas na manhã seguinte.

Os depoimentos das duas foram praticamente idênticos. Elas estavam brincando na rua no final da manhã de sábado quando encontraram o pequeno John e o levaram para a Davy's a fim de comprar doces para ele. Elas, então, disseram para ele ir para casa. Depois de apanhar lenha em algumas casas abandonadas próximas para levar a suas mães em casa, elas foram brincar no estacionamento perto do Delaval Arms. Quando ouviram uma criança gritando "May! Norma!", elas correram para o aterro próximo de onde estavam (ambas disseram) e viram que John estava deitado no fundo "sangrando na cabeça". Elas gritaram para um transeunte, "mas ele não quis ajudar", então pularam lá embaixo e tiraram-no com alguma dificuldade. Então, outro homem que passava carregou o pequeno John até o *pub* e uma ambulância foi chamada.

"Eu nunca vi John brincando lá antes e nunca o levei até lá", foi assim que Norma terminou seu depoimento.

Mary disse: "Eu não sei como John desceu atrás das cabanas. Eu nunca o levei para brincar lá antes".

Embora a polícia estivesse ciente de que o pequeno John dissera que foi "empurrado", nunca passou pela cabeça dos três policiais que interrogaram as garotas cogitar por que o garoto chamou, especificamente, "May! Norma!" (como qualquer criança implora pela ajuda daqueles que o machucam). E como a jovem mãe do garoto pensou que ele tivesse caído enquanto brincava em um lugar proibido, eles, de maneira nada surpreendente, arquivaram aquilo como um acidente. Eles tinham, afinal de contas, casos mais graves com que se preocupar em Scotswood. Contudo, quando verifiquei mais tarde a data desse "acidente" junto à polícia, descobri que tanto o acidente quanto os nomes haviam sido devidamente arquivados. O promotor, porém, não mencionou esse primeiro incidente registrado na sequência de acontecimentos envolvendo as duas garotas.

O promotor Lyons, todavia, mencionou o "incidente do tanquinho de areia", como se tornou conhecido mais tarde, o qual ocorrera no dia seguinte, 12 de maio, e fora relatado à polícia às 9h30 daquela noite de domingo pela mãe de Pauline Watson, de 7 anos, uma das três garotas que Mary fora acusada de atacar. Pauline contou a duas policiais na manhã seguinte que estava brincando no tanquinho de areia quando "duas garotas grandes apareceram. A menor das duas garotas me mandou sair do tanquinho. Eu disse que não. Ela colocou as mãos em volta do meu pescoço e apertou com força. A garota maior estava atrás da cabana, brincando. A garota tirou as mãos do meu pescoço e fez o mesmo com Susan... A garota que apertou meu pescoço tinha cabelo preto curto. Não conheço essa garota e não a tinha visto antes".

Porém, garotas mais velhas que brincavam próximo ao tanquinho de areia identificaram Norma e Mary como as "duas garotas grandes" e Mary como aquela que causou problemas. Então, na tarde de segunda-feira, 13 de maio, Norma e Mary, mais uma vez, deram depoimentos praticamente idênticos às duas policiais que vieram visitá-las. Mas, dessa vez, cada uma das garotas acusou a outra, quase com as mesmas palavras: um padrão que se tornaria bem familiar nos meses seguintes. A única diferença era que Norma, depois de contar como Mary atacara as garotinhas, terminou seu depoimento com o que eu considerei uma nota convincentemente infantil: ela disse que, depois de apertar os pescoços de Pauline e Cindy, Mary fez o mesmo com Susan Cornish.

"Susan tinha algumas pedras", Norma continuou, "e Mary tomou dela. Eu disse para Mary que ia dar problema, e, então, ela me perguntou se eu queria a pedra. Eu disse que sim e peguei uma das pedras dela. Então, fugi e deixei Mary para trás. Eu não sou amiga dela agora".

Vinte e oito anos depois, ainda que com algumas retificações, Mary confirmaria sobretudo a versão das garotinhas, embora diligentemente evitando a palavra "pescoço". "Cindy tinha jogado areia em mim, ela e as outras duas iam me bater, então eu as peguei pelas orelhas ou pelo cabelo ou algo assim..."

Também esse caso eu descobriria nos registros policiais. O sargento Lindgren escreveu que visitara as três garotinhas no domingo, mas que "elas não tinham marcas ou machucados para substanciar as acusações" e que os pais, informados de que poderiam conseguir um mandado pela agressão, recusaram-se a fazê-lo. O sargento Lindgren completou: "Em vista das circunstâncias domiciliares das duas garotas mais velhas, o Departamento Infantil [de Serviço Social] foi notificado" e "as garotas BELL foram advertidas em relação à sua conduta futura".

Eu descobriria mais tarde que o Serviço Social de Newcastle estava ciente o tempo todo das duas famílias Bell: a de Norma porque, com onze crianças, havia uma necessidade constante de ajuda material; a de Mary por causa dos repetidos problemas do pai dela com a polícia e da frequente ausência de sua mãe. E uma assistente social tentou me explicar por que não havia registro algum de quaisquer assistentes sociais que tivessem visitado as famílias, após a notificação da polícia que se seguiu ao incidente do tanquinho de areia: "Crianças estão sempre brigando por aí de forma barulhenta por coisas sem importância", ela disse. "E você viu que a polícia realmente não encontrou machucados nas garotinhas. Temos que ser muito cuidadosos para não nos intrometer demais nas famílias. Elas se ressentem facilmente, e aí não podemos fazer nada por elas. Precisamos da confiança delas."

As crianças das duas famílias Bell, segundo ela, pareciam ter alimentação e roupas adequadas e estavam indo à escola. Então, não se considerava que estivessem sob risco. Assistentes sociais, como podemos ver, são no geral extremamente protetores quanto à privacidade de seus clientes. Podemos compreender suas razões, mas na prática isso constitui um risco para as crianças, pois significa que, a não ser que os pais sejam claramente negligentes ou violentos, a prioridade para os assistentes sociais tem sido, por anos, manter as famílias unidas quase a qualquer custo.

Em 25 de maio, o dia em que três estudantes encontraram Martin Brown morto dentro da casa de número 85 da St. Margaret's Road por volta de 3h30 da tarde, um deles, Walter Long, sentiu-se enjoado minutos depois e foi tomar ar na janela quando viu duas garotas de cabelos escuros (a menor das quais, Mary Bell, ele conhecia) subindo na janela do porão e entrando numa casa abandonada. Ao lado era possível, usando um vão de escada que ainda restava, passar por uma parede quebrada que dava para o andar térreo cheio de tábuas mal pregadas na casa número 85. Ele testemunharia no julgamento dizendo que falou para as meninas irem embora quando elas subiram as escadas, e que Mary respondeu (com seu costumeiro jeito exibicionista): "Está tudo bem. A polícia sabe que estou aqui". Poucos minutos depois, conforme o Sr. Lyons contou no tribunal, essas mesmas duas garotas estavam batendo à porta da casa da Sra. Finlay para lhe contar que seu sobrinho sofrera um acidente.

Rita Finlay conversou comigo sobre aquele dia, algumas semanas depois do julgamento. "Bateram à porta... E eram as duas, Norma e Mary. E eu disse: 'O que vocês querem?', e... A Mary... Ela falou: 'Um de seus meninos sofreu um acidente... Não, acho que foi de June. Mas tem sangue para todo lado...'."

Quando a Sra. Finlay chegou à casa abandonada, tendo percorrido todo o caminho até lá correndo, Mary estava lá de novo e disse-lhe que poderia mostrar onde o corpo estava. "Eu estava ficando histérica. Falei para Mary sair da minha frente e segui um homem que subia as escadas até um pequeno quarto de dormir, onde vi Martin nos braços de outro homem. Parecia que ele estava dormindo."

Daquele momento em diante, se ao menos tivessem entendido isso, o comportamento das duas garotas tornou-se cada vez mais indicativo de profunda perturbação. A Sra. Finlay também me disse que no dia seguinte, 26 de maio, (o aniversário de 11 anos de Mary), "aquelas duas garotas, Norma e Mary, vieram e pediram para sair com [nosso] John". Ela conhecia as garotas bem, especialmente Norma, que constantemente ficava de babá de John e de quem ela gostava muito.

"Eu achei uma coisa boa da parte delas...", ela disse, "já que eu estava tão chateada. Elas vieram todos os dias depois disso para brincar com ele ou para levá-lo às lojas. Mas, então, elas ficavam me perguntando: 'Você sente saudades do Martin?', 'Você chora por causa dele?', 'June sente saudades dele?'. E elas estavam sempre sorrindo. No final, eu não conseguia

aguentar mais aquilo e mandei que elas fossem embora e não voltassem...".
O Sr. Lyons parecia não estar ciente desse acontecimento.

June Brown também me contou sobre aqueles sorrisos curiosos. Ela disse que Mary tinha batido à sua porta quatro dias depois de Martin ser encontrado e, sorridente, pedido para vê-lo. June lembrou-se de que havia outra garota, ou talvez várias, em pé, lá embaixo na passagem do jardim, dando risadinhas. "Eu disse 'não, querida. Martin está morto'. E ela disse: 'Ah, sei que ele está morto. Eu queria vê-lo no caixão'. E continuou a sorrir..."

Foram, todavia, os terríveis bilhetes que as garotas deixaram ao invadir a Escola Woodlands Crescent, no mesmo domingo, 26 de maio, que o promotor Lyons enfatizou. Diversos membros do júri tinham ficado visivelmente abalados antes, quando lhes foram mostradas fotografias dos garotos mortos, e pareciam relutantes quando lhes foram entregues fotocópias dos bilhetes e das amostras da caligrafia das garotas para comparação.

A polícia encontrara os bilhetes junto a manchas de tinta e restos de materiais escolares e de limpeza despedaçados quando fora chamada na manhã de segunda-feira (a mesma manhã em que, na escola a algumas ruas dali, Mary fez o desenho de um garotinho no chão). Havia quatro pedaços de papel com palavras escritas em caligrafia infantil. As letras pareciam ter sido feitas alternadamente por duas pessoas diferentes (tal qual a letra N, alterada em uma caligrafia diferente para M, na barriga de Brian Howe, conforme disse o médico duas semanas depois).

Um bilhete dizia: "Eu mato PARA Que eu possa voltar". No segundo, depois das letras maiúsculas "BAS" no alto, lia-se: "Vai se fuder nós matamos tome cuidado Pererequinha e VAgabundinha". O terceiro bilhete dizia: "NÓS matamos Martain Brown mesmo, fodasse seu CAnAlha". O quarto: "VOC S sáO ratos cês PorQue nós matamo Martain VAI Brown é MElhOR vocês tomarem cuidado EXIsteM AssassinOs pOr aí por PEREREQUINHA e véia Vagabundinha seus babacas" (Mary diria, posteriormente, que era ela a "véia vagabundinha").

Os jovens policiais que atenderam ao chamado das professoras da escola, porém, decidiram que aquela bagunça e os bilhetes eram uma brincadeira de mau gosto, os quais foram arquivados na gaveta do sargento na delegacia. A escola, todavia, era um imóvel de valor, então foi decidido instalar um sistema de alarme no sótão. Em 27 de maio, Mary fez o desenho de Martin em seu caderno de escola; e no dia 29, ela pediu para ver o garotinho no caixão.

O que o Sr. Lyons não contou ao tribunal foi que o novo alarme disparou na tarde de 31 de maio, e, quando a polícia chegou, encontrou Mary e Norma. Interrogadas na delegacia, as duas juraram que nunca haviam feito aquilo antes e que nunca mais fariam de novo. Como a polícia nunca levou a sério os bilhetes "Nós matamos" e nem por um momento os associou às duas invasões, as garotas foram acusadas de invasão e liberadas sob a custódia de seus pais até que o caso pudesse ser ouvido no Tribunal Juvenil, o que (foi-lhes avisado) ocorreria meses mais tarde.

O tanquinho de areia da Escola Woodlands Crescent era evidentemente um centro social para as crianças de Scotswood. Uma semana depois da segunda invasão – duas semanas depois que Martin Brown fora morto –, David McCready, de 12 anos, testemunhou uma briga entre Norma e Mary. O promotor Lyons também não contou isso ao júri, embora o caso fosse ser mencionado posteriormente no julgamento.

Mary havia jogado Norma no chão, David disse, e estava batendo nela e arranhando-a. E aí ele a ouviu gritar "eu sou uma assassina!". Mary, então, apontou em direção à casa onde o pequeno Martin fora encontrado e gritou para ele: "Aquela casa ali, foi onde eu matei Brown". David disse que ele apenas riu porque Mary Bell era uma exibida. Todos sabiam que ela era, disse ele.

O que o promotor também não contou ao tribunal – sob o sistema judicial vigente isso não teria sido parte das evidências – foi que logo no dia seguinte, no sábado, 1º de junho, Mary e Norma fugiram de casa. Elas foram apanhadas pela polícia no dia seguinte em South Shields, a dezesseis quilômetros de distância, e levadas de volta. Duas semanas depois, em 14 de junho, elas fugiram novamente. Dessa vez, estavam a caminho da Escócia e ficaram à solta por dois dias antes de serem expulsas de um ônibus em Alnwick, sessenta quilômetros ao norte de Newcastle, por estarem tentando viajar com passagens usadas.

Mary me contaria bastante sobre suas fugas com Norma, mas, apesar de se lembrar de ser trazida de volta nas duas vezes em carros da polícia (e de apanhar da mãe), ela não tem lembrança alguma de ter sido interrogada pela polícia ou por assistentes sociais sobre aquilo.

"Assistentes sociais iam lá em casa ver minha mãe, mas ela as expulsava e elas não voltavam", ela me contou. "E se tivessem nos interrogado, o que podíamos dizer? Que nosso sonho era viver com os cavalos nas paisagens silvestres da Escócia? Que nós planejávamos comer cenouras, cavar um buraco se chovesse? Que as únicas coisas práticas em que tínhamos pensado era roubar dinheiro o bastante para comprar as primeiras passagens de ônibus e pegar alguns fósforos para fazer fogueiras? Éramos apenas duas garotas malucas e isso não significaria nada para eles. Eu já sabia disso na época e sei disso agora."

Ela também se lembrava – "Não foi muito tempo depois, ainda que tudo esteja um pouco embaralhado agora, sabe, como imagens se cruzando umas com as outras" – de ter contado para Pat Howe a horrível história sobre Norma ter matado Martin. "Eu tinha tido aquela briga terrível com Norma. Ficávamos brigando e ameaçando uma à outra o tempo todo e isso era só uma parte."

Pat e sua amiga Irene, obviamente, não acreditaram em uma palavra da história: todos sabiam que Martin havia morrido em um acidente nas casas condenadas dois meses antes. Toda a Scotswood estivera de luto junto com June e George Brown, e centenas de pessoas haviam saído às ruas de Newcastle para protestar por causa das casas que deveriam ter sido derrubadas havia tempo e que eram um perigo para as crianças. Mas Pat e Irene haviam advertido Mary de que o pai de Norma descobriria que ela estava contando histórias e que ela teria problemas.

"Fui e pedi desculpas para a mãe de Norma", Mary me contou. Perguntei se ela sabia o que fez com que elas levassem Brian, o irmão de 3 anos de Pat, apenas quatro dias depois, e ela balançou a cabeça em negativa.

Inconscientemente, porém, a garota de 11 anos sabia mais do que agora se recorda a mulher de 40. O que é importante sobre o desenho que Mary fez apenas 48 horas depois de ter matado Martin, sobre os bilhetes deixados na escola, sobre seus gritos de "eu sou uma assassina" e sobre todo o comportamento estranho, descrito pelo promotor para o júri como sendo o de uma criança perversa e monstruosa, não era o que ela estava tentando esconder, mas o que tentava revelar. Sob um sistema diferente, um outro tipo de tribunal – mesmo que igualmente convencido da culpa de Mary – saberia o que essas revelações significavam. Informados das circunstâncias da criança antes de tomar decisões sobre a vida dela, eles teriam percebido o quão improvável seria uma criança inteligente como Mary deliberadamente chamar atenção para si, como havia feito diversas vezes depois do assassinato de Martin, com qualquer outro propósito a não ser um desejo inconsciente de ser impedida e receber ajuda.

Ao final do primeiro dia, não poderia haver mais dúvidas na mente de ninguém sobre qual era a posição do promotor. Ele já havia plantado nos pensamentos do júri as sementes que, duas semanas depois, conduziriam ao veredito de inocente para Norma e, para Mary, de culpada por homicídio culposo, devido a atenuações de responsabilidade. Norma, conforme o Sr. Lyons concluiu em sua argumentação, iria se mostrar uma garota imatura e atrasada que, se não fosse o fato de ser vizinha de Mary, jamais estaria na terrível posição em que se encontrava naquele momento. Mary, contudo, como as testemunhas comprovariam, tinha a propensão de pôr as mãos no pescoço de crianças mais novas. Ainda que dois anos e dois meses mais nova do que Norma, Mary tinha a personalidade mais ativa e dominadora. E foi Mary, disse ele, que, em um de seus depoimentos, tentou ardilosamente envolver um garoto totalmente inocente no assassinato de Brian Howe. O promotor, então, contou ao tribunal como Mary falou à polícia sobre o garoto "A", de 8 anos, que frequentemente brincava com Brian, e que ela vira esse garotinho "cortar fora o rabo de um gato" com uma tesoura "de cor prata com alguma coisa errada com ela... Como uma lâmina quebrada ou entortada", isso muito antes que qualquer coisa sobre a tesoura encontrada ao lado do corpo de Brian tivesse se tornado pública.

As últimas palavras do promotor naquele primeiro dia de julgamento de alguma forma estabeleceriam que Mary era não uma criança perturbada ou doente, mas sim um ser maligno, independentemente da idade – um monstro. Ao exagerar a importância da tentativa um tanto patética e infantil de Mary de livrar a si própria e a Norma das acusações que lhes eram imputadas, transferindo toda a culpa para um garoto inocente de 8 anos de idade, a conclusão do promotor deu a ela um significado inteiramente desproporcional à tragédia real, isto é, à morte dos dois meninos. O resultado disso foi que essa tentativa de Mary de transferir a culpa para uma outra criança tornou-se um ato condenável em relação ao qual tudo o mais deveria ser avaliado. "Isso dá uma indicação do tipo de garota que ela é", ele disse ao terminar sua apresentação.

E, tarde daquela noite, no apartamento do último andar pequeno e trancado do centro de educação Fernwood, quando Mary era mantida isolada sob guarda policial durante os nove dias e os dois fins de semana do julgamento, ela perguntou à policial Barbara F. o significado da palavra "imatura". Cada uma das policiais teve seus próprios sentimentos e reações em relação a Mary. A policial F. disse-me que, francamente, não gostava dela e que sentia "arrepios". "Mas claro que, se ela perguntasse alguma coisa, eu tentava responder."

"Isso quer dizer que, se eu fosse a mais inteligente, eu ficaria com toda a culpa?", Mary perguntou.

"Só dei de ombros", afirmou a jovem policial. "O que eu poderia dizer?"

Mary

Reflexões 3

Mary falou repetidamente sobre um "pacto" que ela e Norma haviam feito e tentou explicá-lo para mim muitas vezes, mas nunca conseguiu, já que ela mesma aparentemente nunca teve certeza de como e quando ele aconteceu. Contudo, embora o exato momento em que ele ocorrera estivesse sempre mudando, o fato de que o pacto era "um acordo para fazer tudo juntas" permanecia constante.

Esse "pacto" ou "acordo" tinha dois aspectos, que apareciam e reapareciam ao longo de muitas das tentativas de Mary em recordar os acontecimentos que alcançaram seu primeiro ápice trágico com a morte de Martin Brown. O primeiro, como mencionado, era fazer tudo juntas; o segundo elemento também se manteve constante: nunca houve nenhum "plano" para matar uma criança, somente fantasias cada vez mais terríveis compartilhadas por essas duas meninas.

"Sabe, o que nós fazíamos, mais e mais com o tempo, era desafiar uma à outra", Mary disse. "Eu era a 'Senhorita Me Desafie' e Norma... Bem... Ela me desafiava a fazer as coisas e eu fazia. Aí eu a desafiava a fazer também e claro que ela fazia; ela não seria covarde. Ela dizia: 'Duvido que você ande nos canos sobre a ponte do Rio Tyne'. E eu andava. E aí ela também andava, não importava se podíamos cair no Tyne. Fazíamos coisas cada vez mais perigosas e travessas... Ficávamos torcendo para sermos presas e mandadas para longe. Era tudo que eu queria e [tudo] que ela dizia querer também..."

Aquela primeira data, em maio, quando as duas garotas chamaram atenção da polícia depois de empurrar o pequeno John aterro abaixo, já era parte de seu crescente impulso em fazer coisas "más".

"Íamos entrar na fábrica [Vickers Armstrong] pelo Delaval Arms", disse Mary.

O que elas iam fazer lá? Eu perguntei, e ela deu de ombros.

"Não faço a mínima ideia, mas com certeza alguma travessura. Ele estava nos atormentando e não nos deixava em paz, então eu o empurrei e disse 'vá embora', e ele caiu por um tipo de declive onde tinha uma espécie de cabaninha de operários..."

Ele se machucou?

"Não... Ele se levantou e voltou e eu *diz*... Eu *diz*... [erros gramaticais ou repetições de palavras são invariavelmente sinais de estresse em Mary] 'Vai embora'. Ele era pequenininho e robusto... E eu disse 'Eu vou te empurrar de novo, vou te empurrar lá embaixo'. Ele se sentou, aquele chatinho, aí eu o agarrei pela perna e o joguei com força pela beirada; ele conseguia praticamente encostar o pé no fundo, sabe. Eu apenas o coloquei lá embaixo. Eu *diz* 'agora vai embora e fique longe daqui'. Eu não queria machucá-lo; foi só tipo 'sai fora, seu mala'."

O que ela lembrava acerca do incidente do tanquinho de areia? Perguntei. Ela mexeu com aquelas três garotinhas, conforme disseram no julgamento?

"Tinha um monte de nós, crianças, lá", ela disse. "E Cindy Hepple jogou areia em mim. Mas não coloquei as mãos no pescoço dela, como disseram. Coloquei as mãos nas orelhas dela ou no cabelo, ou em alguma coisa assim... Nem mesmo me lembro das duas outras de que eles falaram, mas duas garotas grandes vieram – elas tinham mais ou menos 14 anos – e me estrangularam. Alguém colocou as mãos no meu pescoço e eu desmaiei ou me senti como se tivesse desmaiado, e me jogaram em um canteiro de urtigas. Isso aconteceu porque eu tinha batido em Cindy, elas disseram, mas, você sabe, as coisas eram assim, não importava a idade, era assim que nós costumávamos ser. Aquelas garotas mais velhas eram grandalhonas pelo que eu me lembro... Fiquei tão nervosa e eu só... Fiquei de pé de um salto e as derrubei e bati a cabeça delas no chão. E aí eu sentia que não conseguia parar, [mas] aí vieram outras garotas grandes e me chutaram toda... Me espancaram toda, fiquei com olho roxo e coberta de hematomas, mas isso nunca foi relatado..."

Norma veio lhe ajudar?

"Ela estava ali perto nos fundos [Norma disse ao tribunal que estava brincando "atrás de uma cabana" e as garotas menores confirmaram isso]. Meu pai disse alguma coisa do tipo 'É sempre a mesma coisa, alguém carrega a arma e dispara a bala, mas você é a bala que sai. Você é a idiota que sai'. Você vê, é por isso que Norma... É outra coisa que requer certa inteligência, né, ficar nos fundos, sem aparecer... E esse era o jeito dela de lidar com as coisas e quem pode botar a culpa nela? Eu não. *Nela,* não."

Em muitas de suas versões para a morte de Martin Brown, Mary declara ter falado com Norma que matara Martin no momento em que foi buscá-la em casa naquela tarde de sábado, onde ela estava vendo sua mãe passar roupa (e Norma confirmou isso no julgamento). E ela cita Norma: "Você não matou, matou? Me mostra". Mas, quando elas voltaram para St. Margaret's Road depois do assassinato, tanto Mary quanto Norma disseram no julgamento que Norma jamais foi com ela "até lá em cima", no quarto do segundo andar onde John Hall, o eletricista, estava segurando o garotinho nos braços após tentar fazer respiração boca a boca nele.

"Ela deu meia-volta antes de chegarmos lá", Mary me contou, "e desceu correndo. E depois ela ficou dizendo... Ela ficou dizendo durante semanas... 'Você não fez isso de verdade. Foi um acidente. Ele sofreu um acidente, está todo mundo dizendo'. E eu tive que dizer para ela que, sim, *matei,* e que, apesar de termos concordado em fazer tudo juntas, ela não estava lá, que era uma traidora e não tinha ajudado".

Todavia, a partir de todos os testemunhos durante o julgamento, ficou claro e confirmado pelas lembranças de Mary, que ambas as garotas estavam extremamente eufóricas pelo que Mary fizera. Pode ser tentador descartar a história de Mary como mentira, uma vez que foram necessários vários meses e quatro diferentes versões daqueles terríveis quinze ou vinte minutos durante os quais ela matou Martin antes de o que ela dizia fazer sentido. Certamente, eu sabia que as três primeiras versões eram em parte, embora nunca em sua totalidade, formas de escapar de uma realidade insuportável para fantasias mais gentis. Porém, o que era verdade desde o início é que ela nunca declarou sequer uma vez que Norma estivesse presente ou soubesse com antecedência que ela iria realmente matar uma criança.

Por que ela fora à casa de Martin quatro dias depois de ele morrer? Perguntei a ela. Quando lhe fizeram essa pergunta no julgamento, ela disse que Norma e ela estavam se desafiando; que nenhuma delas queria parecer covarde. A resposta que ela me deu, semanas depois de ter começado a tentar rememorar seu próprio estado de espírito durante aqueles dias, foi mais minuciosa: "Para ver se ele ainda estava vivo".

Sua incapacidade, ao matar Martin, de entender a permanência da morte permeia todas as suas tentativas de explicar para mim e para si mesma o que ela fez.

"Eu não entendia o conceito de morte como [sendo] algo para sempre... Era irreal, incompreensível. Eu não tinha nada contra Martin ou ele contra mim. Eu não tinha intenção de matá-lo para sempre. Eu pensei que seria apenas presa... Eu o estrangulei, mas pensei em algo como, sabe, 'brincar de morto'."

Aquilo era um jogo? Perguntei.

"Não, não achei que fosse um jogo... Eu apenas pensei: 'Eu não vou te machucar de verdade...'. Eu falei para ele botar as mãos no meu pescoço e coloquei minhas mãos no dele... Eu devia estar confusa por dentro, mas nunca associei isso com o depois... Acho que para mim era como: 'Você vai acordar a tempo do chá'."

Em outra tentativa de falar sobre a morte de Martin, ela se expressou como achava que teria falado consigo mesma, mentalmente, naquela tarde horrível. "Eu devo ter feito, eu devia saber. Eu devo ter [pensado] que ele iria acordar. 'Está tudo bem, você vai acordar', sabe? 'Você vai dormir e você vai acordar, acordar, acordar a tempo para o chá...'" Tudo isso entremeado por violentos soluços.

A primeira invasão à escola foi obviamente um ponto indicativo da perturbação de ambas as garotas. A lembrança que Mary tem dela agora, contudo, mostra como a ação de escrever foi deliberada e o quanto ela estava ciente do perigo.

"Eu estava escrevendo com a mão direita, porque eles eram capazes de dizer se alguém era canhoto [Mary é canhota]. Eu nunca tinha visto a letra de Norma antes, na verdade. Não tinha visto os trabalhos dela. Ela era dois anos mais velha que eu e estava em outra turma. No bilhete que diz 'Existem assassinos por aí', ela colocou 'assassinato', e eu *diz*, 'não, é 'assassinatos' [ou seja, "assassinos"; os termos em inglês para ambas as palavras soam parecidos]. Aí ela acrescentou o 's' e foi então que ela disse: 'Você devia matar um de seus irmãozinhos', e eu disse: 'Não vou, não; por que você não mata um dos seus? Tem tantos de vocês que ninguém vai nem perceber'."

As fugas naquelas duas ocasióes em junho indicavam outro estágio do desenvolvimento da relação entre elas e, segundo Mary – e a descrição do local onde elas foram parece provar isso –, pelo menos a primeira dessas duas viagens que Norma e ela fizeram não foi iniciativa de Mary, mas de Norma.

"Eu nunca tinha fugido antes", Mary disse. "Mas Norma já, e ela disse que era fácil. Ela disse: 'Vamos para South Shields. Eu já estive lá antes', e me contou sobre um homem de lá que gostava dela e nós roubamos dinheiro de casa para o ônibus. Eu estava muito entusiasmada com a ideia de fugir, nós duas estávamos. Norma chegou e, antes de irmos, eu fiz xixi no chão [esse é um dos sintomas clássicos de agressão em crianças] e fiquei rindo e Norma riu também..."

Você limpou o chão? Perguntei.

"Ah, não. Eu deixei tudo lá. Se eu tivesse conseguido soltar meu intestino, tenho certeza que teria feito isso também."

Então, ela fez uma digressão para falar sobre sua cama em Whitehouse Road.

"Eu não tinha lençóis nem cobertores, só pedaços e peças de roupa, como um velho casaco que me cobria. Tinha só um colchão com uma parte mais funda no meio onde a urina se juntava; eu sempre acordava muito cedo e minha cama estava sempre molhada. Quando minha mãe estava lá, ela esfregava minha cara naquilo e eu tinha que arrastar o colchão até a janela e pendurá-lo [no parapeito] para que todo mundo visse, porque ela dizia que eu fazia aquilo só para irritá-la."

Mary e Norma tomaram o ônibus para South Shields, ela contou, a cerca de uma hora de viagem, e Norma seguiu direto para uma casa que ela obviamente conhecia bem.

"Sei que os pais de Norma pensaram, mais tarde, que tinha sido eu que a tinha levado para o mau caminho", Mary disse quando eu coloquei a questão, "mas foi ela quem me levou para South Shields. Ela tinha fugido para lá antes e acabou na casa de um homem que abusava sexualmente dela".

Norma disse isso?

"Sim. Ela me contou que a casa tinha um monte de quartos e uma bela cozinha e nós podíamos cozinhar se quiséssemos... O homem nos deixava fazer qualquer coisa que quiséssemos. Ela me disse que ele tinha feito coisas com ela e que ela tinha gostado."

Perguntei qual era a idade desse homem.

"Ah, não sei", ela disse. "Para alguém de 11 anos, qualquer um é velho. Eu disse que só queria fazer bolos de caramelo, e ele disse que tudo bem, mas tínhamos que tomar banho antes. Então entramos na banheira e, quando eu saí, ele tentou passar manteiga em mim, sabe, lá embaixo. Eu disse que não queria e o empurrei para cima de Norma, e ele fez aquilo com ela..."

Ele fez o quê?

"Ele a penetrou."

Como ela sabia que o homem estava fazendo isso?

"Eu vi, e depois Norma disse de novo que gostava."

O homem vivia sozinho na casa?

"Não vimos mais ninguém. Por volta de 5 horas da manhã, ele nos acordou e nos levou de carro para algumas ruas menos movimentadas e nos deixou lá. Foi lá que a polícia nos apanhou."

Vocês haviam contado à polícia sobre o homem?

"Meu Deus, não, já tínhamos problemas o bastante sem contar."

Foi depois dessa fuga que elas confirmaram seu "pacto", Mary disse. "Fomos levadas de volta para Newcastle num carro da polícia. E a polícia chamou o pai de Norma e minha mãe para nos buscar na delegacia. Minha mãe me bateu e tenho certeza de que Norma estava encrencada também, mas, de uma maneira estranha, estávamos orgulhosas de nós mesmas. Você sabe, meu pai estava sempre envolvido com a polícia e, agora, eu também tinha sido levada para a delegacia. Depois disso, dizíamos que éramos criminosas e prometemos, uma para a outra, que tudo que fizéssemos dali em diante faríamos juntas..."

Mas de fato falaram que matariam alguém juntas?

Ela olhou para mim impotente.

"Como alguém pode explicar isso agora? Não, acho que não, não desse jeito, mas, sim, provavelmente dissemos palavras assim... Você sabe como as pessoas – não apenas crianças, adultos também – dizem 'eu te mato' ou 'eu poderia matá-los'. Mas quando você me pergunta, assim, não sei o que dizer. Acho agora que *estávamos* fantasiando de modo terrível, grotesco. Lembro-me de ter perguntado ao meu pai qual era a pior coisa que alguém podia fazer, e ele respondeu: 'Matar um policial'. E depois disso, sim, eu e Norma ficamos falando sobre matar... Alguém..."

Uma criança?

"Não, não era... Não, não, não era... Era apenas... Fazer a pior coisa que podia ser feita."

E, obviamente, elas não podiam matar um policial. Mas por que queriam fazer a pior coisa que poderia ser feita?

"Não sei. Falávamos o tempo todo sobre fugir, escapar para algum lugar silvestre da Escócia, viver com os cavalos. Era... Era..." Ela estava gaguejando. "Você não entende...?" Sua voz estava começando a soar tensa. "Eram fantasias. Mas acho que não sabíamos que eram fantasias e não parávamos de fantasiar até que – é o que parece da perspectiva de hoje – nunca falávamos de outra coisa que não fosse fazer coisas terríveis e sermos levadas embora. Mas concordávamos que jamais faríamos... Não com nossos irmãos e irmãs ou com nossos primos..."

Então, de fato, àquela altura "matar" e "crianças" já passavam pela cabeça de vocês?

Ela balançou a cabeça negativamente. "Não era assim. Não era... Real... Assim."

Algo de que ela se lembra vividamente (e, dada a falta de comunicação entre as diferentes autoridades de Newcastle, o Sr. Lyons certamente não sabia disso) é o outro evento na vida dela, próximo ao final de junho ou começo de julho, que ela associa com os episódios de fuga. Embora não consiga se lembrar de datas e confunda a ocasião de suas experiências mais significativas, Mary acha que foi logo após sua segunda fuga, em 14 de junho, quando ela e Norma estiveram durante dois dias a caminho da Escócia antes de serem apanhadas que ela foi mandada novamente para um lar de recuperação de crianças enuréticas (com problemas de retenção de urina), em Rothbury, cerca de oitenta quilômetros ao norte de Newcastle. Ela acredita que molhava a cama desde que tinha 4 anos, e esteve lá diversas vezes.

"Eu adorava", ela me contou. "Um jovem casal dirigia o lar e eles eram realmente muito legais. Não consigo lembrar o nome deles. Fazíamos exercícios físicos o dia todo, todos os tipos de esporte, e o lugar era muito limpo e lindo. Era um contraste, tão arrumado e simpático, enquanto nossa casa em Whitehouse Road estava sempre suja, tensa e barulhenta quando minha mãe estava lá. Então, quando me disseram uma noite que eu tinha que ir para casa no dia seguinte, eu disse que não queria voltar para a minha casa e pedi a eles para me deixarem ficar lá. Eu não poderia simplesmente viver com eles? E eles... Eles me fizeram perguntas que eu não sabia responder. Mas depois eles me denunciaram. E quando me levaram de volta a Newcastle, deixaram-me em um escritório, o escritório de algum juiz ou de algum tipo de serviço de atendimento infantil ou sei lá o que, e a mulher lá... Ela perguntou se eu não queria mesmo ir para casa, e eu não respondi porque minha mãe estava em pé, atrás de mim, e a mulher disse: 'O que é? Você quer ser mandada para longe?'. E eu conseguia ouvir minha mãe respirando atrás de mim, então peguei o jarro de água que ficava na mesa, tomei um gole e joguei a água na cara da mulher. Minha mãe deu um tapa na minha cara e fomos embora para casa."

"Foi tão idiota", Mary me disse. "Você sabe, me perguntar na frente da minha mãe se eu queria *mesmo* sair de casa." No momento em que elas chegaram em casa, Mary se recorda: "minha mãe me agarrou pelo cabelo e me deu um safanão. Sua barriga estava aparecendo e ela vestia uma saia xadrez e tinha aquele cheiro feminino, cheiro típico de menstruação, nojento, e eu estava chorando. E me soltei e gritei: 'Não quero ficar aqui!'. Corri para fora e pulei para lá e para cá na cerca entre a minha casa e a casa de Norma, me exibindo, acho, cantando 'Puppet on a String', que estava em primeiro lugar nas paradas na época. A mãe de Norma saiu e cantou junto conosco, e então pediu que eu cantasse 'Congratulations', aquela de Cliff Richard, e depois disse que eu cantava bem e que talvez eu seria cantora um dia. Aquilo me fez sentir muito melhor".

Você se perguntou alguma vez por que Norma dizia que odiava a própria casa e que queria ficar longe dos pais, se a mãe dela era tão legal?

"Não, eu era muito pequena para pensar sobre isso", ela disse. "Eu pensava em mim."

Quando Mary foi à casa de Brian Howe, em 27 de julho ou próximo a essa data, e contou para Pat, de 14 anos, a mentira de que Norma tinha matado Martin Brown, era, pode-se dizer, seu último grito por ajuda. É grotescamente trágico que tal grito tivesse que ser para a irmã do garotinho que estava para morrer quatro dias depois.

O veredito

Dezembro de 1968

À medida que o julgamento avançava, as frequentes lágrimas de Norma e a calma controlada de Mary criavam uma atmosfera quase tangível de compaixão em relação a uma e de animosidade em relação a outra. O tom das reportagens nos jornais, as observações nos saguões durante os intervalos e, de fato, as reações do tribunal demonstravam claramente que a garota mais nova era vista cada vez mais como uma aberração perigosa e assustadora, e ninguém conseguia pensar no que fazer com ela.

Da tarde de sexta-feira, 6 de dezembro, à tarde de quinta-feira, 10 de dezembro, o tribunal ouviu as testemunhas da acusação: a mãe e a tia de Martin, June Brown e Rita Finlay; a irmã de Brian, Pat Howe, e a amiga dos dois, Irene Frazer; o especialista em caligrafia Roland Page; os dois médicos legistas, Dr. Bernard Knight (de Martin) e Dr. Bernard Tomlinson (de Brian); o cientista forense Norman Lee; o professor de Mary, Sr. Eric Foster; o investigador de polícia James Dobson e diversos policiais de sua equipe; Pauline Watson (sem fazer juramento), de 8 anos, que foi questionada sobre o incidente do tanquinho de areia; Susan Bell, a irmã de 10 anos de Norma, que declarou que Mary tentara estrangulá-la também quando estava nervosa; e os pais de Norma, que confirmaram a história.

"Bati no ombro dela", contou-me o Sr. Bell, posteriormente, descrevendo como ele separara Mary de Susan. A Sra. Bell disse ter tentado fazer com que Norma parasse de ver Mary: "Mas eu não conseguia separá-las".

David McCready, de 12 anos, que foi a 39ª testemunha da acusação, fez seu relato da briga de Mary com Norma no tanquinho de areia da escola duas semanas depois da morte de Martin, quando ele disse que, sim, ficou rindo, porque todos sabiam como Mary Bell era exibida.

Mais tarde, o juiz chamaria atenção do júri para o fato de que vários desses testemunhos, tomados individualmente, eram questionáveis. Pauline era considerada jovem demais para fazer o juramento. Susan era irmã de Norma e os pais dela, obviamente, eram os pais de Norma e, portanto, parte envolvida. Porém, sugeriu o juiz, se o júri aceitasse as evidências conforme apresentadas, isto é, como capazes de corroborar o testemunho de Pauline Watson em relação ao incidente no tanquinho de areia, então o testemunho de Norma sobre essa questão, ainda que tratado com cuidado, era (se aceito pelo júri) capaz de confirmar o de Pauline Watson. O juiz disse:

"Ela [Norma] estava realmente lá, como afirma, e em essência, embora não nos detalhes, apresenta o mesmo relato que Pauline. Se, tendo-se dado o devido peso às minhas advertências, [vocês acham que] isso de fato ocorreu, bem, então, isso é algo em que confiam a promotoria e aqueles que defendem Norma como indicativo da identidade do assassino dos dois garotos, porque, dizem eles, havia uma garotinha na vizinhança com acesso àqueles dois garotinhos, e ela estava fazendo com outras crianças a mesma coisa que causou a morte daqueles garotos."

Mais do que em qualquer outra ocasião, foi quando as crianças acusadas estavam no lugar reservado às testemunhas que se tornaram desesperadoramente preocupantes as falhas de um sistema judicial que julga crianças em tribunais de adultos. Dos jurados, não familiarizados com crianças traumatizadas, requer-se que avaliem o pensamento tortuoso dessas crianças e suas palavras desordenadas, e o sistema vigente nem requer nem fornece mecanismos para comunicar-lhes seu significado ou ensinar-lhes como compreendê-las. O tribunal estava totalmente desinformado em relação às fantasias que alimentavam e conduziam as vidas conjuntas de Norma e Mary; e, nos momentos em que a verdade acidentalmente emergia, conforme veremos, o tribunal invariavelmente a ignorava, a rejeitava ou fugia dela.

Norma foi chamada para seu testemunho principal no começo da sessão vespertina do dia 10 de dezembro, o quarto dia do julgamento. Seu depoimento levaria um dia e meio e seria seguido, na manhã de 12 de dezembro, pelo de Mary. O juiz Cusack sempre fazia questão de se dirigir às crianças, tanto aquelas acusadas quanto as que eram testemunhas, de uma forma especial e pessoal, fossem elas acusadas ou testemunhas. Em vez de falar mais vagarosamente ou elevando a voz, ele se ajeitava em sua grande cadeira vermelha até que todo o seu corpo estivesse virado para a criança, fazendo com que ela se concentrasse nele. Havia, porém, uma clara diferença em sua conduta em relação a cada uma das duas garotas e, ao falar com Norma, seria impossível alguém no tribunal não perceber seu jeito delicado e protetor em relação a ela.

"Norma", disse ele muito calmamente. Muito pálida e já chorando, ela estava de pé no banco dos réus com uma policial a seu lado (que lhe entregava um lenço de papel limpo e para quem – em um gesto infantil comovente que não passou despercebido pelo público – Norma sempre devolvia o lenço, embolado e úmido, depois de assoar o nariz). "Eu quero dizer algo antes de você começar a nos contar o que tem a dizer. Quando você foi para a escola, te ensinaram sobre Deus?"

"Na escola e na igreja", ela sussurrou.

"Falaram com você sobre Deus. Você sabe o que é a Bíblia?"

"Sim."

"Se você pega a Bíblia e diz que você promete contar a verdade perante Deus, o que isso significa?"

"Eu tenho que contar a verdade."

"Sim, você deve contar a verdade. Ela pode fazer o juramento."

Quando se trata de crianças, não é a formalidade do juramento que decide se elas vão mentir ou contar a verdade, mas uma característica bem mais sutil: a intensidade de seu desconforto ao contar uma mentira. E essa intensidade é determinada, antes de tudo, pelo ambiente em que elas são educadas – em que medida a verdade é valorizada. No caso de Norma e Mary, os pais de Norma, ainda que sob um estresse econômico permanente e – talvez como todas as outras pessoas – despreparados para lidar com as necessidades psicológicas e sociais de onze crianças, basicamente forneciam a ela (conforme perceberiam os policiais que foram colher depoimentos de Norma) um ambiente "voltado para a verdade". No caso de Mary, como ela descreveria tão claramente para mim 28 anos depois, era o contrário. Independentemente do ambiente, porém, crianças contarão mentiras se fizerem algo que sabem ou que imaginam ser errado e de cujas consequências têm medo.

A capacidade de Norma de pensar à frente era limitada. Mas ela sabia três coisas: primeira, que seus pais estavam absolutamente convencidos de que Mary era única a responsável; segunda, que, como consequência dessa certeza, eles queriam que ela "contasse a verdade" ("Nós falamos com ela desde o início", explicou-me a mãe de Norma alguns meses depois do julgamento, "para falar a verdade sobre tudo: contar tudo para eles"). E terceira, ela sabia que, independentemente do que tivesse feito, seus pais seriam seu porto seguro ("A diferença entre mim e Norma", Mary me disse, "era que ela podia sempre voltar para casa e ficar segura, enquanto eu nunca sabia onde estava me metendo").

Quando o juiz Cusack a chamou, já se somavam quase quatro dias em que, com crescente horror, Norma era forçada a retornar àqueles meses entre maio e agosto, quando ela e Mary tinham tão tragicamente sido amigas. Durante os meses de terapia no hospital, longe da ansiedade de seus pais, seu envolvimento nos terríveis eventos daquele verão simplesmente se tornou algo impossível. Mas agora, quando ela não podia deixar de ouvir – pelo menos com parte da atenção – as infinitas repetições dos eventos que resultaram na morte dos dois garotos, seu próprio envolvimento tornou-se tão grande que ela não conseguiria encará-lo de jeito nenhum. Seus piores momentos durante seu testemunho principal ocorreram quando ela foi confrontada com questões nas quais, uma vez que as evidências o comprovavam, ela precisou admitir seu envolvimento, como os bilhetes "Nós matamos" e as entusiasmadas visitas à casa dos pais de Martin.

A morte de Brian Howe, porém, era outra questão: o júri tinha um "pacote", como o chamava, que continha, entre outras coisas, todos os depoimentos das garotas à polícia, frequentemente mencionados durante os testemunhos. Apesar de Norma ter entendido muito pouco sobre as discussões entre aqueles homens eruditos usando perucas, bem como sobre as muitas instruções que o juiz deu ao júri ao longo do caso, ela sabia que eles tinham os depoimentos. Portanto, eles sabiam sobre as mentiras que ela havia contado e sobre ela estar presente quando Brian "fora machucado" e novamente quando ele estava morto.

Havia duas coisas sobre as quais ela só conseguia falar em conexão com Mary e nunca consigo mesma: a lâmina de barbear, para a qual, em sua incapacidade de pensar à frente, *ela* conduzira a atenção da polícia; e a tesoura, que, em seu último depoimento, ela admitiu ter tomado de Norman, irmão de Brian, e levado para Tin Lizzie quando Mary e ela (uma declarava que foi iniciativa da outra) levaram Brian até lá. O fato de Brian ter sido ferido com a lâmina de barbear e tido o cabelo cortado com a tesoura era mais real para ela do que a morte dele em si. E, fosse verdadeiro ou não, era essencial para Norma – não por uma questão de inocência ou culpa, mas para ela como pessoa (como uma menina que não conseguia fazer mal a uma criança) – distanciar-se de qualquer coisa que tivesse sido feita com esses dois objetos.

Suas respostas sobre Martin, contudo, foram bastante diretas, exceto quando as perguntas diziam respeito ao que Mary lhe falara sobre a morte de Brian ou quando pareciam forçar sua mente a se aproximar do assunto. Ela estivera assistindo sua mãe passar roupa durante cerca de cinco minutos, segundo contou a seu advogado, Sr. R. P. Smith, quando Mary a chamou por um buraco na cerca entre as casas delas.

"Ela queria alguma coisa?", ele perguntou.

"Queria que eu descesse até o número 85."

"Você se lembra do que ela disse?"

"Houve um acidente."

"Ela disse mais alguma coisa sobre isso naquela hora?" Norma não respondeu, e o Sr. Smith não a pressionou (foi nesse ponto de nossa conversa que Mary disse: "Contei a Norma logo de cara que eu tinha matado Martin, e ela disse: 'Você não matou, matou? Me *mostra*'").

"Bem, descemos até lá", Norma continuou. "Ela nos levou até o 85... Tem um buraco no banheiro [ela queria dizer do número 83 da St. Margaret's Road, a casa ao lado]. Passamos por ele e subimos os degraus [o exímio taquígrafo cuidadosamente anotou as reações das crianças e escreveu nesse ponto: 'a testemunha ficou agitada']."

"Mary lhe disse mais alguma coisa sobre o acidente antes de você passar pelos fundos e pelo buraco no muro?"

"Não, mas ela sabia o nome, porque disse Martin Black... 'Foi Martin Black que sofreu o acidente'. Mas não sei quem ela queria dizer na verdade... Não conheço Martin Black."

O fato era que Norma conhecia Martin (Brown) muito bem, pois o via frequentemente quando ele aparecia na casa da tia, Rita Finlay, para cujo filhinho, John, ela constantemente ficava de babá. Estranhamente, Mary, que não gostava muito de crianças menores, seguramente não conhecia bem Martin e pode ser que não soubesse qual era seu sobrenome.

Norma disse que subira apenas alguns degraus na entrada do número 85.

"Você entrou alguma vez no quarto no segundo andar do número 85?", perguntou o Sr. Smith.

"Nunca entrei. Tinha uma multidão... Eles queriam saber de quem era o garotinho, e Mary subiu, mas eu nunca subi. Ela subiu e entrou no quarto e falou o nome do garoto."

"Como você sabe que ela subiu, Norma?"

"Eu a vi passando pelo muro e ela me contou [nota: 'a testemunha ficou agitada e irritada']."

"Você viu Mary sair?"

"Não." Mas ela obviamente a viu logo depois, pois disse que ambas foram à casa de Rita Finlay: "May queria falar para Rita que tinha acontecido um acidente, porque ela disse que havia acontecido um acidente e Martin e algo sobre ter sangue espalhado por todos os lados [nota: 'a testemunha tornou-se agitada']".

Ao longo dos dois dias de seu testemunho, o juiz repetidamente interrompeu as atividades para que Norma descansasse, mesmo quando isso fazia com que uma pergunta ficasse sem resposta ou sem contestação, caso tivesse sido respondida de modo a exigir esclarecimento. A primeira dessas situações foi quando lhe perguntaram sobre o fato ultrajante de as garotas baterem à porta da mãe de Martin, June Brown, quatro dias depois que o garotinho fora encontrado morto.

"Norma, você alguma vez quis ver o pequeno Martin Brown deitado no caixão?", perguntou o Sr. Smith. ['A testemunha balançou a cabeça, 'não'", escreveu o taquígrafo de maneira confusa, já que ela balançou a cabeça afirmativamente na verdade].

"Não. Você estava lá quando Mary foi até a mãe de Martin para perguntar se poderia ver o garoto no caixão? Você estava lá?"

"Sim", murmurou Norma.

"Sim ou não?"

"Sim."

Essa confissão de Norma de que ela estava presente na visita feita a June Brown não seria levada em conta. O pressuposto de que se tratava de mais uma das terríveis iniciativas de Mary encaixava-se mais facilmente no padrão que, àquela altura, dirigia o julgamento.

Não há dúvida de que, para o tribunal e para o júri, o aspecto mais desconcertante na conduta das duas garotas naquele final de semana de 25 de maio foram os bilhetes que elas escreveram, primeiro na cozinha da casa de Mary e depois na escola, após invadi-la. A promotoria alegou que tais bilhetes equivaliam a uma confissão de que as duas garotas tinham matado Martin Brown. Os advogados de defesa de ambas as garotas sustentaram que, independentemente de quão vulgares e desagradáveis fossem as palavras, elas eram parte de uma fantasia infantil. No fim das contas, ambos os lados estavam errados.

As duas garotas admitiram, em conformidade com o que concluiu o especialista em caligrafia, Roland Page, que os bilhetes haviam sido escritos por ambas. Norma, ainda que voluntariamente informasse que escrevera "uma primeira carta", a qual Mary "colocou dentro do sapato" – ela não disse sobre o que era a carta e por que Mary a colocou dentro do sapato, e não foi mais questionada sobre isso –, disse que os bilhetes tinham sido ideia de Mary. Ela, por sua vez, disse e mantém até hoje que foi "uma ideia conjunta".

Ainda interrogada pelo Sr. Smith, Norma disse que ambas estiveram na casa de Mary, primeiro com sua flauta e, depois, "desenhando".

"E então, quando vocês pararam de brincar de desenhar, o que fizeram a seguir?"

"Escrevemos alguns bilhetes."

"Com o quê?"

"Uma caneta vermelha comum."

"De quem era a caneta?"

"De Mary Bell."

"Eu quero que você olhe, Norma, por favor, para os quatro bilhetes, as provas de números doze a quinze. Você tem os bilhetes aí, Norma, não tem?"

"Sim."

"Você está vendo aquele que diz 'Eu mato para que possa voltar'? Evidência 12?"

"Sim, eu escrevi esse."

"Apenas segure-o. O original está escrito em vermelho. Por que você escreveu isso, Norma?"

"Apenas para mim e para Mary."

"De quem foi a ideia?"

"De Mary, porque ela queria pegar papéis para escrever bilhetes, mas escreveu alguns e colocou alguma coisa ['a testemunha tornou-se inaudível e agitada']."

"Você poderia repetir o que disse, Norma?"

"May queria que alguns bilhetes fossem escritos... Para colocar no sapato dela."

Depois de uma longa discussão sobre outro bilhete, evidência 15, o qual Norma disse que fora escrito por Mary e também colocado "dentro de seu sapato", o Sr. Smith perguntou, novamente, de quem tinha sido a ideia de escrever aqueles bilhetes.

"De Mary, porque ela primeiro pegou restos de papel e eu estava escrevendo uma carta diferente nele e escrevi aquilo e ela colocou no sapato dela. Não sei por quê. Eu não sabia o que ela ia fazer." Isso continuou durante horas e terminou na confusão total de Norma, quando primeiro declarou que ela e Mary não haviam feito nada mais na escola – elas tinham na verdade destruído tudo – e que a polícia as pegou no quintal – isso aconteceu na verdade uma semana depois.

Os pais de Norma também não tinham a menor ideia das fantasias que as duas garotas construíram entre elas e, conforme ficou óbvio em sua relutância em ter o pai presente enquanto prestava seus depoimentos à polícia, Norma estava profundamente receosa de que ele descobrisse o que o detetive Dobson descrevera como sua "curiosa agitação". Não temos como saber se, para Norma, que talvez desejou por anos ser notada, essa "agitação" era simplesmente relativa à atenção repentinamente dedicada a ela ou se era uma resposta a algo mais profundo em sua experiência recente. Seu comportamento após as mortes de Martin Brown e Brian Howe apontava para a última hipótese. Mas a julgar pelo relatório sobre Norma que o Dr. Ian Frazer, chefe de psiquiatria no Hospital Prudhoe Monkton, entregou ao tribunal, esse comportamento havia mudado radicalmente durante os meses de custódia sob o cuidado acolhedor e a calma do hospital onde ela recebeu ajuda para tirá-lo de seus pensamentos (sendo que o crime propriamente dito não foi discutido, já que isso seria completamente ilegal), pelo menos durante aquele período de recuperação do trauma.

O Dr. Frazer foi o único especialista da área médica chamado pela promotoria ou pela defesa para testemunhar sobre Norma e, de maneira muito incomum, o juiz citaria suas palavras uma a uma em sua conclusão. No depoimento médico do Dr. Frazer, que ele entregou ao tribunal como o psiquiatra que estudou o caso de Norma desde que ela estivera sob seus cuidados em 28 de agosto de 1968 (três semanas depois de ter sido presa e três meses e uma semana antes do julgamento), ele disse que o comportamento da menina era bom e ela não causava problemas. Logo que chegou, disse ele, Norma tinha dificuldade de demonstrar seus sentimentos, mas conforme se acostumava com tudo que a cercava passou a expressá-los muito bem. Ela não tentou fugir e se relacionou bem com as outras crianças e com a equipe. Norma não demonstrou qualquer agressividade. Comparecia às aulas e fazia seu trabalho bem. Quando testes de inteligência lhe foram aplicados, eles indicaram que, embora tivesse 13 anos, ela tinha a idade mental de uma criança entre 8 e 9. Seu poder de compreensão e raciocínio era limitado. Ela conseguia lidar melhor com o pensamento concreto do que com qualquer coisa abstrata que a envolvesse, o que queria dizer que conseguia descrever fisicamente as coisas, mas tinha grande dificuldade com termos abstratos necessários para descrever sentimentos, motivações e raciocínio.

"Fisicamente", o Dr. Frazer testemunhou, "Norma era pequena para a idade dela", e isso incluía sua força. Essa era uma afirmativa curiosa, injustificada, como considerei à época, quer pelo fato quer pela função do médico, e as anotações que fiz então expressam minha surpresa: "Ele está nos dizendo que ela não tinha força para segurar um garoto de 3 anos ou para apertar seu pescoço?", escrevi.

Como todas as outras pessoas no tribunal, observei a garota de 13 anos durante horas todos os dias e, como elas, fiquei tocada pelo contraste entre sua aparência forte e sua fragilidade emocional. Várias vezes me comovi com o carinho dela em relação aos irmãos mais novos: quando corriam em sua direção, ela os pegava e balançava divertidamente, às vezes dois ao mesmo tempo, segurando-os em um abraço apertado, sem que os pés deles encostassem no chão.

De forma pouco surpreendente, porém, o Dr. Frazer também achou Norma emocionalmente imatura. Ela era, segundo ele, "uma garotinha insegura" que não tinha a capacidade "de ser líder", "de se expressar prontamente" ou "de raciocinar [...] Quase qualquer pessoa de inteligência abaixo do normal", ele disse. "É mais facilmente influenciada que uma pessoa de inteligência normal ou acima do normal, e isso se aplica ao caso de Norma. Ela é mais sugestionável. Se alguém [...] presente ao lado dela exercer influência, ela tenderá a ser sugestionada por essa pessoa mais que por aquilo do que por outra pessoa que falou com ela meia hora antes. E se você lhe pergunta o motivo de alguma coisa, ela tem dificuldade de encontrar as palavras para se expressar, embora seu poder de concentração seja muito bom para seu nível de inteligência."

Interrogado pelo Sr. Lyons, o médico disse que a capacidade de Norma em saber que algumas coisas são gravemente erradas era limitada. "Ela é capaz de reconhecer que é errado matar?", foi-lhe perguntado.

"Acho provável", disse ele, "que ela não saberia que apertar o pescoço com força mataria. Não acho que ela tenha a capacidade para avaliar que as pessoas, às vezes, são mortas por estrangulamento. Sob condições não estressantes", ele concluiu seu depoimento, "Norma faz e responde perguntas rapidamente e de modo relevante, mas, sob estresse, a situação é diferente".

Não há dúvidas de que naquele ambiente amistoso do hospital, na companhia de crianças doentes, muitas delas mais novas que ela, Norma apresentou-se exatamente como o Dr. Frazer a descreveu. Todavia, o fato de estar convencido de que Norma não podia ter responsabilidade alguma nas mortes dos garotinhos e de que era incapaz de causar mal a crianças, conforme ele disse a vários colegas com os quais conversei depois, provavelmente queria dizer que Norma não havia confiado totalmente nele. Se ele tivesse sabido das fantasias que ela e Mary construíram, isso teria afetado sua avaliação. Ele ainda poderia, de modo talvez bastante correto, tê-la considerado incapaz de realmente fazer mal a uma criança, mas teria sabido dos sonhos assustadores que as duas garotas compartilhavam e poderia ter devidamente medido suas palavras – pois ele saberia que influenciaria enormemente o júri.

O estado de espírito de Mary era diferente do de Norma, e ainda assim era o mesmo em alguns aspectos. Diferente, porque ela estava incomensuravelmente mais perturbada, moralmente prejudicada e sozinha que Norma; o mesmo, porque os atos por ela praticados não eram reais para a menina, não eram algo que ela fizera, mas antes – se ela fosse capaz de expressar dessa maneira – algo que acontecera nela, ou com ela; ainda hoje ela não sabe qual dessas duas coisas.

A contradição essencial do julgamento era que "matar" assumia uma conotação de fantasia para essas duas crianças, e nenhuma delas, ainda que claramente familiarizadas com a palavra, compreendia "morte" como algo "para sempre" ou no sentido de "perda", embora, estranhamente, Norma conhecesse os sintomas da morte e os reconhecesse ao vê-la. Mary, incapaz de fazer a conexão entre sua necessidade compulsiva de se comportar mal e as consequências de suas ações, simplesmente não conseguia conceber que toda ação tem uma consequência, e muitos anos seriam necessários para que ela reconhecesse isso.

O desenvolvimento mais importante na mente de Mary durante os meses de custódia e as semanas do julgamento foi que ela começou a se dissociar de seus próprios atos. No começo, fazia isso deliberada e conscientemente, com grande habilidade, conforme descreveu o inspetor-chefe Dobson ao perceber suas astutas mentiras. Ao final, contudo, o mecanismo de bloqueio psicológico que protege a mente daquilo que ela não pode suportar assumiu o controle e tornou essa dissociação "real".

Mary negou por 27 anos ter desempenhado um papel ativo na morte de Brian Howe e somente reconheceu os detalhes quando conversou comigo em 1996. Quanto a Martin Brown, ela negou ter desempenhado qualquer tipo de papel em seu assassinato durante seus seis primeiros anos de detenção, embora aos 14 anos tenha falado da morte dele ao escrever pequenos trechos de sua vida para um professor cuja aprovação ela desejava, ainda a representando, porém, como um acidente.

Em 1975, aos 18 anos, durante um breve período de terapia em grupo na prisão Styal, Mary teve seu único contato positivo com um psiquiatra e inventou uma primeira fantasia de como Martin poderia ter morrido em decorrência de uma brincadeira inocente. Ela falou com o grupo que havia apanhado Martin "pelas orelhas, e ele escorregou. Foi um acidente" (ela ainda utilizou essa mesma evasiva ao conversar comigo sobre o incidente do tanquinho de areia).

Em 1983, três anos depois de ser libertada, conversando com sua agente de condicional Pat Royston, a história mudou: ela e Norma, disse Mary, haviam estrangulado ambos os garotos. Em 1985, no rascunho da "história de sua vida", ela escreveu ainda outra descrição obviamente falsa e simplista sobre ter matado Martin "em um acesso de raiva" (quando eu a instiguei acerca disso, ela afirmou pensar que, se o descrevesse como "um assassinato comum", as pessoas "achariam mais fácil lidar com aquilo"). Depois disso, segundo ela, nunca falou sobre o assunto (exceto com aquele que já era seu companheiro há treze anos) até nossas conversas em 1996, quando, quase de imediato, admitiu ter matado Martin sozinha. Mas, como eu disse, levaria meses e diversas versões diferentes, relatadas com enorme dificuldade, até a última, na qual ela finalmente me convenceu de que estava contando o mais próximo da verdade que poderia alcançar. Mesmo nessa ocasião, entretanto, ela jamais seria capaz de me contar por que pensava ter feito aquilo.

"Mary", disse o juiz às 10h30 da manhã de 12 de dezembro. "Eu quero fazer algumas perguntas a você."

Excepcionalmente pálida, usando o vestido amarelo feito por sua mãe conforme falara à policial F. na noite anterior, ela ficou de pé com a coluna reta e encarando o juiz.

"Já te ensinaram sobre Deus?"

"Sim, senhor", respondeu Mary com a entonação cantada típica do sotaque de sua região natal, colocando "senhor" dois tons mais alto que "sim". Ela jamais se esqueceria de acrescentar o respeitoso "senhor" durante as horas de testemunho que se seguiram, a não ser quando era para demonstrar raiva ou mesmo desprezo em relação àquele que perguntava.

"Você costuma ir à igreja?"

"Às vezes, senhor, ao catecismo."

"Às vezes ao catecismo. Você sabe o que é a Bíblia?"

"Sim, senhor."

"E se você pegar a Bíblia e prometer, perante Deus, falar a verdade, o que você acha que isso quer dizer?"

"Que você tem que falar a verdade, senhor."

"Que você tem que falar a verdade. Muito bem, ela pode fazer o juramento."

Enquanto escrevo isso agora, não tenho dificuldades em relembrar a atmosfera no tribunal naquele dia. Diferentemente de quaisquer outras sessões, essa tinha um ar de expectativa. As pessoas pareciam prender a respiração, como se estivessem famintas, com aquela curiosidade mórbida e latente que, especialmente em julgamentos de assassinatos pavorosos, transforma os expectadores em *voyeurs*. Não sei se outros tiveram a mesma impressão, mas me lembro de um sentimento sufocante de intranquilidade, que eu não sentira ao ouvir os sussurros de Norma ou ver seus soluços. Era a postura ereta da criança, o vazio em seu rosto, e aquele terrível autocontrole, que poderia ser tão prontamente interpretado como uma incapacidade de sentir qualquer coisa, que fez surgir em mim uma curiosa resistência em fazer parte daquilo, uma relutância em assistir, quase um constrangimento por estar lá.

Ao evocar agora meu mal-estar frente aos procedimentos do tribunal, especialmente a instintiva parcialidade de todos os presentes a favor da infeliz e infantil Norma e sua rejeição quase passional em relação a aparentemente insensível e controlada Mary, me preocupo em não induzir ninguém ao erro. Como todo mundo à época, eu tinha absoluta certeza de que Mary havia matado e de que, qualquer que fosse o papel desempenhado pela outra criança, Mary tinha que ser a figura dominante nessa infeliz aliança. O ponto em que eu diferia (deixando de lado aqui minhas opiniões sobre o papel de Norma) era que, embora eu estivesse profundamente ciente de que o que acontecera aos garotinhos e a suas famílias fora monstruoso, eu não via, sequer por um instante, aquela criança de 11 anos como um monstro e ficava chocada com o fato de que os outros a vissem assim.

Não porque eu sabia mais sobre o histórico dela do que eles – eu não saberia até muito depois –, mas porque eu tinha, após a Segunda Guerra Mundial, trabalhado com muitas crianças que sofreram traumas por causa de suas experiências nos campos de concentração ou pelo trabalho forçado na Alemanha. A maioria delas tinha idade entre 4 e 12 anos. Algumas eram caladas ao ponto de tornarem-se catatônicas. Outras eram hiperativas, conversando não apenas durante todo o dia, mas também noite adentro durante o sono. Algumas queriam ser seguradas, outras tremiam ao mínimo toque e se afastavam. Mas uma coisa que quase todas elas tinham em comum ao chegar, e por muitas semanas depois, era uma rejeição absoluta a qualquer coisa que beirasse conceitos morais. As palavras "bom" e "mau" não tinham significado para elas; seus rostos ficavam rígidos, seus olhos, vazios, frente a qualquer tentativa de explicar a necessidade de algumas regras para sua própria segurança. Havia um mínimo de disciplina imposta; porém, diante da mais leve indicação de desaprovação ou impaciência feita por um adulto, muitas delas explodiam, forçando-nos a vê-las encenar (sim, pois tratava-se de uma encenação) um comportamento mais selvagem, mais "maligno", mais deliberado, sob todos os aspectos, do que aquele que as caracterizava em sua essência.

A semelhança entre essas crianças gravemente perturbadas e sua re-jeição pela moralidade convencional, em 1945, e Mary naquele tribunal inglês, em 1968, totalmente confusa em relação aos conceitos morais em nome dos quais se pedia que ela fizesse um juramento, era bem marcante para mim. Desde o primeiro dia, com suas mentiras óbvias e suas fantasias, seus confusos mas indicativos movimentos com as mãos e com os dedos, sua estranha inteligência, seu silêncio e seu isolamento, ela me parecia nada mais que uma criança profundamente confusa a quem algo terrível havia sido feito em determinado momento.

Ela foi questionada primeiro sobre a morte de Martin Brown, assim como fora Norma. Ambas as garotas admitiram tê-lo visto na rua no dia anterior à sua morte, mas nenhuma das duas admitiu qualquer culpa na morte ou culpou a outra. Inicialmente, de modo bem sincero, Mary contou à polícia que nunca havia brincado com ele. Quatro meses depois, no tribunal, todavia, em uma das diversas demonstrações de excepcional agilidade mental, que tinha o efeito de confundir não apenas o público, mas também os advogados e o juiz, ela cuidadosamente adaptou sua resposta aos depoimentos que ouvira.

Depois de um perito em medicina legal ter testemunhado que as fibras têxteis encontradas nas roupas de Martin correspondiam às amostras que tinham sido extraídas do vestido que Mary usara naquele dia, ela afirmou que não, nunca havia brincado com Martin, mas acrescentou, enfatizando a diferença entre os dois atos, que, embora não tivesse brincado com ele, ela o havia "empurrado no balanço antes do jantar", pouco depois da 1 hora da tarde no dia em que ele foi encontrado morto ("Eu inventei aquilo", ela me contou agora, "depois que a polícia me disse que eles tinham achado as fibras").

Questionada sobre o fato de ter tocado a campainha da casa dos Brown quatro dias depois que ele morreu, Mary respondeu com bastante honestidade.

"Eu perguntei à mãe de Martin se eu podia ver ele", ela disse, respondendo a seu advogado. "Eu e Norma estávamos nos desafiando."

"Vocês estavam desafiando uma à outra?", repetiu o Sr. Dobson. "Para que vocês queriam ver Martin?"

"Não sei, senhor, porque nós... É... Estávamos nos desafiando e nenhuma de nós queria se mostrar covarde ou coisa assim."

Esse foi outro exemplo das diferentes reações que as duas garotas produziam no tribunal não por causa do que elas diziam (embora, na ansiedade de uma em acusar a outra, suas respostas fossem com frequência diametralmente opostas), mas sim da forma como diziam. Norma, respondendo de forma relutante e desconfortável, constantemente provocava simpatia e compaixão. Mary, falando de forma sucinta e com grande autocontrole, quase sempre misturando habilidosamente suas respostas com uma quantidade enorme de informações alheias à questão para que tivesse tempo de pensar no que responder, confundia – e irritava – os membros do tribunal.

"Eu quero lhe perguntar, antes de tudo, sobre os bilhetes", o Sr. Harvey Robson disse a Mary. "Você entende a que estou me referindo?"

"Sim, senhor."

"Você se lembra de como os bilhetes vieram a ser escritos?"

"Bem, nós escrevemos. Foi uma ideia conjunta."

"Sim, onde vocês estavam?"

"Em nossa casa. Escrevemos só... É... É... Dois em nossa casa, eu acho."

"Como isso começou? Norma, creio eu, disse algo sobre você estar tocando flauta."

"Ah, tá..."

"Isso está certo?" Sem saber, o Sr. Robson abrira a porta para uma de suas frequentes digressões.

"Sim", ela começou, "eu sei tocar flauta. Eu estava tocando flauta. Eu estava tocando 'Go To Sleep, Little Brother Peter' ['Vá dormir, irmãozinho Peter']; ou isso ou 'Three Blind Mice' ['Três ratos cegos']. Eu estava tocando uma dessas músicas e só coloquei a flauta de volta na caixa porque tocar demais faz com que ela enferruje por dentro ou alguma coisa assim... Fomos para a parte de trás da cozinha, acho. Não, eu tinha um gato no segundo andar que era um gato perdido e ele era preto. Eu e Norma estávamos tentando dar um nome para ele, e estávamos pensando em nomes para ele, e ele era um gato preto..."

"Vocês subiram para o segundo andar?", perguntou o Sr. Robson, tentando em vão trazê-la ao assunto dos bilhetes – o papel que Norma disse que Mary pegou em seu quarto.

"Sim."

"Em qual quarto?"

"Meu quarto."

"E o que vocês fizeram no seu quarto?"

"Estávamos pensando em um nome para o gato."

"Sim?"

"Mas o cachorro, ele subiu e ficou cheirando embaixo da porta porque ele sentiu o cheiro do gato."

"E como vocês chegaram a escrever os bilhetes?"

"Bem, o carrinho de bebê da boneca estava do lado da minha cama e Norma foi até ele e olhou embaixo. Ele tem... Tem uma capota vermelha, eu acho, não tenho certeza da cor da capota, mas tem tipo uma coisa para cobrir com duas tarrachas de um lado. E Norma entrou, porque viu, ela estava olhando para a boneca... E viu que tinha uma caneta vermelha, tirou a caneta e estava fazendo uns desenhos. Foi uma ideia conjunta escrever os bilhetes, então nós duas escrevemos, mas nunca escrevemos no quarto: escrevemos na cozinha."

"Você se lembra de quantos bilhetes vocês escreveram ao todo no quarto?", perguntou Harvey Robson, obviamente perdido.

"Não escrevemos nenhum bilhete no quarto", ela repetiu pacientemente. "Só escrevemos na cozinha, porque não dá para fazer nada no quarto. Porque se você apoia o papel sobre a cama, a caneta atravessa a folha porque a cama é mole, e tem tipo uma lateral; e tem uma coisa redonda que tem uma coisa com franjas nela.

"Vocês não fizeram nenhum desses bilhetes no quarto. Quantos bilhetes vocês fizeram na cozinha?"

"Dois."

"E quando vocês já tinham feito os bilhetes, vocês ficaram dentro de casa ou saíram para algum lugar?"

"Fomos – é – Norma disse: 'Você vai comigo até a escola?'. Eu disse 'Sim, vam'bora, então', porque já tínhamos invadido lá antes." Agora é Mary quem confunde as duas invasões, mas todos estavam tão cansados dos bilhetes que ninguém pareceu notar.

"Sim?"

"Fomos lá na semana e tudo mais – na semana antes."

Outra vez a discussão dos bilhetes prosseguiu por horas exaustivas. Ao final, parecia-me que os bilhetes, ainda que parte do mórbido jogo que ambas estavam jogando, haviam sido, certamente, parte de um típico grito por ajuda e que ambas as crianças estiveram muito próximas de contar a verdade.

Na noite anterior, depois do depoimento principal de Norma, Mary havia demonstrado à policial que fazia sua guarda o quanto estava ficando assustada. "Eles não vão poder fazer nada com uma de nós sem a outra...", ela disse naquela noite à policial Pauline J., de quem a menina especialmente gostava. "Afinal de contas, nós estávamos juntas...", ela hesitou, "metidas nisso. Não seria justo punir uma sem a outra". Pouco depois, naquela noite em claro, ela disse: "Eles vão botar a culpa toda em mim, porque vão dizer que Norma é burra...".

E quase no final da primeira manhã do seu interrogatório, quando questionada mais uma vez pelo advogado de Norma acerca dos bilhetes, Mary cedeu à raiva da óbvia parcialidade do tribunal e a seu medo acerca do que aconteceria com ela. Respondeu com uma meia mentira e, como sei agora, uma meia verdade – foi a única vez que isso ocorreu durante o julgamento – que deram alguma indicação da tumultuada relação entre ela e Norma e do crescente desvario de suas fantasias.

"O que significa uma 'ideia conjunta'?", perguntou o Sr. Smith a Mary.

"Fomos nós duas."

"Foram vocês duas o quê?"

"Que escrevemos os bilhetes."

"Sim, mas quem decidiu que os bilhetes seriam escritos?"

"Ela."

"Ela decidiu?"

"Sim."

"O que ela disse?"

"Ela disse 'Vamos fazer isso, vai ser engraçado'... Eu *diz* isso para o Sr. Robson [ela quis dizer Sr. Dobson] e tudo mais. Fomos nós duas."

"Você perguntou por que ela pensou que seria engraçado?"

"Ela queria ser levada embora", disse Mary, soando muito irritada nesse momento.

"É verdade o que você está contando ao tribunal?"

"Sim, porque depois disso ela me pediu para fugir com ela..."

"Para onde?"

"Ela só *diz:* 'Vamos fugir nós duas'..."

"Para quê?"

"Não sei. Eu já fugi com ela antes."

O juiz, então, interveio: "Mas ela disse por que queria ser levada embora?".

"Porque ela poderia matar os pequenos. É por isso."

"Porque *o quê*?", perguntou o juiz, assustado.

"E fugir da polícia", continuou Mary, sem que lhe perguntassem, com a voz, então, estridente devido à histeria reprimida. "Ela ia..."

O juiz Cusack fechou assertivamente seu livro de notas e se levantou, fazendo com que todos imediatamente também se pusessem de pé: "Penso que entraremos em recesso até às 2h15 da tarde".

"Vou fazer ela engolir os dentes", gritou Mary, mas todos haviam começado a conversar como se quisessem calar-lhe a voz. Pela primeira vez, ela havia tentado trazer à tona as terríveis fantasias que uniram Norma e ela, mas isso, obviamente, era incompreensível para aquela assembleia de homens e mulheres bons e decentes que não eram nem qualificados nem solicitados a lidar com a patologia de crianças perturbadas.

"Acho que tudo isso é um sonho", ela disse à policial Susan L. naquela noite. "Nunca aconteceu. Você acha que vou voltar para casa algum dia? Eu queria dormir na minha cama. Você acha que vou pegar trinta anos? Eu acho que ele é um juiz horrível se me der trinta anos. Se eu fosse juíza e tivesse alguém de 11 anos que fosse culpado..."

"Percebi que ela tinha dito 'culpado'", Susan me contou mais tarde. "Mas não relatei. Tive a sensação de que não deveria."

"Eu daria a ela... Dezoito meses. Assassinato não é tão ruim assim", Mary continuou. "Todos nós morremos algum dia mesmo", e então, em uma conclusão que aparentemente não tinha nada a ver com o resto, ela disse: "Minha mãe me dá doces todo dia...".

Tudo isso significava algo, a lembrança de doces diários dados pela mãe logo após mencionar morte e assassinato e, sobretudo, seu desabafo no tribunal contra Norma, sobre o plano de "fugir da polícia", "fugir de casa" e "matar os pequenos". Era tudo absolutamente verdadeiro: a fuga de casa era um fato; o resto era parte de uma terrível fantasia que havia se tornado real. Mas ninguém olhou, ninguém perguntou e, logo, ninguém estava em posição de associar um acontecimento a outro. Se o comportamento das garotas tivesse sido reconhecido desde cedo, talvez alguém pudesse ter percebido que algo muito grave estava se passando na cabeça delas e – o pensamento mais devastador de todos – talvez ambos os garotinhos pudessem ter sobrevivido. Contudo, mesmo se nos meses que antecederam o julgamento, quando algumas das assistentes sociais perceberam a deficiência em seu conhecimento – como sabemos que perceberam –, tivessem sido feitos esforços para obter alguma compreensão da dinâmica das vidas daquelas famílias e descobrir o que fora a infância de Mary, o quadro final teria provado o quanto as pressuposições dos adultos podem ser errôneas e talvez pudesse ter levado a decisões diferentes.

Alguns minutos depois da conclusão do depoimento principal de Mary, que durou três horas, a defesa chamou os dois psiquiatras requisitados para examiná-la. Pela lei britânica vigente, crianças acusadas podem ser visitadas por psiquiatras somente a pedido da defesa a fim de demonstrar que a criança é "incapaz de intenção criminal" e pela promotoria para refutar tal alegação.[15]

O Dr. Robert Orton havia visitado Mary duas vezes, em agosto e novembro. Na opinião dele, ela tinha uma "personalidade psicopática", a qual ele definia como "uma desordem persistente ou deficiência mental, [sendo] os sintomas principais: 1) ausência de qualquer sentimento de valorização dos outros seres humanos; 2) tendência a agir por impulso e sem prévio pensamento; 3) agressão; 4) ausência de vergonha ou remorso pelo que fez; 5) incapacidade de tirar lições da experiência ou de se utilizar desta, incluindo a ausência de qualquer reação positiva à punição; e 6) presença de crueldade ou desejo de provocar danos a coisas e pessoas".

Desde o momento em que Betty Bell começou a visitar Mary, antes do julgamento e pouco depois dele, ela vinha falando com a filha: "Jamais, jamais converse com psiquiatras". A própria Betty tinha suas experiências com psiquiatras; durante anos, ela entrara e saíra de hospitais devido a colapsos nervosos e a doenças reais ou imaginárias e, em pelo menos uma ocasião, tinha sido internada a pedido de sua irmã mais velha em uma instituição psiquiátrica. Seu medo em relação a psiquiatras parece ter sido, acima de tudo, por aquilo que Mary poderia ter revelado.

"Só teve uma vez que ela e meu pai vieram juntos", Mary me disse. "E ela disse que eu devia dizer apenas que não falaria com psiquiatras: esses médicos podiam colocar coisas na minha cabeça e me mandar para o espaço sideral, 'para outra dimensão', minha mãe disse. Meu pai falou para ela não falar uma coisa tão idiota como aquela, mas aquilo me aterrorizou." Até esse ponto, ela havia rejeitado todas as perguntas em relação à família e à infância, mas depois disso ela praticamente se recusou a cooperar de qualquer maneira.

O Dr. David Westbury fez quatro visitas, mas só conseguiu conversar com ela duas vezes – em outubro e no início de novembro – quando ela estava, disse ele, "mal-humorada e apenas parcialmente cooperativa". Embora se expressasse de modo menos radical que o Dr. Orton, o Dr. Westbury estava de acordo com o fato de que Mary não demonstrava "nenhuma evidência de doença mental ou de subnormalidade severa, ou de subnormalidade de inteligência", mas apresentava "uma grave desordem

---

[15] Grandes trechos do testemunho desses dois psiquiatras, e de três outros que viram Mary posteriormente, estão apresentados integralmente em *The Case of Mary Bell*.

de personalidade... [que] demandava tratamento médico". Ele acrescentou que a anormalidade mental de Mary era oriunda de uma condição de desenvolvimento mental atrasado "causado parcialmente por fatores genéticos [isto é, o fato de a doença ser herdada] e, parcialmente, por fatores ambientais". Respondendo a perguntas do advogado de Norma, o Sr. Smith, ele concordou que Mary era "violenta" e "muito perigosa" (três anos depois, em 1971, reavaliando Mary em nome do Ministério do Interior, o psiquiatra escreveria uma opinião inteiramente positiva sobre ela e recomendaria que se considerasse sua libertação, em 1975).

Quando o tribunal entrou em recesso após todas as testemunhas terem sido ouvidas, nem o público nem a imprensa tinham muitas dúvidas: todos eles ouviram o juiz enfatizar para o júri, desde o começo, que não era apenas aquilo que o acusado falava que contava, mas seu comportamento ao fazê-lo. Todos eles viram o desespero de Norma e foram testemunhas do afeto de sua família e da fé que tinham nela. E todos eles assistiram ao rosto vazio da garota menor, Mary, e finalmente passaram a enxergá-la exatamente como o promotor Lyons, a descreveria no dia seguinte:

"Uma criança extremamente anormal: agressiva, maliciosa, cruel, incapaz de remorso... Uma personalidade dominante com uma inteligência um tanto quanto incomum e um grau de esperteza diabólica que é quase aterrorizante...". Ela exercera, disse ele, "uma maléfica e contumaz influência sobre Norma, quase como aquela da Svengali,[16] da ficção". Àquela altura, não havia ninguém que pudesse duvidar de que Mary matara Martin Brown e de que Norma era inocente daquele crime. Eu também pensei que esse era o caso e, de fato, era.

No que dizia respeito a Brian Howe, jamais houve dúvida de que uma ou ambas as garotas o mataram, mas, avaliando apenas pelas evidências, poderia ter sido qualquer uma delas ou as duas. Elas tinham sido interrogadas sobre isso durante horas. Fibras de tecido dos vestidos de ambas as garotas foram encontradas em Brian, embora, no caso de Norma, somente nos sapatos dele. Ambas, interrogadas primeiro pela polícia e depois no julgamento, botavam a culpa de cada amostra de evidência uma na outra: o uso da tesoura e da lâmina, os cortes no corpo de Brian, as marcas de

---

[16] Personagem da série de *best-sellers* escritos pelo inglês George Du Maurier, que usava a hipnose como forma de se aproximar de suas vítimas. [N.T.]

pressão no nariz e no pescoço do menino. A única coisa que ambas as garotas admitiram ter feito juntas era o tapete de flores silvestres que cobria Brian. Exceto pelo fato de que as mentiras de Mary – em grande parte baseadas nos testemunhos que ela estava ouvindo – eram construídas de maneira mais esperta e, assim, obviamente mais notável, a única certeza do tribunal era que as duas garotas estiveram em Tin Lizzie com Brian naquela tarde: uma vez quando ele ainda estava vivo, e duas outras vezes quando já estava morto.

Entre todas as pessoas investidas de funções formais naquele tribunal, Mary provavelmente tinha apenas um aliado: seu jovem advogado David Bryson, um homem modesto que, posteriormente, ficou desolado por sentir ter falhado em relação a Mary.

"Acho que ele é burro", Mary disse a uma das policiais. "Ele não sabe o que está fazendo." Mas ela estava errada.

A análise que ela faz dele trinta anos depois é a mais próxima da verdade. "Ele era jovem", ela me disse agora, "provavelmente, jovem demais para um caso assim". Penso que isso está correto; porém, foi exatamente por ser jovem que ele sentiu compaixão por ela.

"Eu simplesmente não conseguia vê-la como um monstro, a 'semente do mal' que descreviam", ele me disse. "Ela era uma criança doente. Eu não sabia qual era o problema com ela, mas sabia que o que estava acontecendo naquele tribunal era errado."

O Sr. Harvey Robson, ele disse, estava convencido desde o início (corretamente, como se viu) de que ela seria condenada. "Foi por isso que ele resolveu adotar a tese da responsabilidade atenuada", disse o Sr. Bryson. "Ele pensou que aquilo daria melhores chances a ela." Em princípio, isso seria verdadeiro, mas, como se viu, não fez qualquer diferença.

No dia seguinte, sexta-feira, 13 de dezembro, o Sr. Smith concluiu sua defesa de Norma dizendo que ela havia sido "uma espectadora inocente", que contara mentiras infantis para se livrar de problemas. Por outro lado, as mentiras de Mary e a tentativa de envolver um garotinho inocente, disse ele, tinham sido "perversas; ficamos tentados a descrevê-la como diabólica [mas]", continuou, "não é minha tarefa insultá-la... Embora esse seja um caso terrível e [...] algumas das evidências possam tê-los feito sentir náuseas, é possível sentir pena de Mary... A doença dela – personalidade psicopática – é considerada como resultado de fatores genéticos e ambientais. Não é culpa dela ter sido criada dessa maneira; não é culpa dela ter nascido".

"Ela não dormiu nas noites daquele fim de semana", a policial Valerie M. me contou. "Quatro de nós fizemos a guarda em três turnos e ela perguntou a cada uma de nós: 'O que é uma psicopata?'. O que se poderia responder a ela?"

Outra policial fez uma profunda reflexão sobre isso quando conversamos em 1970. "Eu fiz cursos de criminologia na faculdade e li bastante sobre psicopatia e assassinos em série", disse. "Fiquei chocada quando os psiquiatras a chamaram de psicopata, uma condição extremamente difícil de ser tratada, ainda mais curada. Eu sei – li que algumas pessoas tinham tentado aplicar esse termo a crianças, mas eu sentia que isso era uma bobagem, que era um palavrório sem sentido e, certamente, nunca devia ter sido utilizado pelos psiquiatras em relação a uma criança que eles mal conheciam e que mal tinham examinado. Aquilo me deixou enojada", ela disse, e me pediu para não mencionar seu nome.

Em comparação com os outros, a fala final do Sr. Harvey Robson ao júri não foi longa.

"O que havia para ser dito?", disse David Bryson tristemente alguns meses depois. O Sr. Harvey Robson parecia resignado com o inevitável; porém, estranhamente, sua conclusão continha o único grão de sabedoria que todos haviam persistentemente ignorado. "É [...] muito fácil insultar uma garotinha", ele disse, "compará-la a Svengali sem parar sequer por um instante para refletir sobre como toda a lastimável situação aconteceu. Embora vocês possam pensar que esse último pensamento é o mais perturbador de todos, eu acredito que, no curso de suas deliberações, vocês, como jurados desta cidade, serão capazes de encontrar alguma dose de compaixão".

A conclusão do juiz duraria quatro horas e, embora seus argumentos legais estivessem perfeitamente corretos, poucas pessoas presentes conseguiriam seguir sua lógica ou, na verdade, encontrar alguma lógica neles. Ele tornou muito claro, todavia, o que esperava que o júri fizesse com cada criança.

Ao fazer sua exposição sobre as evidências e os testemunhos, muito adequadamente, ele lembrou aos jurados que mesmo que Norma tivesse dito que não sabia por qual motivo ou propósito Brian estava sendo levado para Tin Lizzie, "ela admite, e isso é um fator importante no caso, que na época ela realmente pensava que Mary havia matado Martin Brown, porque [disse que] Mary havia lhe contado que matara".

"Se, como Norma declara, dois garotos morreram pelas mãos de Mary", disse o juiz, "então o fato de que Mary contou a Norma sobre ter matado Martin significa que Norma não fez nada para proteger Brian Howe".

Por alguns poucos momentos, a impressão era de que os jurados estavam sendo instruídos a deixar que os fatos e não as emoções determinassem suas decisões. "Se alguém é assassinado e duas pessoas estão envolvidas nesse assassinato", o juiz continuou, "não importa a quem pertence a mão que cometeu, de fato, o ato. Se uma pessoa pratica o ato que causa a morte e outra presente sabe qual é a intenção e o que está acontecendo e, além disso, está ajudando ou disposta a ajudar, essa pessoa é igualmente culpada".

Logo em seguida, porém, tornou-se claro o que ele pretendia: "Se, contudo, a pessoa estiver lá como mero espectador e não para ajudar ou para dar qualquer auxílio, essa pessoa não pode ser considerada responsável. Pode ser errado [...] mas não é transgressão criminosa."

Era difícil entender isso, pois ao mesmo tempo em que todos ouvimos Norma declarar que "nunca encostou em Brian", nós também a ouvimos admitir que havia levantado "a cabeça e os ombros de Brian um pouco e dado um tapinha nas costas dele, mas a mão dele caiu para um lado e eu o abaixei de novo". Nós a ouvimos dizer que ela havia "sentido o pulso dele, mas que não estava subindo e descendo"; e nós ouvimos os especialistas contarem ao tribunal – lembrando-nos do fato de que os bilhetes foram escritos alternadamente pelas duas na escola – que os pequenos cortes no estômago da criança eram "em forma de um N com um traço vertical acrescentado em outra caligrafia para torná-lo um M" ("Como ela pode, então, ser considerada como uma mera espectadora?", eu anotei à época).

O juiz, porém, foi ainda mais longe:

"Em segundo lugar, e muito mais importante, se vocês acharem que uma garota assassinou, ou participou do assassinato, mas que na hora ela pode ter estado sob o domínio da outra garota – e que ela não tinha vontade ou intenção própria –, então, ela não estaria agindo 'voluntariamente' e vocês não devem condená-la."

Isto tornou tudo cristalino: mesmo que Norma, além de ter estado lá, tivesse também, ainda que apenas de forma marginal, participado do assassinato (talvez apenas pelo estímulo de sua presença), o fato de que Mary era claramente a líder significava que Norma era inocente do assassinato.

O juiz então disse-lhes que era evidente que as instruções dele se referiam somente a Mary – o que equivalia a dizer ao júri para inocentar a outra criança. Disse também que havia uma alternativa para a conclusão de assassinato, aberta a eles, acerca de cada acusação – homicídio culposo – e que, além disso, havia homicídio culposo com "responsabilidade atenuada".

Após explicar novamente o significado do termo, o juiz lembrou-lhes que haviam ouvido os dois médicos testemunharem que Mary sofria de "uma desordem chamada de 'personalidade psicopática', que afetava substancialmente seu senso de responsabilidade relacionada ao que ela fazia ou deixava de fazer", mas que era suscetível de tratamento médico e correspondia à definição legal de responsabilidade atenuada.

"Assassinato", ele concluiu, "requer uma intenção de matar ou de provocar graves ferimentos corpóreos sabendo-se que isso pode resultar em morte. Homicídio culposo não requer tal intenção de modo algum. É suficiente que haja um ato voluntário, ilegal e perigoso que resulte em morte [...] O critério exigido para imputar uma criança dessa idade como sendo responsável pelos seus atos perante a lei consiste em se perguntar se ela tem uma "mente culpada", mas o mero fato de uma criança cometer um ato que para um adulto seria uma transgressão criminal não é por si mesmo evidência de que aquela criança tenha uma mente culpada. Vocês têm que olhar para além do ato em si para ver se aquela criança tinha uma compreensão do certo e do errado, uma apreciação do que é bom e do que é mal para que se possa tornar essa criança responsável aos olhos da lei".

Em sua conclusão, o juiz tornou seus sentimentos muito claros. Nos corredores, naquela tarde, todos aqueles que haviam comparecido ao julgamento não tinham dúvidas: todos nós sabíamos, penso eu, que no dia seguinte Mary seria considerada culpada de homicídio culposo com responsabilidade atenuada, e a maioria daqueles com quem falei pensava e esperava que Norma fosse inocentada. Eu também estava certa de que, independentemente de quaisquer outras coisas que tivessem acontecido antes e durante os assassinatos em si, Mary tinha sido a figura central dessa tragédia. Entretanto, eu fiquei perturbada com o argumento legal desenvolvido pelo juiz: "Se a pessoa estiver lá como mero espectador e não para ajudar ou dar qualquer auxílio, essa pessoa não pode ser considerada responsável".

Eu pensava que era não apenas possível, mas também provável que, quaisquer que fossem as capacidades mentais de Norma, ela houvesse demonstrado durante seu testemunho que *tinha* de fato um senso moral, tal como seus pais, e ficaria extremamente perturbada por seu papel na morte dessas crianças, por mais passivo que ele tenha sido. Pensava, portanto, que a declaração de sua total inocência – que parecia quase certa – não seria apenas errado para com Mary, mas, em última instância, prejudicial para a própria Norma também.

Mas havia outro ponto que me intrigava: como os psiquiatras chegaram à conclusão de que Mary sofria de uma "desordem de personalidade psicopática"? O que era aquilo? Quais eram as causas?

"Isso significa que ela está mentalmente doente?", eu havia perguntado ao Dr. Westbury após seu testemunho.

Ele balançara a cabeça negativamente.

"Não é uma doença mental", disse. "É uma condição."

"É curável?", eu perguntara, e novamente ele balançou a cabeça.

"É tratável."

Fiquei, confesso, momentaneamente tranquilizada. O julgamento parecia ter sido desastroso, mas, no final, falei comigo mesma, eles fariam a coisa certa. Mais que punir aquela criança infeliz, que não estava mentalmente doente, mas havia de alguma maneira tornando-se sujeita a uma condição de profunda perturbação e, como consequência, causou esse terrível sofrimento às famílias de suas vítimas, eles a mandariam para um hospital onde ela poderia ser tratada e receber cuidados. O Dr. Westbury me contou que já estava investigando para onde Mary ou ambas as garotas, se as duas fossem consideradas culpadas, poderiam ser mandadas.

Naquela noite de 16 de dezembro, Mary sabia que no dia seguinte o júri decidiria seu destino.

"Qual a pior coisa que poderia acontecer comigo?", ela perguntou à policial Pauline J. "Eles me enforcariam?"

Pauline sentiu-se nauseada, conforme me contou.

"Não era para eu conversar com ela sobre o caso, mas... Não tinha como deixar de responder uma pergunta como essa, tinha? Eu disse que não, eles não enforcavam garotinhas. Um pouquinho depois, ela me perguntou de novo se eles a mandariam para a prisão por trinta anos como Harry Roberts. Eu disse que eles também não mandavam garotinhas para a prisão. Mas, então, ela começou a falar sobre ir para casa como se, sabe, eles simplesmente tivessem que deixá-la ir. Então, eu falei com ela que eles a mandariam para um lugar onde... Tomariam conta dela... Era melhor contar para ela, prepará-la."

Estava bem claro: Mary, uma ávida telespectadora de faroestes, havia visto homens sendo perseguidos, presos e enforcados. E ela sabia sobre "Harry Roberts" que pegou "trinta anos" – ele era uma espécie de herói na família dela. Mas para ela não havia nenhuma ligação entre essas imagens mentais de perseguição, assassinato e morte violenta e o que ela fizera. Como ela disse a Pauline, eles simplesmente tinham que deixá-la ir para casa. Por que não? O que ela fizera de tão ruim?

Eram 2h15 da tarde do dia seguinte quando o júri voltou com o veredito. O juiz havia avisado que não toleraria explosões de sentimentos nem manifestações no tribunal, e havia silêncio quando o oficial do tribunal, o Sr. Peter Robinson, perguntou pela decisão.

"Vocês consideram Norma Bell culpada ou inocente do assassinato de Martin Brown?"

"Inocente."

"Vocês consideram-na culpada ou inocente do assassinato de Brian Howe?"

"Inocente."

O único som foi do aplauso momentâneo de Norma, que parou assim que a mãe, com o mesmo suave gesto que havíamos visto tantas vezes, fez com que sua radiante filha se voltasse novamente em direção à mesa do juiz.

A fileira de rostos da família de Mary: a mãe dela, a avó, Sra. McC., Billy, as três tias, Cath, Isa e Audrey, e alguns tios; todos estavam rigidamente olhando para a frente quando o escrivão continuou seu pronunciamento:

"Vocês consideram Mary Flora Bell culpada ou inocente da morte de Martin Brown?" O porta-voz dos jurados respondeu: "Culpada de homicídio culposo com responsabilidade atenuada". E novamente, momentos depois, sobre Brian Howe: "Culpada de homicídio culposo com responsabilidade atenuada".

O imediato e ruidoso soluço de Betty era tão esperado que quase não comoveu ninguém; Billy, como havia feito diversas vezes durante o julgamento, inclinou-se para a frente, cobrindo o rosto com as mãos; a avó da menina se sentou rígida, sem se mexer. Mary, que havia ouvido com aquela estranha imobilidade que nós percebemos antes, somente reagiu – eu vi isso plenamente – quando olhou para sua a família, rosto a rosto: *então* ela começou a chorar, e o Sr. Bryson pôs o braço em volta dela.

Dez minutos depois, o juiz pronunciou a sentença de Mary.

A criança não precisa ficar de pé e eu hei de dirigir-me às questões sem especificamente voltar-me a ela.

Pelo veredito do júri neste caso, Mary Bell foi considerada culpada em duas alegações de homicídio culposo. O veredito é de homicídio culposo porque o júri considerou que, no momento do crime, ela tinha responsabilidade atenuada. Se não fosse isso, o veredito teria sido de homicídio doloso. Isso significa que se considera, de fato, que esta criança, agora com a idade de 11 anos, matou duas outras crianças.

Minha dificuldade é saber qual ordem, agora, deve ser pronunciada pelo tribunal.

Tendo examinado as evidências médicas que me foram apresentadas, eu estava inclinado a emitir [...] uma ordem hospitalar para que ela pudesse ser conduzida a uma instituição psiquiátrica a fim de receber o tratamento apropriado [...] acompanhada [...] de uma ordem de restrição [...] a qual significaria que ela não poderia ser libertada de um hospital sem [...] autoridade [...] especial.

Infelizmente, eu não posso dar tal ordem porque um dos requerimentos da Lei de Saúde Mental é que eu deva me assegurar de que, em primeiro lugar, haja um hospital para o qual ela possa ir; em segundo lugar, que ela possa ser admitida em tal instituição dentro de 28 dias.

Depoimentos me foram dados pelo Dr. Westbury [...] de que é impossível encontrar qualquer instituição na qual ela possa ser admitida para tratamento pela Lei de Saúde Mental [...] O departamento do governo competente requer tempo para considerar o que eles desejam fazer.

Não faço agora uma crítica ao departamento. Porém, é muito infeliz o fato de que, com todos os recursos deste país, quer seja do Ministério da Seguridade Social quer seja do Ministério do Interior, parece que nenhum hospital adequado para a acomodação dessa garota e no qual ela possa ser admitida está disponível.

Todas as exigências, exceto essa que mencionei, da Lei de Saúde Mental foram satisfeitas, e eu estou meramente impossibilitado de fazer o que do contrário faria devido ao fato de nenhum hospital desse tipo estar disponível. Nenhuma evidência me foi, portanto, apresentada que permitisse dar uma ordem do tipo que eu gostaria de dar.

Devo, portanto, voltar-me para outras questões.

Se este fosse o caso de um adulto, tendo avaliado as evidências postas perante mim, as quais aceitei completamente, de que esta é uma criança que é perigosa, eu me sentiria obrigado a impor uma sentença de prisão perpétua não somente pela razão de que a gravidade das transgressões autoriza isso, mas também por haver evidências de doença mental ou anormalidade que tornariam impossível determinar a data na qual a pessoa em questão poderia ser libertada com segurança.

É terrível que, no caso de uma criança tão pequena quanto essa, tenhamos que tomar tais decisões. Mas estou inteiramente certo de que, desejoso como estou de fazer tudo o que for possível para o seu bem, meu dever primeiro consiste em assegurar a proteção de outras pessoas pelas razões já indicadas.

Sou da opinião que há um risco muito sério a outras crianças se [...] ela não for vigiada de perto e toda medida concebível for tomada para que ela não faça novamente o que se considerou ter ela feito.

No caso de uma criança dessa idade, não se pode pensar em enviá-la para uma prisão. Mas eu tenho o poder de ordenar uma sentença de detenção e parece-me que nenhum outro método para lidar com ela, dadas as circunstâncias, é adequado.

Tenho que me voltar, pois, para a duração da pena de detenção a ser imposta. Digo de imediato que, se um período indeterminado for imposto, como no caso de uma sentença de prisão perpétua, isso não significa que a pessoa concernida seja mantida sob custódia indefinidamente, ou para o resto de sua vida. Significa que a posição pode ser considerada de tempos em tempos e, caso venha a se tornar seguro libertar tal pessoa, esta poderá ser libertada.

Por esse motivo a sentença deste tribunal com respeito a essas duas questões relativas a Mary Bell é uma sentença de detenção, a qual será perpétua.

A criança Mary Bell pode ser retirada do tribunal.

Mary

Reflexões 4

Na Grã-Bretanha é muito raro, porque é essencialmente ilegal, que um jurado comente um julgamento do qual fez parte. Em 13 de maio de 1995, porém, um ano e meio após o julgamento dos dois garotos de 10 anos que mataram James Bulger em fevereiro de 1993, Vincent Moss, um professor universitário aposentado e que foi jurado naquele caso, condenou severamente o uso de júri no julgamento de crianças no programa de rádio da BBC *Histórias do Júri*. O caso havia permanecido nos noticiários por causa da controvérsia que surgiu logo após os dois garotos serem considerados culpados de assassinato e condenados a detenção numa prisão psiquiátrica. O juiz Morland havia sugerido uma sentença mínima de oito anos como meio de "retribuição e dissuasão" (depois disso, o caso deles seria reconsiderado), que foi aumentada para dez anos pelo presidente do Supremo Tribunal dois dias depois.

Uma campanha dos pais de James Bulger, que contou com o forte apoio do jornal *The Sun,* resultou em 250 mil assinaturas pedindo que os dois jovens assassinos fossem presos por toda a vida. O secretário do Interior na época, Sr. Michael Howard, anunciou então, em julho de 1994, que em consideração "às circunstâncias especiais e à necessidade de manter a confiança no sistema judicial" ele imporia no processo de condenação a sentença mínima de quinze anos. Isso significava que os dois garotos de 10 anos – 11, na época do julgamento – passariam quatro anos em uma unidade especial, mais três em uma instalação de segurança para jovens (isto é, uma prisão de segurança máxima para jovens de até 21 anos) e outros oito em uma prisão de adultos, até sua primeira liberdade condicional possível, aos 26 anos. Os advogados dos garotos apelaram junto à Comissão de Direitos Humanos, em Estrasburgo, com base no fato de que o processo de decisão do tribunal envolveu violações de vários artigos da Convenção Europeia de Direitos Humanos relativos a um julgamento justo, além do envolvimento de um político na emissão de sentenças.

Em 6 de março de 1998, a Comissão decidiu que o apelo era admissível. Um ano depois, publicou sua opinião de que o julgamento havia sido injusto, embora não tivesse envolvido tratamento desumano ou degradante. Àquela altura, a decisão do Sr. Howard fora judicialmente revista na Suprema Corte inglesa e, em última instância, em apelo à Câmara dos Lordes, tinha sido considerada ilegal. A Grã-Bretanha é signatária da Convenção Europeia de Direitos Humanos e, se a Corte Europeia se pronunciar, como esperado, contra o procedimento britânico vigente, mudanças radicais terão que ser feitas.

Contudo, o membro do júri Vincent Moss discutiu o que claramente considerava um ponto ainda mais importante do que a duração da pena: esses garotos de 10 anos sabiam distinguir o certo do errado e podiam ser considerados responsáveis por suas ações? Na sua opinião, eles não poderiam ser responsabilizados da mesma maneira que um adulto mentalmente competente. O grau de consciência moral dos garotos e sua compreensão do conceito de moralidade eram, ele disse, questões extremamente polêmicas. Ele sentia que as possibilidades do júri em um julgamento adulto – podendo escolher somente entre culpado e inocente, homicídio culposo e doloso – eram muito restritivas para tal caso. "Nós devíamos ter voltado ao tribunal", o ex-jurado disse, "e devíamos ter dito 'sim, nós temos um veredito: esses garotos precisam urgentemente de ajuda social e psiquiátrica'".

"Essas duas crianças", ele disse, "ficaram lá durante um mês [na verdade, 17 dias], entediadas, sem compreender nada e extremamente confusas quando, a todo volume, o tribunal ouvia gravações em que elas choravam e chamavam por suas mães". Ele confessou que ficara horrorizado com a descrição que o juiz fez dos garotos como "criminosos pervertidos e insensíveis". Moss e seus colegas jurados, ele ressaltou, não tinham tido nenhuma liberdade real para decidir sobre a culpa ou a inocência dos garotos e não lhes foi nem mesmo oferecida a opção de um veredito de culpa com responsabilidade atenuada. "Nós estávamos lá simplesmente para ratificar uma decisão".

Ao discutirmos o que um jurado perspicaz sentiu em 1993, e antes de sabermos mais sobre os sentimentos de uma criança durante e após um julgamento com júri em um tribunal planejado para julgar adultos, talvez valha a pena ler o artigo de destaque do jornal *The Times,* escrito cem anos antes, em 10 de agosto de 1861, sobrc um julgamento quase idêntico, também realizado em um tribunal destinado a adultos. Estavam sendo julgados, nesse caso, dois garotos de 8 anos de idade que, em 11 de abril de 1861, em Stockport, Cheshire, espancaram até a morte uma criança que eles igualmente não conheciam, George Burgess, de 2 anos e meio.

> Crianças dessa idade [escreveu o *Times*] não podem ser legalmente responsabilizadas da mesma maneira que adultos [...] Por que deveria ser absurdo e monstruoso que essas duas crianças fossem tratadas como assassinos? [...] É verdade que sua consciência era tão sólida e tão genuína quanto aquela de homens crescidos: ela lhes indicou que o que estavam fazendo era errado [...] [mas] a consciência, como outras faculdades naturais, permite gradações: ela é fraca e não alcançou seu desenvolvimento adequado em crianças; embora tenha uma existência real e uma voz dentro delas, ela não fala com a força e a seriedade que nos justifica tratar uma criança como ser responsável.

Perguntei a Mary qual era o principal sentimento de que ela se lembrava quanto ao julgamento.

"Irrealidade", ela disse. "Sabe, eles falavam o tempo todo sobre os garotinhos mortos. Mas era isso que era irreal para mim. Claro que eu sabia que tinha feito algo errado, mas, você sabe, ninguém nunca falou comigo... *comigo*... sobre os garotinhos de uma forma que eu pudesse... Compreender."

O fato de eles estarem mortos significava alguma coisa para você?

"Não, nada, porque eu não tive a intenção... Bem – como eu posso dizer isso agora?", ela disse de imediato. "Mas... Eu não *sabia* que eu tinha a intenção de que eles estivessem mortos... Mortos para sempre. Morto para mim, naquela época, não era para sempre."

Isso é difícil de entender ou mesmo de acreditar. A maioria dos pais de crianças de 11 anos acha que elas sabem o que é a morte. Mas talvez esses pais estejam errados. Talvez elas somente saibam isso quando a pessoa que morre é alguém próximo; e elas sentem a irreversibilidade da morte, não como resultado do conhecimento ou do entendimento, mas como uma reação à dor que veem nas pessoas que amam ao redor delas. Trata-se de um pensamento convincente e atraente, pois é sem dúvida a maneira mais delicada e mais curativa de aprender sobre a morte.

Essa interpretação também ajudaria bastante a explicar por que Mary talvez não tivesse qualquer noção da irreversibilidade da morte. Nenhum ser humano que ela amava morrera até a época em que ela tinha 11 anos. É incapaz mesmo hoje, ao retornar em sua memória àquela época, de compreender a si própria e, portanto, explicar aqueles acontecimentos, ela apela para explicações infantis.

"Você sabe, meu cachorro, meu pastor alemão tinha morrido, duas ou três vezes eu acho, mas eu não consigo lembrar porque toda vez no dia seguinte meu pai trazia para mim o mesmo... Bem, para mim era o mesmo cachorro. Eu sei que isso não explica nada para mais ninguém, mas é uma das coisas que eu descobri por mim mesma.

"No tribunal, enquanto eles estavam falando e falando, eu lembro de ficar pensando no que eu diria quando fosse minha vez. Eu falaria com eles que queria meu cachorro. Queria que ele estivesse comigo quando eles me mandassem para a forca. Era isto que eu achava que fosse acontecer: eu seria mandada para a forca, e eles podiam simplesmente dizer aquilo de uma vez, porque era tão sem sentido quanto prisão perpétua ou... Bem... Morte. Nada disso significava droga nenhuma, nada..."

Mas você estava assustada do mesmo jeito?

"Acho que era mais a situação como um todo que me assustava, o tipo de ambiente silencioso, a reação dos adultos... adultos...", ela repetiu as palavras como sempre ocorria em momentos de estresse, perdendo toda a estrutura, ritmo e padrão da fala, "...adultos, você sabe, literalmente me evitando... Olhando para mim como... Como... Como um espécime".

Mas essa não é uma palavra que você conhecia na época, era?

"Não, eu não conhecia", ela disse, reordenando sua mente em busca de uma resposta inteligente. "Essa é uma das coisas com que me preocupo agora. Eu acho que o que eu sentia na época, as coisas das quais me lembro e o que me falaram desde então ficam misturados na minha cabeça e eu fico imaginando se é isso que significa 'memória seletiva'. Como alguém pode saber? O que é a memória? Estou tentando te dizer e descobrir em mim mesma a verdade sobre... Sobre... Sobre uma centena de coisas. Mas o que é a verdade, se ela se mistura entre verdades e fantasias?"

Enquanto o julgamento prosseguia e você ouvia as coisas que eram ditas, perguntei, passou pela sua cabeça que você havia feito alguma coisa por causa do que lhe fizeram e porque havia sido ferida?

"Não, nunca", ela disse imediatamente. "Mas, você sabe, estamos falando sobre isso como se tivesse sido nos primórdios da civilização. Onde... Onde estavam todos os profissionais?"

Eu a lembrei de que pelo menos alguns psiquiatras haviam tentado extrair alguma coisa dela, sem sucesso. Você acha agora que com maior esforço eles teriam conseguido?

"Claro", disse. "Antes de minha mãe me deixar morrendo de medo do que eles poderiam fazer comigo, qualquer um com um pouco de gentileza poderia ter descoberto... Não... Não tudo, não, porque hoje eu acho que estava enterrado na minha própria mente, mas... O bastante."

O bastante para quê?

"Não tenho certeza. E talvez nada tivesse ajudado. Mas quando penso sobre isso agora, é realmente engraçado lembrar que ninguém, ninguém mesmo, jamais falou comigo de um jeito que tornasse o que eu fiz real para mim."

Mas todos aqueles médicos – Westbury, Orton, Gibbens, Rowbotham[17] – falaram com você sobre as crianças mortas, não?

"Tudo de que ainda me lembro são perguntas", ela disse, "só perguntas impossíveis. Sabe, agora eu percebo, é claro, que o que eles devem ter esperado é que eu explodiria em lágrimas e mostraria remorso, vergonha, arrependimento. Mas como eu poderia, se nada daquilo era real para mim? Disso eu me lembro perfeitamente bem. Tudo que importava era mentir bem. Afinal de contas, eu estava dizendo que não tinha feito nada daquilo: Norma tinha feito tudo. Para uma criança da idade que eu tinha na época, deve ter sido muito difícil sustentar todas aquelas mentiras".

Mas por que você colocou tudo em cima de Norma?

"Porque ela colocou tudo em cima de mim. Eu fiquei muito brava. Ela me traiu."

---

[17] O professor Terence Gibbens visitou Mary após o julgamento no Centro de Avaliação em Cumberlow Lodge; Monica Rowbotham, durante sua custódia em Newcastle.

Entre todos os psiquiatras que foram brevemente lançados sobre ela, foi a Dra. Monica Rowbotham quem conseguiu chegar mais perto de Mary. A médica foi também a única mulher a visitá-la e a única psiquiatra a mencionar em seu relatório a "proximidade" da relação de Mary e Norma. Mas como o único objetivo de Mary à época era, como ela agora confirma, "colocar tudo" em cima de Norma, o motivo de sua raiva – suas fantasias e a "traição" de Norma em relação ao pacto para serem criminosas juntas – nunca emergiu. E os fragmentos aleatórios de indícios nos relatórios fornecidos pelos psiquiatras pareceram inteiramente fora de contexto quando citados durante o julgamento e apenas confundiram a corte, o júri e o público.

No que diz respeito ao potencial desses indícios para fornecer explicações caso as perguntas fossem feitas adequadamente e as respostas fossem avaliadas de forma apropriada, os mais significativos eram sempre aqueles que mencionavam a estranha ligação entre as duas garotas e a origem dessa ligação. Apesar do emaranhado de mentiras e verdades, as tentativas de Mary de comunicar pelo menos em parte a essência desses eventos permaneciam consistentes. Assim, em cada declaração, descrição e, por fim, no interrogatório sobre a morte de Brian, ela mencionou, sempre com as mesmas palavras, os gritos de Norma.

"Ela simplesmente ficou louca, ela simplesmente gritou..."

"Ela disse ou gritou alguma coisa em especial ou apenas soltou um grito?", perguntou o advogado dela, Sr. Harvey Robson.

"Apenas soltou um grito."

Independentemente de ser verdade que Norma tenha gritado sem articular uma palavra, em estado de choque, ao ver o garotinho estendido no chão, ou que ela tenha gritado para Mary palavras de acusação e terror, podemos estar certos de que o grito realmente aconteceu e continua na mente de Mary até hoje. E numa ocasião, quando ela abaixou a guarda enquanto conversava com a Dra. Rowbotham, a lembrança, complementada por outra imagem, veio em parte à superfície. E essa parte isolada, sem o grito escandaloso que poderia ter sugerido o aspecto maníaco da cena, foi ouvida alguns meses depois no tribunal, quando Mary, falando sobre a morte de Brian, disse: "Eu era toda gargalhadas aquele dia".

Ouviu-se um evidente arquejar no recinto, seguido por murmúrios de indignação, rapidamente silenciados pelo juiz. Muitos anos se passariam até que Mary, como uma pessoa adulta buscando compreender a si mesma quando criança, fosse capaz de articular a história do dia do assassinato de

Brian. E foi somente então, quando não havia mais qualquer necessidade de mentiras ou enfeites, que ela acrescentou – explicando o que quisera dizer ao conversar com Monica Rowbotham antes do julgamento – que Norma havia parado de gritar de repente e "começado a rir, rir histericamente, e eu comecei a rir também".

Então, você estava com muita raiva de Norma, eu disse.

"À época, sim, dela. Depois eu entendi que não era realmente dela de jeito nenhum, nem da família dela. Era daqueles advogados espertos que falavam com ela o que dizer e como dizer."

Mas não foi bem assim, eu disse. Norma já havia dito tudo aquilo nos depoimentos dela à polícia, antes de os advogados terem qualquer coisa a ver com o caso. A história dela não mudou muito.

"A história dela, não, mas o jeito que ela contou", disse Mary. "Eles devem ter feito com ela o que os meus fizeram comigo, e os dela eram muito mais espertos. Eu me lembro de que depois que o Sr. Bryson disse várias vezes que era para eu ficar quieta... Eu só sentei, você sabe... Talvez ouvindo... Entendendo, não sei... Eu acho que tinha palavras ou expressões, partes que eu guardei só porque não era verdade ou porque eram cruéis comigo: aquilo significava alguma coisa. Eu estava entediada, sabe, porque eu não conseguia entender um monte de palavras que eles usavam. O Sr. Bryson tinha me falado que o juiz era a pessoa mais importante e eu me lembro de tê-lo chamado de alguma coisa tipo meritíssimo ou sua santidade ou sua majestade... Ah, eu não sei de que eu o chamei, mas tentei falar somente com ele por que o júri... O júri..."

O que tem o júri?

"Eles olhavam para mim com aqueles olhos, então eu não queria olhar para eles. Você sabe, enquanto aquilo tudo estava acontecendo, o tempo todo eu tinha mais medo era de que eles [os advogados] fossem dizer... Contar para todo mundo... Que em Seaham, onde eu fiquei a maior parte do tempo da custódia, eu briguei com uma garota e a chamei de prostituta. Eu me surpreendi comigo mesma no mesmo momento em que eu disse isso, porque ela não era uma prostituta, é claro, e eu fiquei com medo de que ficassem sabendo o que eu tinha dito. A Srta. Alexander, que era a chefe lá, disse que ela tinha que escrever relatórios sobre tudo o que eu fazia... Então eu estava com medo de que eles fossem me perguntar como eu sabia o que era uma prostituta. Aquela era a coisa mais assustadora de todas para mim... Aquilo significava alguma coisa para mim, entende, todo o resto realmente não significava nada."

Você estava com mais medo disso do que da ideia de eles a enforcarem?

"Isso era parte do que era irreal... Você sabe, o outro lado. A coisa da prostituta era real. Era algo que eu sabia que tinha dito e como eu poderia explicar que sabia o que era aquilo? Eu nunca tinha usado aquela palavra antes, embora tivesse usado a outra palavra quando eu brigava ou discutia com garotas... 'Puta'. Chamei minha mãe de puta uma vez, não, duas vezes. Sabia que uma prostituta cobrava dinheiro, uma puta não cobrava."

Então seu medo era de que eles fossem perguntar se você conhecia a palavra "prostituta" por causa de sua mãe?

"Não lembro agora se coloquei isso em palavras para mim mesma. Só lembro que eu estava com medo disso o tempo todo. Eu ficava pensando, 'Agora isso vai aparecer, agora isso vai aparecer'. Eu não parei de pensar sobre isso até o final."

Suas lembranças de Fernwood, a casa de custódia para crianças em Newcastle onde ela ficou trancada num quarto no sótão sob vigia policial 24 horas por dia durante o julgamento, são particularmente infelizes.

"Eu ficava entediada, muito entediada. Acho, agora, que foi por causa de Fernwood que eu pensei que o julgamento tinha durado muito mais tempo do que realmente durou. Eu era uma prisioneira Categoria A [um prisioneiro acusado de um crime grave]... Hoje sei o que isso quer dizer, mas claro que na época eu não sabia... E isso queria dizer que a luz tinha que ficar sempre acesa com alguém me vigiando. Nos fins de semana, eu não tinha motivo para levantar porque podia simplesmente ficar lá deitada sem fazer nada já que não tinha nada *para* fazer. Eu pedia para tomar banho. Eu me lembro de pedir para tomar banho com frequência."

"Ela queria banho o tempo todo", disse-me uma das policiais. "Algumas de nós ficavam no banheiro com ela; outras apenas deixavam a porta aberta, mas a deixavam sozinha – para dar alguma liberdade a ela."

"Uma vez eu apaguei a luz e simplesmente deitei na banheira, e, imediatamente, o circo pegou fogo. Não sei o que eles acharam que eu estava fazendo. Eu só estava... Bem, eu coloquei a cabeça embaixo da água, era só um jeito diferente de ficar sozinha..."

Talvez eles tenham achado que você queria se afogar?

"Acho que isso teria sido impossível e eles deviam saber disso. É engraçado, esse é o único banho de que me lembro. Quero dizer, lembrar no sentido de sentir, sentir a água, a calma... Você sabe o que eu quero dizer? Levou muito tempo, um tempo enorme. Eu não podia sair, não podia nem mesmo me debruçar na janela; uma vez houve a história de um gato [do lado de fora], não me lembro de qual tipo, acho que era um daqueles gatos pequenos, e depois disso me disseram que eu não podia nem mesmo *olhar* pela janela."

"Foi durante o primeiro final de semana", a policial Mary S. me contou. Ela havia permitido que Mary pegasse um gato que estava no telhado do lado de fora da janela. "Eu estava vendo uma revista ou algo assim e, então... Percebi que ela segurava o gato com tanta força que ele não conseguia respirar e sua língua estava enrolando. Eu... Tirei as mãos dela e disse: 'Você não pode fazer isso. Vai machucá-lo'. E ela respondeu: 'Ah, ele não sente isso, e, de qualquer jeito, eu gosto de machucar coisas pequenas que não conseguem reagir'".

Mary disse que não conseguia se lembrar desse incidente com o gato.

"Lembro de me sentir muito irritável. Devo ter sido insuportável para elas. Eu me sentia tão engaiolada que queria fugir. Fico surpresa de não ter tido nenhuma explosão de verdade, de berrar e fazer escândalo, sabe... Eu devo ter contido muita coisa, eu era muito dada a atividades físicas."

Sei que elas estavam cientes de que aquele era um dia longo e cansativo para você e que te deram chá logo que você voltou do tribunal. Também me disseram que você tinha uma televisão.

"Sim, eu me lembro. Tinha uma, mas, naquele quarto do sótão, ela ficava meio que num vão no corredor e dependia da policial se eu podia assistir. Eu me lembro de ter tido muita dor de cabeça e eu não falei com ninguém porque não durmo muito mesmo, mas era muito difícil dormir com a luz acesa e com uma policial sentada lá. Era tudo... Era tudo um vazio, sabe. Eu me lembro de ficar feliz quando os fins de semana acabavam. Ir para o julgamento era um alívio, tipo um intervalo, alguma coisa... Não para me divertir, mas para me distrair. Eu não gostava de ficar sozinha. Eu não gostava de não ter atividades *físicas*. A polícia no tribunal... Eles eram simpáticos comigo. Eles me perguntavam 'você gostaria disso ou daquilo? Gostaria de comer alguma coisa, alguma coisa em especial?'. Tinha um deles, eu não lembro o nome dele, que era simpático mesmo comigo. Quando eu estava meio pra baixo, ele perguntava se eu queria alguma coisa... E eu dizia que eu queria ver meu cachorro. Ele sempre me chamava de 'olhos azuis' e costumava cantar pedaços engraçados de canções para mim no final do dia e despentear meu cabelo. Eu adorava aquilo..."

Mas sua família foi vê-la, não foi?

"Eu os vi no tribunal. E, às vezes, por alguns minutos durante os intervalos numa sala lá atrás."

Você não se lembra de eles levarem coisas, chocolates, brinquedos? Porque eles levaram, sabe.

"Levaram? Não, eu não me lembro disso. Só no comecinho e no final também, eu lembro que tia Cath veio e me falou que tudo ia ficar bem. E tia Isa, ela me abraçou, eu lembro disso. Ela foi a única que fez isso..."

Fez o quê?

"Ah, me abraçar. No dia anterior... Disseram alguma coisa sobre uma conclusão, e eu pensei que aquilo tinha alguma coisa a ver com um feriado. Eu lembro de ter pensado 'Hum, feriado, algum tipo de lugar de convalescença como Rothbury, sabe'."

Você ouviu a conclusão com cuidado?

"Acho que não. Era tudo mais do mesmo. E então eu... eu não lembro muito bem, mas parece que depois que o júri saiu eu fui levada... Não, eu não consigo lembrar..."

Do que você se lembrava?

"Eu só lembro... Eu acho que o nome de Norma foi chamado e era, tipo, inocente, inocente, e então foi a minha vez e houve toda uma enorme agitação... Minha mãe começou a fazer escândalo, e eu fiquei só pensando *o que acontece depois disso?* Tipo, isso aconteceu hoje, o que acontece amanhã, sabe? Eu ainda esperava que alguma coisa acontecesse. Eu ainda esperava que colocassem algemas em mim, que eu fosse machucada fisicamente... Acho que eu estava esperando... Eu esperava o tempo todo ser espancada até a morte.

"A conversa mais longa com a minha família da qual eu me lembro foi depois que a sentença tinha sido anunciada, quando eles me levaram para aquela sala enorme e era só eu. Norma não estava lá e todo mundo estava chorando. Meu pai chorava, tia Cath estava lá e também chorava, e eu não sabia o que estava acontecendo. Eu estava esperando para voltar..."

Mas você ouviu o juiz?

"Não significava nada... Eu ainda achava que alguma coisa física fosse acontecer. Quando todos eles foram embora, eu perguntei ao policial – sabe, aquele simpático – e ele começou a chorar também... Um homem, sim, ele estava com os olhos meio marejados e quando eu disse 'O que está acontecendo?', ele só disse: 'Você vai para um lugar mais legal'. Então eles jogaram um cobertor na minha cabeça, me levaram para fora e me puseram dentro de... Bem, eu presumo que era um carro. Eu achei que era à forca. Eles me mantinham sentada, porque claro que eu estava em pânico. Eu ouvi alguém dizer coisas... Claro que eles estavam tentando me acalmar. Mas eu não conseguia absorver aquilo e eles só tiraram o cobertor da minha cabeça dentro de Low Newton [no condado de Durham], que é uma prisão para adultas.

"A primeira coisa de que me lembro quando o cobertor foi tirado é o cheiro de urina e repolho. Agora eu sei que esse é o cheiro de uma prisão, mas eu não sabia. Havia agentes penitenciárias encarregadas da recepção e a carcereira de plantão, e eu passei pelo procedimento pelo qual passam todas as prisioneiras: me fizeram ficar nua e me revistaram. Não, não tinha um médico, nenhum exame médico. Eu tinha feito muitos exames antes. Tinha um bloco de concreto. Ficar em pé ali depois de ser lavada com mangueira... Era como... Não sei: não era eu, não era May, não era real, não estava acontecendo... Sabe, aquele eco estranho de portões batendo e chaves virando, abre um, fecha outro, abre um, fecha outro, e os gritos, era algo... Sons... Que eu conhecia... Mas..."

Conhecia talvez dos filmes de TV?

"Talvez. Eu não lembro o que eu sentia."

Você devia estar muito cansada.

"Não lembro. Minhas roupas foram levadas e eu fiquei por ali com um tipo de roupa que ficava em volta da cintura, tipo um avental verde de prisão que servia para a maioria das pessoas, mas em mim dava o dobro do tamanho e arrastava no chão, então eles tiveram que me dar minhas roupas de volta."

E sua roupa de baixo?

"Não tenho certeza. Parece que me lembro de ter vestido uma camisola. Elas ficavam falando da diretora. Tinha muita gente lá, eu me lembro de estar cercada de pessoas. Acho que elas estavam curiosas. Eu perguntei quem era a diretora, e elas disseram que era a chefe do lugar e que estava decidindo o que ia acontecer comigo. Fui mandada para a ala hospitalar, que era só uma cela com uma cama, e eu não conseguia subir nela porque era muito alta. Era apenas uma cela vazia. Alguém veio e olhou pela janelinha na porta, e eu me levantei de um salto, ou melhor, caí para a frente, como um jogador de futebol, batendo minha cabeça na beirada da cama, e cuspi na janelinha. Tudo era verde: as paredes, o corredor também; a cela não tinha nada, exceto a cama e um tapetinho de plástico."

Havia banheiro?

"Não, um penico de plástico."

Sem pia?

"Nenhuma. Elas me levavam duas vezes ao dia para a minha higiene. Tinha um chuveiro de um modelo muito, muito antigo e tabletinhos de sabonete, sabonete Windsor é como ele era chamado, de cinco centímetros de comprimento, como sabonete de hotel. Mas eu nunca tinha tomado banho de chuveiro na vida. Parecia muito limpo, agradável.

"A diretora veio me ver, não lembro quando, mas acho que na primeira manhã. Ela era uma senhora muito amável, com um rosto amável e não usava uniforme. Para mim parecia ser muito velha – eu agora acho que ela provavelmente tinha menos de 50 anos, mas isso era ser velho para mim. Ela me contou que eu tinha que beber meio litro de leite por dia, que essa era a regra para transgressoras jovens, e que eu tinha que beber o leite de qualquer jeito; e me perguntou se eu gostava de leite. Eu disse que gostava e falei com ela sobre meu cachorro. Ela voltou um pouco depois e me deu a foto do cachorro dela, também um pastor alemão, mas eu não lembro o nome..."

Do cachorro?

Ela riu.

"Não, o da senhora. Ela também disse que eu tinha o direito de escrever duas cartas por semana, mas que não deixariam me misturar com as outras detentas. Eu perguntei quanto tempo eu ficaria lá, e ela disse que não sabia, mas que não seria por muito tempo."

Você contou a ela que pensou que seria enforcada?

"Não lembro agora como eu coloquei isso, mas lembro que ela me disse que eu não seria enforcada. Não havia nada organizado em termos de escolarização, e ela disse que, pelo regulamento, eu tinha que ter aulas. Assim, a diretora tinha que se ocupar comigo por cerca de uma hora por dia. Ela lia e escrevia comigo. Eu lia para ela. Eu lembro que ela trouxe um livro para mim, *Beleza Negra,* e, tirando quando eu roubava o livro da minha mãe e apanhava até ficar roxa quando ela descobria, aquele foi o primeiro livro que eu li inteiro. Eu amei. Ela tentou descobrir que partes me interessavam, e eu li em voz alta para ela. Eu sabia ler muito bem, o que ela também achou. Ela se desculpou por eu ter que ficar trancada na cela."

O livro de sua mãe estava muito vívido na mente de Mary ao longo de nossas conversas. Ela me contou que sempre pensava nele como o "livro de mamãe", e era a posse mais preciosa e cuidadosamente guardada da mãe dela.

"Ela ficava horas com ele no colo, meio que o abraçando", Mary disse. "Eu ficava tão curiosa por causa dele quando era pequena que até doía." Aos 11 anos de idade, ela havia conseguido satisfazer sua curiosidade repetidas vezes e lera o livro de ponta a ponta. No julgamento, correu o boato de que o livro seria uma Bíblia e que Mary ficava fascinada com a lista de familiares mortos colada na parte interna da capa. Porém, na verdade – nem Bíblia, nem um livro real –, tratava-se de um álbum, mais ou menos do tamanho de uma folha A4, mas uns três centímetros mais grosso, que o pai de Betty tinha ganhado em uma rifa, conforme Mary me contou sobre sua mãe.

"Ele continha a vida dela. Tinha todos os seus recortes, mas também coisas que ela escrevia, cartas e poemas. Era também cheio de gravuras de Jesus e da Virgem Maria, crucifixos e pessoas se inclinando sobre covas. Também tinha gravuras que saltavam quando a gente abria naquela página... Acho que era um conto de fadas dos irmãos Grimm que seu pai tinha lhe dado e, quando começou aquele livro, ela o colocou naquele álbum grosso... Ela sempre tinha essa coisa enorme consigo onde quer que fosse ou morasse... Eu nem mesmo sei como conseguia levantá-lo ou carregá-lo, pois era muito pesado", disse Mary. "E em casa ela o escondia. Claro que eu sempre o encontrava e costumava olhá-lo quando ela saía. Eu ficava fascinada com aquelas gravuras que saltavam e lia o conto de fadas e outras partes do livro, poemas para o pai dela... Você não acreditaria... Poemas de amor – para o *pai* dela? –, obituários e mechas de cabelo..."

Os boatos sobre o registro dos parentes mortos eram aparentemente verdadeiros: uma das irmãs de Betty me contou, em 1970, que ela mantinha na parte interna da capa uma lista de pessoas da família que tinham morrido.

"O livro tinha um monte dos desenhos que Betty fez quando éramos crianças", disse Isa, irmã dela. "Eram sempre de coisas religiosas. Ela sempre desenhava freiras, altares, covas e cemitérios."

"Betty era tão religiosa e tão boa", acrescentou a Sra. McC., mãe dela, "sempre com aquelas imagens de santos e rosários espalhados pela casa. Todos nós pensamos que ela seria freira".

Perguntei a Mary que tipo de cabelo era o das mechas. Cabelo de criança?

"Ah, não... Tenho certeza de que era do meu avô. Agora eu acho que ele foi a única pessoa que ela amou... De qualquer jeito, na primeira vez que ela me pegou olhando o livro, me pegou pelo cabelo e me sacudiu, eu achei que minha cabeça fosse sair do lugar. E então, oito anos atrás [1988], quando eu fiquei por um curto período de tempo com minha mãe, eu vi o livro de novo. E ele estava ainda mais grosso e cheio, e ela tinha inúmeros recortes dentro dele sobre mim. Era... Era tão triste! E então, quando ela morreu, o livro simplesmente não estava lá. Todo mundo procurou por ele – acho que nós pensamos que o testamento dela estaria dentro dele também. De qualquer jeito, ele tinha sumido. Talvez ela o tenha queimado antes de morrer.

Mesmo durante o cansativo período de custódia e de julgamento, Mary gostava facilmente das pessoas, mas certamente aquela com quem conversou com verdadeiro prazer foi a diretora de Low Newton cujo nome ela nunca soube.

"Sim, eu gostava dela de verdade", ela disse, "mas não consigo me lembrar da aparência dela... Só tenho uma vaga imagem, muito borrada, na minha mente; não sei porquê".

Então Lewton não é uma recordação tão ruim?

"Isso é verdade", disse ela. "Engraçado, não é? Por causa dela, eu acho. Mas também, embora eu ficasse trancada e não pudesse ficar com as outras pessoas, parecia... Não sei como dizer isso... Era como se aquilo tivesse um objetivo, como se eu estivesse indo para algum outro lugar."

Ficar sozinha parecia ter um objetivo? Ou era a possível transferência para um outro lugar?

"Os dois, talvez? A diretora e as funcionárias da prisão ficavam falando sobre eu ser transferida. E ser transferida não significava para mim alguma coisa como mudar de casa ou de lado... Significava um movimento para a frente. E me acostumei com os sons... As chaves, as ordens... E de noite a luz ficava apagada e eu ficava sozinha, mas não ficava assustada. Eu me sentia mais livre em Low Newton, talvez, do que nunca; não sei por quê. Eu gritava muito, cantava, chutava as portas; normalmente eu era uma maldita amolação. Elas me mandavam parar, mas sem serem brutas – bem, elas não tinham nenhuma outra criança lá, tinham? E agora, pensando sobre isso em retrospectiva, especialmente sobre a diretora, acho que elas ficavam... Como dizer isso... *Desconfortáveis* com aquilo? Bem, você não ficaria? Eu ficaria se fosse a diretora ou uma funcionária da prisão. Eu costumava plantar bananeiras na sala. Tinha um pátio de exercícios e elas me levavam lá fora por cerca de quinze minutos todos os dias, e eu tinha que andar ao redor dele, sozinha, só andar, sem correr. Não sei por quanto tempo fiquei lá. Não acho que eu saiba quanto tempo fiquei em lugar nenhum.

Mas foi antes do Natal que eu mudei para Cumberlow Lodge, então não pode ter sido tanto tempo assim. Foi menos de duas semanas, eu creio."

Cumberlow Lodge, uma casa de custódia para estadias curtas com aparato de alta segurança localizada na grande Londres, era utilizada como um centro de avaliação e classificação onde jovens mulheres infratoras podiam ser observadas por uma equipe grande e qualificada e por psiquiatras antes de serem mandadas para instituições adequadas. Quando Mary chegou lá, cerca de uma semana antes do Natal de 1968, a detenta mais jovem por quatro anos – como seria em praticamente todos os lugares para onde fosse mandada –, o Ministério do Interior ainda não tinha ideia de o que fazer com ela, e o problema continuaria depois do Natal.

"Havia uma reunião atrás da outra para tratar do caso dela", contou-me na época uma das pessoas que compareceram a várias dessas reuniões. "Ninguém conseguia pensar sobre o que fazer".

Outra vez, Mary guardava algumas lembranças de sua estadia lá.

"O casal que dirigia o lugar era o Sr. e a Sra. Hart. O Sr. Hart me lembrava David Niven... Mas eu só lembro partes dessa época... Quatro, cinco semanas? Está muito embaralhado na minha cabeça. Me colocaram numa unidade separada com quatro garotas, o que significava que nós passávamos a maior parte do tempo em um quarto muito pequeno. Elas eram muito mais velhas que eu, e todas podiam fumar depois de cada refeição. Eu achava aquilo fantástico. E havia um espaço verde do lado de fora, sabe, sem muros. Eu lembro que, na minha primeira manhã lá, olhei pela janela – elas ficavam trancadas e tinham vidro de segurança, mas não havia grades como na prisão – e vi esquilos. Também tinha uma quadra de tênis e eu tentei jogar uma vez. Nós tínhamos muita supervisão e de noite ficávamos trancadas em quartos separados e eu odiava aquilo; não sei por quê. Eu lembro que me comportava pavorosamente. Uma outra garota tinha 14 ou 15 anos, eu acho, e tínhamos que ter uma tutora que ficava lá das 10 horas da manhã até cerca das 4 horas da tarde tentando nos dar aulas, tudo naquele único quarto. Não lembro o que e como ela ensinava. Acho que eu não prestava atenção. Eu não ficava sentada. Eu era como um macaco. Agora acho que parte disso era porque não havia restrições, não havia qualquer limite, ninguém era punido nem disciplinado. Agora, é claro que sei que aquele era o método, a maneira como elas nos observavam. Mas não acho que foi certo. Só sei que, para mim, aquilo foi... Não sei, me deixou nervosa. Eu lembro que o Sr. Hart, que era simpático, tentou falar comigo algumas vezes, mas claro que foi inútil. Eu estava meio... Sei lá... Histérica, eu acho. Tenho certeza de que eu precisava ter limites, e lá não tinha nenhum."

Embora Mary fosse excepcionalmente provocativa e difícil ao longo daquelas cerca de seis semanas em Cumberlow Lodge, ela foi recebida – conforme me contou posteriormente uma das garotas que estiveram lá na mesma época – "com nada menos do que compaixão das outras garotas".

"Todas nós sabíamos quem era ela, mas de alguma forma não tínhamos nos dado conta do quanto ela era jovem, do quanto era pequena. Lá, a maioria das garotas tinha entre 16 e 17 anos, com todos os tipos de problemas graves – mais conflitos familiares e de personalidade do que de criminalidade, mesmo. E o princípio do lugar consistia em nos tratar o máximo possível como adultas. Era um bom caminho para nós, mas não para ela. Ela não se encaixava naquilo de jeito nenhum. Ela não era... Ah... Pessoalmente agressiva, sabe. Honestamente eu não acho que ela se atreveria a ser, pois éramos todas muito grandes em comparação a ela. Ela só era terrivelmente *levada,* como se de alguma maneira estivesse explodindo de carência ou de qualquer outra coisa. Eu lembro que uma garota na unidade – muito inteligente e que mais tarde conseguiu uma ótima classificação no vestibular para a faculdade de Psicologia – disse uma vez para o Sr. Hart, 'por que você simplesmente não dá uma surra nela? Ela só quer que alguém a pare, isso é tudo, e conversa nenhuma vai adiantar com ela'. E o Sr. Hart disse que aquilo era verdade, mas, como nós sabíamos perfeitamente bem, conversar era tudo que podia ser feito. Para ser honesta, ainda que estivéssemos horrorizadas com a morte dos dois garotinhos, eu acho que a maioria de nós tinha pena dela."

Em retrospecto, Mary parecia concordar com a descrição das garotas mais velhas.

"Acho que a professora que tínhamos era uma psiquiatra e eu fico imaginando: o que ela pode ter aprendido sobre mim, ou sobre qualquer uma, naquelas condições? Nada, aposto", ela disse. "Mas eles fizeram um grande esforço para que tivéssemos uma boa festa de Natal. Todos se reuniram, parecia que eram centenas de garotas e, depois do jantar de Natal usando chapéus de papel, eles tinham presentes para todos. Eu lembro que me senti muito bem naquele dia. Eu era uma entre muitas e ninguém se incomodava."

Você ganhou presentes?

"Sim, acho que ganhei uma boneca."

Algum presente de casa?

"Não lembro. Não sei se tudo que tinha chegado não tinha sido simplesmente contribuição de pessoas caridosas. Não sei mesmo. Levaram-me de volta para cima depois do jantar e me trancaram, mas me senti melhor.

"Não foi muito depois do Natal que minha mãe veio me ver. O rosto dela estava todo inchado. Ela disse que estava com dor de dente. Era o normal dela. Ela sempre estava com alguma coisa, ou dizia que estava com alguma coisa, que me fizesse sentir pena ou culpa."

Você ficou satisfeita em vê-la?

"Não me lembro muito, para falar a verdade. O Sr. Hart estava lá o tempo todo, e ela disse para ele – e para mim, nervosa – que tinha andado muito para chegar lá e que estava sendo observada, e disse para ele que não gostava daquilo. Ela não ficou lá por muito tempo." Como acontecia frequentemente quando Mary falava sobre o passado, ela retomou o dialeto típico de sua região e sua voz tornou-se estranhamente triste.

Perguntei se a mãe ordenou novamente que ela não conversasse com psiquiatras.

"Acho que não. Agora não acho que ela teria dito isso a alguém lá, sabe. Ela disse de novo, quando eu a vi no último dia em Newcastle, algo sobre eles entrarem na minha cabeça, como ela tinha falado antes, mas só lembrei daquilo muito tempo depois... Eu não ouvi muito do que ninguém disse naquele dia."

E quando psiquiatras como o professor Gibbens a visitavam em Cumberlow Lodge, ela se lembrava disso?

Ela concordou com a cabeça.

"Não acho que tenha conversado com nenhum deles – que disse alguma coisa, na verdade – depois daquilo. Eu não tinha nada para dizer. Foi preciso anos para que eu falasse alguma coisa... Mesmo em Red Bank, mesmo para o Sr. Dixon."

O Sr. Hart contou-lhe sobre Red Bank alguns dias antes de ela ser transferida. "Ele disse para mim que eu iria 'Voltar para os moinhos esfumaçados'. Perguntei a ele o que aquilo queria dizer, e ele disse: 'Lá no alto, no Norte', imitando meu sotaque. Foi somente aí que eu percebi que tinha sotaque para as pessoas que viviam no Sul. Ele me falou sobre Red Bank, mas não disse onde era..." Ela riu. "Nem que lá só teria garotos."

PARTE 2

Red Bank: fevereiro de 1969 a novembro de 1973

Deixando para trás

———

Red Bank, 1969 a 1970

Foi em 4 de fevereiro de 1969 que James Dixon e sua esposa Jean viajaram rumo ao sul para buscar aquela que se tornaria – conforme o Sr. Dixon me contou em 1970 – sua responsabilidade mais desafiadora, e também a que mais deles exigiu.

Mary sempre falou do Sr. Dixon de uma maneira comoventemente possessiva:

"Ele vestia um casaco xadrez com calças marrom-claro e sapatos irlandeses", ela disse. "A Sra. Dixon era como uma bolinha de manteiga, pequena, aconchegante, alegre, com o rosto suave, arredondado e de *tez* inglesa. Ela usava um vestido com flores estampadas. O Sr. Dixon era alto, mais ou menos 1,85 m de altura, eu acho. Eu tinha que olhar para cima ao falar com ele. Ele tinha o rosto um pouco abatido pelo tempo, um bigode que parecia um guidão de bicicleta quando ele sorria, e seus olhos eram carinhosos e brilhantes. Minha apresentação a eles foi muito formal. Ele era muito militar; todas as suas analogias eram muito militares, mas você olhava para o Sr. Dixon e sabia que ele não mentiria. O mundo deveria estar cheio de Srs. Dixons."

As formalidades de sua partida, lembrou-se ela, demoraram bastante tempo.

"O Sr. e a Sra. Dixon chegaram [em Cumberlow Lodge] por volta de 10 horas da manhã, eu acho, e teve um monte de blá-blá-blá, horas a fio, antes de nós sairmos. O Sr. Dixon ficou um tempão com o Sr. Hart – pelo menos, pareceu um tempão para mim."

A viagem de carro de aproximadamente sete horas rumo a Lancashire, ela disse, foi emocionante no início. "Tudo, as casas, as pessoas nas ruas, o trânsito, era como... Ah, Não sei... Liberdade... Não, liberdade não – eu acho que sabia que não seria livre, digo, *livre*, sabe. Mas era... Era ver uma vida comum. Aquilo me fez sentir mais... Comum."

Eles pararam para comer no caminho?

"Eles pararam em postos na rodovia para abastecer e eu acho que compraram coisas para comer, mas não lembro. A Sra. Dixon ia ao banheiro comigo. Claro que eu era alguém desconhecido para eles. Acho que eles podiam estar com medo de que eu fugisse; e o Sr. Dixon, bem, ele não era jovem. Quero dizer, se eu corresse, não sei se ele conseguiria me pegar."

Você pensou em fugir?

"Ah, não, de jeito nenhum. Eu gostei do Sr. Dixon desde o início. Eu não fugiria dele." Ela acha que dormiu no carro por bastante tempo. "Quando acordei, estava escuro do lado de fora. E quando eles disseram que estávamos quase chegando, fiquei muito entusiasmada."

Os Dixon contaram a você alguma coisa sobre Red Bank?

"Assim que chegamos perto, o Sr. Dixon disse que eu perceberia que Red Bank era 'um navio dirigido com rigor' e que não tinha tratamento especial. 'Com isso', ele disse, 'eu quero dizer que todos somos iguais, funcionários e crianças: todos nós comemos juntos, a mesma comida, e trabalhamos juntos'. Ele disse que eu ia perceber que as pessoas conversavam muito umas com as outras e tomavam decisões juntas. Mas ele não me contou que lá só tinha garotos, até passarmos por uma esquina antes de chegar. Então, ele se virou rindo e eu percebi certa diversão nos olhos dele quando disse: 'Por falar nisso, você sabe que lá só tem garotos? E eles estão esperando um loirona com seios de 90 cm. Eles vão ter uma surpresa, não é?'. Eu vi a Sra. Dixon dando uma cotovelada nele e balançando a cabeça. Eu não sabia como me sentir."

A Unidade Especial de Red Bank é a seção de segurança da instituição que era conhecida, em 1969, como uma "escola de recuperação". Mas, no início dos anos 1970, os órgãos do governo aos quais essas instituições eram subordinadas estavam em meio a conflitos entre os partidários de dois estilos divergentes de abordagem: de um lado, estavam os que se centravam na "disciplina" e, de outro, os que valorizavam o "cuidado". Foi então que as "escolas de recuperação", como instituições para crianças difíceis de controlar ou que haviam transgredido a lei, evocando imagens de isolamento e métodos vitorianos de disciplina, tornaram-se ideologicamente inaceitáveis e foram renomeadas de "lares comunitários". A ideologia otimista do período era de "liberdade" tanto em relação à interferência do governo sobre aqueles que trabalhavam nessas instituições quanto para os adolescentes, que viviam anteriormente sob a rígida disciplina que orientara a maioria das "escolas de recuperação". A intenção era que esses lares comunitários, agora sob controle administrativo e financeiro do governo local, se tornassem parte da comunidade de alguma forma, acabando assim com o isolamento das crianças e fornecendo a elas modelos de comportamento fora dos limites da vida institucionalizada.

É justo dizer agora que isso não teve êxito. Em primeiro lugar, porque os governos locais individuais não estavam aptos, nem financeira nem administrativamente, a assumir esses encargos e, em segundo lugar, porque as complexas necessidades de formação profissional e, num sentido mais abrangente, as demandas educacionais das crianças não podiam ser atendidas somente pelo esforço e pela boa vontade das comunidades envolvidas, mas exigiam um tratamento estritamente profissional, o que incluiria instalações caríssimas, além de um corpo docente altamente treinado. Ao longo da década seguinte, a maioria dessas escolas foi fechada e seus adolescentes ou foram devolvidos para suas famílias e para as escolas locais, que já tinham provado que não podiam dar conta deles, ou eram deixados aos cuidados de diversos serviços da prefeitura e do governo, terminando em escritórios de apoio a desempregados e nos tribunais na maioria das vezes.

No momento em que escrevo este livro, portanto, a Escola de Recuperação de Red Bank – que, instalada em um edifício construído com o objetivo explícito de funcionar como centro de avaliação e escola de formação profissional, oferecia um espaço e um conforto consideráveis, bem como um nível apreciável de treinamento ou educação para cerca de quinhentos garotos – não existe mais. Mas a unidade especial para a qual Mary fora enviada ainda funciona.

A unidade especial – situada propositalmente naqueles primeiros anos bem no centro do complexo escolar, de forma que se pudesse ver o que se passava na vida cotidiana da instituição e evitar o isolamento visual – foi planejada para 26 garotos que demandavam um alto grau de segurança e ficava sempre trancada. Uma vez lá dentro, o ambiente era agradável, cheio de luz, com cores vívidas nas paredes e mobília moderna. Havia várias janelas longas e estreitas que podiam ser abertas para deixar o ar fresco entrar e, no inverno, o edifício inteiro era aquecido por um sistema central de calefação. No andar térreo, ficavam a biblioteca, as salas de estar com cadeiras de braço confortáveis, uma sala de jantar arejada e com muitas mesinhas, além de várias salas de aula com carteiras de madeira clara onde as crianças aprendiam em grupos de seis ou sete, de acordo com a idade. "May provavelmente está tendo mais educação do que os nossos filhos jamais terão", sua tia Cath me disse em 1971. Também havia uma sala de artes bem equipada, com mesas compridas, exposições de pinturas e desenhos (Mary indicou um dos desenhos dela quando eu estive lá), e um forno para trabalhos em cerâmica.

Dentro do perímetro dos muros da unidade havia um jardim, uma estufa e uma casinha para os animais de estimação. Do lado de fora, nos pátios da escola, havia uma piscina que os garotos da escola de recuperação construíram e que era usada pelas crianças da unidade especial todos os dias do verão.

No segundo andar, havia dois dormitórios, cada um para quatro garotos mais velhos, e quartos individuais para os outros.

"O chefe do lugar, o Sr. P.", Mary disse, "me contou depois que, quando decidiram me mandar para Red Bank, eles separaram setes quartos para garotas. Mas nos quase cinco anos em que fiquei lá, só vieram cinco garotas, todas muito mais velhas do que eu, e só uma delas ficou por três meses; as outras foram embora em poucas semanas."

Na época da chegada de Mary, e quando a visitei em 1970, havia dezoito membros da equipe de professores – a maioria homens, mas mais tarde chegaram umas poucas jovens mulheres – e doze pessoas na equipe interna, todas mulheres. Na equipe de professores estavam Ben e Carole G., que se conheceram e se apaixonaram enquanto trabalhavam lá. Red Bank foi o primeiro emprego dos dois. Ben começou em agosto de 1970, um ano e meio depois da chegada de Mary, e Carole, em 1972. Agora, ambos estão em cargos administrativos importantes trabalhando com crianças problemáticas.

"Desde aquela época, fizemos diversos cursos", Ben disse, "mas – e acho que isso vale para nós dois –, quando chegamos a Red Bank, logo após terminarmos o treinamento de professores, não sabíamos nada sobre as necessidades dessas crianças. E para ser franco, embora muitas pessoas da outra equipe tivessem evidentemente uma experiência muito mais vasta, nenhuma delas recebeu treinamento formal, nem especialização em educação ou psicologia, e isso inclui o Sr. Dixon, que realmente era o homem mais excepcional e inspirador".

"Sim, eu não me surpreendo que May se lembre dele com tanto amor", Carole disse. "Muitos dos garotos também o amavam. Ela sorriu. "Mas ele era... Bem, talvez um pouco inocente. Ele sabia que muitas daquelas crianças eram muito perturbadas [...] alguns garotos talvez tão gravemente perturbados quanto Mary. Mas ele achava que o amor conquistava tudo e, é claro, o amor consegue fazer muita coisa. Ou digamos que, sem a atmosfera que ele criou em Red Bank, nada poderia ter sido feito. Mas mesmo todo o amor do mundo não pode dar a pessoas como nós a habilidade para ajudar as crianças a compreenderem suas mentes confusas. Para isso, você precisa de estudo e treinamento."

"Nós não nos dávamos conta naquela época", Ben disse, "mas sabemos disso agora. Mas vamos ser justos", acrescentou, "mesmo do jeito que era, o lugar ajudou um número considerável de garotos: o espaço *era* estruturado, e *havia* regras muito precisas para sustentar essa estrutura".

Red Bank permanece muito claro na mente de Carole e Ben G., não apenas porque foi onde começaram a vida juntos, mas porque foi essencialmente ali que decidiram o que fazer de suas vidas profissionais. Depois de saírem de Red Bank, ambos trabalharam em outras escolas para crianças problemáticas, mas agora se estabeleceram em uma instituição de autoridade local no oeste da Inglaterra dirigindo departamentos diferentes: um lidando com escolas e equipes especiais; o outro, com problemas específicos de determinadas crianças. Depois que tiveram um filho, os dois disseram, não conseguiam mais trabalhar dia sim, dia não em lugares como Red Bank.

"Eu trabalhei assim por sete anos, desde que tinha 20 anos", Carole disse, "e Ben, desde que tinha 21. Mas ter um filho muda a gente. Você se torna mais vulnerável e tem consciência de que sua criança precisa de proteção contra aquilo também. Você pensa de maneira mais profunda sobre si, suas ações e suas reações".

James Dixon selecionava pessoalmente todo o pessoal de Red Bank, eles disseram.

"E parecia que ele deliberadamente escolhia pessoas de idades, históricos e personalidades muito diferentes", disse Ben. "Quase como se estivesse tentando suprir as crianças com um microcosmo da sociedade. Claro que quase tudo em Red Bank era fruto da própria personalidade do

Sr. Dixon. E porque esses homens e mulheres são muito raros, você pode individualmente tentar imitar o que eles tentam fazer, mas essa configuração não pode ser simplesmente copiada."

"Havia ali uma espécie de 'pureza', em termos do que era oferecido às crianças", disse Carole. "Não tinha sido contaminado, digamos assim, com nada que elas tivessem experimentado antes."

"Por ser um homem tão bom, ele fazia as pessoas sentirem que coisas ruins não poderiam acontecer", Ben disse. "Claro que elas aconteciam, como nós vimos com a experiência que May teve com o diretor, mas em um ambiente como o que Dixon criou o efeito de um choque desses na comunidade foi mínimo e não, como se poderia esperar, grande e permanente."

Mesmo quando estavam lá, eles disseram, havia outras crianças em Red Bank que hoje eles percebem que eram tão prejudicadas quanto Mary e, por causa das deficiências no treinamento dos funcionários e da falta de conhecimento especializado, não receberam ajuda do modo como precisavam.

"Mas você tem que olhar do outro lado da moeda também", disse Ben. "Mesmo que algo tenha faltado, eles *tiveram* esse período de proteção, afeto e calor humano em um ambiente estruturado de forma cuidadosa. E eles tinham a forte influência moral que James Dixon sem dúvida exercia. A busca de May por autoconhecimento agora é prova disso. O lugar os ajudou, sim, a crescer."

"O Sr. Dixon sempre explicava tudo de maneira muito aberta", Mary disse, "especialmente quando não estava satisfeito com as regras. Tirando quando eu ficava trancada no meu quarto, de noite e durante trinta minutos ou uma hora de descanso depois do almoço, eu nunca podia ficar sozinha, nem mesmo para ir ao banheiro". Ela deu de ombros. "No começo isso me incomodava muito, mas aí o Sr. Dixon me explicou e eu aceitei. Depois de um tempo, eu nem notava. Agora, em retrospecto, eu acho que talvez isso até me fazia sentir segura [...] sentir que cuidavam de mim, sabe."

O que mais a impressionou ao chegar foi o cheiro de limpeza.

"Era tão limpo e bonito, tão diferente de todos os outros lugares em que estive e, é claro, mais limpo do que qualquer outro lugar em que eu tinha morado." Os Dixon levaram-na à sala comunitária, "e aí eu entendi o que ele queria dizer com surpresa", ela disse. "Até mesmo os funcionários ficaram espantados em ver aquela menininha que ele levara lá para dentro. Ele disse: 'Esta é May – é assim que ela gosta de ser chamada'."

Depois disso, o Sr. Dixon a levou à biblioteca e a Sra. Dixon levou alguns ovos mexidos.

"Eu não consegui comer. Fiquei enjoada com aquela longa viagem, com a fumaça dos carros e o cheiro de lustra-móveis. Ele disse: 'Tudo bem, mas você não vai ter mais nada para comer'. Eles me levaram para o segundo andar e eu fiquei realmente surpresa por eles destrancarem e trancarem todas as portas por onde nós passávamos."

Surpresa? Interrompi. Por que essa surpresa?

Ela tomou um susto com minha pergunta.

"Bem", Mary disse, "aquilo *era* uma escola, não era? Eles me levaram para o quarto e o Sr. Dixon me falou que eu ficaria trancada e que todo mundo ficava. 'Sem tratamento preferencial', ele disse de novo. E disse que a Sra. Dixon me apresentaria para a responsável pela casa, a Srta. Hemmings, e que era para eu tomar um banho e me deitar. Eu o perguntei quanto tempo eu ficaria lá, e ele disse: 'Veremos. Depende muito de você', e que, de qualquer jeito, estava cansado e não tinha todas as respostas".

A Srta. Hemmings havia mostrado os horários para ela: levantar às 7h30 da manhã, banho, arrumar a cama, descer e, antes do café, ficar em fila para a inspeção dos sapatos e das unhas.

"Era tudo como num navio", Mary disse. "Claro, o Sr. Dixon tinha estado na Marinha e isso ficava evidente na maneira como ele agia."

Você ainda molhava a cama?

"Ah, sim, isso continuou por anos. A Srta. Hemmings já sabia sobre isso quando eu cheguei; eles colocaram um daqueles lençóis de plástico e uma sineta na cama. Ela disse para eu tocar o sino se acordasse e tivesse feito xixi durante a noite, pois alguém iria me trazer um lençol limpo. Durante todo o tempo em que estive lá, ninguém nunca falou nada sobre a cama estar molhada. Eu ou a Srta. Hemmings tirávamos os lençóis pela manhã e ela os levava embora. 'Não se preocupe com isso', ela disse uma vez. 'Estou acostumada: muitos garotos têm esse problema.' Era... Como em Rothbury... [Aquilo] me fazia sentir mais tranquila."

"A Srta. Hemmings, a 'mãe da casa', era um tipo de pessoa especial", disse Carole G. "Por fora, era a chefona que nunca sorria, mas tinha um coração de ouro por dentro e era uma fortaleza para as crianças."

Ela gostava de Mary? Perguntei a Carole.

"Muito mais do que gostar, ela a adorava – Mary se tornou a filha que ela nunca teve. O que se tende a esquecer", ela disse, "é simplesmente o *quanto* May era jovem e... Bem... Pequena. Para a Srta. Hemmings, que nunca tinha tido uma garotinha de quem tomar conta lá, deve ter sido um choque quando a viu pela primeira vez".

Se a maior parte das lembranças de Mary sobre os anos passados em Red Bank tem claramente um tom positivo, ela se torna definitivamente poética ao falar sobre James Dixon, citando as palavras dele – quase *ipsis litteris,* segundo ela – ao dirigir-se às crianças sob seu cuidado com deliberada formalidade e usando muitos termos da marinha.

"Era assim que ele falava", ela disse. "Não vou esquecer nunca."

Naquele primeiro dia, na reunião da manhã, após o café e o treinamento físico – rindo, ela disse: "Depois de alguns anos, quando meu corpo... Você sabe... Se desenvolveu, eu fui liberada do treinamento físico" – ele a havia apresentado formalmente para os garotos.

"Ele disse: 'Como vocês podem ver, temos entre nós um novo membro do tipo mais delicado. Eu sei que vocês irão tratá-la com respeito, da mesma forma que ela os tratará. O nome dela é May e isso é tudo que vocês precisam saber'."

Perguntei se os garotos sabiam por que ela estava lá.

"Ah, sim. Todo mundo de alguma maneira sabia tudo sobre todos que chegavam. Os professores conversavam conosco..."

Conversavam com eles sobre as outras crianças?

Mais uma vez, ela se mostrou surpreendida com minha pergunta, que trazia implícita uma espécie de crítica.

"Bem, sim", Mary respondeu defensivamente. "Eles confiavam em nós... Bem, em alguns de nós. Mas também, garotos iam e vinham, então chegavam pessoas que sabiam das coisas. Mas ninguém dizia nada, pelo menos não na minha frente, não até muito tempo depois."

As aulas eram de 9 horas da manhã até 12h45 e de 2 horas da tarde até 4 horas. "Os garotos mais velhos faziam trabalhos práticos com madeira e metal. Deram-me testes e me colocaram num grupo de quatro que era mais acadêmico. Eu tinha um fantástico professor de Língua e Literatura Inglesa, o Sr. Shaw, mas nós tínhamos todas as matérias. E fazíamos provas sob a supervisão das autoridades locais."

"May era brilhante, incrivelmente brilhante", disse Ben G. "Mas não tanto em termos acadêmicos: ela aprendia através das pessoas mais que dos livros. Os livros ela só folheava. Ela era muito boa em folhear e ler páginas aqui e ali, mas raramente lia capítulos, para não falar em livros inteiros. O que ela fazia – nós tivemos essa experiência e a vimos fazer isso com outras pessoas – era pegar a vida dos outros emprestada para desenvolver o sonho dela de como deveria ser a vida. Quando fazia isso com você, era muito cansativo – 'me conte mais um pouco. Converse comigo. E aí aconteceu o quê? O que você fez? Como era isso? Descreva'. Aquilo era cansativo, mas de certa maneira achávamos que havia algo de maravilhoso no fato de ela estar sempre querendo preencher lacunas."

"A refeição mais importante do dia, ou seja, o almoço", Mary continuou, "era à 1 hora, e depois ficávamos trancados em nossos quartos para descansar. Entre 4 e 5 horas da tarde, podíamos escolher jogar damas ou xadrez. Às 5 horas era o chá, a última refeição preparada do dia. Às 6 horas, não importava como estava o tempo ['somente no verão', disse Ben G.], nadávamos por meia hora na piscina descoberta que pertencia à 'escola de recuperação'. Nos fins de semana, era uma hora, duas vezes por dia. Depois de nadar, tinha futebol, ginástica ou qualquer coisa, tudo organizado em grupos, com horários bem definidos; não havia tempo para ficar pensativo. Às 8 horas da noite, era o banho, depois, ceia com chocolate e sanduíches..."

Eles tinham que se vestir novamente depois do banho?

Ela riu. "Depois que eu cheguei, tinham. Antes, eu acho que eles desciam de pijama. E das 8h30 às 9 horas da noite, que era a hora de dormir – as luzes se apagavam às 9h30 –, podíamos ver televisão, se tivesse alguma coisa apropriada, um documentário ou um esporte. Se tivesse um bom filme, os funcionários podiam decidir se podíamos ficar acordados mais tempo. Eu me lembro da aterrissagem na lua: deixaram que todos assistissem aquilo tudo. Os funcionários viram conosco. O Sr. Dixon disse que era a história sendo feita.

Quanto tempo se passou até que você soube que ficaria em Red Bank por anos?

"Acho que eu nunca soube", ela respondeu. "Os anos não significavam nada, sabe. Era um tempo sem fim. A média para um garoto lá era de cinco meses. Havia um sistema de recompensa pelo qual as pessoas conseguiam todos os tipos de privilégios, saídas, licença para ir em casa, ser solto mais cedo. Claro que não era para mim, pelo menos não por um tempo."

O Sr. Dixon a encorajou a falar sobre o crime, sobre os garotinhos que você matara?

"Não. Ah, não. Durante anos, eu dizia que não tinha feito aquilo. Então, como ele poderia conversar sobre isso?"

Mas havia um psiquiatra que visitava a unidade uma vez por semana, eu a lembrei. Eu o conheci na época; ele era um homem simpático, não era?

"Não sei se ele era simpático ou não", Mary disse, de modo ríspido. "Eu não gostava de nenhum psiquiatra, mas dele eu não gostava de jeito nenhum, porque ele costumava sentar lá sem dizer nada..."

E isso fazia com que você se sentisse incomodada?

"Eu não sabia o que ele queria... Gosto de saber onde estou no meu relacionamento com as pessoas..."

Do que você não gostara nele? Perguntei, e ela se esquivou.

"Não é que eu não gostasse dele de verdade, eu só não conseguia me identificar com ele. Eu não sabia como devia me identificar já que ele só ficava lá sentado me observando. Quero dizer, se ele tivesse feito perguntas, como os outros fizeram, eu podia simplesmente ter mandado ele à merda. Mas como ele ficava lá sem falar nada, não tinha nada que eu pudesse realmente dizer."

Palavrões eram tolerados em Red Bank? Perguntei e ela riu, repentinamente feliz. Ela gostava de descrever Red Bank.

"Ah, não", Mary disse. "De jeito nenhum. Você estaria encrencado pra valer se xingasse. Levaria um sermão e, é claro, poderia perder pontos. Depois de um tempo, eu parei de falar palavrões por completo."

Para a maioria dos garotos – todos com exceção de dois, ela disse, que estavam lá em prisão perpétua, como Mary –, esses pontos de recompensa eram muito importantes, porque depois que juntassem quarenta eles seriam soltos.

"Então, eles tinham um objetivo. Eu não tinha, exceto... Sabe... O que eu vim a sentir pelo Sr. Dixon. E ele tentou fazer o sistema de recompensas funcionar para mim também, dentro dos limites das circunstâncias. Se eu fizesse tudo direito, poderia escolher aulas divertidas para ir, em vez de ter que seguir o programa; e por um dia ou dois eu não tinha que levantar da cama cedo; e uma vez o Sr. P. me levou para sair com a família dele, para ver o filme *O morro dos ventos uivantes*, e o Sr. Robert e sua esposa me levaram para ver *Godspell*. E tinha o Sr. G., que estava namorando a Srta. Jeffries – os dois eram muito jovens e me levaram para passear perto de um lago. Eles tinham uma garrafa de vinho e a colocaram no lago para esfriar. Foi muito divertido."

Ben G. e Carole confirmaram a essência da maioria das histórias de Mary em Red Bank. Somente nos detalhes – datas e quem era quem em algumas histórias – é que a memória dela às vezes falha.

"Quando eu cheguei", disse Carole, "May tinha 15 anos e eu tinha acabado de completar 20. Deve ter sido muito estranho para ela ter de repente alguém lá... Bem, bastante feminino e de idade próxima à dela, tão obviamente inexperiente quanto a tudo o que acontece em um lugar como esse. Ela está certíssima se disser que éramos próximas: isso era um fato, éramos mais como irmãs do que como professora e aluna. Eu a deixava me chamar pelo primeiro nome, claro que não na aula, mas quando estávamos sozinhas – acho que isso talvez não seria permitido, se tivesse sido descoberto. O Sr. Dixon era muito rígido quanto a manter distância. Mas parecia importante para ela, e eu não via mal nenhum nisso.

"Quando já tinha algum tempo que eu estava lá, ganhei permissão de levá-la para sair. Meus pais tinham um *pub* lá perto e eu a levava... Bem... Para o meu mundo, para conhecer as pessoas e, às vezes, para cortar o cabelo, ou simplesmente para sentar e conversar. E sim, Ben e eu a levamos para sair uma vez por um dia inteiro, num piquenique perto do lago e depois para jantar em um restaurante. Ela costumava nos escrever muito frequentemente depois que foi embora e sempre mencionava aquele piquenique; foi um dia especial para ela."

"Mas a garrafa de vinho que ela lembra de ter resfriado", Ben disse, "isso foi no restaurante. Provavelmente ela veio em um daqueles baldes de gelo. Eu jamais levaria álcool em um piquenique com uma criança, mas no restaurante, sim, não havia problemas". Ele não conseguia entender, Ben afirmou, como ela veio a imaginar aquela garrafa de vinho que descreveu com tanta precisão para mim sendo resfriada no lago, pendurada em uma corda. Ele balançou a cabeça. "Simplesmente nunca aconteceu."

"Mas ela adorou o passeio daquela noite", Carole disse. "Ela estava usando um dos meus vestidos: tínhamos ido ao meu armário juntas e ela o escolheu. Foi a primeira vez que foi a um restaurante como aquele, com uma mesa posta de maneira formal, com flores e todos os talheres e copos. Ela simplesmente adorou aquilo. Perguntava sobre tudo... Para que servia aquela colher ou aquele garfo e como se abria uma garrafa. Ela absorvia informações como uma esponja." E aquilo, destacaram eles, era também o que haviam experimentado os outros professores que a levavam para sair.

"Um dia, os Dixon e a Srta. Hemmings me levaram... Só eu... Para Blackpool", Mary continuou. "Mas eu acho que eles também saíam com os outros dois meninos de prisão perpétua. Foram dias muito felizes e eu realmente achei que ficaria bem, e eu sei que o Sr. Dixon pensava isso também."

Ele se tornou uma espécie de avô para você, não?

"Não, não era como se fosse uma relação de parentesco... Mais que isso", ela disse. "Quando você conhece alguém de quem você gosta, pode dizer que gosta dessa pessoa, mas, no fim, não era que eu simplesmente *gostasse* dele: eu o amava. Você não ama ninguém logo de início, quero dizer, como se apaixonar, ou amar seu próprio filho. Chegar a amar alguém do jeito que eu amava o Sr. Dixon leva tempo, muito tempo..."

Mas considerando que você chegou ao ponto de amá-lo, nunca quis falar com ele sobre aquela "suspeita", aquele sentimento que me disse que só tendia a aumentar à medida que o tempo passava, de que você fizera algo muito errado?

Mary balançou a cabeça afirmativamente. Mas, então, como se houvesse dois pensamentos simultâneos nela, disse: "Não, não. Eu não queria, porque eu não queria que ele ficasse desapontado..."

Com o quê?

"Comigo."

Nas duas vezes em que visitei Red Bank, fiquei espantada em ver que o quarto de Mary estava abarrotado de coisas – diferente dos outros que me mostraram, que eram em sua maioria relativamente vazios exceto por uma única foto, um pôster e os objetos de higiene pessoal.

"Chovem presentes dos parentes dela", explicou o Sr. Dixon, que estava me mostrando o lugar, "tantos que não podemos dar tudo para ela, seguramos alguns".

Havia bonecas, sabonetes de todas as formas e aromas, potes de talco e saquinhos de sais de banho, garrafas de loção pós-banho e perfume, agendas e cartões; eles enchiam cada centímetro de cada superfície do quarto e formavam pilhas nos cantos contra a parede. Três quartos desses presentes, cuidadosamente arranjados, como se estivessem em uma vitrine, sequer tinham sido abertos e permaneciam em seus embrulhos de celofane ou plástico.

"Parece uma exposição, não parece?", disse o Dr. Dewi Jones, o psiquiatra com o qual Mary me conta agora que não conseguiu se identificar. E outro funcionário que conheci me disse: "Ela não usa nenhum deles, só olha para eles".

"Quando eu conheci May", disse Carole, "ela tinha mais 'tranqueiras' do que eu jamais tive. Ela adorava suas coisas, que eram muito importantes para ela. Tinha um cuidado meticuloso com elas e era muito limpa e arrumada".

"Ela estava sempre tomando banho", Ben disse. "Frequentemente subia para a cama com o grupo que ia mais cedo e, assim, tinha tempo para tomar banho de banheira. Eu ainda consigo ouvir [a Srta.] Hemmings batendo na porta e dizendo: 'Vamos, saia, saia *agora*!'"

"Ela dizia: 'Eu pretendo tomar banho esta noite e tenho todos os meus perfuminhos e minha banheira cheia de espuma'", acrescentou Carole. "Mas, você vê, se havia alguma razão psicológica profunda por trás daquele negócio de tomar banho... Não sei se havia... Mas, de qualquer forma, nós não sabíamos e não havia ninguém lá por perto que saberia."

Dr. Dewi Jones, um jovem e bastante sensato consultor do Hospital Infantil de Liverpool, estava convencido – mesmo antes de eu lhe relatar o que a família de Mary havia me contado – de que ela estava bloqueando experiências e sentimentos da infância e precisava de ajuda para resolver esse conflito para que chegasse, algum dia, a se tornar uma adulta normal. Ele não pensava que isso pudesse ser feito, exceto em algum ambiente com foco psiquiátrico que, ele mesmo admitia, não existia na Grã-Bretanha.

O Dr. Jones sentia que Red Bank, com seu bem-intencionado quadro de funcionários, ainda que fosse agradável e até reconfortante para Mary, era totalmente inadequado para ela. Ele confirmou que, exceto por cursos intensivos de tratamento para crianças desajustadas, os professores não recebiam nenhum treinamento em psicologia. O médico salientou que, antes de Mary chegar, os funcionários receberam uma diretriz escrita sobre como lidar com ela, mas foram informados que não era importante que soubessem sobre seu histórico. E queria acreditar, ele afirmou, que tal sugestão fora feita apenas com base na percepção de que seria inútil passar-lhes conhecimentos com os quais eles não saberiam o que fazer. Mas suspeitava que não fosse esse o caso. Os autores da diretriz oficial realmente acreditavam que a melhor forma de superar as lembranças negativas do passado – que eles, como tantos outros, sem dúvida reduziam a uma infância de pobreza e negligência, isto é, a uma questão de classe – era por meio de uma abordagem positiva do presente. Essa recusa em conceder importância às experiências vividas na primeira infância, ou seja, a um dos princípios básicos da psiquiatria da época (em 1970), era na opinião dele parte dos princípios do estabelecimento e profundamente prejudicial ao tratamento de crianças perturbadas.

Dr. Jones afirmou que seu próprio papel na unidade era prova disso. Ele não estava lá para visitar crianças individualmente, mas para comparecer a uma reunião sobre um caso por semana, a fim de dar conselhos aos funcionários sobre certos problemas. É claro que isso significava que ele dependia das informações dos funcionários. A maioria dedicava-se às crianças, ele afirmou, e alguns deles eram apaixonados por seu trabalho; entretanto, por terem pouco ou nenhum treinamento em disciplina terapêutica, suas observações eram, na melhor das hipóteses, as de um leigo inteligente, o que simplesmente não bastava para lidar com crianças seriamente perturbadas.

Vale dizer que, nesse aspecto em particular, ocorreram avanços ao longo dos últimos 25 anos. Agora, há quatro unidades especiais de segurança na Grã-Bretanha que lidam com crianças gravemente perturbadas, Red Bank sendo uma delas. Se uma criança concorda com o tratamento, coloca-se um terapeuta à sua disposição para atendimento individual.

O médico percebeu em 1970, logo após a mãe de Mary começar a visitá-la, que esses encontros estavam exercendo um efeito negativo na jovem.

"Mas tenho que admitir o fato de ter notado isso a partir dos relatórios sobre o comportamento dela *depois* das visitas, mais que pela minha observação", ele me contou. Como consequência, porém, ele recomendou que fosse feito um severo controle de quais membros da família deveriam ter permissão para vê-la. "Eu sugeri que a mãe fosse excluída, pelo menos por um tempo, mas me disseram que não se pode proibir uma mãe de ver um filho." Essa foi a mesma resposta que recebi quando, após descobrir a partir da família dela algumas das coisas que Betty Bell havia feito com Mary, dei a mesma sugestão para o departamento responsável no Ministério do Interior.

O Dr. Jones havia insistido àquela altura que deveria ser autorizado a visitar Mary regularmente e sozinho, e conseguira. Mas quando conversaram, ele admitiu que aquilo acabou sendo inútil. Ele não podia ajudá-la visitando-a por trinta minutos ou uma hora uma vez por semana no ambiente de Red Bank. Sua sugestão seguinte, de que ela fosse levada para vê-lo no hospital duas ou três vezes por semana, foi rejeitada.

"Não acho que foi por causa do trabalho em levá-la ou por causa de dinheiro", o médico disse. "As mesmas instâncias de poder que, meses antes, tinham acreditado de forma bastante sincera que não era importante que os funcionários da unidade tomassem conhecimento do passado de Mary acreditavam agora, de forma igualmente sincera, que ela não precisava de cuidados psiquiátricos. Não é possível fazer terapia de meio período com uma criança tão perturbada quanto ela, em um ambiente que, por mais organizado e benéfico que seja, ainda é um ambiente leigo. Há um número crescente de crianças em todo o mundo tão perturbadas quanto Mary, mesmo que elas não tenham cometido um crime extremo. Enquanto não tivermos unidades educacionais com foco médico ou terapêutico de longo prazo – basicamente como Red Bank, porém com uma equipe especializada de educadores –, crianças como ela não vão conseguir aquilo de que precisam. Elas tendem a permanecer sendo um fardo para a sociedade enquanto viverem e elas mesmas vão pagar com a própria infelicidade por essas deficiências em nosso sistema."

Ao longo de meu envolvimento com o caso de Mary, que já dura – em graus variáveis de intensidade – quase trinta anos, conversei com muitos psiquiatras importantes e assistentes sociais sobre sua vida especificamente e sobre o tratamento de crianças instáveis ou prejudicadas em geral. Em 1995, conversei com o professor Guy Benoit, um renomado psiquiatra infantil francês, sobre Mary Bell e sobre os garotos que mataram James Bulger. O que ele me disse converge com o que me foi explicado em 1969 pelo psiquiatra infantil de Oxford, Christopher Ounstead, diretor do Hospital Infantil Park, que me conduziu durante minha pesquisa para o primeiro livro. Em ambos os casos, disse Benoit, não foi feita a devida conexão entre os crimes que essas crianças cometeram e suas condições mentais ou emocionais.

"Violência contra irmão ou irmã é comparativamente frequente", ele disse. "Mas o tipo de explosão que leva uma criança a cometer o assassinato sem motivo de uma criança menor e desconhecida é muito raro." Entretanto, segundo ele, o estado de raiva reprimida por muito tempo e de pressão emocional abafada que a criança está sofrendo e que se torna óbvia nesses casos [o Dr. Benoit evita – sabiamente, na minha opinião – o termo "psicopatia", substituindo-o por "pressão intolerável"] não é de forma alguma raro. "Meus arquivos – e também, tenho certeza, os de qualquer psiquiatra infantil que trabalhe nessa área – estão cheios de crianças que chegam ao limite dessa explosão ou desse ponto de ruptura e, se não tiverem ajuda, alcançam-no mais cedo ou mais tarde. Essa 'explosão' irá se tornar cada vez mais violenta, seja contra animais ou humanos, contra outros ou contra a própria criança." Suicídio infantil, que tem se tornado horrivelmente frequente e que, na maioria das vezes, ocorre depois de um grito final por ajuda na forma de tentativas repetidas de automutilação, é a manifestação extrema desse ponto de explosão.

Em 1996, contudo, Mary lembrava-se apenas do lado positivo de Red Bank. Perguntei se ela alguma vez sentiu raiva da unidade ou de estar lá.

"Ah não, não, não. Eu era uma maria-homem mesmo, e... Bem, talvez fosse errado que eu ficasse praticamente só com garotos durante anos. Eu acho que deve ter sido. Mas eu gostava de ser a única garota. Eu fiz alguns bons amigos, muito bons, amigos firmes e duradouros de quem nunca vou me esquecer. E professores de quem nunca vou me esquecer. Muitos deles não estão a mais que um pensamento de distância..."

Se é assim, por que ela não tentou ver alguns deles desde sua libertação? Ela deu de ombros. "Eles estariam muito ocupados".

Nem tudo foi um mar de rosas, lembrei a ela. Falei que sabia sobre muitos problemas que ela teve e que alguns dos funcionários não gostavam dela, nem ela gostava deles. Vários professores, embora pedissem que eu não revelasse seus nomes, conversaram comigo abertamente para o livro *The case of Mary Bell* depois que lhes contei, como fiz com o Dr. Jones, o que eu descobrira sobre a infância de Mary em Newcastle.

"Em todas as relações com adultos", um deles comentou, "é Mary quem decide os acontecimentos. Ela até mesmo os leva a crer que não sentem nada diferente por ela do que sentem por outras crianças".

Outro professor explicou-me que as crianças escolhiam seus próprios orientadores. Em meados de 1970, ele disse, Mary tinha tido quatro.

"No caso da maioria dos garotos, se eles requisitavam uma mudança de orientador, os funcionários apenas desconsideravam. Mas cada vez que Mary pedia para mudar, as pessoas ficavam preocupadas, pensativas. Elas sentiam aquilo como um reflexo de si mesmas. Sentiam-se culpadas. Sentiam que tinha fracassado." Havia também o problema de os professores não conseguirem manter seu distanciamento em relação a Mary. Dois membros se desligaram da equipe, ele disse, unicamente porque sentiram que estavam se envolvendo muito com ela. "O terceiro ainda se pergunta, às vezes, por que Mary não ficou com ele. E o quarto – que também saiu – ficou convencido de que Mary era inocente da morte dos dois garotinhos."

Foi esse professor particularmente inteligente que me explicou pela primeira vez sobre o quanto era cansativo para muitos funcionários lidar com Mary. Suas observações foram proféticas. Não foi apenas o que descobri quando trabalhei com ela tantos anos depois, mas duas de suas agentes de condicional, que em conjunto cuidaram dela por dezessete anos, também me disseram o quanto ela lhes parecia cansativa.

"Há nela", esse professor disse, "uma extraordinária intensidade interna... Uma carência que ninguém consegue entender ou manejar. E a maioria de nós sente que fracassou com ela porque, sem entender de que ela precisava tão desesperadamente, não conseguimos lhe dar o que necessitava. É daí que vem o sentimento de fracasso".

Carole G. contou-me sobre uma ocasião em que experimentou esse sentimento de ter falhado.

"Foi alguns meses depois de eu ter chegado a Red Bank. Eu estava jogando bola com um grupo de crianças, May entre eles, e um garoto grande chamado Ross chutou a bola para mim, gritando 'Aí vai, Carole!'. E May enlouqueceu completamente. 'Você não pode chamá-la de Carole!', ela gritou com ele. 'Ela não é Carole para *você*. Senhorita Jeffries, *senhorita* Jeffries para você'.

"Bem, consegui acalmá-la naquele dia, mas dois dias depois eu estava dando aula de violão em uma das salas de estar do segundo andar quando esse garoto, Ross, começou com aquilo de novo. May atravessou a sala voando e começou a bater nele com toda a força, chamando-o de todos os nomes que existem. O violão girou – não exatamente ao redor do pescoço dele, mas algo assim – e ela estava fora de si, completamente fora de si. Quando, com a ajuda de um outro garoto, eu finalmente consegui tirá-la de cima de Ross, ela estava tremendo inteira e seu corpo estava quase rígido de tanta tensão. Aí eu a levei para o funcionário de plantão, no andar de baixo, e ele me mandou para casa, de tão chateada que eu estava.

"Claro que não foi a única vez – os rapazes sempre tinham explosões físicas –, mas normalmente, pelo jeito como o lugar estava organizado, sempre havia funcionários por perto para conter tudo de forma rápida. Nesse caso, eu estava sozinha com eles e isso me incomodou muitíssimo. Primeiro, porque ela ficara com muita raiva, obviamente por causa de... Bem, para me defender, ela pensou. Depois, porque não consegui evitar nem parar aquilo rapidamente. No dia seguinte, aquele garoto, Ross, estava com hematomas pelo corpo inteiro."

Mary se arrependeu depois?

"Ela estava toda cheia de pedidos desculpa dia seguinte – para *mim*, não para o garoto; e não por ter brigado com ele, mas por ter dito palavrões. O Sr. Dixon não permitia palavrões. Eu estava realmente incomodada. Voltei andando para casa e fiquei tremendo como vara verde por uma hora. Chorei e chorei. Ela... Ela realmente fazia com que se envolvessem demais com ela. Acho que – e isso se aplica a quase todos lá –, se tivéssemos tido treinamento adequado para lidar com essas crianças carentes, estaríamos mais protegidos – não completamente, mas em certa medida – das nossas próprias respostas emocionais."

A única pessoa que de algum modo conseguiu lidar com ela, disse Ben, usando exatamente as mesmas palavras de um outro professor 25 anos antes, foi o Sr. Dixon:

"Ele tinha um talento especial para lidar com jovens. Não porque tivesse recebido mais treinamento – porque não recebeu –, mas apenas pelo tipo de ser humano que era."

Quando Ben e Carole estavam com ela, perguntei, pensavam nela com frequência como uma criança que havia cometido um assassinato, se é que alguma vez tinham pensado nisso?

Ambos pensaram sobre isso por muito tempo e, por fim, Ben disse:

"Bem, não. Você lidava com o que estava ali na sua frente. Sabíamos que ela era um perigo, talvez para si mesma, talvez para os outros em momentos de estresse, porque, especialmente nos primeiros dias, tínhamos visto isso acontecer. Mas, no dia a dia, não pensávamos nela como uma criança assassina. Não apenas porque ninguém jamais conversou ou precisou conversar sobre isso, mas também porque sabíamos que ela nunca tinha revelado – jamais tinha dito que fizera aquilo, e sempre houve aquele elemento de dúvida. No final, muitos funcionários – incluindo Jim Dixon, devo dizer – pensavam que ela era inocente e que devia ter havido um erro de julgamento. Agora, é claro, eu sei que aquilo não foi bom para ela. Ela vivia em um estado de negação do que fizera e nós reforçávamos isso em vez de ajudá-la a se compreender e a conviver com isso."

"Meses depois", Carole contou, "ela repentinamente me disse: 'Você não se preocupa em ficar sozinha no quarto comigo?'. Aquilo me balançou – o que estava implícito na pergunta era, naturalmente, a questão de quem ela era – e eu disse de imediato: 'Claro que não'. E era verdade. Mas devo dizer que, no dia da explosão dela na sala de música, o pensamento passou pela minha cabeça – 'Meu Deus, aí está...'. Claro que eu estava errada. Não se tratava disso, de forma alguma. Existia uma tensão entre ela e aquele garoto de qualquer maneira, mas aquela explosão aconteceu porque ela era possessiva em relação a mim; se eu tivesse sido mais experiente ou melhor treinada, talvez nunca teria permitido que isso ocorresse. Eu entendo tudo isso agora. Mas, na época, todas as nossas reações eram mais instintivas do que impostas, e mais imediatas do que prolongadas."

"Para nós, ela era simplesmente May", Ben disse, "uma garotinha que estava crescendo; uma espertinha que ficava testando os limites todo o tempo. Mas se pensávamos nela como uma criança que matou? Não, no sentido da sua pergunta, não. Não pensávamos".

Mary pareceu não se preocupar com o fato de eu saber sobre suas dificuldades em Red Bank. Ela deu de ombros.

"É verdade, às vezes eu era um pequeno terror. Eu brigava e era grosseira, falava palavrões e tinha um ou dois na equipe que não gostavam de mim. O Sr. Dixon dizia que era tudo por causa de inveja e por eu manipular as pessoas; por causa do jeito que eu jogava um contra o outro. Sabe, levou tempo para eu... Eu me acalmar. Eu tinha que crescer, entende, e se eu cresci... Bem, mais ou menos", ela riu depreciativamente, "foi pelo menos em parte porque ninguém me tratava como se eu fosse uma aberração. Sempre conversavam comigo, explicavam as coisas para mim, mesmo depois de eu ter sido terrível...".

Durante os primeiros dez meses de Mary em Red Bank, Billy Bell visitava-a regularmente.

"E uma vez ele levou a mãe dele, minha vó Bell", Mary disse. "Ele costumava chegar lá praticamente ao amanhecer. O Sr. Dixon entrava no meu quarto às 6 horas da manhã e dizia: 'Você tem visita'. Eu pulava da cama e lá estava meu pai."

Mas por que ele ia tão cedo?

"Não sei; nunca perguntei a ele. Eu simplesmente ficava muito contente em vê-lo. Ele e o Sr. Dixon se davam muito bem; eles tinham bastante respeito um pelo outro. Não eram muito diferentes, exceto por um ter estudado e o outro, não."

Bem, o princípio de vida do Sr. Dixon era disciplina e ordem, não? Perguntei. De que jeito você achava que ele e seu pai eram parecidos?

"Eu acho que também era o princípio de vida do meu pai", ela disse. "Ele tinha seus próprios valores, mesmo que isso possa parecer estranho. Uma vez, quando jovem, me meti numa briga. Entrei em casa e ele me perguntou quem tinha começado e me disse que, se fosse eu, era melhor não chegar chorando. Ele disse que sair procurando encrenca e dando uma de valentona com as pessoas era errado e não era para eu sair por aí dizendo para todo mundo que meu pai iria mostrar para eles, que iria bater em todo mundo. Claro que, se eu não tivesse começado a briga, aí seria diferente. Você entende o que quero dizer? O Sr. Dixon podia ter dito isso também."

O que você e o pai faziam quando ele ia visitá-la?

"Eu não tinha permissão para ficar sozinha com visitas. O Sr. Dixon normalmente ficava lá, ou então sentávamos na sala de estar, onde sempre havia um supervisor, e só conversávamos. De qualquer jeito, ele nunca podia ficar muito tempo. Eu acho que ele ia muito cedo porque pegava o trem da noite, mas aí tinha que voltar no mesmo dia, por isso não era mais que algumas horas."

Tudo que Billy diria a mim na época sobre Mary em Red Bank era que ela gostava da escola: "Ela tem um belo quarto", e declarou (erroneamente) que foi "daquele lugar em Londres [Cumberlow Lodge]" que Mary mais gostou. "Foi lá que ela teve mais liberdade".

Do final de 1969 em diante, porém, as visitas dele pararam por algum tempo. Em 10 de dezembro, ele e a mulher com quem estava vivendo na época foram julgados em Moot Hall, Newcastle, por roubo com violência. O Sr. Lyons, Conselheiro da Rainha, que havia sido o promotor no caso de Mary um ano antes e, agora, era um dos membros dos Tribunais Itinerantes, sentenciou a mulher, oito anos mais nova que Billy Bell, a trinta meses, mas deu ao pai de Mary uma sentença comparativamente leve de quinze meses de prisão.

"Estou reduzindo a sentença que normalmente daria", o Sr. Lyons disse, "por causa da tragédia que cerca a família deste homem".

Billy acabou cumprindo apenas nove meses de prisão. A irmã dele, Audrey, assumiu as três crianças, o irmão de Mary de 10 anos, P., e as duas garotinhas, com idades de 7 e 3 anos, cuja mãe, depois de uma breve visita no início de 1969, nunca mais pediu para ver.

Mas no final daquele ano, no sábado, 20 de dezembro, dez dias depois que Billy foi mandado para a prisão, ocorreu que Brian Roycroft, funcionário responsável pelo setor infantil do Serviço Social de Newcastle (do qual seria posteriormente diretor), entrou em seu escritório e se deparou com Betty Bell sentada em um banco no corredor.

"Ela não sabia quem eu era e me perguntou se eu sabia onde ela podia conseguir passagens de trem e dinheiro [que eram fornecidos pelo Departamento de Crianças] para uma viagem até Lancashire", o Sr. Roycroft me contou na época. "Vínhamos tentando fazer com que ela fosse ver Mary já tinha algum tempo e ela sempre se recusava. Disse a ela que sim, eu sabia onde era, e que conseguiria a passagem."

Ao retornar, ele se sentou ao lado de Betty e perguntou se ela sabia que trem pegar e onde ficar.

"Ela disse que tinha ouvido que havia um trem ao meio-dia e que não queria passar a noite lá, preferindo voltar para casa no trem noturno. Perguntei como ela se sentia naquele momento em relação a Mary e se ela estava ansiosa para vê-la na unidade." E então, ele disse, Betty Bell começou a chorar e contou a ele sobre se prostituir. Então, "chorando ainda mais, ela disse que ficava pensando, às vezes, se tinha feito mal a Mary, se ela tinha culpa. Ela estava especialmente perturbada sobre a 'especialidade' pela qual era conhecida", em suas palavras, dizendo que a polícia a tinha apanhado muitas vezes e feito advertências. Isso "se espalhou" e mais e mais pessoas a procuravam para "aquilo".

Finalmente, depois de ela se referir a essa especialidade diversas vezes, o Sr. Roycroft perguntou a Betty o que era. "Bato neles com chicote", ela disse e acrescentou rapidamente: "Eu sempre escondi os chicotes das crianças".

Traições

Red Bank, 1970 a 1971

Os funcionários da unidade, que não conheciam o histórico de Betty, estavam aparentemente muito curiosos para ver a mãe de Mary.

"Era para Mary esperar pela mãe no quarto, mas ela ficou impaciente e desceu as escadas", um dos conselheiros me contou. "Quando sua mãe chegou, Mary correu para ela e lhe deu abraços e beijos. Depois elas se sentaram na biblioteca, Mary no colo de Betty, e as duas choraram."

Outros membros da família foram visitá-la: "Minha tia Cath foi mais ou menos seis vezes ao longo dos anos", Mary me contou. "E ela levava meu priminho. Tenho fotos em que estou ensinando-o a nadar na piscina. Ele também se lembra disso. Minha tia Audrey nunca foi, mas tio Peter [marido dela] foi uma vez. A mãe do meu pai foi uma vez e minha vó [a mãe de Betty], a pessoa de quem eu mais gostava, também foi, uma vez com minha mãe e uma vez sozinha. Veio lá de longe, de Glasgow, mesmo estando tão velha e frágil àquela altura. Dessa vez ela passou a noite lá, e eu fiquei muito feliz em vê-la. Mas meu tio Philip [irmão de Betty] nunca foi, nem mandou cartão, nem no meu aniversário. E tia Isa nunca foi também. O bebê dela morreu de leucemia logo depois que eu fui presa e minha mãe disse que tia Isa me culpava por isso, dizendo que era a vingança de Deus sobre a família por eu ser uma pessoa tão má. Quando eu tinha, sei lá, 8 ou 9 anos, tia Isa estava esperando seu primeiro bebê e me deixou sentir quando ele se mexia na barriga. Nunca me esqueci disso. Foi especial. Ela era especial para mim. Então eu fiquei simplesmente arrasada em pensar que ela me culpava pela morte do seu segundo bebê. E muito depois eu soube que não era verdade. Ela nunca me culpou."

Betty seria, por muitos anos, a visitante mais regular de Mary. Até meados de abril de 1970, ela ia uma ou duas vezes por mês, e um dos professores de Mary confirmou o que o Dr. Dewi Jones havia me contado.

"May ficava ansiosa pelas visitas, mas sempre ficava confusa depois", o professor me contou. "Ela ficava grosseira com os adultos e agressiva com as outras crianças, regredindo, de certa maneira, ao modo como se comportava – em relação às crianças, jamais em relação aos adultos – nos primeiros meses: brigando, usando palavrões, mentindo, mordendo, arranhando. E ela trapaceava nas brincadeiras e quando alguém dizia que não se devia fazer aquilo, a garota respondia que *ela* podia."

Mary também nunca ficou sozinha com Betty. Os funcionários sentiam que Betty estava atuando.

"Ela 'encenava' ser mãe", disse outro professor. "May, uma vez, disse que não achava que Betty era a sua mãe – 'ela simplesmente não age como uma mãe', disse ela."

"Eu lembro a primeira vez em que ela foi me ver", Mary me contou. "Ela levou para mim um daqueles abajures decorativos, você deve conhecer, aqueles pequenos abajures com uma lâmpada dentro que se compra em lojas de presentes. Porque é claro que eu não teria permissão para ter uma vela. Mas eu simplesmente joguei-o de volta para ela. Praticamente desde o momento em que chegou ela ficou falando comigo sobre suas dores e seus sofrimentos e como a vida dela estava terrível – eu sabia que ela queria dizer em comparação à minha. Ficava sentada lá e eu sabia, realmente sabia, que ela estava tentando me fazer sentir pena dela. Ela fez isso no julgamento e estava fazendo de novo, um ano depois. Nessa ocasião, eu realmente a odiei por aquilo, porque eu acreditava nela. Eu achava que tudo era culpa minha. A visita foi interrompida muito rapidamente. Ela disse ao Sr. Dixon aquele dia para jamais deixá-la sozinha comigo, que ela estava com medo de que pudesse me matar."

Perguntei como ela soube que Betty disse isso ao Sr. Dixon.

"Ela disse isso lá mesmo, na frente dos funcionários de plantão, que preferia me matar a me ver lá. Não acho que a questão fosse essa. Quero dizer, ela sabia que não podia me matar: nunca nos deixavam sozinhas. Muito mais tarde, entendi que, ao me ver rodeada de... Você sabe, adultos de classe média, pessoas com um certo nível de educação. Ela deve ter ficado apavorada com o que eu poderia dizer. Muito frequentemente, quando ela me visitava, falava mais com os funcionários de plantão do que comigo.

"De qualquer jeito, estava sempre ciente da presença deles e não tinha nada mesmo para me dizer, tinha? Não conseguia conversar comigo sobre meu pai, porque eles tinham se separado. Não conseguia me falar sobre meus irmãos e minhas irmãs, dos quais eu queria muito ter notícias e também queria ver, porque ela os deixou e nunca mais os viu. Ela levou o namorado, de quem eu me forcei a não gostar, embora mais tarde – quando ela já estava casada com ele – nós tenhamos nos tornado bons amigos. Ele era doze anos mais novo que ela, um cara bom mesmo, trabalhador, honesto para valer e, por anos, inacreditavelmente leal a ela, mesmo depois que eles se divorciaram e ele se casou de novo."

Essa descrição positiva do último marido de Betty foi confirmada por Pat Royston, agente de condicional de Mary após sua libertação. E ele próprio provou, de certo modo, sua firme lealdade quando Mary pediu a ele que falasse comigo sobre os anos em que ele conhecera Betty, mas o homem respondeu que jamais falaria sobre ela com ninguém.

Várias das visitas de sua mãe a Red Bank para vê-la foram interrompidas, contou-me Mary, porque ambas acabavam ficando irritadas.

"Eu ficava com nós no estômago, sabe...", Mary disse. "Ela começava a ficar irritada e eu achava que era por minha causa e achava que era melhor..."

Perguntei se ela ficava chateada depois que a mãe ia embora.

"Sim, porque ela me dizia como estava triste, como estava sempre escrevendo para o primeiro-ministro e para eu não me preocupar porque ela ia me tirar dali. E eu perguntava sobre S. e K. [irmãs de Mary], e ela dizia que eu era a única que importava. 'Eu já tenho muito com que me preocupar por causa do que aconteceu com você. Não posso cuidar dos outros.' Então eu pensava que era culpa minha também – que os pequenos não tinham mãe!"

Perguntei-lhe se Billy conversou alguma vez com ela sobre sua mãe abandonar as outras crianças.

"Não", ela disse. "Ele só contou que eles tinham se separado."

Ele alguma vez falou sobre ela?

"Não, meu pai nunca me envolveu no... Ele tentou tornar aquilo o mais simples e claro que podia, como pessoas apenas se separando, sabe. E ele disse que minha mãe era uma pessoa muito nervosa, não muito forte, e que tinha tido um colapso. Por isso, era melhor para ela ficar longe de nós para que pudesse sair em suas estranhas viagens... Ele nunca me questionava ou me perguntava... Coisas como minha mãe perguntava... 'Quem você ama mais?'."

Ele conversava com ela sobre as outras crianças?

"Sim, ele só dizia coisas diferentes, sabe, como elas estavam e como estavam progredindo."

Contei a ela que, quando conversei com Billy, ele não estava muito aberto. "Bem", ela disse, ligeiramente defensiva, "ele conversou com o Sr. G. e com o Sr. Dixon. Não sei, com você ele provavelmente ficou atônito, sem saber o que dizer".

"Acho que o que incomodava o Sr. Dixon", Ben G. disse, "digo, o que realmente o preocupava muito era que havia um visível elemento de controle na relação entre May e a mãe. Ela usava a menina. Eu me lembro de uma visita em que, depois que sua mãe foi embora, eu perguntei a May se ela tinha gostado, e ela disse: 'Sim, eu estive escrevendo alguns poemas para ela'. Eu disse: 'Isso é legal'; e ela me respondeu: 'Nem tanto. Ela só vai usá-los em inscrições de túmulos e cartões comemorativos'. Perguntei o que ela queria dizer, e ela disse 'Ah, ela os vende', e deu a entender que sua mãe lhe dizia o que ela devia escrever." Desde a chegada da garota em Red Bank e durante todo o período de sua detenção, Betty fornecia informações e histórias sobre Mary para os tabloides.

Essas recordações de Ben, em relação a Mary aos 12 anos e sua amargura quanto ao uso que a mãe fazia dela e de sua notoriedade, estavam em visível contraste com a impressão de Carole sobre os sentimentos de Mary dois anos depois. Perguntei se Mary falara com ela sobre a família, e Carole disse que sim, principalmente sobre a avó.

"Ela amava a avó. Quanto à mãe", ela disse, "acho que, sob alguns aspectos, a menina inventou uma relação com Betty apenas para me contar uma bela história, mas que não existia. A mãe aparecia e era como uma coisa de contos de fadas, um *grande* acontecimento. Mary nunca tinha histórias negativas sobre sua mãe como essa que Ben acabou de citar. Era como uma ilusão romântica – 'mamãe isso', 'mamãe aquilo' e que ela amava, simplesmente amava a mãe. E todo esse tempo nós sabíamos que o Sr. Dixon estava muito preocupado com as visitas dela...".

A partir do que esses jovens professores observaram, ainda que de maneira diferente em fases diferentes, parece que, embora a intuição de James Dixon lhe dissesse que ele devia vetar totalmente as visitas (conforme o Dr. Dewi Jones recomendara desde o início), sua falta de conhecimento sobre a história familiar de Mary e, portanto, sua incapacidade de realmente avaliar os riscos, combinada com seu forte e tradicional senso de justiça, impedia-lhe de tomar qualquer medida além de intervenções pontuais.

Como ela teria se sentido, perguntei a Mary, se o Sr. Dixon tivesse impedido totalmente as visitas de sua mãe? Ela refletiu por muito tempo.

"Não sei", Mary respondeu por fim. "Eu sempre fiquei confusa sobre meus sentimentos em relação a ela. Você entende, ela era muito linda... Mesmo a Sra. R. [uma das professoras dela] sempre dizia que ela era linda e que tinha pernas adoráveis e tudo mais. E isso me agradava, me fazia ficar orgulhosa, sabe. Ao mesmo tempo..." Ela parou. "Eu quero ter cuidado, porque talvez eu esteja dizendo isso *agora*, com meus sentimentos de hoje, que são muito diferentes. Ainda assim, não, acho que é verdade que mesmo naquela época eu sempre tive uma leve... Uma vaga sensação de desconforto em relação a ela; depois de um tempo, alguma coisa que eu não conseguia nem pensava em identificar, uma sensação na boca do estômago. Mas frequentemente quando ela estava lá sentada, eu sentia 'ah, não, eu não a quero aqui. Ela... Não parece... Uma mãe...'."

Você alguma vez tentou conversar com sua mãe sobre o que havia feito?

"Tentei uma vez. Foi logo depois que fui para Red Bank. Eu disse: 'O que eu fiz? Por que eu fiz isso?', e ela disse com aquela voz áspera que ela usava quase sempre, 'Não quero saber. Não fale sobre isso. Jamais fale disso com ninguém'. E tinha apenas um minuto e meio que ela estava lá quando se levantou e saiu correndo... Correu para fora do quarto com a peruca loira dela voando... Correu para fora do prédio e aí eu não a vi por meses."

E você nunca tentou novamente?

"Não. Eu simplesmente me fechei... Ela bateu a porta e aquilo fez com que dentro de mim algo também se fechasse, bem fechado."

Na primavera de 1970, Mary ganhou permissão para visitar seu pai na prisão.

"E ela apareceu", Mary disse, "e foi no dia em que estava tudo arranjado para eu ir ver meu pai. [Mary era quase incapaz de referir-se à mãe como "mamãe" ou "Betty"; mesmo "minha mãe" era raro. Era quase sempre "ela"]. Então, eu *diz* para ela: 'Está bem, mas tenho que ir, porque estou indo visitar meu pai', e ela disse que eu tinha que escolher entre ele ou ela. Eu disse que, tudo bem, eu escolhia meu pai. Não sei ela se levou um choque quando eu o escolhi, mas ela devia ter aproveitado a oportunidade para cortar relações. Era isso que ela estava querendo o tempo todo. Depois disso eu disse ao Sr. Dixon que não queria ver minha mãe de novo. Eles escreveram e pediram para ela parar com as visitas".

Não está claro se esse pedido foi feito antes da visita que Mary fez ao pai ou posteriormente, como decorrência de tê-lo visto. Essa visita, embora arranjada com a melhor das intenções, acabou sendo imprudente. Nas primeiras horas da manhã seguinte, o vigia noturno da unidade especial chamou o diretor de plantão e contou-lhe que Mary estava deitada na cama chorando penosamente.

"O velho Tom", Mary se lembrou. "Era assim que chamávamos o vigia noturno que fazia as rondas a cada meia hora. Havia uma lista de plantão noturno para os funcionários, e logo no alto da escada ficava um quarto de descanso em que o policial de plantão ficava durante o turno da noite e durante nosso descanso depois do almoço."

"Ela estava inconsolável", esse professor me contou. "'Vi meu pai naquele lugar...', ela soluçou. 'Não é um lugar bom, nem um pouco...' Eu fiquei realmente preocupada com ela", o professor disse, "e chamei o Sr. Dixon. Ele veio de pijamas e se sentou com ela por mais de duas horas. Enfim, conseguiu fazer com que ela voltasse a dormir. Ela faria qualquer coisa pelo Sr. Dixon".

Claro, seu pai esteve na prisão muitas vezes, eu disse para Mary, mas aquela foi a primeira vez que você o viu lá dentro, não foi? Deve ter sido um choque terrível.

"Ele tinha perdido muito peso", ela disse, parecendo, ainda hoje, desolada pela lembrança. "E quando observei isso, ele brincou – como ele sempre fazia. Nós somos muito parecidos nisso, sempre tentamos brincar. Ele disse que era porque não estava bebendo cerveja. Não sei por que, mas perguntei o que ele usava para comer. E ele brincou de novo, dizendo: 'Aqueles pauzinhos chineses, o que mais poderia ser?'. Ele estava mesmo tentando me fazer sentir melhor. Mas, você sabe, era uma prisão muito velha, Ribbleton, Preston, um prédio antigo, e era tudo muito triste..."

É pouco provável que Mary não tenha sido informada, no intervalo de tempo decorrido desde então, de que Billy tinha cometido, naquela ocasião, um crime mais grave do que seus costumeiros pequenos furtos. Mas em sua incondicional afeição por ele, ela insistia em idealizar aquela história e fazê-la parecer menos ruim, apresentando-o como um "protetor" de outras pessoas e, portanto, como uma vítima, e não como o autor de um crime.

"Ele pegou dezoito meses, acho", ela disse, "por esconder informações. Eu acho que ele cumpriu nove desses meses".

A administração de Red Bank confirmou-me, na época, que Mary havia pedido para que sua mãe não tivesse permissão de visitá-la, mas essa restrição não durou muito tempo. O registro mostra que, com algumas exceções, Betty viu Mary pelo menos uma vez por mês entre o verão de 1971 e o Natal de 1972.

"Ao todo eu acho que pedi três vezes para ela não vir", Mary disse. "Mas...", ela deu de ombros, "de alguma maneira, poucas semanas depois, sem nada ser dito, ela estava de volta". Parecia, naquela época e até a morte de Betty 23 anos depois, que nenhuma das duas conseguia realmente se desvincular uma da outra.

É impossível dizer agora o quanto essas visitas contribuíram para os problemas que Mary começou a experimentar por volta dessa época, com a chegada da puberdade. Ela diz que a educação sexual era parte do currículo e que "não se fazia grande mistério sobre isso". Todavia, garotas adolescentes têm necessidades emocionais e práticas muito diferentes daquelas dos garotos. Para a parte não educacional do cuidado com as crianças, os funcionários eram divididos em grupos.

"Sempre havia um membro feminino da equipe em cada grupo", disse Ben G. "May se relacionava particularmente bem com a equipe de casa. Ela tinha boas conversas com eles sobre assuntos bastante fortes."

Mas Carole via isso de maneira diferente.

"Eu não teria nenhum problema em conversar com uma garota, sabe, de um jeito moderno, mas, na verdade, isso era visto com maus olhos", ela disse. "Eu francamente não acho que alguém tenha especificamente conversado com May sobre coisas 'femininas'."

Mary não se lembra, por exemplo, de nenhuma instrução específica sobre menstruação.

"É verdade", Carole disse. "A visão predominante a esse respeito era bastante antiquada. A Srta. Hemmings deve ter pegado os absorventes destinados a Mary e os colocado na gaveta da menina, embrulhados em papel marrom; e, embora Mary não se lembre disso, ela provavelmente lhe disse como deveria jogá-los fora depois de usados. Mas agora que penso sobre isso, o fato de estar com garotos todo o tempo pode muito bem ter afetado May no sentido de que ela tampouco me fez perguntas, quando em outro contexto poderia ter feito."

"De certo modo", Ben acrescentou nesse momento, "talvez porque ela fosse na maior parte do tempo a única garota, havia, de forma implícita, uma consciência permanente sobre esse fato. Quando cheguei lá, que foi, claro, depois do incidente com aquele diretor, os homens nunca entravam na chamada 'ala feminina', exceto em pares; essa era uma regra que o Sr. Dixon estabeleceu após aquele incidente e, desde então, sempre havia dois funcionários de plantão à noite".

Pouco tempo depois do primeiro pedido de Mary a James Dixon para interromper as visitas de sua mãe, na primavera de 1970, algo muito estranho aconteceu comigo. Recebi uma carta anônima, com o carimbo do correio de Newcastle, trazendo um poema. No bilhete de três linhas que acompanhava o poema, a pessoa que o enviara afirmava que aquele era um poema que Mary havia escrito e enviado para a mãe dela. O bilhete terminava assim: "a irmã Cath o viu".

Imediatamente telefonei para a irmã de Betty, Cath, que confirmou que ela havia de fato visto o poema e que Betty havia dito que era de Mary. Mas *ela* não o enviara a mim, Cath disse, e não tinha ideia de quem o fizera. Pelo que a tia de Mary sabia, ninguém exceto ela e Betty haviam visto o poema.

Apesar de eu agora estar certa de que foi Betty quem enviou o poema, nem eu nem ninguém que o viu naquela época tinha qualquer razão para duvidar de que Mary o havia escrito. Assim como os psiquiatras com quem estive em contato ao longo da pesquisa para meu primeiro livro, eu não apenas achei o poema extraordinário para uma pessoa de 13 anos, mas também pensei que aquele era um passo muito importante no desenvolvimento de Mary, o que registrei no livro *The Case of Mary Bell*.

Quando Mary e eu conversamos pela primeira vez, em 1995, meses antes de começarmos a trabalhar juntas, ela mencionou que falaram com ela sobre "um poema", mas afirmou com veemência que não sabia nada sobre aquilo. Quando percebi mais tarde que ela não havia lido todo o livro, ou sequer boa parte dele, dei o poema para que ela lesse:

"MAMÃE"
Sei que meu coração Nunca esteve de você separado
Meu amor por você cresce Mais a cada dia.
Quando você me visitava, mamãe
Chorei uma vez, você distante.
Olho em seus, olhos. Tão Azuis e
eles estão muito tristes, você tenta ficar muito
contente, Mas sei que você pensa que sou Má, muito Má
embora eu realmente não saiba. Se você
sente o mesmo e trata isso como uma brincadeira boba.
Uma criança que fez fama de criminosa
Por favor mamãe faça minha pequena mente ficar em paz
fale de joelhos com o Juiz e o Júri
Eles vão OUVIR seus gritos de APELO
A CULPADA É você não eu.
Lamento que TENHA QUE SER assim
Nós duas vamos chorar e você vai embora
para outros portões onde você é livre
trancada em celas de prisão,
Sua família é pequena.
estas últimas palavras que falo, por
papai P. e por mim
diga para eles que você é culpada
Por favor, então mamãe, eu serei livre, Filha
May

"Não, não, não....", ela disse, mostrando-se perturbada já enquanto lia o poema. "Eu nunca... Meu Deus, nunca escrevi isso. É dela... Ela deve ter... Quando ela morreu, tinha um monte de coisas nas gavetas dela, poemas sem nexo e cartas... Eu li algumas... Bem, me deu uma ideia do que passava pela cabeça dela... Ou do que ela achava que eu estava sentindo, sabe. Eu fico imaginando... Como ela escreveu essas coisas? O que ela estava tentando escrever? De mim para ela, dela para... Qualquer um ou para ela mesma... O que era isso? Nesse poema, além da caligrafia, que qualquer pessoa que a conhecesse bem reconheceria imediatamente [embora Cath não tenha reconhecido]. Tem um toque... Escocês, não tem? Sabe, a palavra *wee* para dizer 'pequeno', eu nunca usaria essa palavra..."

E então, ela acrescentou, com uma certa ironia: "E a ortografia, e toda essa rima, lá-li-lá-li-lá, *same* [mesmo], *game* [jogo], *fame* [fama], *ease* [tranquilo], *knees* [joelhos], *pleas* [apelos]. É tão ruim quanto os outros poemas dela. Uma vez foi publicada uma carta em um jornal que diziam que eu havia escrito, e eu consegui vê-la, não me lembro como agora. E meu professor de inglês a viu e deu uma gargalhada: 'Acham que isso é seu?', ele disse. 'Ridículo'. Ele teria ficado furioso se eu tivesse escrito daquela maneira".

Nunca me ocorreu, contei a Mary, que Betty poderia ter escrito o poema. Mas o mais importante era que, se não fora Mary quem o escrevera, mas sim sua mãe, que fora depois motivada a enviá-lo para mim, então isso seria equivalente, na época, a uma enorme admissão de culpa por parte de Betty, além de seu próprio apelo por ajuda. Mary não concordava com isso?

"Bem, sim, mas ela jamais me disse qualquer coisa que se parecesse com isso. Para mim ela só disse, durante todos esses anos, que o que ela tinha que esconder do mundo era o fato de ser minha mãe. Que era isso que a levava a ter que se arrastar na lama, carregando sua cruz do Calvário. Ela dizia: 'Jesus só foi pregado na cruz, eu estou sendo martelada'. Ela escrevia cartas estranhas, muito estranhas para mim. O Sr. Dixon me chamava e, em vez de simplesmente me entregá-las, como era normalmente feito com a correspondência depois que passava pelos censores, ele as lia para mim. Depois eu me dei conta de que era porque ele as achava perturbadoras. Todas elas eram sobre '...a Nossa Senhora das Dores vai zelar por você com São Judas, o santo das causas perdidas...' e esse tipo de coisa."

"É ridículo", ela disse, parecendo irritada de repente, "que as pessoas acreditem que escrevi isso. Quero dizer, qualquer coisa que eu escrevia passava pela censura e tudo o que eu recebia também era censurado e assinado pelo censor. Como eu poderia ter escrito isso sem que fosse notado e depois discutido comigo? O Sr. Dixon discutia tudo comigo. Por que isso não foi analisado? Por que a caligrafia não foi analisada?"

Eu disse que, como ninguém havia visto o poema até eu publicá-lo em meu livro, exceto sua tia Cath, nunca ocorreu a ninguém duvidar de que Mary o havia escrito, como a própria mãe o afirmara, a não ser que já estivesse desconfiado.

"Bem, isso não é ridículo também?", ela perguntou. "Como? Como era possível", ela perguntou de novo, com uma mistura de raiva e desamparo, "que eles... Sabe... O Serviço Social e todas aquelas pessoas inteligentes, não soubessem nada sobre mim... Sobre ela...?"

Semanas após receber a cópia desse poema, que pelos 26 anos seguintes acreditei ter sido escrito por Mary, tomei conhecimento de outro fato perturbador que aconteceu na vida dela. No início de uma tarde na primavera de 1970, Mary falou com sua última conselheira, Srta. X., de quem me disseram que ela gostava especialmente, que durante o final de semana anterior um dos diretores a havia atacado sexualmente.

Hoje, o assunto pedofilia nos é muito mais familiar. Acabamos nos tornando chocantemente acostumados a ouvir ou ler sobre casos terríveis de crianças que foram molestadas por pessoas da família, por professores e, muito particularmente, pelos chamados "cuidadores" em instituições infantis. Mas mesmo em 1970, que não está assim tão distante no tempo, o fenômeno não era do conhecimento geral; e, nos círculos em que era conhecido, era mantido em segredo.

Mary falou comigo durante dois dias inteiros sobre a experiência dela com o diretor. Quando ouvi a história, em 1970, eu não tinha acreditado em todos os detalhes. Mas agora, tantos anos depois, quando o relato dela é quase idêntico, acredito que, na essência, ela disse a verdade.

Ela tinha pouco contato com o Sr. Y. quando tudo começou, contou-me ela.

Você gostara dele quando o conheceu?

"Não gostei nem desgostei. Ele parecia normal."

Foi pouco depois de Mary conhecê-lo, que ele passou a ficar de plantão no descanso após o almoço, e (como as crianças tinham que fazer) ela tocou a campainha para ir ao banheiro.

"Não éramos autorizados [a ficar lá] sozinhos. O funcionário de plantão tinha que ficar esperando", ela disse. "E eu estava... Bem, sentada lá... Quando eu o ouvi perguntar, do lado de fora, se eu já tinha começado a ficar menstruada. Eu fiquei... Muito surpresa ... E disse, 'Deus, não, eu não quero menstruar'. E ele disse: 'Não vai demorar muito pra você menstruar', e continuou: 'Você já tem pelos pubianos?'. Bem, eu dei uma risadinha, sabe, mas fiquei... Meio curiosa... Agora acho que eu senti que ele fosse..."
Ela entrou em uma longa e confusa explicação sobre como uma criança

pode reconhecer o que ela chamou de *nonce* – palavra que ela utiliza para um homem que tem atração sexual por crianças.[18]

Posteriormente, naquela tarde, ela e um garoto de 15 anos também condenado à prisão perpétua, o D., estavam plantando sementes na estufa.

"Ele tinha matado uma pessoa. Não lembro exatamente o que aconteceu, mas ele tinha 13 anos na época e não era muito brilhante. Quando eu o conheci, ele era simpático, sabe, moderado e inofensivo." Àquela altura, Mary disse, ela já sabia sobre "coisas entre garoto e garoto, e garoto e garota", e tinha visto garotos "se tocando, se beijando e coisas assim". Mas nunca tinham mexido com ela. "De qualquer maneira, ele não estava interessado", ela disse sobre D. "Acho que nem em garotos nem em garotas."

Perguntei se ela estava interessada nele desse jeito, e ela riu:

"Deus, não. Eu era apenas uma moleca. Naquela tarde, eu estava interessada em jardinagem e ele também".

O Sr. Y tinha começado a conversar com eles "de um jeito engraçado: 'Quando você planta as sementes e fica com os dedos assim', disse ele, enfiando os dedos na terra, 'é como se você estivesse dando uma boa cutucada em alguém', ele disse para o garoto. Olhou para mim e de volta para o garoto e disse, 'Aposto que você nunca fez isso com uma garota na sua vida'. D. ficou vermelho, e eu senti que estava ficando também".

Como, ao longo dos anos, meu trabalho me tornou uma infeliz conhecedora do comportamento e da linguagem dos pedófilos, o relato de Mary se tornou assustadoramente autêntico nesse ponto.

Mary ainda disse que, ao se levantar, o Sr. Y. jogou o corpo em cima dela, e ela pôde sentir que ele tinha uma ereção. Como ela sabia sobre ereções? Perguntei.

"Bem, eu estava vivendo com todos aqueles garotos", ela disse. "Eu tinha visto e ouvido quando eles falavam sobre 'ficar duro', fazendo piadas, sabe; nós tivemos educação sexual também. Isso não era tratado como um grande mistério..."

Quando o Sr. Y. "se esfregou nela", ela o afastou? Ela se incomodou? Perguntei.

---

[18] Especula-se que a origem do termo *nonce* venha das iniciais da frase "Not on Normal Courtyard Exercise" ["Não no regime comum"], em referência ao fato de criminosos sexuais serem separados de outros prisioneiros. [N.E.]

Ela riu: "Não, não me incomodei. Acho que eu achei que era engraçado."

O garoto D. ficou sentado "embaixo de um cavalete e conseguia ver o que estava acontecendo. Aí o Sr. Y. saiu dizendo 'Vou deixar vocês sozinhos por cinco minutos' – o que era estranho, porque nós nunca devíamos ficar sozinhos com outra pessoa [outra criança]."

Após o diretor sair, ela disse, Mary se sentiu "acho que eufórica e via que D. também estava. Então, eu disse: 'Você está com ele duro, não está?' e meio que o desafiei, sabe. Eu disse: 'Me mostre o seu e eu te mostro a minha' ou alguma coisa assim. Então, ele botou para fora e lá estava", ela riu, "uma mistura de jeans e do meu macacão, que, claro, não tirei. Não havia muito o que fazer porque o Sr. Y. estaria de volta a qualquer momento, mas eu disse ao D. que ele podia colocar a mão lá embaixo, e ele colocou, mas não me fez sentir... Bem, o que eu achei que devia sentir; então eu apenas o ajudei a se masturbar".

Você já sabia sobre masturbação, não sabia? E ela riu:

"Deus, sim. Eu estava vivendo com 22 garotos adolescentes. Do que você acha que eles falavam?"

"Mas aí", ela continuou, "o Sr. Y. voltou e logo fez alguma observação irônica sobre o fato de eu ficar por aí brincando com garotinhos e, dando uma piscada, disse que o que eu precisava era de 'um bom sermão'".

D. nunca tentou nada novamente, ou falou sobre aquilo, ela disse.

"Nós não tínhamos atração um pelo outro. Todos os garotos eram acessíveis demais, acho, e eles sabiam que o Sr. Dixon iria massacrá-los se me importunassem daquele jeito."

Mas depois, quando ficou mais velha, você nunca ficou atraída por alguém daquele grupo de garotos que, com as frequentes entradas e saídas, estava sempre mudando?

"Tinha alguns da outra unidade de quem eu gostava, sabe, garotos da escola de recuperação", disse ela. "Eu ficava vendo-os pela janela. Tinha um garoto. Eu achava que ele era parecido com Paul Newman, e me apaixonei por ele. Eu o via seis vezes por dia, quando ele passava andando, e era como se eu morresse todas as vezes... Mas, você sabe, era paixão de adolescente, como ficar apaixonada por Donny Osmond, não era realmente 'sexual'. Eu me sentia muito desconfortável como mulher, mesmo quando cheguei aos 16 anos, porque eu sempre ficava igualzinha a um garoto, vestindo calças e camisas largas. Só aos domingos e quando eu tinha visitas é que eu precisava usar um vestido, 'me vestir adequadamente', como dizia o Sr. Dixon."

Foi durante um período de descanso, no final de semana seguinte, que o Sr. Y. foi ao quarto dela.

Ele bateu na porta? Perguntei.

"Não sei", ela disse. "Ele a destrancou."

Mas você era uma garota. Eles não costumavam bater antes de entrar?

"Eles podiam ver através do vidro o que eu estava fazendo, e eu não tinha escolha nesse ponto: se alguém estivesse vindo, estava vindo. Alguns eram legais. Eles me perguntavam: 'Você está apresentável?'."

O que você estava fazendo quando o Sr. Y. entrou?

"Estava lendo a revista *Jackie*. E ele a tirou das minhas mãos e me entregou um livro, e disse: 'Você deve ler isso, é mais interessante'. E ele abriu o livro de uma vez e apontou para as gravuras, dizendo que voltaria, e saiu. Era simplesmente um livro pornográfico, cheio de gravuras... Sabe o que quero dizer? Era chamado *Amor oral*. Eu só li um pedacinho dele, mas..." Ela sorriu – aquele sorriso repentino, que tão frequentemente precedia ou seguia uma revelação, era sempre uma surpresa. "Eu olhei todas as gravuras. Era muito empolgante para mim...", Mary disse e riu: "*Era, sim, muito interessante*".

Você disse que ele voltou quinze minutos depois.

"E aí, ele abriu o zíper e esfregou... Aquilo... Na minha vagina. Não, eu não reagi... Eu gostei. Ele me mandou sentar nele, mas não conseguiu penetrar porque eu estava apertada demais. Eu estava com dor. Gritei e disse que estava doendo, então ele parou. Se ele tivesse tirado minha virgindade, como é que iria explicar aquilo? Mas para a minha grande frustração, ele ficou me esfregando por alguns minutos, aí me mandou fazer aquilo em mim mesma, mas eu disse que 'não era a mesma coisa', e aí ele disse: 'Bem, vamos ter que dar um jeito'. E ele deu um jeito, mais duas vezes naquele fim de semana: uma vez no meu quarto e uma vez no quarto de descanso dos funcionários."

Nas duas ocasiões, ela disse que "o que acabou acontecendo foi sexo oral mútuo. Ele falou palavrões. Ele disse: 'Putinha suja'. Disse que não era culpa dele, mas era minha culpa, porque eu estava lá para ser fodida... Não, eu não ligava. Quando me masturbou, ele me mandou dizer o que eu achava que sentiria se ele penetrasse. Eu não podia falar porque eu não sabia. E quando ele ejaculou na minha boca, eu fiquei nauseada e corri para o banheiro e vomitei. O vigia noturno ouviu e me levou para o meu quarto, e me deu um pouco de chocolate da garrafinha que carregava".

"Eu pedi à Srta. X. para não contar para ninguém", Mary disse, quase às lágrimas. "Acho que foi bobo da minha parte: afinal, era a função dela relatar aquilo, mas eu sabia que eles não acreditariam em mim."

O Sr. Dixon, sem dúvida profundamente desconcertado pelo incidente, questionou Mary e, delicadamente, pediu-lhe para contar a verdade. No final, a questão não foi levada adiante porque o relato de Mary foi considerado pouco confiável.

"Mas não", ela me disse. "Era verdade."

Como podemos ver a partir de muitos casos que estão surgindo agora, alguns dos quais ocorridos há trinta anos, o fato é que qualquer criança que fizesse tal denúncia 25 anos atrás provavelmente seria desacreditada. E Mary, que pode ter confundido ou mesmo levemente dramatizado alguns detalhes, deve ter contado a verdade, mas não teve melhor resultado. O sistema não estava configurado para aceitar verdades tão pouco palatáveis partindo de uma criança em prejuízo de um adulto. Todavia, conforme Ben G. me contou, dali em diante o Sr. Dixon ordenou que plantões noturnos fossem sempre feitos por dois funcionários em conjunto.

Depois disso, Mary atravessou um período de considerável confusão e infelicidade.

"Eu tinha sido muito feliz, sabe", ela disse. "Red Bank, com o Sr. Dixon, passou a significar muito para mim; eu sabia que eles eram boas pessoas."

Mary usa frequentemente a palavra "bom" para descrever pessoas de quem ela gosta, tanto no sentido de eles serem simpáticos e amáveis quanto de serem fortes e disciplinados.

Quando você se dera conta de que eles eram "bons"?

"Não sei... Não me lembro de datas e épocas, mas foi quando eu não conseguia fazer as coisas do meu jeito, quando eles não toleravam minhas explosões de mau humor, quando eles eram mais fortes que eu..."

"Tinha um professor estranho", ela disse, "que me fazia chorar. Tinha um húngaro com quem eu estava sendo particularmente grosseira, e ele gritou comigo: 'Você quer é voltar pro barraco de onde veio!'. E aquilo me deixou muito aborrecida, eu chorei bastante. E tinha a Srta. X., de quem você achou que eu gostava, não achou?".

Bem, eu disse, você pedira para ela ser sua conselheira.

"Sim", Mary afirmou, "e foi um grande erro, não foi? Ela tentava entrar na minha cabeça. Tentava aplicar aquela porcaria de psicodrama sobre o qual não sabia nada. Não sei de onde veio a informação de que eu gostava dela. Eu falei com ela para, por favor, não contar sobre o Sr. Y.; foi ela quem delatou tudo quando eu não queria que ninguém soubesse".

"Mas...", ela disse, "teve momentos muito bons: a interação com os funcionários e as famílias deles; minha amizade com os garotos. Tinha dois garotos... Não vou dizer os nomes deles. Mas quando chegaram lá eles tinham, acho que 13 ou 14, quase a mesma idade que eu tinha, eram garotos muito efeminados, que tinham sofrido abuso sexual..."

Eles contaram isso a ela?

"Sim", ela disse, e repetiu, um tanto quanto defensiva: "bem, eu também tinha 13 ou 14 anos na época e nós nos tornamos amigos de verdade, e eles certamente precisavam conversar".

Você contou a eles algo sobre si?

"Não, não contei."

Lembranças

Red Bank, 1971 a 1973

Em julho de 1971, Mary recebeu a visita do Dr. David Westbury em Red Bank.

"Você se lembra", ela disse, "ele foi um dos dois psiquiatras que testemunharam no meu julgamento e, pela primeira vez, eu pude falar, não... Profundamente, sabe... Mas de um jeito normal. Eu gostei muito dele".

O relatório do Dr. Westbury para o Ministério do Interior dizia que, após "uma longa conversa com ela", ele a achou "consideravelmente melhor" com "perda de quase todas as suas tendências agressivas [...] uma modificação de sua inclinação para manipulação [e] uma melhoria nas suas relações com outras pessoas e [na] capacidade de pensar sobre o futuro". Ele também sentia que ela tinha chegado a adquirir alguma compreensão sobre a instabilidade emocional e social de sua mãe e acrescentou, de modo significativo, que Betty poderia até mesmo "atrapalhar o progresso dela". Ele concluiu sugerindo que se devia "começar a considerar 1975 [quando Mary tivesse 18 anos] como uma possível data de soltura [...] Ela será madura o bastante [então] para caminhar com as próprias pernas com alguma ajuda e, se progredir como vem fazendo, [será] capaz de comandar a própria vida".

Betty, a mãe de Mary, usou seu conhecimento sobre esse relatório para ganhar ainda mais publicidade. Em uma entrevista a um jornal dominical de Newcastle, ela disse que, quando a filha fosse libertada, as duas iriam trocar de nome e se mudar para outra região do país para recomeçarem juntas. Ela citou – e mostrou ao jornal – uma carta que afirmava ter recebido de Mary naquela manhã.

"Não importa o que acontecer, mamãe", dizia a carta, "estaremos juntas. Esses últimos cinco anos foram difíceis para nós e para todos. Eu só posso torcer e rezar para que as coisas acabem da melhor maneira, mamãe. Eu te amo e vou amar sempre. Enquanto puder contar com você, eu ficarei bem, porque te quero e preciso de você".

"Foi essa a carta que me mostraram", Mary recordou. "Fiquei embasbacada porque eu não a tinha escrito..."

Perguntei se ela ficou com raiva.

"Não lembro", ela disse, parecendo cansada. "Acho que fiquei mais de saco cheio que com raiva. De qualquer jeito, o Sr. Dixon me disse que ela não teria permissão para me visitar mais."

Perguntei se ela tinha conversado com o Sr. Dixon em algum momento sobre sua infância, sobre o que havia sido feito com ela ou sobre o que ela havia feito. A resposta dela foi indireta; porém, no esforço de encorajá-la a falar, era sempre importante aceitar suas digressões, mesmo se elas parecessem se afastar da pergunta.

"Eu me lembro de ter contado à Sra. R., uma das professoras de quem eu gostava muito, que eu tinha uma irmã gêmea que morreu e que se chamava Paula, e eu costumava chorar quando falava sobre ela. Claro que a Sra. R. sabia que eu não tinha tido nenhuma irmã gêmea, mas ela nunca me falou que eu estava dizendo um monte de baboseiras – ela só escutava."

Você sabia o que a fez inventar essa história?

"Não acho que eu soubesse por que fazia aquilo na época, mas tenho pensado sobre isso desde então. Acho que eu estava inventando uma gêmea que pudesse ter feito o que eu fiz... Talvez, embora eu não fosse capaz de lidar com isso conscientemente, fosse uma forma de admitir a culpa... De 'testar' como seria admitir a culpa, digamos assim."

Perguntei o que ela queria dizer com não ser "capaz de lidar com isso conscientemente". Ela me respondeu com impaciência, quase com raiva, que eu sabia, porque ela havia me contado antes que nunca tinha lidado com aquilo...

Mas o que ela queria dizer exatamente com "lidar com aquilo"? Insisti. Ela curvou-se vagarosamente para a frente, enterrando o rosto nas mãos, os cotovelos ficaram sobre os joelhos, como se estivesse com dor de estômago.

"Eu penso sobre isso...", ela disse, repetindo as palavras como fazia quando estava aborrecida, sua voz abafada por soluços, "mas não consigo... Não consigo, não consigo, não consigo botar isso em palavras, não o que fiz..."

Ela invariavelmente perdia o controle sobre suas emoções ao tentar conversar sobre as mortes em si. Nas primeiras semanas de nossas conversas, sua angústia diante de tais revelações era tão intensa que eu, às vezes, ficava com medo por ela e apressava-me em pedir para que se deitasse e descansasse, ou até mesmo que fosse para casa. Mas mais tarde, também, sua infelicidade era tanta que eu frequentemente sugeria um intervalo durante o qual eu preparava chá; ela fumava um cigarro ou, se estivéssemos no campo, saía para dar uma volta rápida. Sua recuperação desses ataques de tristeza, contudo, era surpreendentemente rápida, e essas ligeiras mudanças emocionais despertaram dúvidas em mim no início. No entanto, depois de algum tempo percebi que elas eram parte do padrão interno que comanda todos os sentimentos e a conduta dela. Mary tem uma gama surpreendente de necessidades contrastantes, todas sempre agudas: sua necessidade de revelar e de ocultar, de socializar e de se isolar, de conversar e de ficar em silêncio, de rir e de chorar. Apenas uma única coisa supera tudo isso: a disciplina que ela desenvolveu dentro de si para dar à filha uma vida normal.

Ela disse que uma das coisas mais difíceis em trabalhar comigo era a transição entre ser tão intensamente "Mary" comigo e, depois, ter que voltar para a sua família e a ser "mamãe". Depois de nossas reuniões, ela ficava exausta, Mary disse, e tudo o que queria era não pensar mais.

"Eu não queria nem mesmo sair de casa para dar voltas", ela disse. "Se eu desse voltas, eu pensaria. Tudo que eu queria era dormir. Por fim, era isto o que eu fazia: dormia."

À medida que avançávamos em direção à mais difícil de suas confrontações, Mary gradualmente associava a existência da filha à lembrança das tragédias que havia causado. Desde que a filha nasceu, ela disse, não houve um único dia em que ela não pensou sobre os pais de Martin e de Brian (ela sempre se refere aos dois garotinhos individualmente e pelo primeiro nome, como se fosse para enfatizar a identidade deles como crianças e a sua aceitação disso).

"Especialmente em dias alegres, sempre tem alguma coisa que me faz parar quando penso no que roubei deles... A oportunidade de ter os filhos e de criá-los. Esse pensamento não vai embora nunca. Nunca irá embora, e por que deveria? Eu pensava sobre isso antes também, mas desde que eu tive [minha filha] isso ficou, ah, tão, tão mais penoso.

"Antes, eu pensava neles somente como adultos que conhecia, não como pais e mães. Eu também ficava triste, mas não com essa tristeza insuportável que sinto agora. Eu olho para ela e penso... Ah, meu Deus... Nos pais deles."

Houve uma ocasião em Red Bank, ela disse, em que chegou a conversar ou escrever sobre o que havia feito.

"Foi numa aula de arte que o Sr. P. estava supervisionando, e... Não sei o que provocou aquilo. Talvez..."

Talvez o quê?

"Não consigo ter certeza, mas lembro mais ou menos que foi na época em que um dos garotos sobre quem eu estava falando... Sabe, que tinha sido abusado sexualmente... Acho que foi justamente quando aquele garoto começou a falar bastante comigo sobre aquilo."

Perguntei se ela acha, agora, que aquilo pode tê-la feito pensar sobre si mesma.

"É isso que estou pensando. Ou, então, talvez eu só quisesse ter a atenção ou a aprovação do Sr. P. De qualquer jeito, eu estava sentada à mesa na sala de artes e era para estar trabalhando em um projeto artístico, mas parei e comecei a escrever em pedacinhos de papel..."

O que você quer dizer com pedacinhos de papel?

"Bem, não era... Uma folha de papel, papel de arte. Eu rasguei pedacinhos de papel de folhas usadas, para jogar fora: um pedacinho daqui, um pedacinho dali e comecei a escrever..."

E o que você escreveu?

"Sobre Martin e Brian, e sobre Norma... Escrevi que eu tinha matado Martin, e aquela era a primeira vez que eu dizia isso."

Perguntei se ela escreveu como matou Martin. Ela balançou a cabeça em negativa.

"Não, ah, não. Eu disse que tinha sido um acidente."

E você disse que matara Brian?

Ela balançou a cabeça. "Não, não disse. Eu disse, como no julgamento, que Norma matou. Eu estava escrevendo mais e mais depressa porque eu sabia que não tínhamos muito tempo para aquela aula..." Ela começou a perder a linha de raciocínio. "Era uma aula de artes, com todo mundo por lá, e eu não estava fazendo o que eu devia estar fazendo para começo de conversa..."

E o que aconteceu?

"O Sr. P. percebeu que eu estava escrevendo e me mandou mostrar o que eu estava fazendo. Eu mostrei, ele leu e foi muito amável..." Mary sempre defendeu as ações das pessoas de quem gostava em Red Bank, sem se importar com o quão infelizes fossem as reações dessas pessoas. "Mas ele disse que eu não tinha escrito corretamente e que escreveria para mim do jeito que deveria ser..."

Ele queria dizer a forma da escrita ou o sentido?

"Eu tinha escrito tão depressa que estava confuso. Ele queria deixar mais claro", ela disse. "E logo que ele começou a escrever em uma folha de papel adequada, o Sr. Dixon, que estava em uma reunião antes, entrou e perguntou o que estávamos fazendo; então, o Sr. P. falou com ele e lhe entregou meus pedacinhos de papel, dizendo que iria escrever adequadamente para mim. O Sr. Dixon olhou para os pedacinhos."

De repente ela soltou uma mistura de soluço e risada.

"Eu tinha a sensação de que o Sr. Dixon estava um pouco... Desapontado, porque o Sr. P. é que tinha lidado com aquilo. Eu só tinha uma sensação, sabe, mas não sei se foi mesmo o caso. Ele apenas ficou terrivelmente triste, de repente, e eu lembro de me sentir triste também e, quando ele disse que era para eu ir com ele à sua sala, fiquei muito preocupada de ter feito alguma coisa errada."

E o que aconteceu na sala dele?

"Nada, na verdade." Mary agora parecia confusa com a recordação. "Não, nada. Ele só disse para eu não me preocupar e para sair dali e ficou com os pedacinhos."

Perguntei se ela pensa, agora, que talvez o Sr. Dixon tivesse se dado conta de que aquele era um grande passo no desenvolvimento dela, mas que havia sido mal trabalhado pelo Sr. P. e que ele também não sabia o que fazer com aquilo.

"Ele era um grande homem", ela disse. "Grande o bastante para admitir isso para si mesmo se fosse assim que ele se sentia, mas não sei se ele se sentia assim... De qualquer jeito", ela continuou, dando pouca importância para esse passo singular no seu desenvolvimento – certamente para evitar qualquer diminuição do Sr. Dixon, da minha parte ou da dela –, "a maior parte era mentira, então não tinha importância, tinha?".

"Claro que isso pode ter sido um choque considerável para o Sr. Dixon", Ben G disse. quando lhe contei essa história, sobre a qual ele não ficou sabendo na época. "Nós sentíamos que ele sempre teve dúvidas em relação à culpa dela."

Perguntei a Mary quando ela achava que tinha começado esse processo consciente de lembranças.

"Quando eu tinha cerca de 14 anos. Minha mãe estava vindo me ver de novo, sabe, e ela disse que existia 'aquele livro' sobre mim – ela queria dizer o seu livro – e que era tudo mentira, mentiras sobre ela, ela, ela... Ela também disse que ia nas livrarias e virava as capas para que as pessoas não o vissem..."

Você perguntou a ela sobre o que falava o livro?

"Não lembro, mas acho que não teria coragem depois que ela disse, não sei quantas vezes, que era tudo mentira; que foi escrito por... Eu honestamente acho que ela disse Marjorie Proops [famosa por responder às cartas dos leitores do correio sentimental do *Daily Mirror*], e que era para eu jamais ver o livro, nunca procurar por ele..."

Foi pouco antes da publicação de *The Case of Mary Bell,* em 1972, que outro escândalo sobre Mary, bastante inesperado, explodiu na mídia. Durante um fim de semana de visita livre em Red Bank, no qual tanto familiares quanto funcionários eram convidados a visitar a unidade, Betty Bell e a mãe dela foram ver Mary. Elas foram ao quarto da menina e, na presença da supervisora – infelizmente, alguém cujo senso crítico deixava a desejar –, Betty vestiu Mary com roupas e peças íntimas que havia levado para passar o fim de semana e tirou fotografias da garota fazendo poses "sugestivas" – como diria a imprensa mais tarde – em frente ao espelho.

Quando o livro foi publicado de maneira seriada em um jornal dominical de Newcastle, Betty Bell – sem dúvida num esforço para reagir contra os efeitos do livro em sua cidade natal e antes de essa última decisão ruim se tornar pública – concordou em dar uma entrevista sobre Mary ao programa *Midweek,* da BBC. Betty sabia parecer muito vulnerável e fazer com que as pessoas sentissem vontade de protegê-la, de modo que os produtores do programa, a princípio, simpatizaram muito com ela. Porém, eles me contaram mais tarde que ficaram chocados quando ela mostrou as fotografias para comprovar sua afirmação de que Mary era, então, uma criança normal e feliz.

É claro que as fotografias foram mostradas no programa quando ele foi ao ar e causaram um furor na imprensa. Eu achei as fotos de mau gosto, ainda que não fossem extremas, mas o fato de permitir que elas fossem tiradas levantava uma série de questões legítimas sobre a conduta da escola. O incidente acabou por se tornar tema de debate nas sessões da Câmara dos Comuns, durante as quais o ministro de Assuntos Sociais fez uma afirmação imprudente defendendo que se tratava de um episódio inofensivo.

Embora Mary perceba agora a estupidez daquilo, ela sentia-se obrigada a justificar o ocorrido, já que criticá-lo significava colocar em questão não apenas a capacidade de julgamento de sua amada avó, mas também a da administração de Red Bank. Ela deu de ombros.

"Me vesti como uma cigana", ela disse, ecoando a explicação de sua mãe na televisão. "Era apenas encenação."

Não muito depois disso, Mary disse, dois novos garotos chegaram na unidade, um logo após o outro.

"Eles eram garotos realmente terríveis e foi aí que eu comecei a ter uma espécie de... Suspeita, sabe, quando eles começaram [separadamente] a me chamar de nomes terríveis. O menino que era pior, ele era realmente um sujeito nojento. Estava sentado na minha frente no jantar logo que chegou e me chamou de assassina. Eu agarrei o cabelo dele e afundei sua cara no prato. E um pouquinho depois lá, estava o outro, que disse a mesma coisa, e eu bati nele. Tiveram que me arrancar de cima dele, e quanto mais eles tentavam, mais eu segurava. O lugar ficou uma baderna. O Sr. P., eu sempre tive medo dele e sempre quis sua aprovação; só de olhar para mim, ele podia me fazer sentir culpada mesmo se eu não tivesse feito nada. Ele me pegou pela orelha e a torceu, parecia que ele a tinha torcido toda, e desceu o corredor comigo. E aí o Sr. Dixon conversou comigo.

"Veja bem, a coisa era que durante anos eu não tinha a mínima ideia do motivo de eu estar lá... Quero dizer, eu provavelmente tinha, no fundo, é por isso que inventei aquela gêmea, não é? É claro que nessa época eu tinha...", ela sorriu de repente. "Eu acho que você diria que eu tinha 'dado mais um passo' ao escrever aquelas coisas para o Sr. P., mas mesmo aquilo era, acho, superficial de alguma maneira. De modo consciente, ou com minha consciência, eu não sabia. Não sabia o que eu esperava que fosse acontecer. Mas não aconteceu nada. O Sr. Dixon disse apenas que eu tinha sido uma garotinha perturbada, uma garotinha raivosa, mas que eu estava crescendo e era esperta. O que eu poderia fazer se um dia amadurecesse, me livrasse daquela raiva e tentasse fazer o resto da minha vida uma vida boa? Você percebe, não é? O Sr. Dixon realmente tentou, mas eu estava muito, muito infeliz."

Foi por volta dessa época, em 1972, que Mary se lembra de ter falado ao Sr. Dixon que odiava Red Bank e que queria ir para outro lugar.

"Ele encarou aquilo como se fosse um simples capricho de minha parte", ela disse. "Mas eu estava falando sério. Me sentia reprimida, como se eu estivesse usando um sutiã apertado demais. Parei de fazer ginástica e, como ficava menstruada, eu não podia nadar; todos os garotos sabiam, e, ah, Deus, eu estava engordando. Aí eu passei a provocar os garotos, sabe. Teve uma vez que enfiei alguma coisa na minha cama para parecer que eu estava nela, dei um jeito de sair do meu quarto e ir para o dormitório dos garotos, e fiquei dando uns amassos com eles. Um professor, o Sr. L.... Viu... E eu vi o rosto dele pela janela, observando, e corri de volta. Então, o Sr. Dixon chegou e eu me senti horrível e disse para ele que eu era uma puta, uma vagabunda... E ele só disse que aquilo era perfeitamente natural. Ele estava muito calmo, eu é que me odiava. Eu dizia para mim, 'Ah, sua vagabunda, sua prostituta'..."

Ela foi incapaz de explicar para mim como conseguiu sair de seu quarto trancado e entrar no dormitório igualmente trancado dos garotos.

Ocorreram muitas manifestações de infelicidade nessa época. Ela tomou uma imensa dose de Senakot (um laxante) e ficou muito doente; houve "os amassos com os garotos" sobre os quais ela me contou e, por fim, ela descobriu um jeito de se ferir quando quebrou uma janela e provocou um monte de cortes em seu braço.

"Foi aí que o Sr. Dixon deve ter se alarmado de verdade", ela disse, "porque ele me disse que eu tinha que ir a um médico no Hospital Winwick, e ele e o Sr. P. me levaram lá. Não acho que eu sabia que era um hospital psiquiátrico até que um homem que estava lá em pé agarrou meu pulso como se fosse uma presilha de ferro e eu entrei em pânico total. O Sr. P. o afastou de mim: ele não tinha medo de ninguém, mas eu tinha. Eu estava aterrorizada".

Mary não se lembrava exatamente do que aconteceu, mas quando perguntei se ela havia ido a uma psiquiatra naquele dia, ela respondeu afirmativamente e disse que a mãe dela esteve lá também. E que a psiquiatra fez perguntas a Betty.

"A médica perguntou 'Por que você acha que sua filha está se sentindo assim?', e ela disse: 'O que você está tentando fazer? Entrar na minha cabeça?'. Ela acabara de receber alta do North Gate, o maior hospital psiquiátrico da região", Mary me contou. "Cath a tinha internado compulsoriamente."

Parecia estranho para mim que Betty tivesse sido envolvida nisso e, sobretudo, que ela estivesse presente quando a psiquiatra conversou com Mary. Mas Mary não sabia como isso tinha acontecido.

"É engraçado, não é?", ela disse. "Comecei a conversar com essa psiquiatra sobre o passado, e ela [Betty] disse: 'Você não se lembra, você era muito pequena'. E eu disse que me lembrava de um homem que tinha três dedos e... Da cor branca. Eu me lembro de cabra-cega..."

O que é isso? Perguntei.

Mas ela não queria, ou não conseguia, me explicar o que lembrava sobre o homem com três dedos e a brincadeira de cabra-cega.

"Não me lembro da psiquiatra perguntar, ou de eu dizer, qualquer outra coisa. Não acho que eu tinha alguma coisa *a dizer*, quero dizer, com minha mãe sentada lá, sobre eu ter me cortado. Eu só... Eu só... Me odiava, eu acho."

Ela achava que havia se ferido para chamar atenção?

"Eu tinha toda a atenção do mundo, e o amor do Sr. Dixon", ela disse, "e sim, eu sabia disso. Então, não era isso. Agora, em retrospecto, acho que era porque eu estava totalmente confusa como uma garota em crescimento com todos aqueles garotos, e acho que eu tinha sentimentos com os quais não sabia o que fazer. E claro, junto com tudo isso, minha consciência cada vez maior de que eu tinha feito algo terrivelmente, terrivelmente ruim".

Aquele foi, segundo ela, o fundo do poço. "Dali em diante, não sei por que, eu amadureci."

Foi a partir dessa época que James Dixon começou a planejar o futuro de Mary.

"Algum tempo antes, havia um garoto apelidado de Sooty [fuligem], que estava mais ou menos na mesma situação que eu – ele havia matado um policial –, mas depois tinha se dado muito bem em Red Bank. E o Sr. Dixon conseguiu permissão para ele ir a uma unidade de treinamento [da escola de recuperação] e de lá para a faculdade. Ele conseguiu estudar e aprendeu uma profissão. Morava com alguns outros garotos num apartamento próprio dentro do pátio da escola. Era muito bom mesmo. Eles eram supervisionados, mas tinham ajuda. O Sr. Dixon me contou que era alguma coisa desse tipo que ele tinha em mente para mim, se eu fosse realmente boa e tivesse boas notas."

Mary passou nas provas de avaliação – de conclusão do ensino médio no verão de 1973.

"Eu fiz os exames em Town Hall", ela disse. "Me inscrevi com o nome 'Srta. Smith'. Era isso que eu esperava que fosse acontecer. Eu me mudaria da unidade de segurança para um albergue ou para um quarto na área dos funcionários da escola de recuperação, mas ainda sob a supervisão e os cuidados do Sr. Dixon. Passaria nos exames, iria para a faculdade e conseguiria uma profissão. Eu estava tão entusiasmada, tão feliz. Eu tinha um futuro."

O otimismo de Mary durou cerca de dez meses.

"Até quarta-feira, 7 de novembro [de 1973], para ser exata", ela disse. "Nas tardes de quarta-feira, os funcionários se reuniam para a discussão de casos, então a regra era que almoçávamos mais cedo, às 11h30, e todos nós íamos para a sala comunitária e assistíamos a um longa-metragem com apenas um professor. A reunião dos funcionários ia até às 3 horas da tarde. Logo que terminou, os funcionários entraram e eu notei o Sr. Hume, um cara baixinho que tinha sido da marinha mercante: ele estava branco, o rosto dele estava branco mesmo. O clima estava muito estranho e a Srta. Hemmings estava enxugando os olhos. Eu falei comigo mesma que devia ter sido uma reunião cansativa e, intrometida como sempre, sussurrei para ela: 'O que está acontecendo? O que está errado?'. E aí, logo depois, o Sr. Dixon chegou e me disse: 'Posso ter o prazer de sua companhia, madame?', e me levou para fora da unidade, para a casa dele, que ficava a mais ou menos cinco quilômetros de distância.

"E lá, na sala de estar, ele disse: 'Eu sempre fui direto com você, então: você vai embora amanhã e vai para a prisão. *Droga*', ele disse, e a Sra. Dixon explodiu em lágrimas. Eu disse: 'Não', primeiro rindo, sabe? Quero dizer, aquilo simplesmente não podia acontecer. Não, não. E aí eu comecei a chorar e disse: 'Por que? O que eu fiz?'.

"E ele realmente não conseguia falar logo de cara, ele ficava engolindo em seco. E aí me contou que tinha tentado da melhor forma que podia, tinha tentado durante duas semanas mudar a opinião deles, tinha falado com eles dos seus planos para mim, mas simplesmente não adiantou. Ele disse que tinha esperado para contar aos funcionários até aquela tarde porque estava lutando por mim e, até então, ele ainda tinha esperança de conseguir. 'Não tenho como te dizer o quanto estou espantado com a decisão e como meu coração está partido', ele disse para mim. E continuou: 'Você escolhe a música que vamos cantar amanhã de manhã'. Era o que as pessoas faziam no último dia delas."

"Tínhamos ouvido boatos de que Jim Dixon estava conversando com o Ministério do Interior sobre ela e que mudanças tinham que ser feitas porque a menina já estava com 16 anos, mas nada de definitivo", Ben G. me disse quando conversamos. "E para ser franco, não conseguíamos acreditar que eles fariam uma coisa assim, não quando ela estava indo tão bem lá."

Desse momento em diante, o relato de Mary sobre essas últimas horas em Red Bank está cheio de lembranças distorcidas. É como se seu trauma fosse tal que ela não estava mais totalmente ciente de quem estava lá e do que fizeram com ela.

"Naquela noite", ela disse, "a Sra. R. – Veronica, como eu a chamei mais tarde quando nos encontramos novamente – ficou comigo o tempo todo, mas todo mundo apareceu...". Ela listou nomes de professores. "Nós cozinhamos uma panela de *ratatouille*... O Sr. Dixon ficava vindo até nós e disse que eu seria a 'embaixatriz de Red Bank'. Ele disse: 'Todos nós sabemos que as coisas não são justas, e eles tentaram me convencer de que você não será capaz de lidar com as dificuldades que lhe esperam. Mas eu não acredito nisso'. E todos eles ficaram me dando presentes, eles não eram... Sabe... De pedra; eram pessoas, família."

"As lembranças dela estão enganadas aí", Ben G. disse "Dois dos professores que ela menciona já tinham ido embora havia muito tempo nessa época. Se ela preparou sua última refeição, tinha que ser com Barbara, a professora de culinária."

"Veja, naqueles últimos meses em Red Bank", Carole disse, "ela tinha mudado muito – quero dizer, no sentido de se manter muito afastada dos garotos. Ela obviamente tomou uma decisão de não passar tanto tempo com eles como antes. Tínhamos notado o quanto, antes disso, ela tinha... Bem... Suprimido sua feminilidade. Ela tinha uma bela aparência, mas não queria mostrá-la".

"Durante um certo tempo, eu usava faixas, apertava os seios, sabe, como fazem as mulheres chinesas, para ficar com o tronco reto como o de um garoto, e eu não fazia mais educação física nem natação", Mary me contou. "Nessa época, eu passava bastante tempo com as mulheres da equipe, cozinhando e tudo o mais..."

"Era bastante óbvio que ela não gostava de seu corpo", Carole disse. "Dava para ver isso no jeito como ela o tocava ou não tocava, ou no jeito como ela andava, movimentando as pernas sem levantar os pés do chão. Era muito triste ver como aquela garota bonita, bonita mesmo, estava sempre cabisbaixa. Mas, dada a situação, sua decisão de – de certa maneira – se separar dos garotos foi sensata, não foi?"

Perguntei se eles achavam que a decisão do Ministério do Interior de transferi-la para a prisão teria sido, possivelmente, influenciada pelo sentimento de que, aos 16 anos, ela não deveria continuar vivendo naquele ambiente masculino.

"Não acho que 'sentimento' tenha tido alguma coisa a ver com isso", Ben disse. "Eles estavam simplesmente seguindo o sistema, aplicando as regras."

Perguntei a Mary se sua mãe e Billy sabiam que ela estava sendo transferida.

"Não sei quanto à minha mãe. Acho que não, porque o Sr. Dixon sabia que ela levaria isso à imprensa. Era o que ela sempre fazia, por dinheiro, embora eu não soubesse o quanto ela fazia isso até mais tarde. Mas acho que meu pai sabia, porque ele tinha ido me visitar no sábado anterior e tinha lágrimas nos olhos quando foi embora. E aí, sabe, não o vi de novo, porque ele nunca foi me visitar na prisão."

"Havia um jovem norte-americano [em Red Bank] na época que era assistente de professor voluntário", ela disse. "Ele era amigo de Ben G. – eles viajaram pela Europa juntos. Mesmo assim, ele devia ter o mesmo tipo de trabalho nos Estados Unidos, senão não seria admitido. Me apaixonei um bocado por ele. Ele não era o que se pode chamar de bonito; usava óculos pequenos e redondos, era uma espécie de mistura de John Denver com John Hurt, um hippie... Uma pessoa do tipo 'paz e amor'. Ele me escreveu por um longo período de tempo depois disso, e eu escrevi para ele também. Ele me deu uma camiseta e uma mensagem que vinha dentro de uma concha..."

"Em toda essa história sobre o último dia dela", Ben disse, "ela parece estar condensando suas lembranças. Meu amigo Jeff esteve lá em 1972 [um ano antes]. Ele deu esses presentes a ela no Natal; foi embora no início de 1973".

"Um monte de garotos veio me ver antes de ir dormir", Mary disse, "e todos eles me deram presentes também. Eu chorava muito toda vez que alguém olhava para mim, porque estavam me dizendo coisas inacreditavelmente gentis.

"Fiquei acordada a noite toda. Eles tentaram me fazer descansar, mas eu não conseguia. E muito depois o Sr. Dixon e a Srta. Hemmings vieram e me disseram o que eu deveria vestir, e eu disse que não, por favor, porque tinha calças jeans brancas justas que eu queria vestir. Mas ele disse que de jeito de nenhum, que era para eu usar meu vestido azul-marinho e branco e meus sapatos das mesmas cores. E eu disse que elas ririam de mim, que elas estariam lá com cigarros pendurados na boca e cabelos oxigenados com as raízes aparecendo... E ele disse: 'Que diferença faz para você? Você preferiria estar coberta de tatuagens para ser aceita? Não, você tem seus padrões. Você pode se relacionar com um lixeiro ou com um príncipe'."

Então, o que aconteceu?

Mary riu. "Usei o vestido..."

Carole G. estava de plantão na tarde e no início da noite daquele último dia de Mary em Red Bank. Ben estava de folga. "Mas ele passou por lá para dar tchau."

"Sim", Ben disse a Carole, "e vocês estavam colocando aquelas coisas todas na mala, as coisas dela, os presentes; ela disse que precisava de algo para colocar aquilo tudo, e eu achei uma mala marrom para ela, com uma chave. Eu disse a ela que colocaríamos a mala no quarto de depósito, mas que ela ficaria com a chave."

"A Srta. Hemmings estava perturbada", Carole lembrou. "Não conseguia lidar com aquilo. Na verdade, ela estava nos deixando completamente loucas, porque, ao subir com as mesmas coisas e ver May e eu, ela se afastava com as roupas nas mãos e depois voltava outra vez, e ficava nesse vai e vem. Fazer essa mala levou muito tempo. E aí, em um determinado momento, Jim Dixon veio até mim com lágrimas nos olhos e disse, sem que Mary pudesse ouvir: 'Deixe que ela pense que você está colocando isso na mala para ela levar, mas ela não pode levar nada'. Mary só podia levar uma pequena sacola. Então, depois disso, ficou comigo a tarefa de botar a vida daquela criança na mala, cinco anos da sua vida.

"Depois, fomos para a sala de culinária e preparamos chocolate quente. Fiz com que ela fosse para a cama, coloquei um colchão no chão, ao lado da cama dela, e me deitei lá... Mas ela não dormiu, nem eu; ficamos conversando. E, em determinado momento, ela falou sobre a prisão e sussurrou: 'Você não tem ideia de como é', e chorou. Acho que ela me considerava muito inocente. Claro que eu tinha ideia de como seria e, quando ouvimos aqueles boatos [sobre a transferência de Mary] algumas semanas antes, Ben e eu ficamos imaginando como poderíamos prepará-la para viver na prisão, depois da criação voltada para a liberdade – sim, liberdade – que ela teve em Red Bank. Não conseguíamos pensar como isso poderia ser feito, mesmo se houvesse tempo. Mas, de qualquer forma, não acreditávamos que isso chegaria a acontecer."

"Pela manhã, a Srta. Hemmings me fez tomar banho", Mary disse, "Ela fez a mala para mim e eu desci... Acho que não tomei café da manhã. Escolhi a música para cantarmos de manhã. Ela meio que cantou, meio que declamou a letra da música para mim: 'Maravilhosa cruz na qual morreu o Príncipe da Glória...'. E aí o Sr. Dixon se sentou e deu um discurso muito legal, me elogiando e falando da perda que seria a minha partida. E relembrou o meu começo lá, eu entrando pela porta pela primeira vez e as coisas que passamos juntos... Eu não aguentei, ninguém aguentou. E aí, fui levada para a prisão."

PARTE 3

A prisão: novembro de 1973 a maio de 1980

Retrocesso

Styal, 1973

Eles haviam saído de Red Bank no meio da manhã. O Sr. e a Sra. Dixon a levaram, contou Mary, e o Sr. P. os seguiu no próprio carro.

"Olhei para trás enquanto o carro saía e havia gente em todas as janelas: os garotos, os funcionários; todo mundo acenando para mim através do vidro. Meus amigos."

"É engraçado que May se lembre disso assim – obviamente porque é assim que ela *precisa* se lembrar", Carole G. disse, "porque na verdade, e eu sei que isso parece dramático, ninguém teve permissão para ir acenar para ela".

Perguntei por que aquilo fora decidido. Parecia bastante normal que seus amigos, com quem ela havia vivido durante tanto tempo, fossem lhe dar adeus, pelo menos com as janelas fechadas.

"Não tenho certeza de por que Jim decidiu aquilo. Talvez exatamente porque, para ele, perdê-la era, sim, uma coisa muito forte, embora fosse rotina crianças deixarem Red Bank o tempo todo. Talvez quisesse evitar que ela recebesse o tipo de despedida que ninguém mais teria. Não sei, mas o certo é que, para ele, ninguém deveria ver quando ela estivesse saindo, e todos deveriam permanecer lá dentro. Dito isso, talvez alguns garotos tenham ido até as janelas assim mesmo e acenado, e ela, virando-se para trás no carro, viu aquilo como 'todo mundo'."

Mary achou que foi uma viagem de cerca de duas horas de Lancashire até a prisão de Styal, em Cheshire (porém, como de costume, sua noção de tempo estava muito equivocada: é, na verdade, muito menos).

"Eu realmente não me lembro muito da viagem", ela disse, e repetiu os medos que a acompanharam até Red Bank. O que a preocupava mais, como de costume, era a possibilidade de molhar a cama. "Quando o Sr. Dixon disse que estávamos chegando lá – me preparando, sabe –, inclinei-me e falei com a Sra. Dixon aos sussurros sobre isso, e ela *diz*: 'não se preocupe, vamos resolver isso'."

"De alguma maneira", Mary disse, "eu meio que não acreditava que estávamos indo mesmo para uma prisão. Mas de repente viramos a esquina e lá estava aquela monstruosidade, a prisão HM Styal, o maior fim de mundo de todo o planeta – era como voltar no tempo. Ela era enorme, simplesmente enorme: não é uma casa, mas quatro fileiras de maciças construções de tijolos vermelhos no velho estilo vitoriano. Quando o portão se abriu, eu logo pude ver grades nas janelas e nas portas; e vi as funcionárias da prisão, ah, Deus, com chaves..."

Os funcionários de Red Bank também carregavam chaves, não?

"Ah, sim, mas não visivelmente, não as exibindo, sabe. Aquelas agentes prisionais carregavam as chaves em correntes e as chacoalhavam a cada passo que davam.

"O vigia no portão, um homem, disse algo, não sei o quê, para o Sr. Dixon, e ele teve que dar a volta até chegarmos a uma... Ah... Uma enorme construção vermelha com uma espécie de tijolo escuro. Acho que parece diferente para visitantes, mas, para mim, era... Muito hostil."

Havia jardins?

"Sim, entre os quarteirões, e eu notei isso logo de cara. Claro, era novembro, então estava tudo vazio, mas na primavera tinha flores, verduras e depois grandes estufas de plástico... Eu sei porque ajudei a construí-las. Era mais aberto que Red Bank porque era muito grande: para ir de um ponto A a um ponto B você tinha que sair do prédio, mesmo se fosse para atender a um chamado da diretora ou ir ao médico."

O Sr. Dixon, ela disse, foi ver a assistente da diretora.

"O Sr. P. saiu para dar uma volta de reconhecimento no local. No fim das contas, não consegui ver nem um nem outro para dizer adeus. Depois ouvi dizer que eles ficaram furiosos com isso e fizeram uma grande confusão. A Sra. Dixon foi até a recepção comigo. O que mais me impressionou foi como o teto era alto, as paredes pintadas com aquele verde horrível e institucional, e aquele silêncio, sabe; oco, quase ecoando.

"Eles me mandaram tirar a roupa, o que acabei descobrindo que acontecia sempre na prisão: se elas suspeitassem que você estivesse com algo que não deveria estar, drogas ou cartas ilegais ou qualquer outra coisa que cheirasse a desobediência, a regra era a humilhação. A Sra. Dixon disse: 'Isso é realmente necessário?', e elas disseram: 'Isto é uma prisão, sabe', e mandaram que ela saísse enquanto me revistavam e me pesavam, o que a deixou muito irritada. Tudo em que eu conseguia pensar era se a Sra. Dixon não tivesse oportunidade de avisá-los e eu molhasse a cama. Também mal a vi de novo. Acho que fizeram com que eles [os Dixon] ficassem muito incomodados e os mandaram embora."

"Eles voltaram muito depressa", lembrou Carole G. "Styal não é tão longe assim. Sei que Jim entrou, sentou-se por um instante e disse: 'Bem, é isso'. Ele estava com o coração partido por perdê-la. Simplesmente ficou lá sentado, parecendo estar péssimo. Morreu um ano e meio depois e, para ser sincera, sempre achamos que perder a batalha por ela afetou sua saúde."

Não há dúvidas de que essa transferência tenha sido destrutiva para Mary. O sucesso de sua reeducação moral em Red Bank foi quase inteiramente devido ao amor que ela sentia pelo Sr. Dixon e que também recebera dele. Ao serem ignoradas tanto as soluções propostas por ele quanto as recomendações do Dr. Westbury (o psiquiatra do tribunal cuja avaliação sobre o tempo de Mary em Red Bank foi solicitada pelo Ministério do Interior), o lento e gradativo processo que ela acabara de iniciar com o apoio de professores interessados foi brutalmente interrompido. A estabilidade cuidadosamente construída e sua ambição intelectual em formação foram substituídas pela imersão em uma comunidade penal exclusivamente feminina, em que Mary, agora a prisioneira mais nova em um mundo de mulheres isoladas, regrediria inteiramente. Ela não apenas seria usada emocional e sexualmente, sendo uma garota jovem e recém-chegada, como também seria tratada pelas outras prisioneiras como uma criança sem responsabilidade por seus crimes, o que talvez seja o pior de tudo.

Ainda que haja exceções – as mais conhecidas ficam na Califórnia e na Escandinávia –, prisões raramente são locais benéficos. Elas não têm tempo, nem funcionários, nem recursos financeiros para educar e incentivar os prisioneiros. E o sistema prisional como um todo não é propício para que eles sejam vistos como indivíduos. A atitude em relação aos detentos depende em grande parte da personalidade dos diretores e dos agentes prisionais: os internos estão lá para serem castigados, na pior das hipóteses, ou contidos, na melhor delas, o mais complacente ou passivamente possível (por meio de medicamentos, se necessário) enquanto durarem suas sentenças.

Como Mary demonstraria diversas vezes em seu relato, há muitos tipos de agente penitenciário: alguns com praticamente nenhum treinamento específico, outros (de quem, segundo ela, os internos podem não gostar, mas a quem respeitam) que serviram na polícia ou no exército e têm um melhor entendimento dos problemas da vida em comunidade, bem como dos meios adequados para aplicar a disciplina. Mas, a despeito da origem deles e de como foram treinados, são as personalidades dos agentes da prisão e a maneira como eles escolhem impor-se na comunidade prisional, como ela disse repetidamente, que determinam a qualidade de vida dos internos.

Mas havia uma estranha dicotomia na sua reação aos sete anos vividos na prisão. Ela se lembrava deles e até sentia um estranho divertimento ao recordá-los em detalhes; apesar disso, parecia tê-los retido na memória mais como uma longa sucessão de experimentações conectadas emocionalmente, que provocara ou tivera com outras mulheres, do que como uma sequência de experiências cumulativas que contribuíram para o desenvolvimento de sua personalidade e de sua vida como é agora.

Quando Styal se tornou o assunto de nossas discussões, vínhamos conversando durante apenas dois meses e, exceto pela morte das duas crianças em si – que ela não conseguiu encarar até quase o fim de nossas conversas –, ela havia conseguido dar forma ao relato de cada parte de sua vida de uma maneira inesperada. Mary nunca conseguia se lembrar de datas exatas, estações do ano ou mesmo sua própria idade, mas sempre sabia quem estava na sua vida em determinado momento e, quase com exatidão, quais experiências vieram depois. Era como se sua memória funcionasse em uma longa série de degraus, sobre os quais ela dificilmente vacilava, cada um representando um conjunto de dias, semanas, meses, mesmo anos, que ela descrevia para mim por meio de imagens, como uma coleção de fotografias, mais ou menos em sequência.

Mas isso não se aplicava ao seu relato sobre a prisão. Ela parecia excepcionalmente segura quanto a conversar sobre isso, e semanas antes de chegarmos a esse ponto ela expressou várias vezes sua vontade de me contar sobre o assunto. Assim, eu estava inteiramente despreparada para o vazio psicológico que encontrei nela em relação a esses anos. Exceto por umas poucas descrições de eventos específicos, ela expressou seu tempo em Styal em um fluxo de consciência sem forma ou cronologia. Tenho vinte fitas sobre essa época, quase duzentas páginas de transcrição, e na maior parte do tempo é como se duas vozes estivessem falando: uma em pensamentos inacabados e frases interrompidas, indo e voltando aos saltos de sensação a sensação, frequentemente com raiva, ao longo dos meses e dos anos; a outra muito mais lúcida e pensativa, descrevendo uma ocasião não mencionada até então, com citações e descrições tão brilhantes e atentas das pessoas envolvidas, tão presentes, que ela quase se esquece de que a ocasião não tem relação com a anterior ou com a que se segue.

São certamente recordações altamente emotivas, mas somente algumas são de deliberada brutalidade com ela e muitas são suaves, até mesmo adoráveis, perpassadas pelas duas maiores qualidades de Mary: compaixão e humor. Mas à medida que os dias passavam e chovia palavra atrás de palavra, sem vírgulas, parágrafos ou pontos finais, o que vim a notar é que ela se alegrava não em conversar, mas sim em *tagarelar* sobre Styal, como se tagarelar fosse uma reflexão verbal da falta de objetivos inerente à vida na prisão.

Perguntei a ela alguns meses depois que nossas conversas terminaram sobre qual assunto tinha sido mais fácil falar. Ela riu brevemente.

"Ah, você sabe disso, a prisão", disse com aquela voz baixa, e repetiu quase com ternura: "Sim, a prisão".

"A Sra. Bailey me recebeu quando cheguei", ela disse. "Depois ela foi a responsável pelo meu bloco, e eu a chamava de tia Bailey – ela era uma militar reformada, uma mulher do Norte, e a mais humana de todas elas. Eu passei a gostar muito dela. Mesmo naquele primeiro dia ela foi legal. Finalmente consegui falar com ela sobre molhar a cama, e ela disse que não tinha importância: 'tem um monte de gente assim aqui'. A senhora ainda olhou para mim e disse: 'acho que é melhor você jantar, menina, parece que alguma comida te cairia bem...' E de repente ouvi alguém falando o dialeto da minha cidade atrás de mim. Aquilo me deixou boquiaberta. "'Meu Deus, eu te reconheceria em qualquer lugar', disse a voz, 'você é a menina de Billy Bell, não é? Conheço você muito bem, bebemos no mesmo *pub*. Sou Betty. Lembra de mim?'. E eu me lembrava mesmo dela. Costumavam chamá-la de Betty Blue; era meio que uma cantora. 'Tô cumprindo cinco anos, mas já tá quase na minha hora', ela disse. 'Você tá cumprindo HMP[19], então é pra vida toda. Cê vai pro bloco cinco, onde eu tô. Não se preocupe, gracinha, cê vai ficar bem lá, só fique longe de encrenca.'

"A Sra. Bailey disse: 'Certo, chega de tagarelar, Betty. Hora de ir', e ela saiu rapidinho. Mas aquilo foi um conforto para mim. Eu esperava que todas fossem... Ah, sei lá, mulheres casca-grossa, como eu já tinha visto várias na vida, mas lá estava ela, Betty, a cantora de Newcastle, e conhecia meu pai.

"A Sra. Bailey me mandou trocar de roupa. É permitido ter três mudas de roupa, três de tudo, roupa de baixo e tudo. Eu vesti meu jeans."

Perguntei se ela vestiu a calça jeans clara que queria usar antes.

"Não, sabia que não ia ficar bom. Coloquei minha calça larga cheia de remendos caindo aos pedaços. E uma camisa com um pavão desenhado. A Sra. Dixon, que tinha ficado esperando do lado de fora, ficou horrorizada quando me viu: 'o que as pessoas vão pensar?', ela disse.

"Uma das assistentes da diretora entrou, uma tal de Sra. Naylor, e me disseram para ficar de pé na presença dela. Descobri que tínhamos que ficar de pé diante de todas as agentes prisionais, exceto das responsáveis por nossos blocos. Levantávamos e abaixávamos 'como calcinhas de puta', como ouvi uma velha amiga dizer depois. A Sra. Naylor disse que eu iria para Mellanby House, um dos onze blocos da prisão, cada um com o nome de uma mulher responsável por reformas em prisões femininas. A Sra. Bailey tinha preenchido uma lista de pertences que assinei com meu nome e meu número – 774987. A Sra. Naylor me mandou repetir esse número diversas vezes para eu não esquecer: toda vez que uma agente se dirigia a você, você tinha que ficar em pé e dizer seu nome e seu número."

Então, entrou uma garota com uma bandeja de almoço, ela disse. "Um prato para mim e um tipo diferente de comida – comida de funcionários – para a Sra. Bailey. Eu não queria a minha e a Sra. Bailey perguntou se eu queria a dela, mas eu disse: 'Não, obrigada'. Ela ficou absolutamente espantada porque eu dizia coisas como 'por favor' e 'obrigada'. Não sei o que eles estavam esperando..."

Normalmente, novos detentos eram levados para ver a diretora, Molly Morgan. "Mas não eu. Não, ela não se dignou a me conhecer, pelo menos

---

[19] "Her Majesty's Pleasure", ou "prazer de sua majestade": gíria utilizada nas penitenciárias para se referir à pena de prisão perpétua. [N.T.]

até dias depois. Queria me mostrar logo de cara quem era quem e que minha vida seria *como* ela mandasse, *quando* ela mandasse."

A agente penitenciária responsável de Mellanby veio para buscá-la junto com sua "trouxa": dois lençóis, dois cobertores e uma fronha.

"Você sabe, com um lençol embrulhando tudo para virar uma trouxa. Nós andamos pelo que me pareceu quilômetros e passamos por uma infinidade de longos e grandes blocos com centenas de janelas com grades, todos ligados por enormes tubos negros de aquecimento. Mais tarde, trabalhei nesses tubos também, quando estava em um 'grupo de engenheiras', isto é, limpando os esgotos.

"Ela disse que eu ia para o 'Bloco Educacional', sem me dizer o que era isso. Tinha algumas mulheres por lá, andando de um lado para o outro, e todas elas se viravam e gritavam 'ei, você'. Depois eu fiquei sabendo que Betty tinha corrido e falado com todo mundo que eu estava vindo, e eu podia ouvir os gritos de umas para as outras: 'Ela não é pequenininha?'. Acho que elas queriam dizer 'jovem', porque ouvi duas delas dizendo 'parece que ela tem 12 anos'. Eu me senti bem insultada, sabe."

Perguntei se todas costumam saber quando está para chegar uma novata.

"Ah, sim, todas sabem, mas normalmente você chega em carregamentos e é levada para as casas em grupos, enquanto eu... Bem... Fui levada sozinha."

Perguntei se ela achava que isso fez com que ela se destacasse de imediato.

"Bem, de qualquer jeito eu me destacava. Em primeiro lugar, porque eu era muito nova – certamente, a mais nova de lá. E depois... Bem, prisões são feitas de populações flutuantes, com muitas pessoas chegando para ficar por períodos curtos, meses em vez de anos – eu iria descobrir que mulheres são mandadas para a prisão por motivos verdadeiramente ridículos, e pelos mesmos motivos os homens pagam apenas fianças e pronto. Claro que existem muitas lá que ficam por mais tempo. Qualquer uma que pega mais de três anos é considerada uma LTI [*long-term inmate*, detenta de longa duração] e se ela tem mais de cinco anos é normalmente alguém que pegou prisão perpétua. Havia cerca de quinhentas mulheres lá e muitas delas tinham lido sobre mim cinco anos antes...", ela sorriu amavelmente, "...e no seu livro, sem falar nos muitos exageros da minha mãe na imprensa de Newcastle e na TV."

Perguntei se ela percebeu logo de início alguma hostilidade, considerando como prisioneiros costumam se sentir em relação aos colegas que mataram crianças ou abusaram delas.

"Não. Mais tarde houve algumas mulheres que tinham filhos e que fizeram atrocidades e coisas cruéis e algumas... Você sabe... Queriam jogar algumas coisas em cima de mim. Mas a opinião geral ao longo do meu período na prisão era a de que, tendo somente 10 ou 11 anos, eu não era uma assassina de crianças. Claro que tinha assassinas de criança lá e havia conversas sobre elas. Eu ficava lá sentada e, quando alguém que estava falando percebia que eu estava lá, virava e dizia 'ah, não estou falando de você. Por que eu pensaria em você? Você mesma não era nada mais que uma criança'. E foi aí que comecei, de certa maneira, a me dar conta do que queria dizer quando os jornais escreviam 'assassina de crianças', e quando vi isso, disse para mim mesma: 'Ah, Deus, não. Eu não era assim'. Então você vê, as pessoas na prisão faziam uma distinção que a mídia não fazia, não podia fazer, como eu descobriria muito depois, quando as manchetes voltaram a me descrever como 'assassina de crianças'."

O que surgiu em minha mente quando Mary disse isso foi sua reação imediata e instintiva quando o Sr. Dixon havia lhe contado que ela estava indo para a prisão: "Mas por quê? O que eu fiz?". A percepção dela sobre si mesma – deixada desamparada desde os terríveis acontecimentos de 1968 – simplesmente excluía a realidade de seus crimes. Nessas conversas, todavia, era essencial não contribuir para a falsa segurança que lhe fora dada.

Disse a ela que, é claro, tendo matado duas crianças ela *era*, no sentido literal, uma "assassina de crianças". Mesmo assim, perguntei: você aceitou essa diferenciação de "outros assassinos de crianças" por causa da idade, não é? Você sentia que aquilo era justificado?

"Demorou muito, muito tempo – levou anos – antes que eu conseguisse pensar sobre isso de modo que me permitisse responder a essa pergunta", ela disse. "Em Red Bank eu quase alcancei um ponto em que acho que poderia ter começado a encarar isso. Acho que o Sr. Dixon teria me ajudado."

Ajudado de que jeito?

"É só o que eu acho, tendo conhecido o Sr. Dixon", ela disse, "ele devia saber que eu precisava de ajuda. Ele estava esperando por uma oportunidade, me deixando pronta para pensar, digamos assim... Ao menos é como eu vejo..."

Ao longo de nossas conversas, que àquela altura já duravam meses – durante os quais os sentimentos de culpa e infelicidade dela com relação aos dois garotinhos, Martin e Brian, haviam surgido por diversas vezes –, ela certamente começou a entender e aceitar que, quando nossas conversas terminassem e antes que eu pudesse começar a escrever este livro, ela teria que encarar o fato de tê-los matado. As palavras dela aqui são compreensivelmente romantizadas. Dizer que ela agora "vê" como o Sr. Dixon pretendia dar-lhe a "ajuda [de que ela] precisava" é, de certo modo, um presente dela para esse professor que ela veio a amar. Ela provavelmente sabe muito bem que o Sr. Dixon jamais a levaria a tal confronto – ele o evitara, como nós sabemos, na única vez em que, escrevendo bilhetes para o Sr. P., ela chegou a procurar pelo confronto. E o motivo, também sabemos agora, parece ser que ele não acreditava – ou não conseguia se forçar a acreditar – que ela havia matado os garotinhos. Sabendo agora que essa é a ajuda que ela deveria ter recebido durante aqueles cinco anos em Red Bank, seu presente para James Dixon é que ela atribui a ele a intenção de dar essa ajuda.

"Mas aí, você entende", ela continua, "me levaram para longe dele antes que eu estivesse pronta. Então, isso nunca aconteceu. Então, o que ficou... A maior parte ainda está na minha cabeça... São cenas de terror sem conexão".

Ela se lembrava de uma porta dos fundos amarela sendo destrancada e de ser conduzida para dentro quando foi finalmente levada para Mellanby House. "Havia de novo aquele cheiro de lustra-móveis", disse. "Todos eles eram loucos por limpeza... Tinha umas latas grandes, 'Cardinal Red', como era chamado, que carregavam para todo lado e esfregavam em tudo". O outro cheiro que se alastrava no local, agora previsível, era de repolho velho.

"As portas externas de todas as casas ficam trancadas", ela disse, "mas, dentro, ficam abertas; eles tentam, sabe. A Srta. Parker, a agente responsável, me levou para o escritório dela, me fez sentar e me falou das regras. Tinha uma lista de cartas para cada prisioneira, ela disse – uma lista de pessoas para quem ela gostaria de escrever. Eu poderia escrever uma carta naquele primeiro dia para contar para uma pessoa na minha lista de cartas que eu estava lá. Eles chamavam isso de 'carta de recepção'. Depois disso, eu poderia escrever uma carta por semana e só teria per- missão para receber cartas de pessoas para quem eu tivesse escrito. Todas as outras, estivessem na minha lista de cartas ou não, seriam classificadas como 'não autorizadas'. Por ser uma prisioneira 'estrela' [ela estava se referindo ao asterisco que as prisões colocam nos nomes de infratores primários] e também uma YP [*young prisoner*, jovem prisioneira], eu tinha permissão de receber duas visitas por mês. Eu faria trabalhos domésticos em Mellanby até que fosse colocada na escala de trabalho, provavelmente depois de uma semana."

Ela riu. "No final, eles me tiraram do serviço doméstico mais depressa porque eu ficava tocando o alarme de incêndio – primeiro por engano, mas depois, quando ele fez todas as agentes virem correndo, achei que era uma ótima pegadinha e fiz aquilo mais algumas vezes até que as garotas me mandaram parar ou dariam queixa de mim. Essa foi a primeira vez que ouvi essa expressão e não poderia imaginar, nem em meus pesadelos, o que isso significava até que acontecesse comigo depois.

"Mas naquela tarde, a Srta. Parker me conduziu pelo corredor em frente ao seu escritório até um dormitório com quatro camas, me mandou arrumar a cama e colocar meus pertences no armário, e foi embora. Até então, eu não havia visto nenhuma das mulheres e estava com medo, muito medo. Eu imaginava que elas usavam uniformes e aventais verdes, tinham barrigas grandes e peitos caídos até os joelhos, eram cobertas de tatuagens e tinham pernas cabeludas. Bem, eu estava para ter uma surpresa. Mas elas me contaram depois que tiveram uma surpresa também: só Deus sabe como elas pensaram que eu era.

"Eram mais ou menos 4h45 da tarde quando elas voltaram do trabalho, em grupos de duas e três pessoas. E foi aí que descobri como e por que Mellanby tinha sido designado como um 'Bloco Educacional'. Me dei conta muito depressa de que aquilo era uma verdadeira piada. Como cheguei lá com 16 anos – e deveria, pela lei, estar em atividades educacionais em tempo integral –, parece que eles juntaram apressadamente naquele bloco qualquer um que sabia montar uma frase. O que eles arrumaram foi umas poucas que já tinham passado por lá para começo de conversa, nada a ver com serem 'educadas' ou 'educáveis', e aí transferiram para lá cerca de uma dúzia de garotas, presas por drogas pesadas ou, sei lá, por terem feito alguma bobagem com um carro ou algo assim. Todas elas eram de áreas em que crianças recebem educação particular: St. John's Wood ou Knightsbridge, ambos em Londres, ou aquele 'cinturão-não-sei-o-quê' no Tâmisa, onde as pessoas têm aqueles casarões. Havia umas duas *Lady* isso e *Lady* aquilo e outras garotas com vozes esnobes, algumas muito bonitas mesmo."

Perguntei se era disso que ela mais se lembrava.

"Daquela primeira tarde, sim, porque eu estava tão assustada e descobri que, apesar de tudo, havia seres humanos lá."

As garotas "esnobes"? "Bem", disse ela, com a voz um pouco defensiva, "eu gostava quando as pessoas falavam adequadamente. Ainda gosto. Foi o que aprendi em Red Bank. Isso tinha sido... Quer dizer... Se tornou a minha vida. Foi só... Ah, um alívio descobrir naquela tarde que elas não eram todas... Casca-grossa. Não estou tentando te iludir. Eram apenas algumas delas... Mas isso me ajudou naquelas primeiras horas".

Mary está particularmente ciente de sua preferência pela linguagem e pelos modos da classe média, e sente vergonha disso. Está ciente disso porque foi sujeitada – em idades muito suscetíveis, de 11 a 16 anos – a uma série de reviravoltas sociais extremas que, ocorrendo por força e não por escolha, aumentaram o seu reconhecimento em relação a divisões sociais e de classe. E fica envergonhada porque está tanto intelectual quanto emocionalmente ciente dessas divisões e, logo, não apenas não deseja ser considerada presunçosa por aqueles que naturalmente pertencem a essa categoria social, como também se dá conta de que sua preferência pelos costumes da classe média a distância ainda mais de seus parentes – sobretudo de seus irmãos, de quem, contrariando todas as probabilidades, ela gostaria de se aproximar.

A segunda interna mais jovem de Mellanby tinha 22 anos, e a média de idade era superior a 30.

"Idosas para mim, embora eu deva dizer que muitas delas não aparentavam a idade. Todos se referiam às mulheres, inclusive elas mesmas, como 'as garotas': 'as garotas' na sala de trabalho, 'as garotas' do grupo de jardinagem, e por aí vai. Mulheres com 60 ou 70 eram as 'garotas velhas'. Mas, sim, eu diria que a média de idade era por volta de 30; para elas, eu era apenas uma criança e acho que a maioria sentia pena de mim. Elas me ofereciam 'enroladinhos' [cigarros caseiros] e conselhos, e me mandavam ficar fora de encrencas.

"O chá [ceia] era servido na cozinha em mesas de madeira que, eu descobriria depois, tinham que ser esfregadas todo dia até ficarem brancas. As pessoas são divididas em turnos de cozinha, e cada bloco faz sua própria comida, embora tenha uma supervisora. Na minha época, era a Sra. Carr; nós a chamávamos de Noddy,[20] porque ela usava aquele chapéu

---

[20] Personagem infantil que usava uma touca azul pontuda, criado pela autora inglesa Enid Blyton (1897-1968). [N.E.]

grande. Era uma cozinheira de alta classe e só Deus sabe por que escolheu desperdiçar seu talento dando aulas de culinária numa prisão. No meu caso, foi certamente desperdício – fiquei por pouco tempo nas aulas. Logo ficou evidente para todo mundo que eu não tinha talento para a cozinha: a conserva que eu fiz podia ter sido usada como reboco de parede; mesmo dos ovos cozidos brotavam uns pedaços brancos parecidos com fungos. Não produzi nada mais que desastres.

"Às nove horas nos revistavam e nos preparavam para dormir. As luzes se apagavam às 9h45 da noite. Na primeira ou nas duas primeiras noites, fiquei no dormitório do andar de baixo, onde tinha uma policial sentada logo do lado de fora do quarto à noite toda porque, sabe, as portas não ficavam trancadas. Havia grades, mas as portas internas não ficavam trancadas. Você podia levantar e ir ao banheiro sem pedir permissão. Não molhei a cama na primeira noite porque não dormi. Eu usava um pijama listrado e fiquei deitada na minha cama olhando para o céu através das janelas com grades, pensando em todo mundo de Red Bank. Eu sentia uma coisa horrível no estômago. Pensei que não podia ser verdade, não podia estar acontecendo. Lembro que eu estava chorando, com lágrimas rolando pelo meu rosto, e não conseguia parar; meu travesseiro ficou todo molhado e alguém sussurrou: 'vai ficar tudo bem'. E aí decidi que não deixaria aquilo acontecer. Eu falaria com a diretora, quando a visse no dia seguinte, que eu não podia... Simplesmente não podia viver com todas aquelas mulheres e queria voltar para Red Bank."

"Eu já tinha ouvido muita coisa sobre a diretora", ela disse. "Mulheres falam o tempo todo, sabe, e existem apenas três assuntos para conversas: a detenção e afins de outras mulheres; a detenção e as fofocas sobre as agentes prisionais; e, muito depois disso, e somente quando você tem amigas que confiam em você, assuntos de casa e da vida íntima.

"Sobre a diretora, ouvi que ela era um monstro; que, acima de tudo, não gostava de 'bonitinhas'; e que a prisioneira era sempre a culpada. Me falaram que ela sempre se apresentava para novas prisioneiras, mas ela não tinha se apresentado para mim, e isso me deixava muito nervosa, já que eu não sabia o motivo. Isso me fez ficar muito nervosa com a possibilidade de encontrá-la."

Ela só conheceria a diretora três dias depois, mas, no sábado, dois dias após ter chegado, sua mãe foi visitá-la.

Perguntei se Mary ficou contente por ela ter ido.

"Não lembro o que senti. Em todos aqueles anos, nunca senti uma coisa só sobre ela ir me ver. E eu a tinha visto um mês antes em Red Bank. Eu... Eu sempre me preocupava em como ela... Como ela estava e como ela estaria, sabe? Me mandaram ir... Eles tinham um tipo de sala de aula ou coisa parecida em outro bloco e era lá que ela estava esperando por mim. Foi embaraçoso, muito embaraçoso mesmo. 'Meu bebê', ela berrou. 'Meu bebê', e, soluçando, ela me puxou, tentando... Deus... Tentando me fazer sentar no colo dela. Ela não estava chorando de verdade, apenas soluçava para a Sra. Sissons, que estava supervisionando a visita, do mesmo jeito que sempre soluçava para os funcionários em Red Bank. E a Sra. Sissons ficou extremamente chateada em ver aquela jovem mãe tão aborrecida, e disse para ela que estava tudo errado e que eu não devia estar lá, e também disse isso para mim. Ela tinha boas intenções, mas não conhecia minha mãe, que então, claro, repetiu aquilo para todo mundo em Newcastle. Só Deus sabe quais outras 'histórias assustadoras' ela contou sobre mim na prisão. E só ficou por meia hora. Foi o máximo que ela ficou, e eu não disse nada e ela não viu nada nem ninguém. Sem dúvida, achava que era uma autoridade em Styal depois disso, ou talvez em todas as prisões ou o que for. Mas pelo menos, até onde eu sei, naquela primeira vez ela não deu entrevistas nem foi à TV. Mas fez isso na vez seguinte que foi lá, e foi terrível para mim, simplesmente terrível."

Questionei se sua mãe não perguntou como ela estava ou como se sentia.

"Não, não perguntou. Ela nunca perguntava. Ela só reclamava da própria vida e me fazia quase morrer de preocupação com a saúde dela, sempre a saúde dela. Mas naquele dia fiquei contente que ela não perguntou nada porque eu estava muito infeliz, inacreditavelmente infeliz, e eu não... Simplesmente eu não queria falar com ela.

"Naquele primeiro dia mesmo, depois que cheguei, comecei a ter uma sensação... Não sei como dizer isso... De falta de esperança? Não, não são as palavras certas. Não era isso ou apenas isso. Você entende, tinha pessoas que eu conhecia lá... Betty Blue, claro, que ficava dizendo para todo lado que me conhecia desde que eu era criança, e, se alguém falasse de mim, ela iria estourar os miolos da pessoa. E ficava falando com as agentes penitenciárias sobre meu pai e tudo mais. Mas aí também tinha as irmãs de alguns garotos de Red Bank... Tudo aquilo parecia tão... Tão... Determinado..."

Determinado?

"Sim, sabe, tinha as irmãs e, em Red Bank, os irmãos delas, e eu me lembrei do meu pai naquela prisão horrível, e lá estava eu; parecia que era onde todo mundo tinha que terminar..."

Você quer dizer que parecia inevitável?

"Sim, sim, como se nada pudesse ter impedido que eu fosse para lá, ou que elas fossem para lá. E se nada podia ter impedido aquilo, qual era o propósito? E eu não sabia nada sobre meu irmão ou as meninas, ninguém me contava nada. Deus... Como eles estavam?"

"Naqueles primeiros dias em Styal", ela disse, "ouvi mais coisas horríveis do que eu sabia que existia. Elas indicaram uma velha senhora e me disseram que aquela era Mary Scorse, que tinha sido sentenciada à forca por cometer assassinato quando tinha 26 anos, nos anos 1940. Ela já estava no corredor da morte quando descobriram que estava com tuberculose; foram falar com ela que o médico tinha achado que ela não tinha saúde para ser dependurada. Quando a vi, com os óculos escorregando no nariz e calçando luvas de jardinagem, ela tinha cumprido vinte e poucos anos e alguém disse 'ah, ela está no bloco das assassinas e você vai acabar junto com elas'. E as detentas continuaram, essa tinha feito isso, aquela fez aquilo, e fiquei assustada para valer. Depois, é claro, entendi que as histórias eram horrendamente aumentadas: elas contavam para todas as novatas.

"Na verdade, todas as garotas que se tornaram minhas amigas eram infratoras primárias, quase todas elas com problemas domésticos horríveis, com longos registros de mandíbulas quebradas e bebês arrancados de suas barrigas aos chutes e antes da hora. Como algumas acabaram na prisão eu nunca vou saber. Elas tinham sofrido de tudo, várias vezes, mas quando abusar delas ou coisa parecida não era mais suficiente para os maridos, e eles começavam a fazer isso com as crianças, essas mulheres matavam o canalha e pegavam prisão perpétua. Prisões femininas são cheias – cheias, estou te dizendo – de mulheres assim e, no meio delas, muitas que, em vez de deixarem os filhos crescerem com uma mãe em prisão perpétua por ter matado o pai, deixam que as crianças que elas amam... A única coisa que elas amam... Sejam adotadas e parem de vê-las. Depois disso, não sobra nada em suas vidas."

Foi numa tarde de domingo que chamaram o nome e o número de Mary, junto com a ordem "diretora". "Normalmente, quando dão queixa de você, você vai ao escritório ou tem que ficar diante dela na 'sala de julgamento, como eles dizem, em Bleak [o bloco de punição], e tudo isso iria acontecer comigo inúmeras vezes. Mas naquele dia a diretora só me chamou enquanto estava fazendo ronda. A imagem que eu tinha dela era de uma coisa medonha... Como um hipopótamo de vestido. Bem, para ser sincera, ela não era como eu tinha imaginado. Quero dizer, bem, era muito jovem, o rosto dela era jovem. A primeira coisa que ela me disse foi: 'Qual é o seu número?'. Claro que eu fiquei tão nervosa que esqueci aquela regra. 'Tudo bem, 774987', ela disse, 'me chame de senhora', e aí continuou: 'Acredito que você esteja esperando um tapete vermelho, pelo jeito como o Sr. Dixon entrou aqui'. Perguntei: 'Quanto tempo vou ficar aqui? Me disseram que só a diretora sabe'. Ela riu e disse: 'Não sei, volte em quatro anos e me faça a mesma pergunta'. Eu falei: 'mas daqui a quatro anos vou estar com 20 anos', e ela disse: 'Sim, e com certeza decrépita'.

"Aí a diretora disse: 'Ponha na sua cabeça que o Sr. Dixon não tem mais controle sobre o que acontece com você. Você está em um lugar diferente agora... E não se incomode em fazer cara de cão sem dono', ela disse, 'não vai funcionar comigo'. E foi isso. Se tinha alguma coisa de que eu podia ter certeza era que – só Deus sabe por qual motivo – Molly Morgan não gostava de mim, e descobri que eu retribuía fortemente aquele sentimento, de modo bastante incomum para mim e por nenhum motivo. Foi instantâneo e eu sabia que a partir daquele momento haveria – já havia – uma guerra particular entre nós. Nos anos que se seguiram, ela tentou ao máximo me quebrar, e é claro que, à primeira vista, eu estava sempre do lado mais fraco. Como podia ser diferente? Mas, na verdade, eu não estava. Acho que às vezes essa batalha entre nós era a única coisa que me fazia seguir em frente. Eu não ia deixar o senso de justiça distorcido dela me derrubar, então de certa forma ela cumpriu um papel."

A "batalha" dela com a diretora tornou-se um dos dois focos de sua vida pelos primeiros dois anos, durante os quais a rebeldia tornou-se seu único propósito e a resistência às regras, sua única arma. O outro meio pelo qual podia afirmar sua individualidade, em vez de deixar que ela "afundasse" no atoleiro de submissão da prisão, como ela coloca, era sua sexualidade. Depois de passar o início da adolescência em um ambiente masculino, onde para todos os efeitos ela se adaptou o máximo possível a ser um garoto, ela somente descobriu como exercer sua sexualidade feminina na prisão.

Perguntei se Mary odiou Styal naquelas primeiras semanas.

"Não", ela disse, "não odiei. Foi só muito estranho, sabe, estar apenas com mulheres. Era simplesmente muito estranho. Era muito mais *barulhento*. Eu percebi que, quando estavam nervosas, as mulheres discutiam mais do que partiam para o contato físico. Você entende, garotos não discutem, eles trocam socos. Havia uns rapazes brutos em Red Bank e, sim, explosões de violência, mas quando a coisa estava ficando feia eles tinham que ir para o ginásio com luvas de boxe e lutar até cansar seguindo as regras do esporte. Isso não quer dizer que não havia ocasiões em que as pessoas jogavam cadeiras ou qualquer outra coisa do tipo, mas no fim das contas o principal era como você se sentia consigo mesmo – e porque o Sr. Dixon era quem era, e os funcionários eram quem eram, você se sentia muito mal mesmo porque estava decepcionando a si mesmo mais do que a eles. E sempre, sempre, não interessava qual era o seu comportamento, nem importava o que você fazia, eles falavam *com* você, nunca se expressavam de maneira autoritária. Você sabia que fazia parte de alguma coisa, alguma coisa com a qual você *queria* estar em sintonia: pessoas adultas que se preocupavam com você.

"Mas em Styal, bem, as agentes penitenciárias com certeza não estavam lá para cuidar de você: estavam lá para te conter. E se você quisesse ter uma vida, ou você se submetia ao sistema ou lutava contra ele. Eu aprendi muito depressa que quanto mais alguém se opunha, melhor essa pessoa se sentia. Pelo menos foi assim para mim – e já era para muitas das jovens que se tornaram minhas amigas. Mas prisões de mulheres, tenho certeza de que as de homens também, são cheias de raiva; prisioneiros são pessoas com raiva. E em prisões de mulheres, raiva, fúria e antipatia são expressas em palavras, em gritos, em vulgaridades, se você preferir. Percebi muito depressa que a coisa mais rara era o silêncio. Uma coisa que nunca se fazia era agredir fisicamente outra mulher. Tive que aprender isso do jeito mais difícil.

"Uns poucos dias depois que cheguei lá, tive uma discussão com outra garota sobre alguma coisa absolutamente ridícula, não lembro o que, e ela me xingou com um palavrão – o que em Red Bank era absolutamente proibido –, então dei um soco nela. Para meu total espanto, ela explodiu em lágrimas. Quero dizer, eu não a tinha *machucado* e não tinha a *intenção* de machucá-la. Eu só estava enfatizando que não estava ali para ser xingada.

"Ela tinha cerca de 20 anos, acho, e era filha de um médico. Foi arremessada de volta para a cadeira e começou a chorar. Eu meio que ri, meu Deus, e as outras mulheres olharam para mim com desaprovação. Eu simplesmente não conseguia acreditar. Não entrava na minha cabeça que tivesse tanta desaprovação por causa disso isso. Para mim, era simplesmente inacreditável, quero dizer, não era algo com que eu soubesse lidar. Eu estava acostumada com situações em que, se você batia por raiva, fúria ou coisa parecida, bem, era isso; quero dizer, acabava ali. Quero dizer, é uma reação física em vez de procurar palavras para dizer 'não me xingue, não me chame disso'. Mas se isso não pode ser físico – pelo menos era assim que eu sentia –, então a raiva continua, não importa o quanto gritem. É como se ficasse no ar, na atmosfera, como se durasse para sempre. Essa foi uma descoberta terrível."

Mas, perguntei, não houve outra descoberta? Ela era muito jovem e bonita. Nenhuma das mulheres quis tocá-la? Não ouve nenhuma oferta de carícia?

"Sim, havia uma garota cujo pai tinha um cargo importante na polícia de Londres. Ela era parte da turma dos anos 1970, muito chique, tipo garota de Carnaby Street, bonita mesmo, com cerca de 1,70 m de altura, cabelo loiro comprido... Ela falava 'está tudo bem, querida, você vai ficar bem', e sempre acariciava meu cabelo, 'ah, você é apenas um bebê'. Eu costumava ficar constrangida e dizia '*não* sou um bebê', o que, é claro, me fazia parecer um bebê, certo?

"Ela tinha uma amiga em outro bloco que realmente podia ser um homem... Parecia mesmo um rapaz... E me disseram que elas tinham um relacionamento. Claro que logo vi que havia muitos relacionamentos daquele tipo e que eles desempenhavam um papel importante na vida da prisão – a única forma de contato não agressivo, sabe. Isso é especialmente válido para mulheres que estavam acostumadas não apenas a uma vida sexual ativa, mas a... Ah, *estar* – viver e dormir com alguém. Claro que essas mulheres – vamos ser honestas, isso vale para a maioria das mulheres – vão precisar de uma continuidade para essa vida, e vão procurá-la. Eu logo entendi que não era apenas sexo. No caso das senhoras mais velhas – tem umas velhas mesmo; tinha uma senhora grega lá de 80 anos cumprindo pena de dez –, elas só precisavam de um carinho. Quero dizer, sentimentos, vontades, carências não morrem porque você está na prisão. Para ser sincera, na verdade ficam mais intensos. Quero dizer, não há nada mesmo para pensar exceto... Bem... Sentimentos."

Perguntei se ela estava se referindo a sexo.

"É, porém mais... Mais..."

Ela sabia sobre homossexualidade desde Red Bank, não era?

"Bem, sim. Mas eles não faziam isso lá, não podiam. Era apenas.... Ah, alguns caras diziam sobre alguém 'ah, ele é uma florzinha...', ou diziam uns para os outros", ela fez a voz ficar em tom afetado, "'*gosto* da cor da sua blusa...', quero dizer, eles *falavam* isso, mas do jeito que o sistema era dirigido lá eles não podiam *fazer* isso. Dois garotos não tinham permissão nem para ficar sozinhos; só um de cada vez podia ir ao banheiro e sempre com um funcionário por perto. Quando era hora do banho, todos eles entravam de uma vez e os funcionários ficavam lá o tempo todo". Ela riu. "Claro que eles se masturbavam", ela riu de novo. "O tempo todo, e ficavam fazendo piadas com isso: sinais, piscadas, palavras bobas como 'punhetinha'. Mas com a presença do Sr. Dixon, com sua experiência na marinha, ninguém que fosse mais fraco poderia ser forçado a fazer nada, como em outros lugares. Ele olhava por eles. As pessoas ficavam muito seguras em Red Bank."

Perguntei se isso queria dizer que ela sentia que as mulheres na prisão não estavam seguras.

"Não digo isso", ela disse. "Não acho que alguém forçasse outra pessoa em qualquer ato sexual em Styal. Só acontecia o tempo todo... Como poderia não acontecer o tempo todo quando tinha tantos... Bem, sim, mulheres, mas eu quero dizer mesmo é seres humanos adultos e dotados de sexualidade juntos?"

Se elas praticavam ativamente sexo lésbico era uma questão de idade e da posição hierárquica da prisioneira, ela disse. "Veja bem, tem as que estão em prisão perpétua, e de muitas maneiras elas estão no topo da hierarquia, pois chefiam as oficinas. Isso as torna importantes porque significa que elas controlam o que as pessoas ganham – nas oficinas você não recebe por tempo, mas por produto. Se você bate de frente com essas prisioneiras, elas podem simplesmente te obrigar a refazer um produto indefinidamente. A coisa pode ficar ruim mesmo. Quando cheguei em Styal, a maioria delas vivia no bloco de prisão perpétua – quando eu fui lá a primeira vez, era em Barker, e depois me puseram lá por um tempo. Elas vivam como se esse bloco fosse sua casa para sempre, sabe. Tinham privilégios, como quartos próprios, colchas e estofados. Aquela é a vida delas, e elas realmente se identificam mais com as agentes prisionais do que com as outras prisioneiras..."

Perguntei se muitas detentas tinham casos com agentes.

"Algumas, mas não muitas, basicamente porque as mulheres não conseguem manter a boca fechada e isso pode ser fatal para as agentes. Acabaria com a carreira delas."

Mais tarde ela ficou sabendo que, enquanto estava em Styal, houve uma série de denúncias na imprensa sobre redes de proteção lésbicas e estupros lá. "Besteira, só besteira", ela disse. "As pessoas faziam o que queriam ou precisavam fazer, e claro que isso não podia ser impedido. E por que deveria ser?", ela perguntou. "Eu mesma não consigo pensar que qualquer afeto seja ruim. E na prisão? Pelo amor de Deus, os funcionários da prisão podem não ser bem treinados, muitas coisas estão erradas, mas no geral eles não são monstros. Acima de tudo, as pessoas não se tornam diretores de prisão porque são estúpidas, e qualquer um com uma centelha de inteligência sabe que o alívio proveniente dos relacionamentos, incluindo o sexo, é essencial para os detentos.

"Isso se torna perigoso. E estou dizendo não por experiência própria, apesar de já ter ouvido muito sobre isso em prisões masculinas e instituições para jovens transgressores. O perigo é quando o afeto não desempenha nenhum papel, ou quase nenhum, e garotos ou homens mais jovens ou mais fracos são forçados a fazer sexo. Aí se torna nada mais que comodismo e brutalidade. Estranhamente, porém", ela diz, "isso não é um problema em prisões de mulheres, embora claro que existam drogas e pressões emocionais..."

Perguntei como era a questão das drogas em Styal.

"Não seja ridícula", Mary disse. "*Todo mundo* fuma maconha; as prisões estão cheias disso. Drogas pesadas? Bem, depende do que você quer dizer com isso. Com certeza, um monte de drogas... Analgésicos, tranquilizantes, remédios para dormir são receitados..."

Perguntei se era sob demanda. Ela deu de ombros.

"O que é demanda? Não sei se há muita diferença aí entre demanda e necessidade aparente. As pessoas ficam muito, muito infelizes na prisão, e para os administradores de prisões não é apenas difícil, mas também quase impossível de lidar com a infelicidade escancarada, quer seja individual, quer seja em grupo. Sim, eles querem manter os prisioneiros saudáveis; mas também *precisam* mantê-los sob controle. Então, no final, distribuir comprimidos se torna uma questão não somente de avaliação médica, mas, vamos ser honestas, também de necessidade, certo?"

Se, entretanto, eu estivesse perguntando a Mary sobre drogas tais como cocaína, morfina, heroína ou similares, ela dizia que, sem dúvida, estavam disponíveis, mas, com exceção de uma vez em que experimentou heroína e passou muito mal, drogas pesadas não foram parte da sua experiência na prisão.

Ela disse que, no caso da maioria das que estavam em prisão perpétua, a atividade sexual dependia da idade. "Eu logo aprenderia que as mais jovens entre elas se recusavam a ter relações com qualquer uma que tivesse sido condenada a menos de cinco anos. Era, como eu descobriria por mim mesma, difícil demais, doloroso demais. Mas algumas que estão em prisão perpétua são mais velhas, bem velhas mesmo. Tinham cometido um único crime em toda sua maldita vida e foram mandadas para lá quando tinham 50 anos ou mais, e tinham netos e tudo. Para elas, a ideia de sexo com uma mulher era realmente horrível, quero dizer, moralmente horrível e fisicamente repugnante."

Mas certamente, Mary disse, os relacionamentos, fossem sexuais ou não, comandavam a vida na prisão, e ela havia notado isso muito rapidamente, como também havia notado a distinção que se fazia na identidade sexual.

"Entre as prisioneiras não havia xingamentos, ainda que agentes prisionais com raiva pudessem chamar alguém de 'sapatão desgraçada'", ela disse. "Mas era por um simples fato da vida que você era ou uma *butch* (mulher de aparência masculinizada), ou uma *femme* (mulher de aparência feminilizada), e que – muito mais que em uma vida gay cotidiana – a *butch* era sempre a dominante nesses relacionamentos."

Perguntei se esse era um assunto frequente nas conversas e se ela teve a sensação de que isso era a coisa mais importante na cabeça da maioria das mulheres.

"Ah, Deus, sim, sim. Ah, sim." Era tão declarado, tão evidente, Mary conta, que ela logo ficou curiosa sobre isso. "Logo depois que cheguei lá, soube de uma mulher no meu bloco que parecia mesmo um rapaz, mas ela tinha feito algo de errado. Nunca descobri o que, porque aconteceu pouco antes de eu chegar e ninguém queria me contar. E como castigo ela foi obrigada [pelas agentes] a usar um vestido, o que era uma humilhação total para ela. Aí em uma noite, não lembro quando, mas acho que antes do fim da minha segunda semana, pulei na cama com ela e perguntei: 'O que você faz?'. E ela ficou muito envergonhada e disse 'não posso... Não mesmo... Não posso dizer.'

"Perguntei de que tipo de garotas ela gostava e se ela gostava de mim. Eu disse que tinha 16 anos e era velha o bastante, ela não concordava? É, bem, ela respondeu como se para me agradar, mas quando eu tentei tocá-la ela me impediu. E eu perguntei 'por quê?', e ela disse 'porque eu não'.

"'Não o quê?', continuei, e ela respondeu que simplesmente não gostava de ser tocada. Depois não apenas notei que esse era o caso da maioria das mulheres *butch,* como também vim a sentir isso de maneira muito forte quando virei uma *butch.*"

Perguntei a Mary se isso era porque elas não aceitavam carinho ou porque elas queriam ser e continuar sendo a parte dominante e que toma a iniciativa.

"Bem, é tudo isso", ela disse. "Mas muito mais que isso, elas escondem sua própria feminilidade – pelo menos é o que descobri quando fiz perguntas, e o que senti depois, quando eu mesma fiz isso."

Mary se tornou emocionalmente confusa e sexualmente ativa duas semanas após chegar em Styal. Não há dúvidas, e nenhuma surpresa em especial, de que sentimentos de natureza sexual haviam se acumulado dentro dela durante seu último ano em Red Bank. Como Ben e Carole lembram claramente, ela havia deliberadamente, conforme eles acreditam, colocado barreiras entre ela e os garotos, e progressivamente se aproximado das funcionárias e das atividades femininas, inclusive cozinhar algo que ela gostava em Red Bank, por mais estranho que pareça. Mas uma coisa de que Mary se deve lembrar é que, independentemente do que tenha acontecido em sua infância e depois no início da adolescência, ela estava fisicamente intacta quando, quatro dias após sua chegada em Styal, foi cruel e dolorosamente examinada por um médico despreparado.

Ela descreveu seu primeiro encontro com a equipe médica com aquele seu humor costumeiro, mas bem detalhadamente. "Eu falei com o médico que eu tinha incontinência urinária – o que ele já sabia –, mas também que eu estava sofrendo, como acontecia todo mês, de fortes cólicas menstruais. Eu disse que quando isso acontecia em Red Bank, tinha permissão para me deitar com uma bolsa de água quente. Bem, ele disse que eu não teria nenhuma dessas regalias, mas que podia tomar um remédio.

"'Existe uma pílula contraceptiva', o médico disse, 'que alivia e regula'. E ele me advertiu que eu poderia ficar irregular porque a menstruação às vezes se altera ou cessa após experiências traumáticas: ele se referia à minha transferência para a prisão, suponho. Mas eu disse 'não vou tomar pílula', e ele começou a falar sobre o quanto custava o maldito remédio e que tinha que ser importado da Alemanha, mas eu disse que não estava interessada. Simplesmente não tomaria remédios químicos.

"Aí ele disse que eu tinha que ver outro médico e fazer exame interno. 'Pelo amor de Deus, estou menstruada', eu disse a ele. 'E cheguei aqui vinda de um lugar totalmente seguro. Não estou propensa a ter doenças venéreas ou qualquer outra coisa.' Mas ele disse: 'É o protocolo', e me mandou tirar a roupa. Falei que não, mas ele disse para eu não ser boba, porque eles podiam me obrigar. Tirei, botei uma camisola e saí correndo para o corredor, mas eles me pegaram e o médico entrou de volta. Ele disse que eu era a pessoa mais lamentável do mundo. Mas só Deus sabia o que se passava na minha cabeça, e eu disse 'sou virgem, sou virgem". Ele me empurrou pela porta para a outra sala onde um homem... Sim, de jaleco branco... Estava sentado com uma xícara, molhando o biscoito no chá de maneira nojenta, enquanto uma enfermeira me empurrava até eu deitar em uma cama ou algo parecido, colocando minhas pernas para cima. Eu nunca fiquei tão constrangida em toda minha vida: ele com o chá, eu com as pernas para cima mostrando tudo; era ultrajante.

"Ele andou até onde eu estava e, antes que eu pudesse dizer qualquer coisa, enfiou algo em mim que se abriu, ou fechou, ou qualquer coisa assim, e doeu para valer. Eu fiquei gritando que estava doendo e a enfermeira, que era legal, ficava dizendo: 'Pronto, pronto, pronto'. Ele ficava falando para eu não ficar tão tensa; eu ficava repetindo 'está doendo'. Ele disse que só tinha que tirar uma amostra e, meu Deus, empurrou ainda mais e deu uma puxada, eu senti uma dor aguda e ouvi aquela pancada seca. Ele ficou sentado em uma daquelas cadeiras com rodinhas e se virou dizendo, '*ahhh*, enfermeira, me ajuda', e foi ela que soltou aquilo e puxou para fora, devagar e com cuidado..."

Pontuei que eles poderiam pelo menos ter esperado até a menstruação passar e perguntei se ela não havia sugerido isso.

"Eu não sabia o que eles iam fazer. Afinal de contas, eu nunca tinha passado por aquilo. De qualquer jeito, eu já estava falando com o médico que estava menstruada, que era virgem, e estava implorando para que ele não fizesse nada comigo. Não sabia mais o que dizer. Bem, de qualquer jeito, foi assim, não é? E saí andando por lá depois como se tivesse acabado de chegar da guerra, feito barata tonta."

Mas você sabia o que tinha acontecido?

"Bem, sim, acho que sim. Aquela coisa terrível me deu aquele beliscão, mas tudo que eu sentia era dor e só conseguia pensar nisso. Simplesmente voltei para Mellanby e fiquei com vergonha porque estava chorando. E aí, alguns dias depois, eu me apaixonei."

Monotonia

Styal, 1973 a 1975

Muitas das experiências que Mary me contaria sobre os primeiros meses em Styal, a maior parte em tom de piada, demonstram o quanto os cinco anos passados como parte de um grupo constituído quase exclusivamente por garotos adolescentes a haviam desestruturado emocional e sexualmente.

Todas as suas reações ao ambiente ultrafeminino em que ela subitamente se encontrou seriam familiares a qualquer ex-aluna de internato. As paixonites, o rubor, a perseguição velada a mulheres mais velhas, as mãos trêmulas perto de quem se ama eram aqueles de uma garota de 12 ou 13 anos entrando na puberdade, e não os sentimentos sexuais de uma garota de 16 chegando à idade adulta. A garota por quem Mary "se apaixonou" logo depois de sua chegada, uma *butch* inevitavelmente muito mais velha do que ela, estava em um bloco diferente. "Eu a amava muito e não podia, sabe... Quero dizer, talvez ela nem quisesse... E eu disse para mim mesma que era ela ou ninguém, e aí ficou uma espécie de amor a distância."

Esse sentimento se tornou algo mais?

"Não, não", ela ainda parecia ressentida. "Ela me tratava como uma irmãzinha. E eu nunca... Ah, Deus, nunca falei com ela 'eu te amo'... Eu teria morrido. Então só dei um jeito de ficar por perto sempre que podia e meio que encostava nela, algumas vezes esbarrei nela como se fosse acidente. Mas uma vez, só uma vez, notei que ela gostava de mim ou alguma coisa parecida, porque um dos detentos homens que costumava ir lá para fazer serviços gerais – de eletricidade, coisas assim – tentou me dar uma carta, mas ela interceptou e ficou louca de raiva. Ela sempre foi uma pessoa muito calada e fechada, mas na hora ficou completamente furiosa e não me deixou pegar a carta..."

Mas ela disse por que não?

"Sim, ela disse que era porque estava cheia de palavras sujas, muito sujas, coisas sujas, malditos homens."

Sempre tive consciência de que o trauma da transferência de Mary do ambiente masculino de Red Bank para aquele agressivamente feminino de Styal devia ter ficado profundamente gravado em sua psique. Mas levaria algum tempo até eu começar a suspeitar que pudesse haver um significado diferente e mais abrangente para as expressões que Mary usava quando falava, com muita facilidade, sobre sexualidade *butch*. A recusa em ser tocada e o desejo de se proteger e de se ocultar poderiam igualmente ser interpretados como a própria determinação de Mary em se resguardar, não se deixando afetar de maneira duradoura por qualquer experiência sexual ou de outra natureza, e em "ocultar" de sua memória emocional aqueles sete anos sobretudo irracionais e, portanto, destrutivos de sua vida.

Claro, é inteiramente possível que eu esteja extrapolando em algo que deve ser uma inevitável especulação. Porém, a partir do que Mary começou a me contar sobre como ela e as demais prisioneiras conduziam sua sexualidade, ficava evidente que essa era uma parte da vida na prisão de extrema importância para ela. Muitas de suas recordações com relação a Styal – e era a essas que ela dava valor – eram tudo, menos profundas. E, embora ela nunca fosse vulgar, muitas de suas anedotas continham um toque de humor indecoroso, às vezes até mesmo obsceno, e muito frequentemente dirigido a si mesma.

"Na época em que eu estava me deleitando em minha paixonite por Carol – esse era o nome dela – e já me imaginava uma celibatária perpétua, eu na verdade estava muito ansiosa para experimentar. Depois daquela primeira tentativa meio travada com aquela *butch* relutante, eu pulei na cama com outra menina e, de novo, pouco aconteceu. O que mais lembro é ela dizer 'você é nova demais, vá embora', o que me deixou mais constrangida do que frustrada. Claro que eu ainda não sabia, mas descobri logo depois que a regra era que se alguém tocasse em mim seria castigado."

Perguntei quem criara essa regra.

"Nunca soube com certeza, mas acho que foram Betty Blue e as amigas dela", ela riu. "Era um tipo de máfia protetora de Newcastle-Scotswood; Betty devia fazer isso por causa do meu pai. Então, mesmo que ele não soubesse, meu pai estava me protegendo do mesmo jeito que eu sentira anos e anos atrás, como quando eu tinha mais ou menos 8 anos, e ele me protegia – ou protegeria se eu pedisse. Mas, de qualquer jeito, naquela época... Cerca de duas semanas depois de eu chegar lá... Eu sentia que sabia de tudo, sabe, e quando minha mãe veio me ver de novo eu contei para ela... Me exibindo, sabe... Que tinha tido um caso com uma mulher. Ela disse: 'Jesus Cristo, o que você vai aprontar agora? Você é uma assassina e agora uma lésbica'."

O primeiro trabalho de Mary tinha sido auxiliar a cozinheira de Mellanby, Pat. Mas isso terminou muito rápido por comum acordo. "Eles eram muito democráticos, ha, ha", ela disse, "e fui designada para trabalhar na sala do fundo [na extremidade sul da prisão], onde Carol também trabalhava."

Nesse momento, como também acontecera ao descrever sua infância ou seus momentos de emoção em Red Bank, ela voltou subitamente ao dialeto de sua cidade, quase totalmente incompreensível para mim. "Gente tava cortandas sobra dos pesdepá", ela falou.

"Vocês estavam fazendo o que com o quê?", perguntei.

"Cortando", ela disse, pacientemente, de volta à gramática que aprendera em Red Bank. "Tínhamos umas tesouras grandes e ficávamos cortando as sobras de pés de pato, aquelas coisas grandes de borracha preta, acho que era para os mergulhadores da polícia. Havia uns pedacinhos finos [de borracha] por todo lado e tínhamos que cortá-los, tirar os pedacinhos com tesouras afiadas. Lá, nós organizamos uma espécie de greve, porque estava muito frio, não tinha aquecimento, nem nos deram algo quente para beber, e nossas mãos congelavam com aqueles malditos pés de pato frios. Então apenas paramos e sentamos, nos recusamos a trabalhar. A diretora veio e perguntou se sabíamos que aquilo era chamado de rebelião. Podia ter acabado mal para nós, mas ela viu que estava muito frio e nos mandou voltar para os nossos blocos depressa, preparar bebidas quentes e ficar debaixo das cobertas para esquentar. No dia seguinte, o aquecimento já tinha sido consertado."

Perguntei qual era realmente a programação diária.

"A mesma, sempre a mesma", Mary disse. "Eu levantava às 6 horas, fazia as tarefas domésticas da manhã, como espanar, varrer, lavar o chão ou o banheiro, coisas assim; às 7h30 tinha o que eles chamavam risivelmente de café da manhã – uma fatia de pão, uma coisa granulada que eles chamavam de geleia, e chá – e então eu saía para a oficina às 8 horas, voltava ao meio-dia para almoçar, retornava para o trabalho à 1 hora e para a cela às 4h45 da tarde, mais ou menos. Aí tinha o lanche e era isso."

Perguntei sobre a higiene pessoal. As pessoas não tomavam banhos de chuveiro ou de banheira?

"Quando eu estava nos jardins e ficava muito suja, pedia para alguém ficar de olho e entrava na banheira. Mas isso era irregular. Oficialmente, era um banho por semana, a não ser que você estivesse em trabalhos externos que sujavam muito, como nos canos, ou se você estivesse na 'equipe de engenharia' ou, claro, nas cozinhas, quando podia tomar banho toda noite. Mas, de qualquer jeito, nós tirávamos a roupa para nos lavar todo dia."

Todas tinham seus próprios objetos de banho, óleos, sais?

"Só determinados tipos eram permitidos: nada de desodorante comercial, cremes faciais, acetona para tirar esmalte, porque continham álcool. No lugar de desodorantes, eles forneciam um pó. Havia algumas pessoas que não sabiam cuidar de si mesmas e nem deviam estar lá para começo de conversa", ela disse. "Mas a maioria era muito limpa."

Ao longo dos anos, Mary contou, ela havia feito todo tipo de serviço disponível em Styal, internos e externos. "Mas nos primeiros seis meses, como eu disse, primeiro foi cortar os danados dos pés de pato e, depois, fazer camisas de futebol em enormes máquinas de costura; e eu também não era boa nisso." Ela deu uma risada. "O buraco do braço de uma camisa de futebol parece muito com o buraco do pescoço, não parece?"

Ainda rindo, ela disse: "Havia um monte de camisas de futebol com três mangas por lá. Mary Scorse – lembra que te falei dela? – era a responsável por aquela oficina. Todo mundo tinha medo dela, e eu não era boa naquilo mesmo. Um dia, ela começou a ficar em cima de mim, e uma das minhas amigas disse: 'Aí, da próxima vez que ela te der um pito, só diz para ela que seu nome pode ser Bell, mas não é Madeleine'. E eu disse: 'Por que eu diria isso?', então ela falou: 'Com isso, ela vai ficar calada'.

"Como eu era muito exibida, eu fiz isso – abri minha boca grande e disse: 'Posso ser Bell, mas não sou Madeleine'. E ela disse: 'Sua canalhinha, vem cá, o que você disse?'. Ela veio na minha direção segurando uma tesoura grande; eu fiquei morrendo de medo, mas não arredei pé e tudo acabou ali mesmo. Depois, todas as garotas estavam rolando de rir. Elas acharam aquilo hilário. E eu *diz*: 'O que foi isso? O que eu disse?'. Elas falaram que Madeleine era o nome da namorada que ela matou quando a encontrou na cama com um homem. Aí eu disse: 'Suas vacas!', e depois pedi desculpas para Mary Scorse. Eu fiquei triste de verdade por ela. Ela tinha sido solta e chamada de volta duas vezes: uma quando esteve numa briga em um *pub,* e depois, supostamente por ter tido uma overdose, após cumprir outros onze anos e ter saído pouca coisa antes."

Comentei que pensava que pessoas de licença só poderiam ser chamadas de volta se cometessem outro crime violento.

"É, bem", Mary falou amargamente. "Acho que eles decidiram que tentar se matar era um ato de violência que merecia levá-la de volta à prisão. Ela tinha um pássaro de estimação, um chapim-azul que ela alimentava toda manhã. Eu via todo dia como aquele passarinho ficava esperando por ela, sempre no mesmo lugar. Se alguém passasse, ela fingia que estava enxotando o passarinho – não é bom, entende, demonstrar bondade na prisão. Eu gostava dela, mas via que ela estava ficando mais e mais confusa, muito infeliz, andando para lá e para cá à noite no seu pavilhão. Mas pelo menos ali ela tinha amigas, e sabia como sobreviver. Aí, o que nosso glorioso sistema fez? Eles a mandaram para a ala de segurança máxima de Durham. Foi nojento: isso me deu nojo."

Na prisão, segundo ela, lutava-se contra uma coisa: a monotonia. "Como te falei, todos os dias eram iguais e os finais de semana eram piores: se você não recebesse visita, não tinha nada para fazer, simplesmente nada. Era tedioso, tedioso, tedioso, tanto que, por mais que os dias de semana fossem horríveis, você torcia para chegar a segunda-feira, porque pelo menos podia ir para as oficinas. Não estou dizendo que eles não tentavam tornar aquilo mais suportável – nos mudando de local de trabalho a cada três meses e, até mesmo, permitindo que mudássemos mais cedo se requisitássemos."

Mas em contrapartida, Mary disse, para evitar que os relacionamentos se tornassem "próximos demais – o que quer que isso signifique", eles também mudavam frequentemente as pessoas de uma casa para outra.

"Existem onze casas ou blocos e eu estive, com certeza, em seis deles; eles me jogavam para lá e para cá como um ioiô e, com certeza, toda vez que prestavam queixa de mim. Vamos ver", ela os contou de memória e, ao mesmo tempo, com os dedos: "Mellanby, Davies, Righton, Barker, Bleak – esse era o bloco de punição e eu fui para lá, ah, dezenas de vezes..."

Perguntei ceticamente se havia sido dezenas. Ela detestou meu ceticismo: "Você não acredita em mim, não confia em mim... Como você pode ainda não confiar em mim?", ela chorou, e eu expliquei, como havia feito antes, que a memória era imperfeita e, como se mistura com desejos, sonhos e imaginação, ela é enganosa.

Falei que era minha função ser cética, perguntar novamente, verificar e depois verificar de novo. Normalmente ela rejeitava tais explicações e, algumas vezes, com bastante raiva, insistia que minha desconfiança não era em relação à sua memória, mas a ela, somente a ela, que sempre foi acusada de manipular as pessoas. Dessa vez, porém, ela apenas deu de ombros e pareceu desanimada.

"Pareceram dezenas", disse, demonstrando cansaço e continuando a lista. "Aí estive em Fry..." Ela pareceu confusa. "Deus, não consigo nem lembrar o nome das outras, o que está acontecendo comigo?"

Eu disse que não havia problema algum com ela: Mary estava se lembrando muito claramente de coisas específicas em relação a cada uma das casas em que estivera, então era provável que não tivesse sido mandada para nenhuma das outras cinco.

Ela não sabe se essas mudanças por lá tinham um efeito positivo nas detentas, se ajudavam a impedir a monotonia; ou se, ao contrário, elas destruíam qualquer chance de estabilidade. O que alguém que não esteja cumprindo uma pena de prisão perpétua é incapaz de entender, afirmou ela, era que para esses prisioneiros não se trata de um tempo estabelecido, um período dentro ou fora da vida deles. É toda a sua vida, para sempre.

"Você luta contra essa percepção", Mary disse. "Mas a maioria dos que estão em prisão perpétua não consegue lutar por muito tempo. Lembra que te falei do quanto fiquei deprimida no segundo e no terceiro dia, no sábado em que minha mãe foi lá? Depois disso, com todos os rostos novos, as histórias novas e as novas experiências, consegui abafar isso um pouquinho. Mas em seguida, ah, após alguns meses, comecei a sentir que aquilo era tudo, que nunca teria nada além daquilo. Isso é o que a maioria dos que estão em prisão perpétua vem a sentir, e é por isso que a maior parte deles – especialmente os mais velhos – faz da prisão quase um ninho e, no desenrolar do processo, torna-se institucionalizada."

Mary afirmou que entendia perfeitamente como deve ser difícil, mesmo impossível, dirigir prisões como Styal sem impor submissão. Mas, uma vez que os prisioneiros estejam submissos – uma condição que ela mesma deplorava e contra a qual lutou durante anos –, eles deviam ter permissão para ter esse ninho sem a ameaça de instabilidade.

Evidentemente, durante um bom tempo ela não achou a vida na prisão monótona. "Mas isso era porque, como você sabe, eu sou muito curiosa, e na prisão...", de repente, ela riu estridentemente, as palavras se misturando à risada, "tínhamos... Ha ha ha... Vítimas cativas... [mais risadas estridentes] Para bisbilhotar..." A risada cessou. "Na verdade, eu percebi muito cedo que mulheres são muito seletivas em relação a para quem elas vão contar coisas sobre si mesmas. Foi só no começo, talvez porque eu *era* muito jovem e, lógico, 'nova' e..." Ela deu de ombros.

"Acho que era uma via de mão dupla – a maioria delas estava curiosa em relação a mim também, então, durante as primeiras semanas, quase todo mundo que eu encontrava conversava comigo. Depois disso, bem, as coisas mudaram. Demorou um tempo, mas aí eu comecei a ter amigas, não... Sabe... Não necessariamente todas eram amigas lésbicas, embora tivesse também. Mas algumas eram só amigas. Todas aprendiam: era terrivelmente doloroso deixar-se apegar a uma pessoa que cumpria sentença curta, ou que estava no final de uma longa. Essa é a coisa mais deprimente para quem está em prisão perpétua: ver pessoas indo embora.

"Eu me dei conta muito depressa de que não conseguiria de jeito nenhum minha data estimada para libertação antes de fazer 21 anos. Não precisei perguntar à diretora sobre isso, pois me diziam isso com frequência. Se o plano do Sr. Dixon tivesse funcionado não teria importância. Porque, mesmo que eu permanecesse sob certos limites – como ficar em um albergue, conforme ele estava pensando para mim em Red Bank –, eu teria auxílio para preparar meu futuro enquanto isso. Mas agora não havia mais nada assim."

Perguntei se não havia possibilidade de ela continuar sua escolarização.

"Já te disse..." O medo, que nunca desaparecia, de eu não acreditar nela ou de ser "enganada" por perguntas "capciosas" fazia com que ela se tornasse quase rude, mesmo tendo boas maneiras. Ela ficava muito impaciente se eu parecesse ter esquecido algo que ela dissera, ou se fizesse uma pergunta duas vezes.

Pedi que me contasse de novo e expliquei novamente, com mais firmeza, que eu iria perguntar diversas vezes até ter certeza de que tinha entendido a resposta. Mais cedo, Mary me dissera que, pela lei, ela teria direito a mais escolaridade. Na verdade, isso só vale até a conclusão do ensino médio. Depois disso, não é mais obrigação da prisão fornecer continuidade na educação, embora ainda seja, pelo menos em teoria, uma opção para um jovem detento.

Perguntei se eles não forneciam programas educacionais e se não havia nada que ela pudesse aprender.

"Sim, sim, sim, eles forneciam", ela disse com desdém. "Por ter menos de 18 anos, eu ainda tinha que ter uma certa quantidade de – ha ha, que piada – 'estudo'". Aqui seu relato se tornou muito confuso, pois ela saltava anos e dizia que não se lembrava de nomes ou de atividades. "Tinha uma oficial de educação que tentou me levar para o bloco educacional em que eu tinha que ficar sentada... Uma mulher... Eu nem sabia o nome dela e, na verdade, não sei que diabos eu estava fazendo lá, só discutindo coisas, ah, é, porque a universidade aberta foi até lá, não é..."

Pedi que ela esperasse um minuto e perguntei se estávamos falando de quando ela ainda tinha 16 anos.

"Não, aí eu tinha 18, não tinha? Porque eles disseram 'ah, você não está satisfeita por eles terem feito uma exceção para você poder entrar?', e eu nem mesmo pedi para continuar lá, nem queria, e a diretora ficou dizendo: 'Você deveria se armar e se equipar com isso...'. Meu Deus, era como se eu estivesse indo para a guerra e, mesmo assim, no fim das contas, eu sabia que não ia a lugar nenhum durante anos e anos..."

Disse a ela para voltarmos aos seus 16 anos. Durante aqueles primeiros dois anos, você não fez nada de intelectual ou vocacional?

"Sim, aprendi a fazer molho a partir de farinha", ela zombou.

E quanto a livros? Você lia?

"Sim, a biblioteca abria todo domingo. Eu costumava ir ver, mas era uma biblioteca de merda, era um lixo. Eu não chamo o que eles tinham de 'livros'. Quero dizer, em Red Bank tinha livros, livros de verdade, e o Sr. Shaw discutia sobre eles conosco depois que os líamos, e nós líamos Shakespeare e Oscar Wilde; muita poesia, o Sr. Shaw era louco por poesia. Mas em Styal... Não quero ser rude... Mas eu não estava interessada em Georgette Heyer e Barbara Cartland, e isso era tudo o que tinha lá. Acho que, durante todo o tempo em que fiquei lá, devo ter lido quatro livros. Eu lia mesmo eram os livros que as visitas levavam, mas o único que lembro é *Papillon*, esse era minha bíblia."

Havia aulas noturnas, ela disse, e era permitido fazer três por semana. "Eu aprendi violão. Tinha uma professora absolutamente fantástica, brilhante, e eu já tinha tocado em Red Bank. Mas no geral, bem, eles diziam que as oportunidades estavam lá e que dependia de cada um etc., etc. Talvez... Sim, tinham aulas, mas elas eram dadas por voluntários que, é claro, nunca ficavam. Quero dizer, eles iam e vinham. Então, qual era o propósito de tentar aprender?

"E eram coisas como educação musical. Quero dizer, quem está interessado em ouvir *Iolanthe* ou outras óperas? Quero dizer, ouvir óperas ou mesmo música clássica, isso também tem que ser ensinado, aprendido ou talvez, sabe, seja preciso conviver com isso desde criança. Como te disse, tem algumas mulheres de mais educação na prisão, mas não são a maioria. Você vê, o que acontece é que tem as tais aulas de coisas para as quais eles acham voluntários, e normalmente são pessoas que têm formação, então eles ensinam ou tocam ou mostram algo de que eles gostam ou que sabem. Mas não é o que as pessoas querem ou precisam..."

Perguntei a ela o que mulheres querem na prisão. A que elas responderiam bem?

"Bem, que tal cursos de primeiros socorros? Que tal aulas com filmes sobre crianças, ou como criar os filhos? As pessoas não sabem mesmo como serem pais. Eu tive sorte: tive o Sr. Dixon e tudo o mais, e depois Pat, minha agente de condicional. Mas se eu não tivesse tido essa ajuda, não sei como teria conseguido.

"E poderiam ser oferecidas aulas também, com filmes sobre a natureza e os animais. As pessoas se inscreveriam para elas. Eu teria me inscrito. Mas do jeito que era, as pessoas só usavam as aulas como meio de encontrar amigas de outros blocos."

Havia, sim, cursos oferecendo treinamento vocacional, e ela pediu para fazer alguns. "Mas não me deixaram porque eles aconteciam fora de lá... Uns nove quilômetros para lá do portão. Outras que estavam em prisão perpétua tinham permissão para ir, mas eu não, claro. Meu Deus, podia ter sido algo que eu gostasse de verdade. Molly Morgan não aceitaria isso."

Perguntei se ela ainda pensava assim e se achava que isso era justo — ser justa, segundo ensinou o Sr. Dixon, é até hoje questão de honra para Mary e qualquer sugestão de que ela possa estar sendo injusta torna-se algo deplorável para ela. Não era mais provável que alguém que tivesse responsabilidade sobre ela, do Ministério do Interior até instâncias inferiores, estivesse com medo do interesse fora do normal que a imprensa demonstrava em relação a ela? Ainda que tivesse se originado nos crimes dela quando criança, ele era continuamente remexido por sua mãe

"É verdade", ela respondeu pensativa. "Ela transformou o fato de ser minha mãe no seu ganha-pão, não é?"

Quando Mary foi transferida para Styal, Betty Bell estava morando com seu jovem namorado, George. Ela o havia conhecido em 1968, pouco antes da tragédia em Newcastle, quando ela tinha 29 anos e ele, 18. Mary acha que foi na segunda visita que Betty a encontrou com um forte resfriado, apesar do qual ela continuava sendo mandada para a oficina todas as manhãs da semana anterior ("Não éramos mimadas", disse Mary). Betty, não se sabe como, entrou pisando duro na sala da diretora e disse-lhe que era vergonhoso que sua filha de 16 anos fosse forçada a trabalhar quando, por direito, deveria estar na enfermaria.

"Ela chamou a diretora de 'estúpida' por não ver que eu estava doente", Mary disse, "e a bronca foi interminável. Me chamaram na sala de Molly Morgan na manhã seguinte, e ela estava furiosa. Eu não podia culpá-la; posso imaginar como minha mãe deve ter ido até ela."

A diretora disse-lhe que, dada a "imaturidade" da sua mãe "com um namorado em casa", era improvável que Mary fosse libertada para morar com ela. "Foi como um soco na boca do estômago", Mary disse. "Quero dizer, eu tinha acabado de chegar... Do que ela estava falando? Mas, também, como ela ousava falar da minha mãe daquele jeito comigo?"

Molly Morgan deve ter ficado extremamente zangada com aquele encontro com Betty para se permitir um comentário tão pessoal e prematuro como esse. Ela tomou como base não qualquer conhecimento de fato em relação aos problemas de Betty ou às experiências da infância de Mary com ela, mas a reprovação conservadora (que ainda existia nos anos 1970) a uma mulher que vivia com alguém sem ser casada.

A autoridade que lhe forneceu essa informação, qualquer que tenha sido, não fazia ideia alguma de quanto as circunstâncias haviam mudado em relação a Betty nos cinco anos desde o julgamento de Mary. Em 1973, George, um rapaz trabalhador com talento para negócios, havia estabilizado a vida de Betty. Ele a levou para fazer cursos de datilografia e contabilidade e a incentivou a trabalhar com ele em seus negócios. Ela aprendeu a dirigir e George, posteriormente, deu-lhe um carro.

Quando Molly Morgan fez tais observações, é claro que Mary sabia de todas essas mudanças: "Minha mãe não parava de falar sobre tudo que ela estava fazendo e sobre a bela casa que George tinha comprado ou estava comprando para eles, e sobre 'meu quarto' nessa casa. Fiquei muito ofendida quando Molly Morgan falou dela daquele jeito. Não seria de se pensar que eles [as autoridades indefinidas] sabiam que George era uma pessoa respeitável e que eles estavam vivendo uma vida respeitável?".

De fato, George casou-se com Betty em algum momento dos anos seguintes – Mary se esqueceu de quando foi –, antes de Mary ficar sabendo do crescente problema da mãe com a bebida. Treze anos depois, quando Betty já tinha se tornado uma alcoólatra, George julgou que não conseguia mais lidar com aquilo e o relacionamento deles acabou.

O primeiro problema real de Mary apareceu algumas poucas semanas após sua chegada a Styal, quando duas garotas pediram que ela as ajudasse em uma tentativa de fuga. Elas haviam roubado uma chave inglesa de uma oficina e precisavam de alguém forte para arrombar as grades e colocá-las de volta depois que já tivessem saído.

"A burra aqui acreditou nelas", Mary disse. "Achei aquilo genial, como num filme. Não me dei conta de que era só papo furado e que ninguém podia escapar, não daquele jeito. Então eu as ajudei e, depois, escondi a chave inglesa. Claro que elas foram apanhadas e houve uma contagem de ferramentas. Todo mundo foi chamado para ser interrogado e, embora uma das garotas tenha confessado que roubou a chave, ainda tinha a questão de quem a tinha escondido; aí não teve jeito de eu sair dessa ser delatada. Então, deram queixa de mim e me mandaram fazer a caminhada das 8 horas na manhã seguinte."

Aquele primeiro prêmio de punição foi traumático.

"Sim", ela soltou uma gargalhada, "é assim que eles falam, 'prêmio'".

"Uma agente prisional veio até mim às 8 horas da manhã e caminhamos até o fundo da prisão. Oito horas é o momento da manhã em que as pessoas costumavam ser enforcadas, e eles mantinham a punição nesse mesmo horário. Para mim tem algo de sinistro nisso. Tenho certeza de que o propósito é evocar a reação psicológica que isso causa, um medo desconhecido, um mau pressentimento que não se parece com mais nada que eu já senti. Àquela altura, também, eu já tinha ouvido tantas histórias sobre Bleak House – o bloco de punição – que estava assustada mesmo.

"A primeira visão que tive de Bleak foi lúgubre", ela disse. "Era um prédio baixo, sombrio, saído de um romance de Dickens, se encolhendo e caindo aos pedaços, cercado por uma barreira de ferro com grades e redes de metal nas janelas de acrílico. A agente que estava comigo tocou uma campainha, aí um tipo de porta suplementar foi destrancada no meio das portas grandes e subiu um fedor de urina e desinfetante. Eles me revistaram, tiraram meus sapatos e me levaram para uma cela com uma luzinha no teto alto protegida por uma grade que, depois eu vi, estava cheia de aranhas e insetos mortos. Não tinha nada na cela, só uma cama de armar com beiradas verde-escuro, um penico de plástico manchado e uma caneca de plástico também imunda. Não era permitido levar nada próprio. Eles te davam uma escova de dentes e sabão para higiene, e material para enrolar um cigarro depois de cada refeição.

"Eu não conseguia acreditar que pudesse ser tão ruim quanto era", Mary disse, "mas era mesmo. Eu me pergunto muitas vezes se eles fizeram mudanças na cela desde aquela época. Quase não consigo acreditar que não tenham feito. Quero dizer, como isso pode ser permitido?

"Era para ter uma Bíblia em cada cela, mas nem isso tinha. A agente prisional disse que levaram embora as Bíblias porque as pessoas faziam desenhos obscenos nelas. 'Seu tipo de arte', disse ela debochadamente. Disse que não era para eu deitar na cama, o que deve ter sido uma piada na concepção dela, já que não tinha cobertor nem lençol nem nada – eles traziam roupas de cama às 6 horas da tarde e levavam embora às 6 horas da manhã. Então só dava para sentar na borda da cama. As paredes estavam cheias de pichação, nomes, frases, ameaças à diretora, aos funcionários, mas também trechos de músicas. Quando eu saí daquela cela, quatorze dias depois, eu sabia de cor todos os nomes, todas as frases, todas as canções e todos os trechos de poemas..."

Perguntei se ela não podia ter pedido uma Bíblia.

"Pedi muito depois, quando já tinha passado outras vezes por Bleak", ela disse. "Eu disse que tinha lido o livro de regras e que eu tinha *autorização* para ter escritos religiosos, mas eles só me mandaram calar a boca. As agentes mais jovens eram as piores, realmente cruéis, e usavam palavras terríveis; eram pequenos Hittlers mesmo. A agente penitenciária principal de Bleak era uma mulher muito simpática, na verdade; era mais velha e tinha sido militar. Tinha aprendido disciplina o bastante para saber como passá-la adiante. 'Ah, Deus, de novo não', ela sempre dizia quando eu era levada para lá. 'Por que você não dá um tempo?'.

"As formalidades são sempre as mesmas. Logo que você chega lá, a agente principal vem com outras duas, lê em voz alta seu número, seu nome e qual é a queixa contra você. Aí ela te entrega um papel e um lápis e diz que, se você desejar responder, pode fazer isso escrevendo nas costas do papel. 'Você terá todas as oportunidades de apresentar seu caso para a diretora', ela diz, e aí você assina. Não muito depois, o médico, acompanhado por uma enfermeira, faz uma visita rápida, diz 'bom dia, como vai?', e desaparece antes que você possa responder. Esta é a regra: se você está na solitária, um médico tem que te ver todos os dias.

"Tinham me mostrado uma campainha para 'emergências', e depois de muito tempo eu a toquei. Uma agente olhou através do buraco da porta e, quando perguntei quando poderia ver a diretora, ela disse: 'quando ela estiver pronta', e me mandou não ousar tocar a campainha de novo.

"Aquela manhã foi a pior de que me lembro. Acho que nunca me senti tão abandonada em minha vida, antes ou depois. Sentei na beirada da cama, chorei e enxuguei o rosto com a manga. Não conseguia pensar em como aguentar aquilo.

"Horas depois, me levaram para a 'sala de julgamento'. É como um tribunal, sabe, mas sem defesa para você. A diretora fica sentada atrás de uma mesa com a funcionária-chefe e uma agente principal ao lado dela – não sei qual é a diferença entre elas. Eu tive que ficar descalça – não sei por que – na beirada de um tapete, olhando para elas, com duas funcionárias em pé na minha frente, com as pernas separadas e as mãos para trás, no mesmo estilo militar que me mandaram ficar. Uma outra funcionária leu em voz alta meu número, meu nome e a queixa.

Perguntei que tipo de transgressões fazia alguém ser mandada para Bleak.

"Recusa em trabalhar, insolência, ser pega em posse de coisas de outra pessoa, uma meia, ou coisa assim; trocar de roupas com alguém, andar de mãos dadas em público, gritar para fora das janelas, coisas infantis mesmo..."

Comentei que isso parecia insignificante; bobo, até. Por que elas se incomodavam com essas coisas?

"Não tenho certeza. Às vezes, eu achava que era quase preestabelecido, para demonstrar poder quando as coisas pareciam estar ficando muito flexíveis."

Mas não parecia possível que isso só acontecesse por esses motivos tão absurdos.

"Não, claro que não. Te falei, tem um monte de raiva reprimida nas prisões, e às vezes uma coisa pequena, como desobedecer uma ordem direta porque ela não parece razoável, pode virar violência. É aí que uma agente toca o alarme de encrenca e a 'turma barra-pesada' vem correndo: até oito policiais especiais, cujo trabalho é remover prisioneiras o mais rápido possível e, sim, do jeito mais indolor possível. Duas delas seguram cada membro do corpo de um jeito que não machuca a detenta e a carregam para longe."

Eu disse para ela que se pode imaginar que isso se faz necessário às vezes. Mesmo as histórias dela sublinham a raiva e a explosão ocasional de violência. Nenhuma administração de prisão podia permitir isso, podia?

"Isso é verdade. Mas é que em algumas prisões, e Styal era uma delas na época, isso acontece com muita frequência, e é de se imaginar o que está errado com o ambiente. Styal tinha uma péssima reputação junto às detentas. Ouvi mulheres berrando para voltar para Durham ou para Holloway. E uma vez em Bleak, não tem saída: você simplesmente se declara culpada, como eu fiz, na primeira vez e em todas as outras dali em diante. O que mais se pode fazer?

"Naquela primeira vez eu não conseguia parar de chorar. Molly Morgan me mandou parar de choramingar e me lembrou que eu não estava mais em Red Bank. Ela me deu quatorze dias 'atrás da porta'... É assim que se chama a solitária.

"Bem, essa foi a primeira de muitas vezes em Bleak; muitas vezes porque decidi naquele dia que eu nunca deixaria nenhuma delas me ver chorando de novo: no que dizia respeito a elas, eu seria durona, durona até a alma."

As recordações de Mary são particularmente vagas em relação às suas 'dezenas' de detenções em Bleak. Não foram as transgressões que ela esqueceu, nem seus sentimentos durante as detenções, mas novamente as datas precisas ou aproximadas. Tudo que ela sabe é que a primeira vez foi poucas semanas depois da sua chegada e que depois de três anos, com poucas exceções, as visitas dela a Bleak cessaram. "Àquela altura", ela disse, "eu tinha aprendido a fazer o sistema jogar a meu favor. Não me submetendo, isso não, jamais, mas tendo controle sobre mim mesma."

Perguntei o que aquilo significava.

"Significava reter minha raiva, mas, em vez de me rebelar em travessuras de criança ou saindo no grito com as policiais, eu mantinha aquilo dentro de mim, reservado, por assim dizer."

A pressão de "reservar" sua raiva, como ela diz, pode ao menos parcialmente ter sido o que a levou às duas irresolutas tentativas de suicídio, pelas quais ela foi punida com detenção. "Eu me cortei para sangrar", Mary disse isso e riu – ela realmente achava aquilo engraçado. "Aí eles me mandaram para Bleak por danificar propriedade do governo."

"Logo depois que eu saí de Bleak, da primeira vez, eles me mandaram para Davies", ela disse. "Foi minha segunda casa, e a transferência aconteceu porque a diretora decidiu que todas as detentas de prisão perpétua, em vez de serem espalhadas pela prisão inteira, deviam ficar juntas em três pavilhões na fileira central, que era Davies, Fry e Barker."

Comentei que aquilo com certeza foi inteligente, e perguntei se ela não achava que isso demonstrava compaixão. Ela deu de ombros com indiferença.

"Talvez, visto de fora. Mas, na época, as garotas só achavam que ela estava querendo isolá-las ainda mais. Ninguém queria dar nenhum crédito a ela, víamos tudo como mesquinharia.

"Aí eu fui para Davies. E Janey Jones – sabe, a senhora famosa? – ela estava lá. Ela era *muito* simpática. Era uma personalidade, fazia brincadeiras o tempo todo. Mas não havia maldade nenhuma dentro dela. Nós morríamos de rir das suas histórias, e ela ria de si mesma também: isso é ter classe.

"Mas... Ah, Deus, fui muito *estúpida*. Num domingo, quando minha mãe estava indo me visitar, Janey, por pura bondade, se ofereceu para passar um pouco de maquiagem em mim. Era divertido, sabe... Isso foi antes de eu virar *butch*. E quando eu fui para a visita [para a sala de visitas], minha mãe disse: 'Você parece uma vagabunda. Você exagerou'. Bem, um ladrão conhece o outro, não é?" A voz de Mary soou bastante impiedosa quando ela disse isso.

"E quando eu disse que não me maquiei, que eu nem sabia como fazer isso, que Janey Jones, que estava no meu pavilhão, é que tinha feito para mim, foi a gota d'água. Ela ficou completamente frenética. A verdade é que ela tinha um medo mortal de prostitutas, minha mãe. *Era* muito estranho, não era? Lá estava ela, católica ao extremo, santos isso e santos aquilo, pecado, pecado, pecado e... Bem... *Você* sabe o que ela era... É verdade que não era mais naquela época: ela estava se tornando *respeitável*, com um homem *respeitável* e uma casa novinha com mobília novinha que ela não parava de descrever para mim – alguém em prisão perpétua, em Styal. Ela me contava sobre 'meu' quarto naquela casa... *Meu* quarto? Ah,

Deus, ela não entendia nada, nada de nada, nunca entendia que aquela prisão não era um... Um... Um *interlúdio*: era minha vida; o lugar em que eu ficaria para sempre."

Mary, de repente, começou a chorar e ficou balançando a cabeça, o rosto riscado de lágrimas.

"Ela ia lá o tempo todo, todo mês, às vezes até mesmo duas vezes por mês naquele primeiro ano. E eu tentava sentir, mesmo que eu soubesse o tempo todo que não era esse o caso, que ela devia estar fazendo isso por mim, ela devia ter tido boa intenção, mas sempre era tenso quando ela ia. Em Red Bank também... Mas lá eu me sentia que cuidavam de mim, tanto durante as visitas quanto depois delas, sempre. Na prisão, bem, você não é um indivíduo, é apenas um número... E como pode ser diferente? Eles não sabem nada sobre você, exceto seu crime e a pena do tribunal, e tirando algumas exceções notáveis – e elas existiam – as policiais não se importavam. Por que elas deveriam e como poderiam? Uma coisa que tem que ser encarada na prisão é que você não está lá para receber ajuda, você está lá para ser punida.

"Igual como foi para a velha Mary Scorse – a época do seu crime e os sentimentos que te levaram a cometê-lo estão tão distantes que talvez você nem mesmo se lembre. Com certeza, a maioria das pessoas tenta não lembrar. Aí, se você está sendo punida, no final das contas a punição é por *ser*, não por fazer, você entende o que quero dizer? E muitas, muitas pessoas, provavelmente mais mulheres do que homens, entregam-se diante disso e, como elas não conseguem se lembrar da única ocasião, talvez, em que erraram, simplesmente acabam concordando, acabam sentindo que são más. Minha mãe sempre me falou que eu era má, desde que eu me lembro. O Sr. Dixon me dizia que eu não era, mas devagarzinho, ou talvez não tão devagar assim, essa confiança desapareceu. Minha mãe não podia ter culpa. Entendo isso agora. Eu não conseguiria ter vivido pensando que ela tinha. Mas eu mal conseguia suportar vê-la. Não sei mais o que pensava em relação a ela."

Mas independentemente dos sentimentos ambivalentes de Mary, Betty foi sua única visitante regular em Styal ao longo dos sete anos. "Em Red Bank, um monte de gente ia", ela disse. "Principalmente meu pai. Mas ele nunca foi em Styal, acho que porque era uma prisão."

Pelo que a família dela me disse, ficou claro: Red Bank era aos olhos deles uma bela escola, onde Mary, como disse Cath, tinha chance de "ter uma educação melhor que a dos meus filhos". Era uma instalação tão atraente, e os funcionários que eles encontravam eram tão agradáveis e educados, que eles não sentiam vergonha alguma em visitá-la lá; afinal de contas, Cath levara o seu garotinho uma vez, e Mary o ensinara a nadar na piscina. Mas Styal era outra história. Não há dúvidas de que eles ficaram profundamente chocados ao saber que ela estava lá: agora ela era diferente. E sem desejar machucá-la deliberadamente, naquele instante todos eles se afastaram dela. É preciso acreditar que isso foi uma vitória para Betty. Agora, de certa forma, ela tinha Mary toda para si novamente, e em Styal ninguém sabia, e o sistema não tinha tempo para se preocupar com isso, que Betty continuava a ser sinônimo de desastre para Mary.

"De qualquer jeito", Mary disse, "naquela ocasião com Janey Jones, minha mãe disse que ia 'fazer alguma coisa' em relação àquilo e eu pensei, 'ah, Deus, ela vai até Molly, como da outra vez'. Aí eu falei para ela não ser tão burra. Eu não sabia que ela iria até os jornais de novo", Mary disse. "Mas lá estava, no domingo seguinte, espalhado em toda a primeira página do *News of the World:* Tirem minha filha de 16 anos de perto da 'Rainha má da perversão', ou alguma besteira parecida, *Deus!*

"Janey Jones ficou furiosa. Dá para culpá-la? Ela ia processar minha mãe..." A voz dela ficou cortante: "Juro por Deus que eu queria que ela tivesse processado. Ela não processou, mas ficou muito chateada comigo. E não é só isso, *um monte* de gente, garotas e agentes, passaram a ter muito cuidado com o que diziam para mim. E naquele domingo deram queixa de mim, como se tivesse sido culpa minha. Eu fiquei com muito medo de ser mandada de volta à solitária", Mary disse. "Mas dessa vez não fui. Só me arrancaram de Davies e me botaram em Righton. Eu falo 'só', mas, você sabe, foi a pior coisa que Molly Morgan poderia ter feito comigo. Righton era o lugar para onde eles mandavam as 'inadequadas' – as infelizes que não eram insanas o bastante para serem abarcadas pela Lei de Saúde Mental, mas também não eram mentalmente sãs ou capazes o bastante para se integrarem à vida normal da prisão."

"Rigthton era conhecido como 'casa das loucas', e me colocar lá foi o pior tipo de humilhação. Era realmente para mulheres com necessidades especiais. Nunca tínhamos permissão para nos misturarmos com outras detentas, nem mesmo para ir ao bloco hospitalar para pegar remédios: eles eram trazidos até nós. E minha mãe descobriu isso; a agente prisional me disse 'estou vendo que sua mãe aprontou de novo' e me mostrou um jornal com uma história sobre eu estar sendo mantida em um bloco de segurança.

Ela era muito tonta, entende. Tenho certeza... Mesmo agora ainda tenho certeza de que ela não fazia aquilo *só* por dinheiro, não naquele ponto. Estava casada com um homem bom; eles tinham dinheiro; ela não precisava daquilo. Não, ela saía para beber com uns repórteres e, em sua tolice, pensava que as histórias iriam me ajudar. Claro que acontecia justamente o contrário. Agora sei que, para administradores de prisão, não há nada mais difícil que os chamados 'detentos notórios', e era isso que eu era, do início ao fim, em grande parte por causa da minha mãe."

Perguntei se havia alguém de quem ela pudesse ser amiga em Righton.

"Não, não mesmo. Ah, tinha uma garota, por volta dos vinte anos, eu acho, e ela era paranormal. Eu tinha conversas interessantes com ela. Ela *era* extraordinária... Sabia tudo sobre o pastor alemão, meu cachorro, quero dizer, brincadeiras que eu fazia com ele, caminhadas que fazíamos. Não tinha como ela saber sobre isso, mas sabia. Sinceramente, acho que essa é a única coisa que aprendi nesses quatro meses: que existem coisas além... Você sabe..."

Além do que podemos saber?

"Sim. Sei que pensavam que ela era maluca, mas não era, ela era só... Só *mais*... Mas é verdade", ela disse então. "Eu estava... Ah, não apenas isolada. Estava desamparada em Righton. Era terrível, terrível."

Desistindo

Styal, 1975 a 1977

Foi em Righton que Mary experienciou violência pela primeira vez. "É assim que me lembro disso", ela disse. "Porque acho que o que eles fizeram comigo foi uma invasão, uma invasão total, muito injusta; eu não merecia... Ninguém merece uma coisa assim."

"O que aconteceu é que, não muito tempo depois que fui para Righton, tinha uma senhora lá, também chamada Mary, e não sei o que ela tinha feito, mas a estavam levando para fora do prédio. Ela resistiu, mas foi puxada pelo cabelo. Fiquei gritando até não poder mais, xingando ou coisa parecida. Por alguma razão, aquilo era a gota d'água para mim, quero dizer, tratar uma velha senhora assim, bem, eu me descontrolei. Eu estava descontando toda a minha raiva e frustração, sem fazer nada violento como as pessoas faziam sempre, como quebrar janelas, jogar móveis pela sala ou chutar portas. Eu só fiz escândalo, gritei, comecei a chorar e simplesmente não conseguia parar.

"Qualquer boa agente poderia ter me feito parar, mas a que estava lá tocou a campainha de conduta violenta. O grupo veio correndo, me carregou para um lugar fechado e se sentou em cima de mim, impedindo que eu me mexesse. Chamaram uma enfermeira e ela injetou em mim o que eles chamavam de 'líquido camisa de força'. Nunca imaginei que fossem fazer isso comigo. Quero dizer, eu sabia que isso acontecia; tinha ouvido falar disso e eu via frequentemente a enfermeira Watson andando por lá com aquela seringa grande de que me falaram, mas..."

Mary engoliu repetidas vezes, esforçando-se para controlar sua emoção repentina. "Eu não tinha feito nada que precisasse desse tipo de tratamento...", e, então, ela começou a chorar. "Desculpe", soluçou, "mas foi horrível, horrível demais".

"É uma droga hipnótica, acho que se chama paraldeído", explicou quando se acalmou pouco depois. "É uma substância oleosa verde, terrivelmente dolorosa quando entra no corpo. Deixaram-me trancada a noite toda. Não me lembro de descer as escadas, mas me lembro de voltar à consciência no quarto e de sentar numa cadeira com as mesmas roupas que vestia no dia anterior. Isso é tudo que lembro; elas sentando em cima de mim, a injeção e o lugar em que fiquei trancada, a dor e aquele cheiro terrível. E depois, sentada no quarto no andar de baixo, fui levantar, mas não consegui; ia dizer algo e não consegui, minha boca parecia estar toda pesada e minha língua, inchada. Eu sabia que tinha que fazer xixi, mas a droga te deixa paralisada. Eu não conseguia mexer nem falar e só sentia sair aquela água quente por baixo de mim...." Ela chorou de novo, dessa vez, suavemente. "Por que, por que fizeram isso comigo? Mais tarde tentei achar um motivo, e quase dá vontade de achar algo que justifique aqui, mas tudo o que eu conseguia imaginar era que eles apenas decidiram, 'agora é sua vez, vamos mostrar a você, sua vadiazinha arrogante'."

Comentei que ela ainda parecia estar muito chateada; eu nunca a vira tão chateada com nenhuma outra coisa que aconteceu em Styal, nem mesmo em Bleak.

"É verdade", Mary disse. "Eu acabei aceitando... Eu ia para Bleak com tanta frequência que fiquei em paz com isso. E na maioria das vezes eu provocava, então... Não me importava tanto assim com a reclusão. Muitas vezes eu gostava dela e conseguia ver ou encontrar um lado cômico para a maior parte das coisas que aconteciam lá: a comida horrível, a vulgaridade das agentes. De um jeito engraçado, essa era minha vitória, já que é preciso se opor ao sistema para vencê-lo. Mas isso, isso..." Ela parou como se recuperasse o fôlego. "Não sou burra. Conheço tranquilizantes – existe um monte deles; eles me deram uma injeção de clorpromazina em outra ocasião, que não foi tão ruim. Consigo entender que eles precisem usar tranquilizantes quando as pessoas ficam fora de controle, mas isso, esse *veneno* que eles injetam à força, te torna incapaz de se mexer, de falar. Você fica acordada, mas totalmente, totalmente incapacitada. Como eles se atrevem? Eles não têm o direito. Esse não pode ser um remédio que possa ser dado assim. Eu queria saber... Eu queria mesmo saber se eles ainda fazem isso".

Fui informada de que essa droga pesada, amplamente utilizada em hospitais psiquiátricos e prisões vinte anos atrás, é agora considerada ultrapassada.

Perguntei a ela quanto tempo durou essa experiência.

"Com os efeitos tardios das agulhadas, que você sente por horas até passar por completo, acho que quase 48 horas."

Nesse momento de seu relato, ela fez uma digressão, como de costume, para meses e mesmo anos de distância do acontecimento que acabara de descrever. Eu sabia que era inútil tentar forçá-la a relatar seus anos de prisão numa sequência. Não era porque ela não queria; era porque não conseguia. Nas duas ocasiões em que encorajei Mary a tentar, ela disse: "Simplesmente não consigo pensar nisso desse jeito. Me sinto mal, sinto que estou te desapontando por não contar as coisas com alguma ordem cronológica, mas não consigo. Nada disso está na minha cabeça do jeito que você quer e tenho que contar do jeito que vem porque, quando tento encontrar a ordem que você me pede, trava tudo."

Me dei conta de que o único jeito de Mary relatar aquilo era dar vazão às emoções conforme surgiam, ativadas por imagens ou qualquer outro motivo, como e quando surgiam.

Ela ainda explicou que nunca mais lhe deram paraldeído, embora em uma ocasião posterior, ela não tinha certeza de quando, uma irresoluta tentativa de suicídio tenha feito com que ela tivesse uma segunda experiência com o "grupo".

"Foi quando eu estava muito, muito deprimida. Não me lembro se foi depois que o Sr. Dixon morreu, no verão de 1975 [uma data da qual ela sempre se lembraria], ou mais tarde, quando soltaram Alicia, uma garota por quem eu estava perdidamente apaixonada." Descobri mais tarde que foi nessa segunda ocasião, na época em que ela tinha 21 anos.

"Eu estava em Fry. Enchi a banheira e coloquei a toalha cobrindo a porta, que era um sinal para as pessoas não entrarem. Eu tinha quebrado uma garrafa de café e tinha um pedaço grosso de vidro, então comecei a dar talhos... Doeu – o primeiro corte é o mais fundo, e dói muito, mas continuei. Mas eu não conseguia suportar cortar os pulsos, então fui cortando braço afora e coloquei o braço na banheira, porque eu tinha ouvido que isso faz o sangue escorrer..."

Perguntei se ela estava realmente tentando cometer suicídio.

"Não, não, era só um tipo de manifestação de... Ah, acho que de infelicidade."

Ou de um desejo por atenção?

Mary riu, uma risada um pouco estridente. "Ah, não, eu tinha atenção o bastante, não?" A risada parou. "Só que algumas vezes naqueles anos eu apenas... Não conseguia continuar. Quero dizer, acho que sabia que eu ia continuar, então você está certa, não era suicídio ou nada assim..." Ela deu de ombros. "Não sei como se pode chamar isso..."

Um gesto?

"Sim, sim, mas um gesto para mim, não para qualquer outra pessoa. Uma das minhas amigas em Fry House era Tricia, uma garota bonita e gentil que tinha sido freira antes de se tornar funcionária de prisão; aí ela mesma foi mandada para a prisão porque tentou ajudar Myra Hindley a escapar. Tricia viu a água ensanguentada saindo debaixo da porta e alertou as funcionárias", Mary disse. "Quando dei por mim, estava sendo costurada em um bloco hospitalar e, como te falei antes, sendo escoltada para [Bleak] porque", novamente Mary soltou aquele "ha ha" irônico e aborrecido, "eu tinha me machucado intencionalmente dentro de uma propriedade do governo. Aí, acho que por eu ter resistido, botaram uma camisa de força em mim, dessa vez uma de verdade, e como ela forçou meu braço por debaixo dela os pontos arrebentaram."

Nessa época, duas novas agentes de alto escalão tinham sido designadas para Styal e ambas conseguiram estabelecer um relacionamento com Mary. "A Srta. Fowler era diretora-assistente e a Srta. Kendall, a principal responsável. As duas eram brilhantes, cada uma do seu jeito, ótimas", Mary disse. "A Srta. Fowler – nós a apelidamos de 'Pônei' porque tinha alguma coisa nela que lembrava um cavalo – parecia ter saído de um seriado de comédia. Ela era muito masculinizada, com cabelo curto e cinza; usava sapatos sociais com furinhos e roupas enormes em xadrez de duas cores, e tinha uma risada alta maravilhosa – na maioria das vezes, ria de si mesma. Ela chegou quando eu estava no meu pior momento e foi colocada como responsável pelas detentas de prisão perpétua. Fowler disse para a diretora que, se pudesse tomar conta de mim, me colocaria na linha. Mary contou isso para mim, diretamente, na primeira vez em que foi me ver em Bleak, claro. Isso foi quando eu passava mais tempo lá do que fora, muito antes do episódio em que cortei o braço.

"A Srta. Fowler me disse com aquela voz alta dela – era incapaz de falar suavemente – que não fazia rodeios com ninguém, nem fazia nada por baixo dos panos. 'Mas isso é uma via de mão dupla', ela disse. 'Se você tem algo a dizer, diga logo, e nós vamos resolver'. Aí me disse que nós duas tínhamos uma pessoa muito especial em comum: o Sr. Dixon. Ela tinha trabalhado em Red Bank. Aquilo foi uma ótima surpresa. Aí Fowler questionou 'se eu te tirar de Bleak agora, para onde você gostaria de ir?'. Bem, esse é o tipo de pergunta capciosa que eu já tinha ouvido antes. Sabíamos que elas certamente nos mandariam para qualquer lugar, *menos* o lugar que pedíssemos. Normalmente, nós imaginávamos qual seria o contrário de onde queríamos e pedíamos para ir para lá. Pelo menos desse jeito tínhamos a chance ir para o lugar que queríamos. Mas quando *ela* perguntou, alguma coisa me fez dizer a verdade, que eu queria voltar para Fry. A diretora respondeu: 'Certo. Fry então. Amanhã', e assim foi."

Mary explicou que a Srta. Kendall era diferente. "Ela era daquele tipo muito magro, cerca de 40 anos de idade, e acho que não era muito feliz, mas claro que não sei ao certo. Ela não ria tanto, mas se importava com as pessoas. Fazia qualquer coisa para evitar dar queixa. 'Você se comporte', ela me dizia. 'Tenho pesadelos de que você ainda vai estar aqui quando eu terminar meu serviço. Não vou aceitar isso, então tome jeito.' Mas aí, no Natal, quando ela tomava uma taça ou duas, ela dizia 'espero que este seja seu ano. Tem que ser seu ano'. Todo ano ela dizia isso. Parece sentimental, mas ela tinha autoridade verdadeira: as detentas sempre sabem quando a autoridade é verdadeira. Ela foi para Holloway depois como diretora-assistente."

E foi a Srta. Kendall que se sentou ao lado de Mary na cela em Bleak quando a enfermeira Watson, usando uma agulha reta, refez os pontos nos 27 cortes que Mary fizera no braço (ela puxou a manga para me mostrar as cicatrizes).

"Ela segurou minha mão e disse: 'Aperte minha mão; aperte o máximo que conseguir'. De alguma maneira, ela estava sempre por perto quando acontecia alguma coisa de errado comigo. Aconteceu de novo depois. Não consigo lembrar quando, mas foi num período em que, ao contrário de todas as minhas intenções, eu tinha aceitado tomar tranquilizantes. Era para eu tomar uma dose às 9 horas da manhã e outra às 11 horas, mas por alguma razão eles não anotaram, e quando fui novamente ao meio-dia, não sei se porque eu tinha esquecido ou só por ir, eles me deram a injeção de novo e depois não conseguiram me acordar. Quando finalmente acordei, às 7 horas da noite, a Srta. Kendall estava sentada na minha cama, pegou minha mão e disse: 'Ah, graças a Deus, graças a Deus!'. E, sabe, eu estava muito grogue, mas ouvi isso, e isso significou muito para mim. Ainda significa. Fico imaginando como a Srta. Kendall está."

Mary não tem certeza de quando o Sr. Dixon foi vê-la pela primeira vez. "Ele veio três vezes", mas, estranhamente, ela não se lembra de quase nada das visitas dele.

Tentei ajudá-la a se lembrar comentando que, quando ele falou sobre sua transferência para Styal, disse que ela tinha que ser a embaixadora de Red Bank. Perguntei se isso veio à tona quando ele a visitou.

Ela deu de ombros. "Ele disse para eu me sentar direito."

Cerca de um ano depois, enquanto eu estava completando esta parte do livro, perguntei por que, dado o quanto o Sr. Dixon havia sido importante para ela – e na verdade ainda é –, ela não conseguia se lembrar mais das três visitas que ele lhe fez em Styal.

"Pensando sobre isso agora", ela disse, "fico imaginando se em algum lugar dentro de mim, apesar de todo o meu amor por ele, ou talvez por causa desse amor, eu estava com raiva. Para mim, ele era muito poderoso. Talvez eu sentisse que ele deveria ter conseguido consertar aquilo para mim. Talvez, de alguma maneira, o culpasse por não ter consertado nada. Mas também era muito, muito difícil conversar com as visitas, com qualquer um 'de fora', mesmo o Sr. Dixon. O que havia para dizer? Como se poderia contar para alguém, exceto para quem também vivia aquela vida, como era aquela vida, que era *tudo* o que existia? Não, tudo que eu podia fazer era me isolar e foi o que fiz durante todos aqueles anos. Depois de um tempo, eu podia escrever cartas, sobre o clima, sobre o trabalho que eu fazia, sobre o que as pessoas escreviam para mim. Mas as coisas que eu via e sentia mesmo não podiam ser colocadas em palavras para aqueles que estavam do lado de fora".

"Jim Dixon nunca falou sobre visitas a May", Carole G disse. quando eu a perguntei sobre isso. "Estou sabendo agora que ele a visitou. Mas ele sentia algo tão profundo por ela que eu imagino que a ver em Styal seria traumático para ele."

"Ben e eu fomos vê-la, acho que foi seis meses depois que ela foi para lá. Ela havia escrito nos convidando." Embora falasse com entusiasmo de Carole e Ben, Mary não se lembra das visitas deles em Styal.

"Fomos vê-la duas vezes", Ben disse. "Primeiro na primavera de 1974, e depois por volta de um ano mais tarde. Ela veio até a sala de visitas para nos encontrar; tinha um tablado, mesas e cadeiras."

Perguntei qual impressão Mary passou a eles nessa primeira visita.

"Vimos a May que conhecíamos", ele disse. "Claro que mais velha, mas ainda era ela mesma, muito feminina. Ela entrou e nos deu um grande abraço; Carole e ela choraram. A única coisa estranha era que ela estava vestindo um uniforme de prisão, um tipo de vestido pesado de lona, e não esperávamos por isso."

"Acho que eu não contei para eles: eu devia estar sendo punida", Mary me disse quando lhe contei isso. "Eles te faziam usar aquele uniforme horrível por um tempo se, por exemplo, pegassem você usando as roupas de outra pessoa. Bobo, mas era assim: tínhamos três peças de cada coisa e era tudo o que tínhamos para vestir, mais nada."

"Aquilo tudo deve ter nos deprimido também", Ben disse, "porque eu lembro que, quando fomos embora e entramos no carro, nós dois choramos."

A segunda vez em que Carole e Ben G. foram vê-la foi no final do verão ou no outono de 1975, pouco antes de saírem de Red Bank para trabalhar no sul da Inglaterra. "Naquela época, ela parecia bastante mudada", Ben explicou. "Ela tinha uma aparência muito diferente. Estava com olheiras grandes e fundas no rosto. Explodiu em lágrimas quando nos viu, mas, quando sentamos com ela – e ficamos lá durante muitas horas –, Mary estava apenas muito desanimada. Toda aquela energia, aquela vivacidade, tinham sumido. Ficamos muito, muito preocupados com ela quando fomos embora."

Em meados de 1975, Mary havia recebido muitas cartas de Carole e Ben, a última delas enviada durante as férias deles nos Estados Unidos. Na volta, eles encontraram a resposta de Mary, escrita em sucessivas noites, na qual, para a surpresa deles, ela perguntava se eles poderiam fazer um grande favor caso ela sacasse certa quantia de dinheiro de sua conta e lhes enviasse.[21] Após agradecê-los pelas cartas e pelo cartão-postal e contar-lhes

---

[21] Os ganhos dos detentos eram depositados para eles em contas bancárias. O dinheiro seria acumulado para quando eles fossem libertados, e, semanalmente, recebiam uma pequena parte para o uso diário. Eles poderiam obter permissão para sacar quantias maiores para comprar presentes se tivessem alguém fora da prisão que comprasse por eles.

como desejava viajar para aumentar seu conhecimento de mundo, ela conta a eles que tinha começado, naquela noite, um curso preparatório para a universidade aberta e que já havia aprendido muita coisa em duas horas. Mostrando-me a carta, Carole disse: "E, veja, ela nos pede para comprar um rádio a pilha para ela".

Não posso pedir à mamãe [escreve Mary] porque quero que seja uma surpresa para ela e quero lhe mostrar que tem uma filha que sabe lidar com dinheiro. De verdade, vocês estariam me fazendo um favor, afinal de contas, é para isso que servem os amigos. Não estou tentando fazer chantagem emocional, mas depois me contem se deu tudo certo. Vou encerrar por agora, temos que nos recolher e as luzes vão se apagar. Então, vou deixar assim, provavelmente até amanhã à noite, porque tenho que trabalhar por mais oito horas amanhã – como faço isso? Então, vou abaixar a cabeça, fazer meu relaxamento espiritual de ioga e voar até vocês em meus sonhos. Desejem-me boa viagem, boa noite, bom descanso. Sua dorminhoca. Agora são 8h30 de quarta-feira [continua a carta], tomei banho e estou na cama. Fui para a oficina de beleza esta noite, fiz as sobrancelhas, passei hidratante de amêndoa roxo no rosto. Ele ainda parece o mesmo. Eu esperava uma mudança milagrosa em duas horas: levou quase uma hora para que minhas sobrancelhas fossem pinçadas adequadamente. [Nesse ponto, ela pergunta sobre alguns dos conselheiros de Red Bank e sobre Jeff, o jovem norte-americano amigo dos G. por quem ela ficou um pouco apaixonada.] Quando eu encontrá-lo de novo, se eu o encontrar, espero ser forte o bastante para interromper este sentimento esquisito... Como uma mãe ou uma analista. É difícil admitir que seu herói é só mais uma pessoa. Sei que eu só tinha 14 anos, mas algumas coisas demoram um tempo para serem digeridas. Ainda assim, seria bom vê-lo novamente e ver como vou reagir agora. Não há muito a escrever – alguma vez houve? Não sei como consigo quatro páginas. As estrelas estão no céu agora. Adoro me deitar na cama e olhar para todas elas. O que você vê, estrelas ou grades? Eis aí uma pergunta difícil. Temo que só veja as estrelas e o céu etc. Grades eu dificilmente percebo, somente uma vez ou outra, quando me sinto triste. Devo encerrar agora, amigos, cuidem-se e até a próxima vez.

Mary foi mantida em Righton por volta de seis meses, ela calcula. "Suponho que até eles acharem que eu estava civilizada o bastante para me juntar às fileiras de outras detentas. Eu não imaginava que eles iam me mudar... Nós nunca recebíamos aviso nenhum sobre nada. Foi a Srta. Kendall que chegou um dia e disse que estava me levando para Barker: 'Vamos experimentar', disse ela."

Barker, naquela época, era o bloco de elite da prisão, lar de uma seleta dúzia de detentas de prisão perpétua, mais ou menos. "Era a 'sala de exposição'", Mary relembrou. "Era para lá que eles levavam as equipes de filmagem que iam fazer documentários sobre mulheres na prisão. Era realmente inacreditável, coisa de outro mundo. Aquelas mulheres viviam lá como num lar de idosos, um asilo. Elas tinham seus próprios jogos de cama, tinham permissão para usar relógios de pulso e por todo lado havia peças de tricô e vasos de flores em arranjos. Toda a mobília era coberta com chita. Os funcionários da casa eram tratados como convidados, traziam xícaras de chá e tudo. Eu não conseguia acreditar em nada daquilo. Elas eram totalmente institucionalizadas, contentes. Depois descobri que nunca, nunca haviam dado queixa de alguém em Barker."

Ela soltou uma risada estridente: "Eu mudei isso rapidinho. Na manhã em que me levaram para lá, eu subi as escadas correndo para dar uma olhada geral no lugar e Pearl, ah, ela tinha por volta de 50 anos, disse naquele tom de professora brava que todas elas adotavam: 'Nós tiramos nossos sapatos ao entrar nesta casa'. Quando falei que eu chutaria a boca dele se ficasse me dando ordens, a senhora respondeu: 'Sua fama já chegou aqui' e 'vou te colocar no colo e dar palmadas no seu traseiro'. Aí eu disse que ela era uma pervertida e que eu iria arrebentar a cabeça dela se encostasse em mim. Na verdade, ficamos muito amigas depois. Ela era legal, a velha Pearl."

Muito depois, após Mary sair de Styal, conversei sobre ela com uma ex-detenta de lá, uma mulher em seus trinta e poucos anos. "Ela podia ficar terrivelmente agressiva, terrivelmente rude... Tinha um palavreado terrível quando falava das agentes prisionais e mesmo *com* elas."

Perguntei o que as agentes faziam quanto a isso, e a ex-detenta deu de ombros.

"Nada. Elas a tratavam de maneira diferente de como nos tratavam. Ela *era* diferente. Era como uma dama. Comparada a mim, ela *era* uma dama."

Mesmo sendo rude? Mesmo com o palavreado terrível?

Ela deu de ombros outra vez. "Se qualquer outra pessoa tivesse esse comportamento, estaria em uma cela em questão de minutos. Com ela... Elas simplesmente deixavam passar."

Perguntei se isso causava ressentimento nas outras detentas. A mulher balançou a cabeça positivamente, de maneira meio perplexa.

"Eu não gostava dela logo que a conheci", ela disse. "Mas mais tarde eu passei a achar que ela estava no lugar errado, apenas no lugar errado. Mas eu nunca fui próxima dela. Mary tinha que estar no hospital. Ela tinha 11 anos, só *11* anos quando fez aquela coisa terrível", disse, parecendo brava. "Tenho dois filhos e um tem 11 anos. Se ele fizesse uma coisa assim, eu *saberia* que está doente. Então talvez as oficiais pensassem, como eu pensava, que ela não devia estar lá, e talvez seja por isso que a tratavam de modo especial. Ressentimento?", questionou, voltando à minha pergunta anterior e balançando a cabeça em negativa. "Não. Ela tinha *boas* amigas. Ela podia ser terrível, terrível mesmo, mas era uma boa amiga para um monte de gente."

Margaret Kenyon,[22] uma jovem atraente envolvida de maneira apaixonada na reestruturação de prisões femininas, é uma diretora de prisões que, no começo de sua carreira, esteve em Styal quando Mary estava lá.

"Eu não estava muito envolvida com Mary", ela disse, "mas todo mundo sabia sobre ela. Ela *era* diferente da maioria das outras detentas. Não apenas era ingênua, mas também não tinha vivido nas ruas, ao contrário de muitas outras. Embora sua inteligência fosse óbvia, ela era curiosamente inocente e, de alguma maneira, pura; havia uma espécie de sentimento materno em relação a ela, não tanto entre as agentes prisionais, mas com certeza entre as prisioneiras. As mulheres mais velhas, especialmente, queriam mantê-la do jeito que ela era; acho que elas a viam como uma filha favorita substituta. Claro, ela era muito jovem – mesmo depois de estar lá por anos, ainda parecia jovem...".

Quando Mary me contou sobre Barker House, ela se deu conta de que, àquela altura, tinha estado em Styal por mais de um ano. "Eu tinha 17 anos, e a melhor coisa era que Diane estava lá também, e também Angie, e elas tinham 18 anos. Pela primeira vez, eu estava com garotas da minha idade e, embora eu não gostasse de Angie, porque ela era uma puxa-saco, Diane se tornou minha melhor amiga, a melhor amiga que já tive."

---

[22] Nome alterado.

Ela ficaria em Barker por nove meses, seu período mais longo em um mesmo pavilhão. "E de algum modo, Diane e eu víamos aquilo como se fôssemos crianças no internato", Mary disse. "Ríamos e chorávamos muito juntas, fazíamos pegadinhas com todo mundo e uma com a outra. Coisas bobas, bobas mesmo, como uma vez que eu tinha acabado de deitar para dormir à noite e, de repente, senti meu travesseiro mexer embaixo de mim. Pulei para fora da cama aterrorizada, pensando que eram camundongos ou ratos, e aí ouvi Diane dando risadinhas debaixo das cobertas: ela tinha costurado uma linha debaixo do meu travesseiro e estava puxando o carretel. Na noite seguinte, descontei nela quando – depois que apagaram as luzes, claro – estávamos brincando de pular, subíamos no alto de um grande armário alto e pulávamos em cima das camas. Quando foi a vez de Diane, eu empurrei a cama dela para longe e falei que ela tinha que cantar antes de eu colocar a cama de volta no lugar. Enquanto ela cantava e cantava e cantava, sentada no alto do armário, eu fingia que estava pegando no sono. Mas era tudo de brincadeira, quero dizer, era bobagem de criança.

"Mas acima de tudo, tínhamos uma proximidade maravilhosa. Deitávamos na cama à noite, olhando através da grade, e conversávamos sobre liberdade. Tínhamos um sonho de que um dia iríamos à Disney, nós duas usando grandes chapéus: o dela branco; o meu azul. A Disney resumia tudo o que achávamos que era a liberdade, um lugar onde as pessoas riam felizes, onde a vida seria perfeita. Toda véspera de Ano-Novo olhávamos para fora até achar a estrela mais brilhante no céu e fazíamos um pedido. Mesmo agora, todo Ano-Novo, pouco antes da meia-noite, eu saio sozinha por um momento e procuro pela estrela mais brilhante, e sei que Diane está fazendo o mesmo para manter nosso pacto e garantir que a gente não esqueça um dia o que foi tudo aquilo e o quanto nós crescemos juntas."

Perguntei se ela teve um relacionamento sexual com Diane.

"A maioria das pessoas pensava que sim, mas não, não tivemos, nem conseguiríamos. Seria como um incesto, entende. Tentamos uma vez, mas não deu certo – nós duas simplesmente explodimos de rir. Ainda assim", a lembrança parecia confundi-la, "acho que nós duas ficávamos com ciúmes dos nossos relacionamentos com outras pessoas. Engraçado, não é?"

Foi durante 1975, quando Mary tinha 18 anos de idade, que ela tomou muitas decisões. "Acho que tudo aquilo se cristalizou depois que o Sr. Dixon morreu."

Era um dia adorável de junho e, segundo Mary, ela estava fazendo jardinagem à tarde quando começou a se sentir "realmente triste, tão para baixo que eu não sabia o que fazer. Deixei o ancinho escorado em uma árvore e deitei na grama para dormir. E quando o Sr. Walker, o jardineiro, me achou e me acordou, eu sabia que havia algo errado. Não sabia dizer o que, mas mal conseguia suportar aquela sensação. E tudo que eu queria era ficar sozinha.

"As agentes aparecem ao entardecer e perguntam se alguém quer ver o médico ou a diretora. Eu pedi para ver a diretora porque queria que me enquadrassem na regra 43 [solitária] porque estava de saco cheio, só queria ficar um tempo sozinha. Elas disseram que não, eu não podia ver a diretora para isso. Então na manhã seguinte eu fiquei na cama, porque sabia que eles teriam que dar queixa. Foi isso que aconteceu e me mandaram para Bleak. Às quatro horas daquela tarde, me chamaram na sala de julgamento, onde a Srta. Morgan mostrou seu lado humano pela primeira vez e me contou, muito delicadamente, que o Sr. Dixon tinha morrido às 4 horas da tarde do dia anterior. Eu já sabia: às quatro horas eu soube, não soube? Algo morreu dentro de mim naquele dia e não voltou à vida até..." ela fez as contas. "Até nove anos depois, quando [a filha dela] nasceu. Ela me devolveu a vida.

"Voltei para a minha cela naquele dia e apenas fiquei sentada, sem fazer nada. Não consegui chorar até vários dias depois, quando estava de volta ao meu pavilhão. Estava passando um show na TV e de repente me vi soluçando sem conseguir parar. E acho que, quando parei de soluçar, eu tinha mudado."

Essa mudança que ela descreveu para mim tinha duas partes: por um lado, ela chegou à conclusão que se opor abertamente ao sistema, como fizera por dois anos, era contraproducente. "Se tudo que eu fazia era dizer não", ela disse, "eu não estava usando minha inteligência. O que eu tinha que fazer era, sim, continuar a lutar contra o sistema, mas eu tinha que subir da classificação de detenta para a de trapaceira, o que significava que, mais do que ser aberta e raivosa, eu tinha que ser fechada e engenhosa. Na prisão, o 11º mandamento é: 'Não serás apanhada'. E dali em diante era a ele que eu iria obedecer".

A segunda decisão dela naquela semana foi "virar *butch* – e, acredite, estava muito alinhada com a primeira."

"Como uma *butch*", ela disse, "é você que está no comando da sua vida. Você seleciona com quem ficar. Você tem uma posição e um domínio estabelecidos dentro do microcosmo da sociedade que é a prisão. Isso não quer dizer que você apenas 'ganha', que fazem coisas para você, arrumam sua cama, te dão coisas, enrolam cigarros para você, fazem tarefas no seu lugar. Também quer dizer que você 'faz'. Sexualmente... Já te contei... Você *nunca* recebe, você *apenas* faz, mas para além disso, você é alguém que as pessoas procuram..."

Para quê?

"Pedir ajuda, conselhos..."

Perguntei se ela tinha uma namorada na época.

"Eu tinha várias, muitas garotas negras. Elas eram tão lindas!"

Isso a fazia feliz sexualmente?

"Não, sexualmente não. Mas se você não tivesse relacionamentos, embora não necessariamente sexuais, você ficava solitária demais e isso era insuportável."

Perguntei como ela se arranjava com sexo. Sozinha?

"Sozinha", respondeu, como se não fosse grande coisa. "Mas para o resto, eu desenvolvi uma atitude meio 'garoto encrenqueiro'. Era fácil para mim parecer um garoto, porque eu não tinha que fingir. Afinal de contas, eu vivi com garotos desde que tinha 11 anos, quero dizer, eu conhecia os garotos como ninguém, sabia como eles se mexiam, como sentavam, como brincavam... Sabia como eles se sentiam também. Eu podia *ser* um garoto." Ao longo dos anos, ela provavelmente fez sexo com (ou proporcionou alívio sexual para) duzentas mulheres.

"Bem", disse o Dr. Chamarette, sorrindo e arrastando a palavra, "*acho* que duzentas pode ser um pouquinho de exagero, assim como o sentimento dela agora de que passou mais tempo em Bleak do que fora de lá durante seus dois primeiros anos em Styal. Mas ela certamente 'conhecia' muitas mulheres", ele sorriu de novo. "Talvez não seja tão importante se era no sentido bíblico ou não."

Norman Palmer Chamarette, consultor em psiquiatria infantil no Hospital Macclesfield de 1954 a 1968 e carinhosamente conhecido como "Chammy" por todos, tem agora 93 anos de idade. Ele é alto, esbelto, com saúde excelente; altamente capaz de articular suas ideias e com extraordinária memória. Durante onze anos, incluindo o tempo em que Mary esteve encarcerada, ele manteve um grupo semanal de sessões de terapia bastante procurado em Styal.

"Implorei durante dois anos para entrar no grupo de Chammy", disse Mary, "não porque eu estivesse mudando ou 'me desenvolvendo', mas apenas como um jeito de matar serviço – matar serviço na quinta à tarde, ter uma outra coisa, uma coisa nova, fora da rotina. E também porque Alicia – você lembra, te falei sobre ela [uma das garotas por quem Mary estava apaixonada] – estava no grupo. Alicia era uma das garotas mais bonitas que já vi, mas ela ficava em um bloco diferente, então aquela era uma chance de vê-la. Algumas pessoas – americanos de Porto Rico – levavam o grupo muito a sério, como os americanos fazem. Eu sabia que nunca levaria a sério. Mas tinha ouvido muito sobre Chammy. Elas diziam que ele escutava todos os problemas delas. 'Um homem adorável é o que ele é', elas diziam, e contavam que, se você estivesse no grupo de Chammy, eles te davam um caderno totalmente sem acesso para as agentes, ou mesmo para a diretora. Ninguém podia encostar nele, ninguém podia ler. Claro que não acreditei naquilo. Seria incomum para uma agente deixar passar sem abrir qualquer coisa que você portasse quando você era revistada. Nem boto a culpa nelas: é intromissão de mulher. Se eu visse alguma coisa em cima da mesa, eu olhava. Mas eu acreditava mesmo nelas com relação à ternura e à inteligência dele: detentos sabem quando alguém é autêntico".

Mary sempre acreditou que Chammy fosse austríaco e judeu, certamente por associar psiquiatras a Freud, e me disse o quanto havia gostado do "sotaque estrangeiro" dele. Precisei convencê-la do contrário pois, a despeito de sua distinta origem inglesa, o Dr. Chamarette não apresenta nenhum sotaque discernível de classe ou de região e é um cristão devoto. Na sala de estar de sua casa pequena, iluminada e arejada em Lancashire, a Bíblia estava não apenas à mão como também em sua mente enquanto ele conversava.

"Mas o médico, que mediava a inscrição, sempre dizia não", Mary continuou. "Ele me perguntou o que eu queria com um psiquiatra. Disse que sabia tudo sobre mim e que tudo que eu queria era deixar tanto o grupo quanto o psiquiatra malucos, do mesmo jeito que eu estava deixando todos eles. E que não tinha nada de errado comigo que precisasse de um psiquiatra e, se tivesse, eu teria pedido para ver o médico que atendia individualmente ["um bode velho para quem eles mandavam os suicidas", ela me falou em um parêntese]. Perguntou por que eu não tinha feito *isso*, e disse que a resposta era que eu estava tirando sarro deles como vinha fazendo desde o instante em que atravessei os portões de Styal."

Mary respirou fundo.

"Foi assim que aconteceu, mas, no fim das contas, depois de mais de dois anos, ele provavelmente se cansou de mim e disse 'tudo bem, vai, vá em frente, vá em frente e o deixe maluco'."

"Sim, eu sabia que ela estava tentando entrar", Chammy disse, "e as outras estavam buscando apoio para ela. Elas ficavam dizendo 'você não pode fazer alguma coisa para incluir a May?'. Mas eu não podia. Ela tinha que ser indicada".

Perguntei se ele a considerava popular junto às colegas.

"Não acho que 'popular' seja o termo certo. Ela se destacava. Era importante para as pessoas. E não, não acho que é correto dizer que as pessoas achavam que ela fosse 'engraçada', nem mesmo 'divertida'. Ela não fazia piadas, de modo algum. Era muito inteligente, bem articulada, claramente superior à maioria das agentes, e conseguia argumentar em prol de outras pessoas quando elas estavam com problemas. As detentas contavam a ela sobre coisas que sabiam – ela era muito confiável – e, frequentemente, diziam que ela nunca iria dedurar. Elas podem muito bem ter contado a ela seus problemas mais íntimos." Ele riu. "Acho que ela realmente se via como um tipo de psicóloga. Certamente tinha muito talento para isso. Suspeito que ela sabia muito sobre a vida de várias pessoas, coisas que ela nunca contou a mais ninguém."

Perguntei ao médico qual era a rotina para quem se juntava ao grupo.

"Eu recebia uma notificação da diretora por meio do médico avisando que alguém se juntaria ao grupo, embora, é claro, isso dependesse de eu ter espaço: eu tinha limitado o grupo a oito; às vezes, concordava em aumentar até doze, dividindo-as em duas equipes de trabalho. Sim, é claro que eu a aceitei e que estava interessado nela. De modo algum porque ela era uma celebridade ou por causa do crime dela: havia muitas mulheres lá que tinham cometido crimes horripilantes e, não se esqueça, eu não sabia nada sobre o histórico de Mary – e como eu viria descobrir, ninguém mais sabia. Examinei cuidadosamente sua ficha antes de sua chegada, mas não tinha nada lá, exceto o caso do tribunal, algumas páginas de relatórios policiais, uma breve referência à sua primeira estadia – os cinco anos em Red Bank –, mas também não havia detalhes sobre isso, nem relatórios de assistentes sociais ou quaisquer avaliações psiquiátricas de espécie alguma."

A agente de condicional de Mary, Pat Royston, tem acesso ao arquivo original do caso e confirma que não havia relatórios de assistentes sociais sobre ela antes ou como resultado de sua prisão em 1968. Perguntei ao Dr. Chamarette se isso era diferente das outras fichas.

"Tudo que posso dizer sobre o assunto é que algumas fichas tinham aquele tipo de informação, e eu fiquei surpreso ao ver que a dela não tinha. Mas eu fiquei muito mais surpreso quando, logo depois disso, li seu primeiro livro e vi pelo menos algumas das coisas que aconteceram na infância dela: então, eu não consegui entender de jeito nenhum por que a ficha dela era assim tão... Tão limitada. Como podia não ter acontecido nenhuma investigação? Como eles podiam não saber dessas coisas?"

Perguntei por que Mary tinha sido impedida durante dois anos de se juntar ao grupo.

"Acho que Styal não tinha ideia de que May pudesse estar aberta a qualquer tipo de tratamento. Eles não achavam que a relação custo-benefício valesse a pena. Eric, o médico, teria dito: 'Ela só vai ficar matando trabalho' – o que provavelmente era verdade, mas não teria importância para mim. Diriam também que, de qualquer forma, o grupo estava cheio e não podia aceitar mais pessoas."

Perguntei o que os fez mudar de opinião.

"[Foi] em parte porque May continuou insistindo naquilo, mas também, apesar de May achar isso difícil de acreditar, acho que Molly Morgan teve alguma influência..."

Perguntei se isso significava, então, que a diretora estava mesmo interessada nela.

"Ah, sim. Acho que sim. Ela era uma diretora muito boa; veio subindo na hierarquia, era jovem, cheia de energia, muito justa. Claro que as detentas não pensavam assim: era preciso uma personalidade muito durona para exercer essa função. Mas os funcionários pensavam assim, com certeza. Não sei te dizer o quanto ela estava interessada em May; talvez não tanto quanto May pensava, havia um número enorme de mulheres lá com quem era muito, muito difícil de lidar. Mas conhecendo Molly Morgan, acho que ela não estaria alheia ou indiferente à extrema juventude de May quando ela chegou. Ninguém podia deixar de estar interessado nela."

"Dr. Chammy era mais recluso, como o avô da Heidi", Mary disse. "O grupo se encontrava em um bloco separado nas tardes de quinta, e eu fiquei muito surpresa quando fui pela primeira vez, porque nós todas fomos revistadas, ao entrar e ao sair. Realmente, não conseguia entender por quê. Não confiavam *nele*? Nunca descobri, mas decidi, enfim, que era a necessidade habitual deles de mostrarem controle.

"Tinha por volta de dez de nós. Ele pegou minha mão quando eu entrei, parecia que queria ficar segurando enquanto dizia olá, mas eu a puxei de volta. É uma coisa de lésbica, sabe, não segurar a mão de um homem. De qualquer forma, ele não deu muita importância para isso ou para qualquer coisa, só disse 'olá, May, é assim que você gosta de ser chamada?'. Aí ele contou uma história sobre uma árvore, não me lembro como era, aí riu e todo mundo começou a rir. De repente ele bateu na mesa e todos pararam de rir. Achei aquilo fantástico. Era controle, mas seu próprio tipo de controle, que todo o grupo aceitava – não, não apenas aceitava, *queria*, e era bom, muito bom. Achei que ficaria cética com relação a ele, como eu ficava com todo mundo, mas acabou que não fiquei. Eu confiava nele. E logo me dei conta de que ele sabia que eu era a mais consciente [...] das pessoas... Me fez muito bem perceber que alguém me via... De modo diferente. Mais tarde eu recebi algumas cartas maravilhosas dele nas quais ele falava sobre algumas das garotas. Isso também foi bom para mim. Ele me lembrou que aquilo aconteceu, que ele sabia que eu [...] entendia as pessoas, e que confiava em mim como eu confiava nele."

Perguntei a Chammy se Mary conversou com ele sobre si mesma em Styal.

"Havia poucas oportunidades para sessões individuais", ele disse. "E não era essa a ideia: era terapia em grupo. Mas claro que falar de si é em grande parte o que as pessoas fazem nesse tipo de trabalho em grupo. Um monte de coisa aparece."

Segundo ele, durante o tempo que ele a conheceu lá, Mary esteve envolvida principalmente com os problemas das outras mulheres. "O jeito como ela pensava sobre elas – o jeito, talvez, como ela as 'analisava' [ele enfatizou a palavra] – era muito feminino, mas seu jeito de *ser*, de falar e de se portar eram extraordinariamente masculinos. Ela fez muitos esforços para persuadir seu mundo de que era masculina." Ela não andava como uma mulher, ele disse, "andava de um jeito arrogante. Ela nos contou que tinha trabalhado durante três meses para Burton, o alfaiate, como um homem, com roupas de homem, maquiando-se como se tivesse pelos no rosto".

Perguntei se alguém tinha acreditado nisso, se ele mesmo tinha acreditado nisso. Afinal de contas, tratava-se de uma pessoa de 18 anos que estava encarcerada desde os 11 anos.

"Claro que eu sabia que ela tinha fantasias e, provavelmente, algumas das outras detentas também. Mas era minha função jamais parecer duvidar delas: o objetivo geral do exercício era que elas dissessem o que quisessem, do jeito que quisessem. No caso de May, isso era o que ela precisava dizer, tanto em público quanto intimamente. Aquilo auxiliava sua persona em Styal, porque lá ela também 'se fantasiava'. Ela embolava meias na forma da genitália masculina e mencionou isso no grupo. Acho que ela as usava o tempo todo, mas talvez não de modo tão óbvio, não de modo tão provocativo na frente das agentes prisionais. Mas elas viam, sei que viam, e de alguma maneira elas deixavam que fizesse aquilo."

"Minha lembrança mais marcante sobre ela", disse Margaret Kenyon, que fazia parte da equipe de Styal na época, "eram aqueles olhos muito azuis, aquele cabelo escuro cacheado e aquela cortesia: realmente parecia mais uma garota de internato do que uma detenta. Ainda assim, eu tinha ouvido muitas histórias sobre ela, sobre o quanto podia ser brava, endurecida... Diziam que ela tinha olhos firmes como rocha. Não sei se percebi isso na única vez que realmente interagi com ela.

"Foi quando ela seria transferida para Askham Grange. Quando as garotas estavam prestes a ir para a prisão aberta, nós sempre arrumávamos roupas para elas, sabe, e eu fui selecionada para sair com ela e comprar roupas de baixo e qualquer outra coisa de que ela pudesse precisar. Ela estava bem, educada como sempre e, novamente, um pouquinho como uma criança em um passeio pela cidade, até que fomos à seção de lingerie. Ela disse, meio cuspindo as palavras, 'o que estamos fazendo aqui?'. Eu disse que íamos comprar calcinhas para ela.

"'Calcinhas?', disse ela com desdém. 'Não uso calcinhas, uso cuecas', e durante os minutos seguintes ficou reclamando comigo com aquela vozinha aguda e decidida, enquanto a vendedora, uma senhora, nos olhava com os olhos arregalados. Não sei se algo do tipo já tinha acontecido naquela loja.

"'Cuecas', ela ordenou, 'ou eu fujo'. Tenho certeza de que ela pensou que eu ficaria apertada e desistiria, mas ela não sabia da missa a metade. 'Vá em frente', eu disse. 'Fuja'. Claro que eu não tinha a mínima ideia do que fazer se ela fugisse – tenho certeza de que ela era mais rápida que eu, pelo menos parecia. Mas ela não correu."

Perguntei o que elas compraram.

"Calcinhas", disse Margaret com uma risadinha.

Perguntei ao Dr. Chamarett e se ele disse a Molly Morgan alguma vez que pensava que Mary precisava de ajuda.

"Acho que não", ele respondeu, um pouco triste. "Eu tinha alguns casos muito graves lá, uma garota, por exemplo, que tinha dado dezessete facadas no marido, uma mulher que matou a filha de 5 anos... Ah, tantas mulheres muito, muito complicadas. Os problemas de May, por mais estranho que isso possa parecer, eram quase de menor gravidade quando comparados ao resto. Você também não pode esquecer que, quando eu a conheci, ela não tinha mais 16 anos – tinha quase 19. É ultrajante que ela tenha sido mandado para lá aos 16 – é ultrajante que qualquer um tão jovem seja mandada para qualquer prisão como aquela. E olhando para trás, eu me posicionaria com mais firmeza com relação às suas necessidades se a tivesse conhecido antes e soubesse sua história pessoal, mas, como você sabe, eu não sabia. Ninguém sabia."

As mulheres no grupo normalmente falavam sobre seus crimes e como se sentiam em relação a eles, ele disse. "Um dia, uma das garotas perguntou a May sobre o que ela tinha feito. E ela disse que tinha levantado o pequeno Martin pelas orelhas só para mostrar para a amiga dela, Norma, como ela era forte, e que ele escorregou das mãos dela e caiu, e que foi assim que ele morreu. Ela acrescentou que tinha levantado Norma daquele jeito também, e outras crianças."

Perguntei se ela mencionou a outra criança, Brian. Ele balançou a cabeça em negativa. "Ela nunca o mencionou e, certamente, ela retratava a morte de Martin como um acidente."

Perguntei se ele acreditou nisso e ele deu de ombros. "Não muito", respondeu. "Mas, por outro lado, também não pensei que, tendo 10 ou 11 anos, sua intenção tivesse sido 'assassinar' ou 'matar'." Chammy balançou a cabeça. "É inacreditável que até agora ninguém tenha tentado ajudá-la a confrontar a si mesma. Isso mostra como nós valorizamos pouco os seres humanos."

Perguntei a Mary se ela contou a Chammy alguma vez sobre o que aconteceu com ela quando era criancinha.

"Não com detalhes, não, não contei", ela disse. "E não no grupo. Mas nós chegamos a um acordo sobre o caderno... Sabe, aquele que não era para as agentes lerem, mas que eu *sabia* que elas leriam de qualquer jeito.

Então, fizemos um acordo de que ele me daria dois cadernos: em um, o que eu levava para todo lado como todo mundo do grupo, eu escreveria só para falar com as agentes... Quase nada, coisas como 'eu odeio a Sra. Jones', ou algo assim. Mas no segundo eu escreveria pensamentos, poesias e o que mais pudesse imaginar durante as seções, aí dava para ele guardar para mim e trazer de volta toda quinta-feira. Nesse outro, acho que talvez eu tenha escrito alguma coisa de verdade. Talvez ele ainda tenha o caderno, ele poderia mostrar a você."

"Ela se esqueceu", Chammy disse. "Ela escreveu para mim e pediu para mandar o caderno para o diretor de Askham Grange [sua última prisão]. Escrevi de volta e perguntei a Mary se ela tinha certeza de que queria que eu fizesse isso. Ela confirmou que tinha certeza e queria que o diretor a conhecesse, então eu mandei."

Perguntei a Mary se ela escreveu sobre a mãe nesse segundo caderno. A resposta veio de uma vez: "Ah, não. Sobre minha mãe, não. Não podia. Te falei: ela não podia ser culpada. Ela tinha que ser irrepreensível".

Chammy observou que "ela chegou a falar sobre a mãe, sim, mas apenas no passado, para dizer que sua mãe tinha sido inadequada, viciada em álcool ou drogas, uma prostituta, e que ela sempre ia para Glasgow".

Perguntei se ela tinha expressado ódio ou amor pela mãe, ou talvez medo.

"Não me recordo de ela ter feito isso. A única palavra que permanece na minha cabeça é 'inadequada', e lembro que ela disse que não tinha tido nenhum tipo de cuidado maternal."

Ele não se lembra de ela ter mencionado o "pai", Billy, e não viu o nome dele na ficha dela.

"Isso é estranho mesmo", Mary disse, "porque em uma das poucas vezes que conversei com Chammy sozinha, só por alguns minutos, ele me falou algo que me deixou muito chateada. Ele me perguntou sobre quem eu mais gostaria de ver entrando pela porta. E eu disse 'meu pai, porque ele não vem me ver desde que vim para Styal'. E ele disse, 'qual pai?', e eu respondi 'bem, o George não [o segundo marido de Betty], ele é meu padrasto'. E ele disse 'não, eu sei, mas Billy também não é seu pai'. E simplesmente... Bem, ele não falou aquilo para me machucar... Ele achou que eu sabia, entende, ele me contou que a diretora sabia e aí achei que todo mundo sabia e fiquei imaginando se o Sr. Dixon sabia... Bem, aí fiquei meio ansiosa, confusa, com raiva, furiosa e, muito depois, anos depois, perguntei a Billy e ele respondeu 'quem disse que não sou seu pai? Claro que sou seu pai'. E ele é, claro que é. Mas, também, ele não é... Não meu pai biológico. Mas ninguém me diz quem é."

Logo depois, Mary perguntou à mãe sobre isso. "Quando minha mãe veio me visitar de novo – não foi muito depois, e daquela vez eu tinha decidido que tinha que ser algo realmente terrível –, disse: 'me diga, só me diga. Olha', eu perguntei: 'foi seu pai? Foi seu irmão? É por isso que eu me tornei quem me tornei?'."

E Betty respondeu muito calmamente: "Você é cria do demônio. É isso que você é". Então, ele se levantou, disse Mary, e saiu.

Uma longa carta que Mary escreveu a Carole e Ben em 1976 é indicativa das mudanças que aconteciam nela naquela época.

> Finalmente, uma resposta para a sua carta, que me alegrou muito... Recebi más notícias de casa. Teve uma batida na estrada e George está no hospital. Mamãe está doente e esse é o motivo do meu atraso para escrever esta carta.
>
> Bem, sem muitas novidades. Não ouvi nada sobre a condicional ainda. Tenho precisado muito de vocês ultimamente. Sei que é muito errado e é fraqueza. Não gosto de fraqueza de caráter, mas sinto que estou me afundando na falta de esperança e na falta de identidade. Tento falar, me conectar com os outros, mas, tendo construído uma barreira ao meu redor por tanto tempo, acho que as pessoas pensam que eu tenho segundas intenções quando tento quebrá-la. Não sei, as coisas simplesmente parecem não estar dando certo de alguma maneira. Não entreguei os pontos, apenas desisti de ficar esperançosa. É estranho, porque fico acordada à noite e tento pensar, imaginar rostos na minha cabeça, colocar as coisas em perspectiva, mas não vem nada, só um tipo de vazio. Escuridão, como se eu fosse uma cabeça-oca. Estou escrevendo isto para vocês porque sei que vocês entendem, porque me conhecem muito bem.
>
> Também me dei conta, de repente, da enormidade do meu crime, de que eu realmente tirei uma vida. Eu não consigo nem pensar sobre isso. Sei que foi muito tempo atrás, muitas lágrimas foram derramadas, mas a amargura cresceu. Mas também sei no fundo do meu coração que eu não faria uma coisa assim de propósito. Não

consigo lembrar o que aconteceu exatamente. A outra garota que foi acusada junto comigo, não sinto amargura em relação a ela, me sinto muito, muito triste porque ela sabe que nesse caso o que aconteceu não era para acontecer. Não consigo me forçar a perdoá-la, porque, durante nove anos, ela foi livre enquanto eu estive aqui dentro.

Só quero alguém com quem conversar, quero ser "eu" de novo, Ben. Abafar emoções desse jeito não faz bem para ninguém. Mas aqui é muito difícil por uma série de motivos. Não posso me voltar para as drogas porque o médico não deixa. Também não quero que chegue até a direção que não consigo passar sem drogas, então estou agarrada aqui. Não estou sentindo pena de mim mesma, só estou muito frustrada e acho que solitária. Vocês já sentiram que estavam com medo, mas sem saber de quê? É assim que estou, com medo, mas não sei de quê. Quero ficar sozinha, mas tenho medo de ficar sozinha. É muito difícil explicar.

Estou tentando muito ser boa, por uma série de motivos. Tenho uma nova diretora-assistente e ela tem sido muito correta e justa comigo: o jeito dela me lembra o do Sr. P., de certa forma. Não sou nenhum anjinho, nem com muita boa vontade, mas acho que finalmente estou aprendendo aos poucos a confiar nas pessoas de novo. Levou muito tempo para eu chegar a esse ponto. Perdi toda a fé na humanidade, mas no fim das contas vou me recuperar. Me meto em encrencas aqui e ali, mas nada muito sério. No momento, estou trabalhando numa equipe de pintura. Gosto do trabalho de pintar as estufas da prisão e só tem seis garotas, então não me sinto sufocada, o que acho que estava acontecendo nas oficinas. Estava ficando paranoica. E sou a invencível Mae [ela alterara a grafia do nome para a forma escocesa "Mae"], aquela que poderia passar pela vida sem ser afetada por ela, que disse que a "prisão não vai me mudar". Ela me mudou, mas é difícil dizer de que jeito, se para melhor ou para pior. Basicamente, me deixou mais dura, mas ao mesmo tempo me abrandou. Sinto-me mais dura, já que consigo aceitar os revides e as decepções como parte do dia, mas mais branda porque talvez eu consiga entender como os outros se sentem. Eu realmente sinto que [...] se envolver com algumas pessoas torna alguém mais brando. Sabe, me envolvi com uma garota aqui... Ela já foi embora. Para mim, ela era uma pessoa muito bonita. A parte de si que ela me deixou ver era bonita. Fui muito feliz até ela ir para casa, o que acabou com tudo. Depois de todo esse tempo vendo as pessoas indo e vindo, pode-se pensar que não seria tão ruim, mas isso me deixou em pedaços, porque eu a amava, amava mesmo... Tinha uma afeição verdadeira por aquela garota. E agora ela vai ser simplesmente outra recordação, no momento uma recordação dolorosa, pois eu não consigo me acostumar com a ideia de ter que esquecê-la. Ela fez muito por mim, me fez querer estar viva e feliz. Acho que vou superar com o tempo – é a fase intermediária que machuca tanto. Guardei as cartas dela para mim. Algumas eram bastante comuns, mas ela era uma pessoa muito sincera, muito boa para mim. Uma coisa que ela me disse uma vez quase me fez chorar. Foi no dia antes de ir para casa: "Se tivesse alguma coisa nesse mundo que eu pudesse fazer, eu te devolveria sua infância, Mae". Era típico da consideração dela, da profundidade do seu sentimento, que ela pudesse dizer alguma coisa assim. No geral, eu consigo tratar as amizades da prisão com a incerteza que elas merecem, mas essa era muito diferente. Era mais que amizade.

Bem, tenho mesmo que terminar aqui. Obrigada por serem vocês mesmos, por estarem aí, por ouvirem. Não posso dizer que me sinto como uma nova mulher agora, mas sei que vocês vão captar os sentimentos que estou tentando expressar e que vão me escrever de volta. Então, meus amigos, termino aqui. Junto com todo o meu amor e meus pensamentos, sorrio docemente para os seus cactos, pois eles não viram o Sol. "Perdoem aqueles que te atormentam, pois eles não viajaram muito longe nos reinos do entendimento." Minha amiga me disse isso. Com amor como sempre, Mae.

Rebeldia

Styal, Moor Court, Risley, 1977 a 1978

Quando Mary tomou providências para que eu visitasse Chammy e os G., disse que eu podia falar qualquer coisa a eles; ela confiava neles. Também mandou um bilhete para os G. e outro para Chammy, dizendo que podiam me contar qualquer coisa e mostrar cartas ou poemas que tivessem dela.

Com o maravilhoso Chammy, conversei principalmente sobre Styal e sobre como um sistema ideal, capaz de reconhecer a diferença entre uma criança gravemente perturbada e uma personalidade "má" ou "criminosa", teria lidado com uma criança como Mary. Na primeira vez que conversei com ele, por telefone, ele me corrigiu – bem acertadamente – quando falei que Mary estava apenas começando a confrontar a realidade de ter assassinado duas crianças.

"Assassinado não", ele disse. "Ela matou. E é terrível que essa criança de 11 anos tenha matado, mas, para qualquer um que trabalhe com May, é absolutamente essencial ter em mente a diferença entre esses dois termos."

No caso de uma criança como Mary, segundo ele, "a primeira coisa que deveria ter sido feita era encontrar alguém que pudesse estabelecer uma relação de confiança com ela, em vez do encarceramento punitivo. Sim, seria uma tarefa incrivelmente difícil, por isso todos aqueles psiquiatras com quem você conversou durante e após o julgamento disseram que não teriam sido capazes de assumir essa responsabilidade. Ela demandaria um compromisso enorme. Porque é *claro* que a resposta para os terríveis problemas dela era – talvez ainda seja – sua mãe. Então, você vê que tipo de coisa um terapeuta teria que pedir para ela fazer, uma criança de apenas 11 anos? Teria que pedir para ela trair a mãe, o laço mais profundo que existe. Claro que a mãe havia rompido esse laço, quase desde o nascimento da criança, mas, como você está descobrindo, isso é precisamente o que May tem escondido de si mesma por – quanto tempo faz agora? – mais de trinta anos para ser uma pessoa funcional. E qualquer um que trate de tal criança teria que ajudá-la a abandonar esse esconderijo.

"Quando eu estava começando a análise – que significava ir retirando camadas –, seguia o método *a rigor*. É verdade que é diferente agora, e muitos dos novos métodos terapêuticos funcionam". Mas o tratamento de crianças gravemente perturbadas, na opinião dele, permite poucos atalhos: "A máxima 'é de menino que se torce o pepino' ainda se aplica. Mas é verdade que isso demanda muita energia, muita fé e, para que seja feito adequadamente, muitos recursos – e como podemos ver do que foi feito com May no bem-intencionado Red Bank, não há razão para *não* fazer de forma adequada. Não tenho como dizer o quanto eu te apoio em seus esforços para que esse livro cause mudanças no sistema, tanto em relação à maneira como crianças que cometem crimes devem ser julgadas quanto a como lidar com elas posteriormente".

Infelizmente, afirmou Chammy, as autoridades estão apenas começando a compreender – muito lentamente – que, a longo prazo, o custo-benefício de descobrir o que deu errado com a vida de uma criança e consertar isso antes que ela se torne um adulto antissocial é muito maior.

"Toda a experiência da vida de May prova a necessidade gritante de crianças com problemas receberem terapia, sim, mas mais do que isso: de que os adultos responsáveis estejam dispostos a acreditar nelas, dispostos a acreditar...". Ele parou, procurando sinais de ceticismo no meu rosto quando percebi a sua mão repousando sobre a Bíblia, como se por acaso. "Não se preocupe", ele disse, rindo. "Não vou dar sermão. Dispostos a acreditar", disse então, "na capacidade do indivíduo humano, por mais jovem que seja, de superar adversidades impossíveis. Dispostos a acreditar na bondade intrínseca à criança".

Passei muitas horas enriquecedoras com Carole e Ben G., que devotaram sua vida profissional a ajudar crianças como Mary, mas fiquei surpresa ao descobrir que já fazia quatorze anos desde que eles haviam tido contato com ela.

"Quando ela nos telefonou agora", Carole disse, ainda parecendo surpresa, "foi bem do nada".

"Como posso explicar?", Ben disse. "À primeira vista, parece muito errado não ter mantido contato com ela." Ao longo de sua carreira, provavelmente houve até agora cerca de quinhentas crianças com problemas semelhantes – juntando as dele e as de Carole, próximo de mil. "Tudo que podemos fazer", ele disse, "é dar o melhor de nós enquanto estamos com elas e acreditar, contra todas as probabilidades, que independentemente do caminho que seguirem elas vão continuar se beneficiando do nosso trabalho".

"Você está nos apresentando uma questão moral sobre a qual refletimos juntos inúmeras vezes", a esposa disse. "Mas temos que considerar nossa autopreservação, nosso lar, nossa filha, tudo que é de importância vital para nós."

"Pode soar como uma desculpa", Ben disse, "mas na verdade é por isso que saímos do trabalho residencial com essas crianças: a intensidade desse trabalho se tornou impossível caso quiséssemos ter nossa própria vida, ter uma família. Para manter nossa sanidade, temos que aprender a desligar, a virar a chave, a nos afastarmos e dizer 'certo, este sou eu, estes somos nós, é nossa vida também'".

"Mas aquela carta de May consegue fazer chorar", Carole disse. "Ela é muito reveladora, não é? Você quase consegue ouvi-la pensando sobre a necessidade de ficar sozinha e, ainda assim, não estar sozinha; sobre aquela garota bonita, Alicia; sobre como sentir amor a está tornando mais branda... E talvez como consequência disso, e por causa do seu primeiro contato com um psiquiatra *de verdade*, um que obviamente continuou humano, ela confrontou pela primeira vez a enormidade do seu crime."

O que Carole quis dizer por psiquiatra "de verdade" – ao contrário de todos aqueles perfeitamente verdadeiros cuja tarefa era avaliar Mary em prol do Ministério do Interior – é um psiquiatra que, como Chammy, trata das pessoas, mesmo em terapia de grupo.

Contei a eles que Mary, com sua voz lúcida de Red Bank, falou-me sobre Alicia e a curiosa moralidade que aplicava ao seu relacionamento com ela: que a havia amado tanto que deitavam na mesma cama às vezes e se aconchegavam: "Nós nos abraçávamos", ela disse, mas não fizeram sexo. "Eu queria, mas não seria correto. Ela estava indo embora. Ia ter uma vida normal. Eu não podia ser... Eu tinha que *não* ser... Parte da vida dela, nem mesmo como uma recordação."

Essa visão altruísta me pareceu uma espécie de vitória. Contudo, como falei com Carole e Ben, apesar da determinação de Mary em não se tornar institucionalizada em Styal, embora externamente parecesse ter alcançado esse objetivo, internamente – o que talvez era inevitável – ela sucumbiu ao pior aspecto da institucionalização.

"O que acontece em Styal", Mary disse, "é que a cada doze meses, ou talvez dezoito – eu não sei direito mais –, eles revisam seu caso e você vai para o Comitê de Revisão Local, composto de membros importantes da comunidade, como um magistrado, um juiz aposentado, um médico ou o que for. Antes de te receberem, eles olham os chamados relatórios de progresso semestral, feitos de contribuições de todos os funcionários da prisão – eles escrevem relatórios diários sobre cada uma de nós, dá para imaginar? Costumavam nos ameaçar com isso. E aí a diretora das diretoras do Ministério do Interior, a Sra. Perry, fazia perguntas idiotas, como se eu sabia o preço do pão – como diabos eu saberia o preço do pão? – [e] o que eu pretendia fazer. O que eu faria quando saísse? Completa idiotice, já que eu não estava sendo treinada para fazer coisa alguma. Eu não tinha permissão para fazer cursos vocacionais e não tinha nenhuma esperança de estudar para nada que eu pudesse *querer* fazer, como ser veterinária, estudar biologia, química, psicologia, porque a lei diz – e eu sabia disso – que qualquer um em liberdade condicional não tem nem nunca vai ter permissão para trabalhar com *gente*. Então, qual era o propósito?".

Perguntei se não era possível *conversar* com as pessoas no Comitê de Revisão. Ela não podia explicar seus interesses e *pedir* para estudar? Ela certamente era articulada o bastante para isso.

Ela me disse pacientemente que eu não tinha entendido a parte de "qual o propósito?". Se em Red Bank ela havia, sim, aprendido a ser "articulada", em Styal ela tinha sido forçada a desaprender tudo.

"Red Bank me tirou do ambiente em que cresci e o substituiu por algo que acabei aceitando como sendo melhor. Mas Styal me colocou de volta naquele ambiente de palavras chulas. Não estou dizendo que é assim que todos em Newcastle ou Scotswood falavam, mas *meu* mundo falava, e o que se tornou *meu* mundo em Styal também – tudo reduzido a 'foda-se isso', 'foda-se aquilo'. Seria preciso ser incrivelmente forte – muito mais forte do que eu era – para se opor verbalmente, em vez de se entregar e retornar ao que tinha sido, afinal de contas, a linguagem familiar da infância. Ah, às vezes, uma ou outra amiga e eu decidíamos parar com todos esses xingamentos e de acrescentar um palavrão em toda frase, por exemplo, 'a porra do hospital'... Quero dizer, dá para acreditar nisso?

"Mas era assim e [aqui, novamente, ela fez aquela rápida e estranha mudança de recordação para análise] a linguagem afeta o comportamento mais do que o contrário. Eu vejo isso nas pessoas que agora têm a idade que eu tinha na época, em filmes, nas ruas – elas não falam como se comportam, mas sim se comportam do jeito que falam, um segue o outro. E o que eu acabei entendendo e aceitando em Styal foi que, por mais que eu pudesse me rebelar contra o *sistema* e por muito tempo tirar forças dessa revolta, eu não podia continuar sendo, ou talvez fingindo ser, uma pessoa socialmente diferente daquelas ao meu redor, que eram... Que *tinham* que se tornar minhas amigas."

O fato de Red Bank aceitar Mary como um indivíduo e de ela ter adotado a "diferença" em comportamentos sociais como um modo de vida apropriado e mais feliz lhe deu um senso de autovalorização pela primeira vez. Sua remoção forçada desse novo estilo de vida e a reinserção nesse mundo que ela havia aprendido a rejeitar levou Mary em uma trajetória saindo do que ela chamou de "revolta honesta" rumo à resistência "vigarista" e, por fim, à exaurida falta de propósito do detento institucionalizado – preparando o terreno, como veremos, à maior das explorações prisionais.

Ela sabia perfeitamente bem – assim pensava – que não haveria esperança alguma de liberdade condicional durante anos. "Então todos esses comitês de revisão não eram nada exceto oportunidades para a comissão de diretores se sentir importante", ela disse, "e eu estava de saco cheio daquilo. Por isso, decidi que não ia mais a nenhum dos comitês. Styal seria minha vida e eu não queria a maldita libertação. Por quê?", ela repetiu minha pergunta. "É como se eu te perguntasse por que você não quer viver em Marte."

E ela me contou sobre o dia em "1977 ou 1978, não tenho certeza, mas sei que ainda tinha 20 anos", quando ela estava pintando e chamaram-na para comparecer ao comitê, mas ela disse que não iria de jeito nenhum. "A Srta. Kendall chegou e eu disse 'não, não, não. Não vou comer cenoura nenhuma. Não sou um jumento'. Ela me pegou pela orelha e me arrastou para a audiência de liberdade condicional, coberta de tinta como eu estava. 'Se você acha que vou passar o resto do meu trabalho aqui com você, está muito enganada', ela falou. 'Entre já', e abriu a porta, me empurrando para a sala com tinta e tudo."

O sistema, como vimos, está preocupado em um primeiro momento em proteger a sociedade, ao mesmo tempo em que trata os detentos com humanidade. Inevitavelmente, porém, dado o número de detentos envolvidos, a capacidade do sistema de se adaptar às suas personalidades individualmente é limitada. Em meados de 1978, dez anos depois de Mary ter sido condenada por seus crimes, as autoridades se deram conta de que era preciso dar um primeiro passo no sentido de sua libertação. O que eles não sabiam (e, como podemos ver agora, não poderiam saber) era que a aparente aceitação da disciplina por parte da garota apenas cobria superficialmente sua frustração intelectual – que eles reconheceram e, bastante ingenuamente, esperavam aliviar transferindo-a da noite para o dia para um ambiente mais estimulante e exigente –, além de camuflar sua profunda confusão emocional e seu ressentimento.

Dois dias após sua aparição suja de tinta perante o Comitê de Revisão Local, a diretora chamou Mary e lhe disse que ela seria transferida para Moor Court, em Staffordshire, no dia seguinte. O motivo de não alertar Mary quanto a quaisquer mudanças antecipadamente era porque as autoridades sabiam das costumeiras indiscrições de sua mãe junto à imprensa.

"A Srta. Fowler", Mary disse, "que também estava lá, me disse que era um grande passo à frente".

"Ah, sim, eu sabia que era uma prisão aberta", ela disse. "A gente sabe todas essas coisas. Eu sei te contar sobre todas as prisões do país. Eu falei com a Srta. Fowler que não queria ir. Se eles tivessem dito Holloway ou Durham, eu ficaria muito feliz. Mas eu nem sabia a data estimada para a minha libertação e ainda não tinha 21 anos, por isso sabia que não ia conseguir. Então eu não queria estar em uma prisão aberta. Não era um 'passo à frente', como ela disse. Era crueldade pura. Eu sentia que Styal era minha vida, meu estilo de vida, e ser mandada para uma prisão aberta era como ser mandada para a prisão, porque você está *mais* na prisão quando ela é aberta."

Perguntei se ela queria dizer que tinha medo de Moor Court porque era aberta.

"Não era questão de estar com medo", ela respondeu depressa; Mary não permitia nunca que pensassem que ela tivesse medo de coisa alguma.

"Era um processo desnecessário porque, de qualquer jeito, eu não queria ser solta; a pressão para fugir seria grande demais. De qualquer jeito", ela mudou a direção da conversa, "eu não queria deixar Diane. Bom, tanto faz... Claro que eu tinha que ir. Não me lembro da data, mas sei que ainda comemorei meu aniversário em Styal: lembro porque Diane preparou um bolo para mim e muitas garotas me deram presentes. Antes de eu ir embora, Diane e eu escrevemos juntas um apelo à Sra. Perry, da diretoria, pedindo permissão para trocarmos correspondência. Achamos que eles não iam dar permissão, mas deram".

Mary chegou a Moor Court em junho de 1977. "Uma mansão do século XVII", ela disse. "Ridícula para uma prisão." Mas ela descobriu que conhecia muitas das garotas lá e todas pareciam saber sobre ela – principalmente sobre sua posição de *butch*. Ao contrário do que aconteceu em Styal, porém, esse aspecto de sua "identidade" parece ter sido evitado em vez de bem recebido.

"Era um mundo diferente", Mary explica. "Tinha mais detentas de curto prazo que de prisão perpétua, e o que todas queriam era seus namorados, seus homens."

Em Moor Court, ela disse, as detentas em prisão perpétua e as de curto prazo não eram separadas. "Foi a primeira vez que estive com pessoas de 19 anos que conversavam sobre boates, namorados, como se vestir e como sair à noite, ficar bêbada, dar risada – você sabe, luzes estroboscópicas e todo tipo de coisa que eu nunca tinha visto."

A prisão, localizada em um vale no meio das montanhas de Staffordshire, era muito bonita, bonita demais para o seu propósito. "Era uma bela construção com escadas em espiral e uma vista adorável para os campos e as árvores. Tinha dormitórios muito confortáveis, por volta de cem camas, quatro em cada quarto, com cortinas de chita, boa mobília, salas de estar com cadeiras de braço, uma sala de jantar onde lindas mesas de madeira eram postas para as refeições e a comida era preparada pelas cozinheiras. Era um desperdício ser uma prisão", Mary disse.

"Pense sobre o mundo para o qual a maioria das pessoas de lá vai voltar: apartamentos em andares bem altos, casas geminadas. É uma vergonha usar lugares bonitos assim para pessoas que pegam pesado. Prisão é prisão – não estou dizendo isso num sentido punitivista, mas não se deveriam estabelecer ideais que não são realistas. Red Bank era bastante agradável, com paredes coloridas e tudo o mais, mas mesmo assim era institucional. Por ser para garotos de até 18 anos, tinha um tanque de peixes, mas não era para parecer um lar artificial nem aconchegante, e eu acho que isso é certo. Styal era um horror, e isso também é certo. Mas Moor Court, você teria que ser milionário para viver num lugar como aquele: isso estabelece padrões nada realistas, deixa as pessoas com um sentimento de desconten-tamento, de que estão melhor na prisão do que fora dela."

Perguntei se ela não achava que, se alguém fica num lugar assim por anos, isso não cria padrões de vida aos quais a pessoa pode aspirar, mesmo que em um nível menos extremo.

"Sim", ela disse. "Mas o triste é que, a não ser que você tenha recursos internos para alcançar esses padrões, tudo que vejo e que via isso criar é pessoas muito infelizes."

A Srta. Leichner era a diretora de Moor Court. "Não tinha nada de errado com ela", disse Mary. "Era uma mulher simpática e eu gostava dela. No instante em que a conheci, e que falei que não queria ficar lá, queria ficar em Styal; que não queria ser solta e que fugiria. Era tudo que eu podia fazer, ser sincera com ela, avisar."

Perguntei o que a Srta. Leichner disse.

"O que ela podia dizer? Disse que eu devia experimentar. Que, em Moor Court, 'aberto' significava aberto: que o fato de eu ser transferida para uma prisão aberta significava que meu caso seria revisto regularmente pela Comissão de Liberdade Condicional; ser solta era então uma possibilidade real dentro de dois ou três anos. Ela disse que tudo dependia de mim: que eu estava vivendo em condições de detenção havia mais de dez anos e que agora tinha que descobrir se eu conseguia aguentar a pressão de ganhar um voto de confiança. Porque, ela disse de novo, 'aberto aqui é aberto: você pode sair para caminhar, pode deitar na grama, pode ficar sozinha ou com outras pessoas. A única coisa que você não pode fazer é sair dos perímetros da prisão. O que estamos fazendo é pedir que você tome suas próprias decisões'. Ela perguntou se eu entendia isso.

"Balancei a cabeça afirmativamente, mas não entendia nada, exceto que eles estavam pedindo o impossível de mim, e que eu não queria aquilo. Não conseguiria. Como eu poderia de repente, sem qualquer, qualquer..."

Adaptação?

"Sim", ela disse, parecendo agradecida. "Adaptação. Como eu poderia tomar minhas próprias decisões sem qualquer adaptação – e não apenas qualquer decisão, como ser obediente ou desobediente, que eu já tinha tomado centenas de vezes, mas a decisão de estar na prisão ou em liberdade – se durante dez anos eu tinha passado cada noite da minha vida trancada?

"A Srta. Leichner disse enfim que era para eu fazer um curso de gerência de escritório, datilografia e tudo o mais, para me preparar para um emprego. Bem, eu já sabia datilografar sem olhar, desde Red Bank – o Sr. Dixon me colocou em um curso muito cedo." Ela parecia estar com raiva: "Não é de se imaginar que eles saberiam disso? Eles não se importavam, entende: eles não sabiam nada sobre *mim* porque eles não se importavam comigo".

Mas, com certeza, deveria haver algo que ela aceitaria aprender. Perguntei se, novamente, não havia livros, nada para entreter sua mente.

"Eles tinham o que chamam de 'livros inspiracionais'; eu estava tão desesperada que li alguns desses. Lembro que tinha um chamado *Da prisão para o louvor*. Depois de algumas semanas disso eu pensei que, se esse cara consegue, então também consigo. E aí fui para a capela – eles tinham uma boa capela – e me atirei no chão dizendo: 'Por favor, me deixe sentir alguma coisa'."

E não sentiu?

"Nada", ela disse. "Só me senti inútil, morta, como se um ônibus de dois andares pudesse atravessar minha barriga. Tudo que eu queria era *sentir*, apenas sentir... Talvez fossem os comprimidos."

Em Moor Court, quase todo mundo fazia uso de medicamentos, Mary me contou. Embora em Styal ela própria e os médicos tivessem conseguido mantê-la livre de drogas, em Moor Court Mary se entregou a elas.

"Não demorou, acho que algumas semanas, até que eu fosse chamada pela Srta. Leichner. Ela me disse que a Comissão de Liberdade Condicional havia revisto meu caso e que, naquele ponto, haviam se recusado a me dar uma previsão da data de libertação. Ela disse que era normal, que isso sempre acontecia, mas eu achei muito anormal. As pessoas iam embora *todo dia*, e detentas de prisão perpétua no meio delas que... Ah, eu não estava fazendo julgamento ou comparações, mas elas já eram crescidas quando fizeram o que fizeram: eu era uma criança.

"A Srta. Leichner disse que meu comportamento tinha que melhorar. Eu precisava terminar meu curso de datilografia, e aí iriam rever meu caso. Mas para mim era uma espécie de encerramento: tudo era inútil; eu estava preparada para nunca ser solta. Se eu fosse solta algum dia, o que eu ia fazer? Onde iria me encaixar? Não conseguia me ver com pessoas normais. Eu sentia que não conseguia mais me conectar com as pessoas que tinham vidas comuns, como a filha do Sr. P. em Red Bank, de quem eu tinha ficado amiga. Me lembro de pensar sobre o que eu diria para ela, mesmo se me pedisse uma coisa boba como fazer maquiagem ou sair para fazer compras ou almoçar em um restaurante... O que eu *faria?*

"Foi depois disso que me deram o primeiro medicamento: Clometiazol, um sedativo; eles dão isso para alcoólatras, viciados em drogas. Eu sabia que era mera questão de tempo antes de eu fugir. Sabia qual seria a publicidade, a repercussão se eu fugisse, então pedi para tomar essa droga – eu queria ficar chapada. Falei com o médico 'eu sou uma detenta de prisão perpétua, fui transferida, odeio isso e vou fugir'. Aí ele disse 'você vai tomar meio litro de leite por dia e vou te dar algo que vai te ajudar a dormir e se acalmar'. Tomei e aquilo me derrubou. Fui para longe dali e fiquei com uma fome louca, aí eu lembro que estava sentada em frente à máquina de escrever, ouvindo música quando era para eu estar ouvindo a voz de alguém, e lá estavam Jerry e Trudi me levando para dar umas voltas. Logo que sentei de novo, caí no sono. Acho que tomei aquilo por alguns dias."

Eu iria me deparar com a mesma imprecisão vinte anos depois, quando tentei conversar com Mary sobre drogas. Não tenho quaisquer dúvidas de que lhe deram mais drogas na prisão do que ela quer admitir agora; não há dúvidas, também, de que é difícil romper esse condicionamento de detentos a analgésicos e tranquilizantes depois que eles são soltos.

Três meses depois de sua chegada em Moor Court, em setembro de 1977, Mary fez o que havia prometido à diretora que faria ao chegar. "Não foi muito difícil", disse ela. "Nós só pulamos uma cerca e seguimos para além dos campos." Alguns dias antes Mary havia começado a conversar com uma garota que não conhecia. "O nome dela era Annette e era apenas uma detenta de curto prazo – uma jovem que havia feito uma bobagem e agora queria ir para casa. Ela disse que estava de saco cheio e eu disse que odiava aquilo e que ia fugir. E ela disse 'não seja boba, não falta muito para você'. Mas eu disse que tinha que sair, e ela respondeu: 'Ok, então vou com você'."

Mary contou que, na época, ela provavelmente se via como uma grande organizadora de fugas: foi atrás de algumas amigas e pediu uma coisa aqui, outra ali, uma calça jeans aqui, sapatos de plataforma ali. "Só para eu não ser vista com minhas coisas 'lá fora'. Disse a elas que, se alguém perguntasse, eu tinha roubado aquilo. Todas elas me disseram para não ser burra, mas eu já tinha passado daquele ponto. Só um terremoto me deteria."

Elas planejaram a fuga para domingo, quando o período de visitas começava às 1h30 da tarde, com muitas pessoas andando pelos pátios, e a contagem não aconteceria antes das 6 horas da noite.

"Chegamos em uma estrada bem depressa", Mary disse. "Eu tinha um penteado afro com galhinhos pendurados no cabelo. Pegamos uma primeira carona e o cara me deu um mapa; claro que eu não sabia nada sobre ler mapas e estava lendo de cabeça para baixo. Ele virou do lado certo e disse: 'Acho que vou deixar vocês no primeiro cruzamento'. Acho que ele era da região e sabia o que estávamos fazendo."

O próximo motorista que parou e perguntou aonde elas queriam ir disse que não estava indo para lá. No fim, foram três rapazes que as levaram. "A polícia nunca soube que foram três", Mary ainda sussurrava para falar. "O terceiro deve ter suspeitado de algo, porque ele mandou os outros pararem, dizendo que estava fora. Eu disse 'ok', e nunca o mencionei quando me interrogaram – Annette também não o mencionou. Os outros dois, Clive e Keith, disseram que estavam indo para Blackpool, para a feira."

As garotas haviam notado que os rapazes tinham muitas tatuagens e as conversas giravam em torno da prisão. Por fim, elas admitiram que estavam fugindo e Mary disse que estava cumprindo prisão perpétua. Pouco depois, contou-lhes quem ela era. "Clive disse: 'Jesus, li um livro sobre você', e meu coração afundou. Eu disse: 'E aí, o que você vai fazer?', mas ele respondeu 'nada', e Annette me deu uma cotovelada e falou que eles *queriam* algo, mas eu nem prestei atenção – estávamos indo para a feira. Annette sussurrou de novo que eles não nos ajudariam a troco de nada e que estariam esperando algo em troca. Mas eu estava frenética, eufórica e depois, quando estava na montanha-russa, olhei para baixo e vi a feira espalhada lá embaixo e o mar lá longe e pensei: 'Não estou nem aí. Se eu for assaltada agora, pelo menos pude viver isso'."

Àquela altura eles tinham bebido um pouco. "Com exceção de Babycham,[23] foi a primeira bebida alcoólica que tomei, e fiquei bêbada como um gambá bem rápido. Não sei como conseguia ficar de pé. Fomos para uma boate e ficamos até muito tarde, e eu era a única pessoa dançando, ainda com os galhinhos no meu cabelo.

Perguntei se ela se sentiu atraída por Clive.

---

[23] Marca de uma bebida destilada de peras particularmente popular na Grã-Bretanha entre os anos 1960 e 1970. [N.E.]

"Você está brincando", ela disse. "Os caras nos levaram para uma pousada de frente para o mar. Eles ficaram em um quarto, Annette e eu no outro. Eu estar bêbada não é uma desculpa, isso é um fato. Ouça, não sou puritana, nem hipócrita. Mas me entregaria assim? Sexo era a última coisa que passava pela minha cabeça, se é que passava alguma coisa. Sexo para mim... Bem, você sabe o que sexo era para mim: em Styal, com as pessoas com quem eu tinha mais intimidade, eu não fazia sexo. Tudo que lembro é que estava na cama e de repente Clive estava ali também. Eu levantei e tinha sangue nos lençóis. Não senti nada e não tinha sentido nada. Se era isso, não era muito. Eu estava completamente paralisada."

Perguntei se ela não havia dito "não".

Ela riu. "Provavelmente acabou antes que eu pudesse dizer não. As pessoas podem dizer que é bobagem, que é conveniente para mim dizer agora que eu não lembro. Mas não. Não me lembro. A segunda noite – ficamos na casa da mãe dele, em Derby. Ela era muito simpática [Mary diria depois à polícia que nunca a vira, para proteger a mãe de Clive]. Ele veio de novo. Eu mandei ele cair fora, e ele caiu."

Annette havia ido embora àquela altura e, no café da manhã do dia seguinte, Mary percebeu que sua fuga estava estampada nas primeiras páginas dos jornais.

"Eles tinham comprado para mim um grande chapéu de sol no dia anterior e eu o puxei sobre o rosto. Os rapazes foram comprar outras roupas para mim e tinta para cabelo, e me levaram até a casa de uma amiga de Clive; pintei meu cabelo de ruivo no banheiro dela. Clive saiu dizendo que precisava ver alguém. Depois descobri que ele tinha saído para visitar uma assistente social que conhecia para perguntar o que fazer."

O *Sunday Times* me pediu para investigar a fuga de Mary e, logo depois, conheci Clive, então com 31 anos. Também conheci a assistente social a quem ele recorreu em busca de aconselhamento. Ela o conhecia bem e falou dele com gentileza. Não há dúvidas de que, no fim das contas, com as ofertas dos tabloides de quantias absurdas de dinheiro, ele sucumbiu à tentação e as aceitou e, assim – como sem dúvida parece a Mary –, ele a traiu, a vendeu exatamente como sua mãe vinha fazendo durante anos. Mas minha impressão era que ele era um rapaz muito vulnerável que estava fazendo um verdadeiro esforço para "se endireitar" quando conheceu Mary por acaso, e ela despertou algo nele – compaixão? amor? Não sei. Certamente o relacionamento era inadequado naquele momento, ou talvez em qualquer momento. Embora Mary – muito envergonhada em relação ao que acontecera naqueles três dias ou à pessoa com quem tudo ocorrera – alegue agora que as cartas supostamente dela que ele vendeu aos jornais eram invenção, algumas frases e mesmo sentimentos atribuídos a ela parecem-me muito familiares.

Sobre a amiga de Clive, Mary comentou: "A mulher era simpática. Ela me deu café, conversamos e eu brinquei com sua filha, que tinha um macaco que dobrava os braços. Quando Clive voltou, disse que tinha uma balsa onde eu podia ficar, e eu falei que não, que estava indo para Londres. Ele disse que tudo bem, mas que podíamos sair para dar uma volta primeiro e me levou para outra cafeteria, onde tinha barcos.

"Estávamos lá, no carro, e vi um policial passando de moto; ele virou a cabeça para olhar o carro e, sei lá, alguma coisa em mim clicou e eu disse 'Bem, estou indo'. Clive respondeu: 'Tudo bem, te dou uma carona até a estação, mas temos que comprar uma coisa no caminho'. Aí foi como em *Chumbo grosso*,[24] e Keith sussurrou para mim 'ele te dedurou'. Um policial apareceu dizendo para abaixar o vidro do meu lado e disse: 'Mary'.

"Eu disse: 'Não sei o que...', e antes que eu pudesse terminar a frase ele tirou meus óculos escuros e me algemou. Eu disse: 'Não sei do que você está falando, só tenho 17 anos', e ele falou: 'Tudo bem, vamos até a delegacia'.

"Lá eles acharam em mim marcas que provavam minha identidade. Estava tudo registrado. Eu disse: 'Ah, Deus, o que vai acontecer comigo agora?', e o policial explicou que tinham falado com eles, e havia sido anunciado na televisão também, que eu não era perigosa; que na verdade eles não tinham procurado por mim em todo o país, mas colocaram os avisos habituais de fugitiva; e que só me encontraram porque alguém me entregou. Ainda assim eu só tinha esperança e rezava para que ninguém tivesse cometido qualquer tipo de crime que pudesse ser atribuído a mim."

"Estávamos trabalhando em Wiltshire nessa época", Carole G. disse, "e no domingo à noite ouvimos no noticiário das seis que Mary Bell havia fugido".

"Ficamos horrorizados", Ben disse.

"Não conseguíamos acreditar", Carole continuou. "Não sabíamos nem que ela tinha sido transferida. Tínhamos recebido um telefonema, algumas semanas ou alguns meses antes, em Dorset, onde estávamos na

---

[24] Seriado policial exibido entre 1981 e 1987. [N.E.]

época, perguntando se estaríamos preparados para hospedar Mary, para que ficasse conosco. Não entendemos muito bem o que eles queriam dizer: em visitas, ou quando ela fosse solta, ou o quê? Mas nossa primeira reação foi simplesmente que não *podíamos,* sabe. Estávamos trabalhando, fazendo pesquisas, vivendo em campo [no terreno de uma escola].

"Mas então Ben e eu ficamos nos perguntando se não poderíamos de alguma maneira fazer aquilo dar certo. Então, queríamos telefonar, conversar e descobrir mais. Mas é claro que não dá para telefonar e falar direto com quem você quer. Enquanto ainda estávamos pensando sobre o assunto aconteceu isso e, no início da noite, recebemos um telefonema da polícia do norte para dizer que May havia sido vista pegando carona em direção ao sul. Tinham achado nossas cartas com ela com nosso endereço, e queriam nos dizer que ela poderia estar vindo em nossa direção. Bem, ouvimos todos os noticiários e enfim fomos para a cama. Tínhamos um cachorro novo, um pastor alemão, e ele começou a latir de repente."

Ben disse: "Carole ainda estava vestindo a camisola quando eu abri a porta e os policiais entraram e a seguraram. Nós perguntamos que diabos eles achavam que estavam fazendo e, por fim, descobrimos que eles pensaram que Carole fosse May. E quando eles perceberam que não era, começaram a revistar por todo lado. Ficaram tranquilos quando viram que não tinha nada lá; pediram desculpas e deram explicações".

"A polícia de Derby foi muito simpática", Mary disse. "Falei com eles que eu pretendia ir para Londres e arrumar um emprego, e que, depois de um tempo, por volta de dois meses, eu iria telefonar para o Ministério do Interior ou para quem quer que fosse e dizer 'Estou aqui. Só queria provar para vocês que eu conseguiria'."

Perguntei se era verdade, se ela realmente havia planejado aquilo.

Ela riu. "Bem.. Na verdade, não. Eu só queria fazer festa, acho – ser normal. Mas aí, sentada nas celas da polícia com a imprensa cercando o prédio, pelo que me falaram, de repente me senti muito velha e muito cansada. Antes que a noite acabasse, eu estaria em outra cela em uma prisão ou outra e lá não teria sorrisos, policiais compreensivos, só o furioso sistema que eu havia chutado na cara. E aí duas agentes prisionais de Moor Court chegaram e me disseram que agora eu tinha passado dos limites. Que levaria anos até eu sair da ala de alta segurança. 'Garota boba', disse uma delas, acho que com muita tristeza, e perguntou que diabos eu tinha feito ao fugir. E quando, não sei por que, contei o que havia acontecido, ela disse: 'Jesus, espero que você não esteja grávida'. Isso me deixou enjoada. Eu nunca tinha pensado *nisso*. Aí me disseram que eu estava indo de volta para Risley, Grisly Risley como é conhecido, o mais pavoroso e notório centro de detenção na Inglaterra. Nunca pensei que acabaria lá."

Foi enquanto eu trabalhava no artigo sobre a fuga de Mary para o *Sunday Times* que conversei com uma jovem – vou chamá-la de Joan – que havia cometido um delito de menor gravidade e cumpria uma pena curta em Moor Court quando Mary chegou lá. Joan tinha 20 anos quando nos conhecemos, uma garota linda com modos agradáveis que trazia consigo seu bebê de 1 ano. Havia sido libertada recentemente, mas não fora infeliz durante seus poucos meses em Moor Court.

"Era como um acampamento de férias", ela disse. "Não era nada ruim. A única coisa ruim, ruim mesmo, era se você tivesse um bebê, como eu tive, e fosse separada dele. Isso era terrível."

Perguntei se ela achava que a prisão ensinara alguma lição. "Ah, sim", ela respondeu com veemência. "Nunca mais."

Haviam falado para as detentas que Mary estava para chegar?

"Sim, falaram", ela disse.

Perguntei se ela sabia quem Mary era.

Joan riu. "Não, não antes de ela chegar. Eu só tinha 19 anos [dois anos mais nova que Mary]."

Mas as outras detentas falavam sobre Mary, sobre o que ela havia feito?

"Ah, sim, falavam muito." E havia muita expectativa quanto à possibilidade da chegada de Mary, ela contou. Perguntei se ela havia conhecido Mary logo que ela chegou. "Sim, logo em seguida. Ela era inteligente, uma garota muito inteligente. Costumava ir à biblioteca toda semana e pegar quatro ou cinco livros."

Mas Joan não havia gostado de Mary. "Ela era diferente. Os funcionários a tratavam como alguém diferente." Falava bastante sobre a criança que matara, disse Joan, "mas dizia que tinha matado só um deles, não dois, como falavam. E que ele tinha 8 anos, só *dois* anos mais jovem que ela na época, e que estava brincando com ele em um *playground*, e o empurrou de cima de um banco ou algo assim...". Joan disse que mantinha distância de Mary porque não queria ouvir sobre o assunto. Ele a deixava assustada.

Perguntei se Mary tinha amigas.

"Ela estava sempre dizendo que era muito sozinha, mas não precisava ser. Havia garotas simpáticas lá com quem dava para fazer amizade." Então, Joan acrescentou com repentina sabedoria: "Acho que ela queria ficar sozinha". "Ela estava sempre tomando remédio", Joan disse. Não havia psiquiatras em Moor Court, somente um médico uma vez por semana, e Mary o visitava constantemente. "Ela tinha dores de cabeça e de estômago. Tomava Diazepam ou qualquer outro tranquilizante três vezes por dia. E ficava sempre dizendo que não iria ficar lá, que iria fugir; que iria *mostrar* a eles."

Quando Mary chegou em Risley, eram duas da madrugada. "Fiquei tranquila porque conhecia a policial da recepção, a Srta. Ogden, de Styal. 'Ah, Deus, tinha que ser você, não tinha?', ela disse e me mandou tirar a roupa. E depois de se certificarem de que eu não tinha piolho e de me supervisionar enquanto eu tomava banho, me colocaram na 'caixa'. Era um cubículo estreito onde tinha uma tábua de madeira colocada a alguns metros do chão para sentar, mas eu não conseguia esticar os braços, nem para a frente nem para os lados. Acho que foi a única vez na vida que tive o que mais tarde eu entenderia como um ataque de pânico; tremi toda, o suor escorrendo por todo o meu corpo. Mas, graças a Deus, a 'caixa' demorou apenas uma hora ou por volta disso, aí uma inspetora ou enfermeira, não lembro, me levou para a cela. Fiquei muito aliviada; só deitei no beliche e caí no sono."

Depois de tudo isso, os três meses dela em Risley tornaram-se relativamente benéficos. "Eu conhecia a diretora-assistente de lá, a Srta. Harbottle; ela era boa praça. Me contou pela manhã que eu não teria nenhuma 'associação' [contato com outras detentas] antes de ser recebida pelo Tribunal de Magistrados Visitantes, e que era para eu escrever uma declaração explicando meu comportamento. Fiz três tentativas; as duas primeiras voltaram para mim – a diretora disse que não estavam boas o bastante. A Srta. Harbottle disse que escrever apenas que estava a fim de fugir não ajudaria. 'Você tem que fazer alguma coisa para ajudá-los a te entender', ela disse. Aí eu escrevi a declaração que você viu..."

Essa declaração, que Mary escreveu em uma máquina datilográfica, descreve tanto os acontecimentos da fuga quanto seus motivos para ter fugido. Começa assim:

Desde que minha liberdade condicional foi rejeitada em julho-agosto de 1977 e não me deram nenhuma data de libertação, fiquei muito deprimida, pois vejo garotas chegando e saindo e me sinto isolada. Eu queria provar para as autoridades que estou estável e, se tiver a oportunidade, posso levar uma vida normal como qualquer um. O que aconteceu dez anos atrás, embora a verdade não tenha surgido por completo no tribunal, é algo com que vou ter que conviver pelo resto da minha vida, e nenhuma quantidade de anos na prisão vai apagar isso da minha cabeça. Tirei uma vida, mas não do jeito selvagem que a imprensa fez parecer. Aos 10 anos de idade eu não compreendia o sentido da morte. O que aconteceu comigo poderia ter acontecido com qualquer outra criança da minha idade nas minhas circunstâncias [...] Na semana passada, por acaso, vi na recepção [em Moor Court] um cartão de Natal do meu pai que nunca recebi e também a notícia de que minha avó [Bell] tinha morrido. Todas essas coisas começaram a se acumular e pensei que estava isolada e sem ter experiência nenhuma na vida. Nem mesmo sei sobre o que as outras garotas estão falando quando elas chegam, porque eu nunca estive em lugar nenhum nem fiz nada...

Ela então descreve sua fuga com Annette, o encontro delas com Keith e Clive, e sua subsequente prisão:

Eu [...] falei com a polícia que Clive e Keith não sabiam nada sobre o assunto. Não queria que eles ficassem encrencados por minha causa. Eles me mostraram que eu podia ser normal, me divertir e passar horas agradáveis [e] me misturar com as pessoas como todo mundo faz. Fico triste por ter atrapalhado a vida deles porque só estavam tentando me ajudar. Sou grata aos dois. Estou pedindo agora que as circunstâncias e a situação do meu caso sejam revistas sob uma luz diferente, e que eu possa ter a chance de viver uma vida normal. Porque com esses três dias, soube que posso lidar com a vida lá fora e me sentir tranquila em relação às pessoas comuns. Só espero que a imprensa não comece a desenterrar o passado e tentar me fazer parecer uma pessoa terrível. Talvez vocês não acreditem que eu mereça minha liberdade, especialmente depois de ter fugido, mas não quero passar o resto da minha vida na prisão. Imploro por clemência e espero que vocês consigam entender isso vendo do meu ponto de vista. Sinto por ter criado confusão, mas só queria ser livre. Me deem uma chance para isso."

Transição

Risley, Styal, Askham Grange: novembro de 1978 a maio de 1980

Mary pensou que poderia demorar semanas até que ela conversasse com o Tribunal Itinerante, mas acabou sendo apenas dois dias. "Eu ia ver os magistrados à tarde, mas minha mãe apareceu naquela manhã. Ela bateu na minha cara, me derrubou da cadeira e gritou: 'Sua vagabunda, você não acha que já nos fez passar por humilhação o bastante sem isso?!'. Eu a pedi desculpa, mas ela esgoelou: 'Isso é tudo que você consegue dizer? Desculpa? Você está com um parafuso frouxo na cabeça para fazer uma coisa assim, transformando minha vida em um inferno com a polícia vindo até nossa porta...'. E tagarelou sobre como ela teve que ir até a delegacia e como ficou procurando por mim por todo lado – sabendo que eu daria um jeito de encontrá-la. E, quando ela se impeliu para a frente para me bater de novo, eu disse 'Não!', no tom mais seco que tinha usado com ela em anos, e nós simplesmente ficamos sentadas, uma encarando a outra."

"O que ela estava pensando?", Mary perguntou. "Que eu tinha fugido para me divertir com *ela*? Ela não entendia nada. Não é que eu não a procuraria por causa do que ela fez comigo quando eu era pequena – nunca pensei nisso. Não, [era] porque eu sabia que ela me levaria de volta. É por isso. É verdade que o plano de me entregar depois de dois meses ou coisa parecida era besteira, mas não fugi para ficar grávida. Essa era a história que estava sendo espalhada, conforme todo mundo me falou depois, porque Clive ganhou muito dinheiro contando aos jornais que eu falei que queria ter um bebê com ele. Deus... *Nunca*."

Naquela tarde, o Tribunal Itinerante consistia em "uma senhora velha e pequena, que parecia pertencer a qualquer comitê que existisse numa vila rural", e dois homens.

"Eu estava tremendo por dentro, mas ela foi muito simpática mesmo. A senhora disse que mostraria clemência porque eu só fugi por dois dias. Eles me deram 28 dias na solitária, perda de privilégios ["associação" e cigarros] e perda de pagamento [por trabalho]. Além disso, qualquer outra consideração sobre liberdade condicional foi adiada por seis meses", ela disse.

Mary estava tão deprimida e tão cansada que quase não se importou com a solitária, somente com a luz que ficava acesa a noite toda.

"Eu não conseguia dormir, então pedi para ver o diretor clínico. Foi assim que conheci o Dr. Lawson." Ela o havia visto uma vez, logo após chegar a Risley, quando ele a tranquilizou sobre seu medo de estar grávida. "Ele era um bom homem e tirou um tempo para me escutar. Eu gostava dele."

Mas o Dr. Lawson disse que não daria a ela remédios para dormir ou qualquer outra droga. Ele havia visto seus registros médicos e ficou chocado com a quantidade de remédios que tinham dado a Mary. E questionou-a:

"O que você que ser, garota, um vegetal?"

"Eu tinha pensado muito sobre isso àquela altura, especialmente sobre o que tinha acontecido com Clive e o que tinha aparecido na imprensa, e disse para o Dr. Lawson que eu era transexual e perguntei se ele me ajudaria a transicionar..."

Eu olhei para Mary e disse:

"O quê? Você estava maluca?"

"Bem, não e sim. Quero dizer, na realidade, era besteira, mas era algo a se pensar, um caminho que eu podia seguir na minha imaginação: a ideia de não ser eu. Eu sabia que eu não era um homem, nem queria ser. Por outro lado, também não queria ser eu mesma. Estava apenas explorando as coisas, falando *para* o Dr. Lawson mais do que *com* ele. Ele só ouviu. Eu podia dizer qualquer coisa para ele. Não achei nem por um instante que o estava enganando, e sei que ele não achava que eu estava tentando manipulá-lo – seria impossível mesmo se eu quisesse. Então, ele disse que eu estava sendo ridícula com aquela minha tagarelice sobre transição de gênero e tudo aquilo; que meu cérebro, sem ter nada em que se concentrar, estava apenas vagando. 'Cumprimento sua inteligência', ele disse, 'mas o que você quer de mim?'.

"Depois das restrições punitivas e do medo terrível de estar grávida, eu disse que precisava de um objetivo, algo que não fosse minha data estimada de libertação, pois eu sabia que estava longe. O que eu mais queria, disse a ele, era voltar para Styal. E ele disse: 'Certo, veremos o que podemos fazer'. E muito depois eu soube que ele tinha escrito uma carta para a diretoria falando com eles que eu era um desastre iminente e que, se eles não quisessem que isso acontecesse, era melhor que me soltassem o mais rápido possível.

De fato, três meses depois da fuga, contaram a ela que voltaria para Styal.

"Para a minha alegria", Mary disse. "'No próximo carregamento', a diretora me falou. Dois dias depois, eu me vi em uma van na estrada de volta para Cheshire e, em algumas horas, eu estaria de volta com minhas amigas."

Comparado às semanas durante as quais Mary conversou comigo sobre seus sete anos de prisão, ela não tinha praticamente nada a dizer sobre os nove meses seguintes em Styal.

"Era uma paz", ela disse. "Era meu lar. Eu estava com Diane e tinha outras boas amigas. Estava preparada para ficar lá, por quanto tempo fosse necessário."

A última carta de Mary para Carole e Ben, escrita no verão de 1978, demonstra seu estado de espírito:

> Temos tido um tempo bonito e ensolarado aqui, tropical. Ontem, eu estava na grama jogando água fria em mim mesma. Quando é assim, sempre lembro de Rimington Park [onde, cinco anos antes, Carole e Ben a haviam levado em uma das saídas de Red Bank]. Eu gostaria de voltar lá um dia, vai ser como voltar no tempo...

Anos mais tarde, ela foi levada para essa "volta no tempo".

"Alguém me levou a Red Bank", ela contou. "Mas, quando chegamos lá, eu não consegui nem sair do carro. Só olhei para o que tinha sido uma parte tão importante da minha vida, mais de quinze anos antes; me vi chegando lá com pouco mais de 1,20 m de altura, me lembrei do Sr. Dixon e aí não consegui aguentar. 'Por favor, vamos', eu disse, 'por favor...'."

E ela nunca chegou a Rimington Park.

As linhas seguintes da carta são um triste lembrete do que acontece a muitos garotos, ainda que se beneficiem da comparativa excelência de um lugar como Red Bank e da influência de James Dixon:

Tenho notícias do exterior. Lembram-se de Derek C.? Recebi uma carta dele há cerca de três semanas. Ele está na prisão Freemantle State cumprindo pena por roubo à mão armada. Eu quase caí de susto. Ele disse que, nas visitas, eles têm telas de vidro e metralhadoras, e não acho que eles tenham um sistema de liberdade condicional lá. Tommy C. também pegou cinco anos por roubar salários nas docas. E Ray C. acabou de sair; ele sofreu um acidente e está paralisado do pescoço para baixo.

São agora 9 horas da noite. Me chamaram na sala do médico antes que eu pudesse terminar de escrever esta carta. Tenho me sentido um pouco fraca e tive algumas dores de cabeça, por isso venho tomando um tônico há alguns dias. Dançamos na noite passada; fiz minha imitação de John Travolta... Exibicionista até hoje, hein? A vice-diretora e algumas garotas fizeram um número fantástico, um show enorme com papel machê, interpretando a história infantil da velha que morava em um sapato. Os filhos dos funcionários ficaram lá dentro olhando pelas muitas janelas. O show ganhou o prêmio de primeiro lugar. Bem, já contei a vocês a parte das novidades.

Tenho algumas notícias não tão boas que se acumularam até minha fuga. Minha avó Bell morreu e meu pai não é visto há mais de um ano. Acho que nosso P. [o irmão de Mary, um ano mais novo, que ela não via desde a condenação] sabe onde ele está, mas não quer dizer. Minha velha vovó McC. está definhando em um asilo, o que me chateia de verdade; não se lembra de ninguém e vive em um mundo só dela.

"Telefonei para a minha vovó", Mary me contou, "e ela não me reconheceu. Ela achou que eu era outra pessoa. Eu disse 'não, não, sou a Mae'. Mas isso não significava nada para ela. Essa foi a primeira vez que falei com ela em – quanto tempo? – cinco, seis anos? E claro que ela não se lembrou de mim. Isso me fez sentir como se eu não existisse".

Me sinto impotente por não poder fazer nada, exceto ter esperança de que ela se sinta mais feliz do jeitinho dela. Para ser sincera, é meu pai que está me atormentando. Não tenho notícias dele há anos, nem um cartão de aniversário ou qualquer outra coisa, e você sabe o quanto o amo. Ainda assim, me preocupar não vai melhorar as coisas. Ele é perfeitamente capaz de cuidar de si mesmo.

Com exceção de um cartão de Natal que nunca entregaram a ela e que ela viu apenas por acaso em Moor Court logo após ter fugido, Billy Bell nunca se comunicou com Mary ou foi a Styal para vê-la.

"Você perguntou o motivo disso para ele, depois que foi solta?", perguntei. Ela balançou a cabeça negativamente.

"Não. Mal o vi. O que há para se dizer depois do que foi, afinal de contas, uma vida inteira?"

Embora não tenhamos nos correspondido por algum tempo, quero que vocês dois saibam que nunca estão distantes de meus pensamentos. Sempre penso em vocês e fico imaginando como a vida os está tratando. Hoje é quinta-feira. Fui à cabeleireira e fiz mechas no cabelo. Parece que ficou bom. Essa tarde fui para a terapia de grupo. Então, no geral, não foi um dia ruim. Hoje fez calor de novo, embora tenhamos tido chuva com raios e trovões. Provavelmente, amanhã vai fazer um calor escaldante. Semana que vem vou estar nos jardins, ou seja, vou ter ar fresco, graças a Deus. Odeio trabalhar em ambientes fechados. É muito monótono e idiota. Bom, tenho que ir, pois tenho coisas a fazer, acreditem ou não, e tem roupas para lavar e para passar esperando por mim lá embaixo. Com certeza não somos paparicadas aqui – acho que a única coisa que não temos é inspeção de botas e de rifles, ha, ha. Bem, agora tenho mesmo que terminar por aqui, espero resposta de vocês em breve. Até lá fiquem bem e tchau por agora, com amor como sempre, Mae. Acabei de receber seu cartão, estou nas nuvens por saber que vocês vão ter um bebê!

Foi noves meses depois de seu retorno para Styal que, à 1 hora da tarde de um dia de semana, Mary foi chamada à sala da diretora. "Nunca vou esquecer isso", ela disse.

"Quando entrei, a Srta. Fowler e a Srta. Starr, as duas diretoras-assistentes, estavam lá também, e a Srta. Morgan tinha uma folha grande de papel à sua frente. Ela disse: 'Acho melhor você se sentar'. Bem, eu só tinha me sentado na presença dela uma vez em seis anos, então falei que preferia ficar de pé.

"Então, ela começou com aquela voz formal com que tinha me advertido várias vezes: 'A Diretoria de Liberdade Condicional recomendou ao secretário de Segurança que você' – e aí ela parou de repente. 'Ah, que se dane', ela disse, 'você conseguiu sua liberdade condicional: vai ser solta em maio do ano que vem'. E, enquanto eu estava imóvel lá, dura como uma porta, ela disse: 'Bem, você podia ficar um pouco mais satisfeita. A maioria das pessoas fica em estado de êxtase'. Eu respondi: 'Bem, não foi você que me deu isso, foi?'. E agora sei que isso foi pouco educado, porque acho que ela *estava* satisfeita por mim, e não só porque estava finalmente se livrando de mim. Nojenta, não fui?

"Me mandaram sair e comecei a dar cambalhotas, depois coloquei minhas botas de borracha de novo – Mary acha que era setembro – e corri o mais rápido que pude para contar a Diane, que estava na cozinha do bloco dela. De repente, me senti muito mal. Lá estava minha melhor amiga; ela não tinha data de libertação, e eu tinha. Fiquei olhando da porta; eu estava pálida. Ela disse: 'O que foi, viu um fantasma?'. Eu disse: 'Consegui minha condicional, ano que vem'. Ela começou a chorar e ficamos lá, abraçadas, e ela disse: 'Não podemos chorar. Você vai me levar junto. Parte de mim vai estar com você, e você vai estar aqui comigo'."

Somente uma vez Mary ousou transgredir as rígidas regras que proíbem a comunicação entre detentos ou ex-detentos. Após Diane ser solta, elas conversaram por telefone uma vez durante uma hora.

"Tínhamos prometido que um dia nos encontraríamos novamente. Marcamos uma data, em Marble Arch, em um determinado dia do ano. Mas, no fim das contas, não tive coragem. Acho que eles queriam muito nos manter afastadas, e eu não suportaria prejudicá-la correndo o risco.

Perguntei o que aconteceria se ela simplesmente pedisse permissão para vê-la.

"Pensei nisso", Mary disse, "mas e se eles dissessem não?".

Perguntei se ela tinha medo de que talvez *Diane* quisesse esquecer aquela época e não ser lembrada. E, novamente, uma resposta ligeira:

"Não. Não tenho medo." Então, em um tom de voz que desencorajava mais discussões sobre assunto, ela acrescentou: "Somos *amigas*. Nunca vou deixar de ser amiga dela; ela nunca vai deixar de ser minha amiga".

O último estágio de detenção de alguém que cumpre prisão perpétua é cuidadosamente considerado e planejado. Durante os últimos nove meses ou por volta disso, em uma prisão aberta, ele trabalha primeiro em ambientes fechados e depois, em ambientes abertos. Desde então, esse detento tem contato regular com um agente de condicional, mas terá também um supervisor visitante designado para ajudar a introduzi-lo de volta à sociedade.

"No meu caso, era uma garota asiática chamada Pam", Mary disse. "Ela era estudante de sociologia, e o namorado dela, Mark, era enfermeiro. Era legal mesmo, ela me apresentou para seus amigos, me levou para ver as fogueiras na noite de Guy Fawkes."[25]

Perguntei o que Pam sabia sobre Mary.

"Ela sabia meu nome, mas nós nunca falamos sobre nada."

Mary achava que aquele era um bom sistema?

"De certa forma, sim, se você se dá bem com as supervisoras que te visitam. Tinha outros que vi ou ouvi que eram pessoas com boas intenções, mas com quem eu não me daria bem."

Perguntei se Mary não achou atencioso eles darem a ela uma supervisora jovem.

"Sim", ela respondeu em um ímpeto, "foi. Tive minhas dificuldades com Pam também, porque eu estava sendo forçada, de certa maneira, a alternar entre fazer coisas que me eram naturais e coisas que não eram, mas provavelmente teria essa dificuldade com qualquer um. Sempre achei que tinha que ser respeitável com Pam – ela falava muito bem e era muito gentil, muito parecida com as pessoas que eu conheci em Red Bank. E por que não? Se ela não fosse assim, provavelmente não se ofereceria para esse serviço. Mesmo que fossem amáveis e estivessem familiarizadas com as pessoas que estão na prisão, não seriam as pessoas com linguagem chula que se ofereceriam para serem visitantes, nem que seriam aceitas como tal. Mas era desconcertante. Era irreal".

Askham Grange era outro prédio bonito em um local espaçoso. Ela descreve: "Muitas pessoas diferentes, uma biblioteca imensa, livros de verdade desta vez; um grande salão de dança, várias salas de jantar e uma ala para mães com bebês. É uma das poucas prisões no país – Holloway agora é outra também – onde as mães podem ficar com seus filhos por um tempo. Além disso, a comida era boa mesmo: no café da manhã, comíamos cereais, grãos à vontade, chá, geleia de boa qualidade; no almoço, curry, arroz, espaguete e frutas; então, na hora do chá, tinha saladas, enroladinho de salsicha, tortas de carne, esse tipo de coisa; e depois, à noite, tínhamos a ceia – ovos escaldados com pão, sanduíches, chocolate quente. Era tudo

---

[25] Comemoração, com fogueiras e fogos de artifício, realizada em 5 de novembro, data em que se realizou a tentativa malsucedida de incendiar o Parlamento inglês em 1605. [N.T.]

muito, muito diferente dos outros lugares. As pessoas eram simpáticas umas com as outras. Me davam coisas como shampoo e todos os tipos de produto perfumado. Além disso, você podia fazer coisas interessantes, além da limpeza básica: havia uma escavação arqueológica, um laguinho com patos para limpar, jardinagem, biblioteca para ajudar, tudo meio descontraído.

"O diretor era conhecido como um 'diretor de limpeza'. Como era costumeiro por lá, não me levaram até ele quando cheguei, algemada ou coisa assim. Não, ele foi até a pequena sala de jantar aonde me levaram para me dar uma xícara de chá e disse, com aquela voz familiar do Norte, como se eu estivesse em casa: 'Olá, espero que você aproveite sua estadia', e me disse que eu tinha liberdade para caminhar nos pátios sempre que quisesse, fora das minhas horas de trabalho. 'Só não vá além do portão; e esteja presente para a chamada às 8 horas da noite.'"

Perguntei se ela pensou em fugir de novo.

"Não é que não pensei, mas era um pensamento diferente... Como que brincando com a ideia na minha cabeça. E logo percebi que eu não estava mais imaginando, como eu fazia antes, que eu era o tipo de detenta – como os prisioneiros de guerra, sabe, – que tem obrigação de fugir. Nem sentia a *necessidade* de fugir que eu tinha em Moor Court. Talvez fosse simplesmente porque agora eu tinha uma data estimada de libertação, mas, embora isso tenha sido um dos motivos, não era tudo. Era porque o lugar e a atmosfera eram diferentes: eu estava pronta... Pronta para ser eu mesma de novo, sabe?"

Ela riu, meio embaraçada.

"Como o Sr. Dixon tinha dito, seguir adiante e ser a embaixadora de Red Bank. Aos poucos saiu o jeans e veio uma saia... Foi por mim mesma: eu sentia que, embora não tivesse aprendido nada de prático que fosse útil para a minha vida, em 11 anos daquilo eu deixei claro – para mim, independentemente dos outros – que não podiam me intimidar. Havia uma garota lá chamada Phoebe com quem logo fiz amizade, uma mulher estudada que estava na prisão por sonegação fiscal, e ela disse: 'Por que você insiste em ficar xingando, falando do jeito que você fala?'. Ela disse que podia ver que tinha uma pessoa inteligente debaixo daquela agressividade. 'Por que se importar com isso?', Phoebe perguntou. Embora ela não estivesse totalmente certa, porque era mais complicado do que ela compreendia manter as diversas camadas de mim mesma separadas e funcionando, era bastante verdade que eu não precisava mais ser agressiva."

A mudança das detentas da parte principal da prisão para um albergue depende não apenas do seu comportamento, mas também de quando esse espaço se torna disponível. A mudança é sempre combinada com o início de um emprego em vilas ou cidades próximas. No caso de Mary, aconteceu três meses depois de ela chegar a Askham Grange.

"Os albergues são vários bangalôs nos pátios. Em comparação com a casa principal, há menos mobílias, são mais como salas de espera de consultórios médicos, mas você tem seu próprio quarto."

As mulheres preparavam seu próprio café da manhã, e havia uma refeição ao entardecer em cada albergue. A prisão dependia de empregadores locais oferecerem trabalhos às internas, "mas não existem muitos que estão dispostos", Mary disse. "A maioria das garotas trabalhava como faxineira em um hospital psiquiátrico próximo. Uma loja de lembrancinhas aceitava algumas vendedoras, mas a maioria das vagas era para fazer limpeza e ser garçonete. Foi esse o emprego que consegui, ser garçonete no restaurante da Universidade de St. William. Eu tinha uma amiga do meu albergue, Jane, e costumávamos nos encontrar durante a hora do almoço ou depois que podíamos ter passes noturnos, o que acontecia após algumas semanas se nosso comportamento e nosso trabalho estivessem bons – aí você pode ficar fora até as 10 horas da noite. Íamos a *pubs* e voltávamos muito bêbadas. Não consigo nem acreditar que conseguíamos entrar cambaleando daquele jeito."

E quanto a drogas?

"É como eu disse antes, todo mundo fumava haxixe em todas as prisões que eu conheci. Sim, tinha drogas; em comparação aos lugares de segurança máxima como Styal, – onde você pode ver que as drogas pesadas são raras, já que os detentos parecem tão saudáveis –, é sabidamente fácil contrabandear drogas e bebidas para dentro de prisões abertas. Em Askham Grange – e em Moor Court, é claro – eu vi heroína e, com certeza, as pessoas contrabandeavam garrafas. Mas não vi crack ou coca e todo aquele lixo. Eu não entrava nessa, e as pessoas sabiam disso. Ainda assim, acho que os jornais, pelo menos na época, exageram em seus relatos sobre uso de drogas em prisões femininas. A maioria das drogas que vi em Askham Grange, e antes disso em Moor Court, era medicinal – coisas como antipsicóticos ou sedativos. Era fácil conseguir essas com os médicos, embora só por um curto período." Mary deu de ombros: "Claro que isso é relativo, não é? Prescrições de curto prazo ao longo dos anos resultam em vício.

Ainda assim, pode acreditar, você não pensa nisso se elas tornarem a vida suportável. E elas tornavam".

"Mas para mim", ela disse, "com o passar do tempo, meu pesadelo era a mídia. Nunca entendi o que eles queriam de mim".

A mídia sempre havia estado excepcionalmente consciente de Mary, graças em grande parte às iniciativas de sua mãe enquanto estava em Red Bank e em Styal. Sua fuga de Moor Court, porém, criou de algum modo nos tabloides britânicos e em algumas revistas estrangeiras – que durante muito tempo foram as mais persistentes – uma determinação de "pegá-la". Não porque, deve-se acreditar, estivessem interessados nas questões mais sérias da sua história, mas por causa de qualquer escândalo que ela poderia lhes fornecer, provavelmente sobre a vida na prisão.

"Isso me deixou muito desconfiada das pessoas", ela disse. "A partir do momento em que me permitiram sair, as pessoas me apontavam umas para as outras e os repórteres me abordavam de surpresa. Eu nunca sabia como e por quê. Em uma ocasião, um sujeito puxou minha amiga Jane para dentro de um carro, confundindo-a comigo, mas ela os enrolou até ter certeza de que eu estava segura. Mais tarde, algum tempo depois que fui solta, ajudaram-me a mudar de identidade. Mas mesmo assim algumas pessoas me encontraram, e outras ficavam procurando."

Havia alguma supervisão nos albergues?

"Claro que sim. Tinha oficiais que dormiam lá; eles eram legais, eram bons comigo, nunca me colocavam em problemas, mesmo quando eu era o problema. E quando eu estava encrencada, com a mídia me perseguindo logo que descobriu que eu estava lá e que saía para trabalhar, eles constantemente vinham em minha ajuda, me levando-me de carro até o trabalho ou do trabalho até lá."

Não há dúvidas de que, ao longo de seus anos de detenção, Mary teve explosões de raiva. Em Red Bank, entre garotos que reagiam fisicamente, elas eram consideradas uma coisa normal e contidas pelas regras do Sr. Dixon. Na prisão, onde a agressão física era proibida e inaceitável pelas outras detentas, Mary havia aprendido a abafar seus sentimentos. Suas muitas idas a Bleak House eram quase sempre por causa de atos de rebeldia contra as carcereiras, em vez de atos de agressão contra outras detentas. Ela jamais se esquivou de me contar sobre tais episódios de revolta, tratando-os como parte de sua personalidade "durona" na prisão.

"Uma coisa muito ruim aconteceu um dia", ela disse. "Tinha uma garota que estava lá por ter abusado de uma criança e ela veio para cima de mim quando eu furei fila na sala de jantar – todas as detentas de prisão perpétua furavam fila; era aceito, ninguém nunca disse nada. Mas ela veio tirar satisfação, e acho que eu só estava esperando por um pretexto, então dei uma surra nela. Quebrei seu polegar, esmaguei algumas costelas e ela foi levada para a ala médica. Algumas amigas minhas me tiraram da confusão e, quando a polícia chegou, eu estava sentada na biblioteca lendo jornais. O diretor me chamou no escritório e disse que sabia que tinha sido eu e que, se ele conseguisse provas, seriam outros cinco ou sete anos para mim. Mas, no fim a garota disse que não sabia quem a tinha espancado."

Quando chegou a hora de me contar sobre a coisa mais importante ou mais difícil que aconteceu com ela durante o tempo que passou em Askham Grange, Mary ficou hesitante: não em me contar – o que ela claramente sentia necessidade de fazer –, mas em ver essa parte da sua experiência aparecer na página. Eu também me senti relutante, mas, mesmo assim, a consequência disso ao final de seus doze anos de detenção por ter matado duas crianças aos 11 anos era tão terrível que eu não vejo como deixar de fazer menção a esse acontecimento ao contar a história de vida dessa jovem, ainda que de maneira breve.

Parece que, enquanto ela ainda estava em Askham Grange, um homem casado respeitável da comunidade se apaixonou por ela. Ela estava vivendo uma vida mais livre, trabalhando fora da prisão durante o dia enquanto se preparava para a sua liberdade que se aproximava. Após vários encontros e conversas, sua primeira saída para casa estava sendo preparada.

"Quando você vai se aproximando da sua libertação", ela disse, "eles te dão algumas permissões para ir para casa para você descobrir aonde quer ir. Então, fiz um requerimento para ir ver minha mãe. Quero dizer, não tinha nenhum outro lugar".

É interessante que Verônica, uma das conselheiras de Mary em Red Bank, havia escrito para o Ministério do Interior e se oferecido para hospedá-la, mas tal proposta foi rejeitada, provavelmente porque era sabido que ela, assim como o Sr. Dixon, não acreditava que Mary havia matado os dois garotinhos.

Nessa primeira licença autorizando-a a ir para casa, ela recebeu um passe de três noites. Mas, antes de ela ir embora, o homem sugeriu que ela ficasse somente duas noites com a mãe.

"Ele disse para eu pegar o trem na volta e que ele me apanharia em Darlington."

Eu disse que Mary sabia o que ele queria, e perguntei se ela também queria.

Mary se sentou por um momento, sem dizer nada. "Sabe, tinha a licença para ir para casa antes de tudo... E eu saí com outro nome, sabe, e tudo isso era de se envergonhar. Minha mãe transformava tudo em vergonha, responsabilidade, culpa e mais culpa. Ela me disse logo de cara para não contar para ninguém quem eu era, para ninguém mesmo. E no *pub,* na primeira noite, ela falou para as amigas que eu era sua prima e que meus pais tinham morrido, e foi assim nos dois dias. Ela tomava muitos comprimidos, remédios para dormir, sedativos e sempre me dava alguns quando eu não conseguia dormir. Também me dava bebida – como se fosse remédio para resfriados e qualquer outra coisa; não acho que era para me prejudicar."

"Aparentemente, naquela primeira vez, eu peguei um resfriado e também fiquei bêbada, e ela e George disseram que gritei muito enquanto dormia... Bem, ninguém que tinha dividido um dormitório comigo jamais me ouviu gritar. Eu nunca acordava gritando e, sabe, não acreditei naquilo. Mas eu me lembro de ter ficado bêbada."

Eu disse a ela que ficava surpresa de George tê-la deixado ficar bêbada durante a licença.

"Ele ficava sempre me dizendo para ir com calma, sempre 'vá com calma', mas minha mãe ficava me dando coisas... Colocando coisas na minha bebida. Sim, era uísque e suco de laranja."

Por que ela fez isso?

"Não sei, mas eu acordei cedo na manhã seguinte e a primeira coisa que me deram foi bebida. Uísque. Para eu parar de fungar. Meu nariz estava escorrendo e eu estava tremendo. Aquele era o remédio."

Para ela?

"Sim, é isso. Ela disse: 'Isso vai fazer parar'. Porque eu ficava pedindo 'chá, chá, quero chá. Quero leite, quero alguma coisa. Por que minha boca está assim?'. Não importava o que eu bebia, continuava com sede. E ela dizia: 'Só tampe o nariz e beba isso'. Aí, sabe, eu fiquei muito feliz quando se passaram os dois dias e eu pude ir embora."

Perguntei se ela ficou ansiosa para vê-lo, se estava entusiasmada.

"Ele tinha dito que íamos para uma cidadezinha em Teesside, onde tinha um bom hotel, e acho que senti... Expectativa."

Perguntei se ela sabia o que aconteceria nesse hotel.

"Eu sabia que não estava indo lá para tomar café", ela disse secamente.

Repeti a pergunta: ela queria aquilo que ia acontecer?

"Eu estava... Meio... Empolgada de certa maneira."

Ele parecia atraente para ela?

"Eu não estava relutante. Ele disse que estava determinado a me mostrar que eu não era lésbica. Era... Era uma questão de poder, sabe? Ele sabia disso, eu sabia disso, e ele mesmo disse que era... Que eu era como um animal que precisava ser treinado. Ele falou um monte..."

"Ah, Mary", eu disse. Você precisava disso? Você queria isso?

"Não sei. Não sei nem agora. Mas era diferente... Eu me sentia diferente."

Eu disse que não parecia ter sido uma boa experiência para ela.

"Bem, foi uma experiência." Ela se deteve. "Eu era imatura, muito imatura. Era difícil para mim não pensar em sexo como algo sujo..."

Perguntei se ela achava que sexo com as garotas era sujo.

"Não, aquilo não era sexo."

Bem, era um tipo de sexo, não era?

"Não, não era, não era. Aquilo era diferente. Mas os homens... Deve ser por causa das minhas... Deve ter sido por causa das minhas lembranças e associações..."

Perguntei se em algum momento ela disse "não" para ele.

"Ah, não tinha nada a ver com isso... E ele era bom para mim. Era legal. Ele não foi ruim para mim, estava sempre preocupado, protetor; ele é basicamente uma boa pessoa. Sabe, as pessoas sempre pensam que mulheres têm problemas em determinada idade, mas não percebem que os homens passam por crises também, e acho que foi isso que aconteceu com ele.

"Acho que ele me amava mesmo ou, pelo menos, se apaixonou um pouquinho por mim. Em uma segunda licença para ir para casa, ele me levou para viajar e ficamos em um hotel em Finchley por quatro dias. Mas não muito depois ele contou para a esposa e eu a conheci. Ela era simpática, era muito sincera comigo. Eu não podia... Sabe, eu não conseguia vê-lo estragando sua vida e seu casamento."

E foi assim que terminou?

"Sim, ele veio se despedir de mim quando eu estava para ser solta e me deu um anel de ouro."

Infelizmente, porém, não foi exatamente o fim. Meses antes disso, no início do esquema de pré-liberdade dela, o diretor clínico de Askham Grange havia sugerido que ela começasse a tomar pílulas anticoncepcionais.

"Mas eu pensei que isso foi ofensivo. Eu disse: 'o que você está insinuando? Que vou sair desembestada pulando em cima de todo homem que encontrar?'. E ele disse que não, que eles simplesmente ofereciam anticoncepcionais para as mulheres em pré-liberdade para que nossos corpos fossem se acostumando com eles. Bem, achei que aquilo era se intrometer demais na minha privacidade; e também tinha medo daquelas pílulas; tinha lido sobre os possíveis efeitos colaterais e, sabe, eu não estava *planejando* nada. Aí, quando aconteceu isso com esse homem [que foi seu primeiro contato com um homem, exceto seu breve caso com Clive mais de um ano e meio antes], ele tinha controle total e parecia que sabia o que estava fazendo. Eu não perguntei... Não pensei.

"De qualquer jeito, me dei conta de que estava grávida. Tinha que falar com alguém, então contei à agente de condicional de Askham Grange, que foi especialmente simpática. Claro que eu menti sobre quem era o pai. Ela disse que eu tinha que pensar sobre o que queria fazer e conversar com o homem. Então, contei para ele. Ele me levou para almoçar em um restaurante, e falei que eu não queria um aborto, disse que queria continuar grávida. Ele disse que a decisão era minha, inteiramente minha. Segurou minha mão, meio que fazendo carinho nela, e disse para eu não ficar preocupada, que tudo dependia de mim... Ele também disse que, se eu tivesse o bebê, claro que seria difícil, mas não importava, encontraríamos meios de... Um jeito de viver.

"Mas era impossível, não era? Então, eu fiz o aborto. Mas se eu parar para pensar que quase a primeira coisa que fiz, depois de 12 anos na prisão por ter matado dois bebês, foi matar um bebê dentro de mim..." Mary estava chorando agora. "Mas, quero dizer, era a única coisa a ser feita... Não era?"

PARTE 4

Depois da prisão: 1980 a 1984

Uma tentativa de vida

1980 a 1984

Os relatos de Mary sobre os últimos nove meses em Styal e pouco menos de um ano em Askham Grange tornaram-se estranhamente tranquilos, organizados e, às vezes, muito alegres. O relacionamento com um homem adulto foi curiosamente útil para ela, independentemente de o quanto alguns aspectos a deixam chateada agora, retrospectivamente, e do que podemos pensar sobre os aspectos éticos.

"Ele dizia 'o que quer que você tenha feito, te amo pelo que você tem de bom e de ruim'. Era maravilhoso para mim."

É certamente significativo que, ao longo dessa relação, Mary deixou de ter incontinência urinária pela primeira vez desde que tinha 4 ou 5 anos de idade. "Eu não conseguia acreditar que tinha parado. Parecia que aquilo havia me acompanhado desde sempre e, de repente, se foi. Eu estava... Limpa."

A inevitável separação desse homem, a gravidez e a liberdade: tudo contribuiu para o que, sob quaisquer circunstâncias, teria sido uma transição traumática. Quando saiu da prisão em maio de 1980, segundo me contou, metade dela estava em estado de euforia com a ideia da liberdade e metade era incapaz de olhar adiante.

"Aonde eu estava indo? O que eu iria fazer? O que... O que eu faria sem minhas amigas?" Na prisão, Mary havia criado um tipo de vida para si mesma e, por mais estranho que possa parecer, graças a seu talento para fazer amizades, desenvolvera também um certo sentimento de amor próprio. "Tudo se foi. Se foi, acho, quando atravessei os portões. Do lado de fora senti... Senti que estava... Como num vazio."

Mary não tivera um lar fora da prisão; não tivera uma amiga que não fosse detenta; não tinha, em essência, uma família, embora houvesse muitos parentes – pessoas boas e amáveis. "Eu tinha ficado com minha tia Cath durante minha licença, e eles foram amáveis. Não é que eu não fosse bem-vinda lá. Tio Jackie foi fantástico, como se eu só tivesse ido à loja da esquina e voltado. Mas, sendo realista, eu não achava que era assim. Sou diferente da minha família. Tive uma vida diferente. Eles eram legais comigo, mas não me queriam por perto. Eu era um constrangimento.

Faltavam quatro semanas para que o aborto fosse feito, e aquele mês, com as dolorosas dúvidas e compreensões, foi para Mary o início do que seriam quase dois anos de uma existência errante e sem propósito, com duas significativas exceções. Era não somente uma consequência, mas também um agravamento da destrutividade da vida na prisão.

O destino comum de detentos que cumprem penas longas e que têm famílias é serem devolvidos para elas. Anos antes, Molly Morgan havia dito a Mary que era improvável que um dia ela tivesse permissão para morar com a mãe, mas havia um precedente estabelecido pelas licenças para ir à casa dela, e Mary dizia que esperava ser solta e poder ir ao encontro de Betty. É condizente com a reação ambivalente de Mary em sobre qualquer coisa que tenha a ver com a mãe o fato de ela não se lembrar que tanto ela quanto Betty haviam requisitado que ela não fosse mandada para lá. Tudo de que ela se lembra é ter tido "sentimentos confusos" quando a vice-diretora de Askham Grange, que vinha lidando com as formalidades da sua libertação, disse-lhe que haviam decidido não a devolver ao Nordeste e que ainda não sabiam para onde ela deveria ir.

De fato, as autoridades estavam buscando a melhor solução para Mary: temos o testemunho de Carole e Ben G. de que lhes perguntaram bem cedo se eles poderiam hospedá-la. Uma das muitas razões pelas quais o Ministério do Interior tinha dificuldades em colocar – ou hospedar – Mary era que ela sempre fora uma detenta em evidência. A mãe dela, claro, desde o início do julgamento e durante sua detenção havia alimentado o interesse da mídia em função de suas próprias e complicadas razões, bem como por interesse financeiro. Na segunda licença autorizando-a ir para casa, Betty apresentou Mary para um de seus velhos colegas de bebida, um repórter do *News of the World*, e sugeriu em sussurros conspiratórios que ele seria a pessoa certa com quem ela poderia "escrever um livro".

"E você pode imaginar o que ela tinha em mente quando sugeriu isso", Mary me contou. "Quando saí definitivamente, ele era uma das pessoas que sempre parecia saber onde eu podia ser encontrada."

Mas mesmo sem isso – e descontando meu livro *The Case of Mary Bell*, que sem dúvida aumentou o interesse do público – a notoriedade de Mary havia perdurado, sobretudo no Norte da Inglaterra, e havia motivos para temer que sua saída da prisão trouxesse de volta tanto o trauma das famílias das vítimas quanto a perseguição de Mary pela mídia.

No final das contas, foi somente pouco antes de ser solta, em 14 de maio de 1980, que disseram a ela qual seria seu primeiro destino.

"Não tinha nada que eu pudesse fazer por mim mesma", Mary disse. "O que eu sabia? Quem eu conhecia? O que eu podia fazer? Minhas amigas da prisão ficaram chocadas que nada tinha sido preparado para mim, e uma delas até mesmo tentou fazer com que sua família me hospedasse. Eles eram uma simpática família de mineradores em Yorkshire e disseram que me aceitariam com prazer, mas claro que isso não foi aprovado."

Uma das coisas mais importantes que deveria ser feita antes de Mary ser solta era estabelecer uma nova identidade para ela. Foi o diretor quem sugeriu um novo primeiro nome: "Ele disse que, se tivesse uma filha, era esse o nome que ele daria para ela, e isso me fez sentir que ele se importava", Mary disse. Com a ajuda da vice-diretora, ela escolheu um novo sobrenome, e alguém do Serviço Social de York lhe deu números de previdência social, já com o novo nome. Ela os pegou, mas não entendeu nada.

"Sabe, aquela mulher me entregou alguns papéis e agradeci. Mas eu não tinha a menor ideia. Sobre direitos trabalhistas, previdência social, impostos...? Não me faça rir. Ah, as garotas conversavam muito sobre isso e aquilo, mas era tudo sobre como enganar o sistema, não como obedecê-lo: metade das pessoas em prisões abertas está lá por causa de sonegação fiscal, pelo amor de Deus. E o novo nome? Deus, eu era Mary. Como eu ia ser outra pessoa? Como conseguiria lembrar que eu era outra pessoa? Era como ser um alienígena."

O nome – ou a falta de um – somente fez ressurgir a crise de identidade pela qual Mary havia passado em 1977, quando descobriu, em Styal, que Billy Bell não era seu pai biológico. Levaria muito tempo até que pudesse responder à sua nova identidade, que nunca foi real para ela.

De fato, o novo nome não ajuda em nada: nem se parece com ela nem soa como ela. E embora, levemente alterado, tenha se tornado seu nome oficial, Mary usou muitos outros nomes desde então – a cada vez que um jornal parecia perto de descobri-la e como pseudônimos em vários documentos. Como muitos de nós, ela tem um apelido utilizado pela família e pelos amigos, que é adequado a ela, nome pelo qual também a chamo agora. Mas foi um grande passo em seu comprometimento com o processo de autoanálise necessário para este livro quando ela disse repentinamente, cerca de um mês depois de termos iniciado nossas conversas: "Quero que você me chame de Mary enquanto conversamos. É quem sou, não é?".

No final da tarde de 13 de maio, doze horas antes de ser solta, disseram a Mary que no início da manhã seguinte a oficial do albergue e seu marido iriam levá-la para Cambridge, onde uma agente de condicional sênior, amiga do diretor, estaria esperando para levá-la a uma pequena vila em East Anglia.

"Não havia motivo para eu ir lá, exceto pelo fato de essa agente de condicional ter uma casa ali. Ela trabalhava em uma prisão próxima, mas tirou folga durante os dez dias em que fiquei lá. A sensação era de que eles não sabiam o que fazer comigo, então fizeram isso até que o próximo lugar para onde eu tinha que ir ficasse disponível ou coisa parecida. Era uma família Quaker[26] em Yorkshire, a apenas dezesseis quilômetros de Askham Grange, que aceitava pessoas que precisavam de um teto sobre a cabeça, detentos ou coisas assim."

A vila em Suffolk era muito pequena, de acordo com Mary.

"Não era algo estimulante como Blackpool, que era o que eu esperava. Só conheci duas pessoas lá: uma velha senhora que fazia crochê e era como uma personagem de Dickens; e um cara barbudo que havia sido monge e acabou se tornando o açougueiro da vila; ele usava calção embaixo do avental e sandálias, muito *hippie*." Mas na verdade ela não conversou muito com eles. "A agente de condicional era simpática, mas não alguém com quem se podia conversar. Acho que ela mesma estava meio perdida em relação ao que fazer comigo."

---

[26] Em português, "Quacres"; membros de seita religiosa protestante inglesa fundada no século XVII que rejeita os sacramentos e os representantes eclesiásticos, e é contrária à guerra. [N.T.]

O que, então, Mary fez durante esses dez dias?

"Saí para fazer umas caminhadas, mas dormi na maioria do tempo. Comi muito macarrão com queijo Brie; ela tinha um monte de Brie, não sei por quê. Me sentia solitária, muito solitária. Não sabia que alguém podia se sentir tão solitário. Eu estava muito preocupada com o aborto que estava chegando."

Você tinha dúvidas quanto à decisão?

"Dúvidas, não", ela disse. "Só muitos pensamentos. Dado o que aconteceu comigo quando eu era criança, sentia que *eu* deveria ter sido abortada. Se tivesse tido bom senso e um pouquinho de responsabilidade na família de minha mãe, que tinha 16 anos, certamente eu teria sido. É por isso que não tive dúvidas; não traria uma criança para este mundo sendo que eu não estava pronta para ela, e da qual eu poderia – e provavelmente iria – me ressentir. Recém-saída da prisão por nove meses: que tipo de mãe eu teria sido? E, de qualquer jeito, eu não teria permissão para ficar com a criança; ela teria tantas privações emocionais quanto eu tive. Se eu não tivesse cometido assassinato quando era criança, acho que o argumento moral em relação ao aborto não teria me ocupado tanto. Era terrível que a primeira decisão responsável que tive que tomar fosse gravemente..." Ela fez uma pausa. "Relacionada."

Quando ela decidiu fazer o aborto, era a infância dela que estava mais evidente em sua cabeça, ou eram Martin e Brian? Perguntei.

"As duas coisas", ela disse. "Meus pensamentos estavam muito confusos..." Mary estava tentando dizer – e era a primeira vez na vida que expressava isso, acredito que até para si mesma – que sua infância e os assassinatos que ela cometeu eram indissociáveis. "Era completamente impossível. Eu conversei com o bebê dentro de mim... Pedi desculpas para ele do meu jeito: 'deixa para a próxima'."

Ann Sexton foi a terceira de muitas agentes de condicional que Mary teria. "Parecia que eu passava por elas como se elas saíssem de moda", Mary gracejou. "Ann assinou o recibo da minha entrega em Cambridge novamente."

Eu a interrompi: "Assinou o recibo?"

"Bem, era assim que parecia aquele passar de mão em mão", ela disse. "Não digo isso de maneira crítica, de jeito nenhum, mas você sabe, é uma rotina para eles. Eles têm tantos clientes... É assim que os agentes de condicional e os assistentes sociais chamam, e isso é significativo, não é?

Quero dizer, significa que somos um tipo de transação, não é? De qualquer jeito, Ann era jovem e muito simpática, mas era uma pessoa muito tímida. Eu sentia que talvez devesse chamá-la para conversar comigo, em vez de ela me chamar, entende o que eu digo? Era muito religiosa. Ela me contou que se inscrevera para obter um passe especial Winston Churchill para ir à África do Sul como um tipo de missionária, mas não havia sido aceita. As pessoas da família Quaker para quem ela me levou eram amigas dela."

Geoffrey e Elizabeth Henderson[27] tinham duas filhas, uma casada e outra da idade de Mary que trabalhava em uma galeria de arte em Londres, e dois filhos: David, que estava no primeiro ano da universidade, e Tim, de 14 anos, em um internato.

"Tim era o único que não sabia quem eu era", Mary disse. "Todos os outros sabiam. Eles eram pessoas boas de verdade. O Dr. Henderson – Geoff – era um homem rígido – ele dava aula de catecismo toda quinta-feira. Mas eram verdadeiramente bons. Liz era muito tímida, talvez porque o marido fosse muito forte, mas ela era muito, muito simpática comigo também."

Mary contou que tinha ido ao hospital para fazer o aborto três dias depois de chegar à nova casa, mas, na verdade, ele aconteceu um mês depois de ela ser solta. Seus novos anfitriões pensaram que tivesse algum problema feminino e não fizeram perguntas.

"Estava muito cansada quando terminou", Mary disse. "Sentia uma vontade terrível de chorar. Não conseguia parar de chorar. Lembro que fui ao salão de beleza e explodi em lágrimas... Passei muito tempo no meu quarto sozinha, e Liz e Geoff foram legais. Eles me deixaram na minha. Liz não era do tipo intrometida e, de qualquer jeito, acho que pensaram que eu estava desorientada: primeiro a mudança de identidade, sobre a qual eles sabiam; depois o hospital. Depois disso, tudo o que eu queria era arrumar um emprego", ela continua. "Eu só queria trabalhar, não importava com o quê. Sabia que seria difícil sem ter um histórico de outros empregos, sem referências. Então, saí andando por aí e me inscrevia onde via anúncios de vagas."

O primeiro emprego que Mary conseguiu, não mais de uma semana após deixar o hospital, ela acha, foi em um berçário local.

"Mas claro que tive que contar para a agente de condicional, e eles disseram que não, absolutamente."

---

[27] Nomes alterados.

Bem, para ser justa, eu disse: entre tantas coisas, logo um berçário? A primeira regra para detentos soltos sob licença é que eles não têm permissão para trabalhar "com pessoas".

"Eu sei", Mary disse. "Mas, veja, eu não fiz essa associação..."

A questão não era, porém, que Mary não havia feito a associação entre um emprego em um berçário e a regra de não trabalhar com pessoas, mas sim que ela não associara o berçário ao crime pelo qual ela fora condenada – associação essa que não apenas o Serviço de Condicional, mas também a mídia e o público, sem dúvida, teriam feito imediatamente.

"Então eu fui lá e pedi demissão. Então, eu meio que *diz* para mim mesma: 'Chega. Vou voltar'. E voltei, voltei para Askham Grange. E a cerca de 180 metros da prisão uma carcereira me parou e perguntou o que eu estava fazendo. Eu disse: 'Não gosto daqui de fora'. Ela era simpática, sabe, mas claro que disse que eu não podia voltar, que era difícil, mas que eu tinha que continuar 'lá fora'."

Então, Mary foi trabalhar para um pintor e decorador.

"Eu tinha gostado de pintar em Styal, então ajudei a pintar a Prefeitura, e depois o interior de algumas casas." Ficou evidente no relato de Mary que o Serviço de Condicional não preparou o terreno para ela quando saiu, muito menos a ajudou a conseguir um emprego mais tarde. "Depois eu tive alguns outros empregos, alguns dias fazendo isso, outros dias fazendo aquilo, e os meses se passaram de alguma maneira."

"Aí, um dia, Geoff me levou com ele em uma viagem de negócios na direção de Newcastle e perguntei se podíamos dar uma passada na casa da minha mãe, que eu não via tinha meses. Ele passou por Scotswood e seguiu pela Whitehouse Road e perguntou se eu queria que ele parasse o carro em qualquer lugar por ali, mas eu disse que não, não. Eu queria sair dali, porque passar por lá me fazia lembrar de um sonho que eu costumava ter sobre meu pai e K. [irmã dela, cinco anos mais nova]. No sonho, eu estava de volta a Whitehouse Road... Estava ventando, ventando muito, e eu estava do lado de fora olhando pela janela do quarto. Eu gritava, chamando "Papai, sou eu, sou eu, posso entrar?", e tudo que havia eram rostos sem expressão na janela e nenhuma resposta."

Há outro sonho que Mary teve repetidas vezes durante anos, sobre o qual me contou. Nesse outro, os rostos na janela são das duas irmãs, e K. pergunta a Billy: "Quem é essa?". "Ninguém que conhecemos", diz Billy.

"Depois Geoff me levou até a casa da minha mãe... Não me lembro de nada, exceto que ele ficou no carro – nem mesmo me lembro se ela estava lá, só que ele me levou para jantar em um restaurante na volta e eu contei a ele sobre o aborto, mas claro que não disse de quem era o bebê."

Como surgiu o assunto? O que a fez contar a ele, de repente, meses depois?

"Era um lugar muito tranquilo onde estávamos comendo e... Ah, tudo se encaixou, sabe." Mary se referia a Scotswood, ao sonho, a ver ou não a mãe. "Ele olhou para mim, sabe, para *mim*, e disse que eu parecia cansada, e... Bem, ninguém nunca olhou para mim assim e percebeu... E, veja, eu *estava* cansada, terrivelmente cansada. Acho que aquilo ainda estava fresco na minha mente, por isso, contei para ele, falei que tinha acontecido três meses antes e foi tudo que eu disse. Ele não fez perguntas."

Mary não via ou conversava com a mãe havia meses quando, pouco antes do Natal, ela "estava andando não muito longe da casa dos Henderson" e se deu conta de que havia um carro "seguindo-a". Ela achou que era um repórter e que a haviam encontrado novamente:

"Eu pensei, afinal, 'que se dane', e parei. O carro também parou e dele saiu meu padrasto, Georgie. Ele é a pessoa mais honesta que conheço", Mary disse. "Eu admirava muito a forma como ele subiu na vida, você sabe, e o jeito que amava, ou de alguma maneira ficava com minha mãe, com os defeitos dela e tudo. E naquele dia, naquela rua, no Natal e tudo, sim, eu fiquei feliz em vê-lo. Ele disse, e estas foram as palavras exatas dele: 'Sua mãe quer que você dê a ela outra chance de ser sua mãe. Ela quer que você volte para casa'. Minha mãe estava no carro, e voltamos para casa. Geoff estava lá e não ficou nem um pouco satisfeito. Ele disse que claro que eu poderia sair com eles no dia seguinte se quisesse, mas que, se eu voltasse para o Norte com eles, não seria mais bem-vinda na casa dele. Eu não poderia morar lá novamente porque, ele disse, se eu voltasse para minha mãe, 'a coisa perdia todo o propósito'."

Você entendeu o que ele quis dizer?

"Não, não entendi. E, na verdade, fiquei muito ofendida. Ele parecia tão bravo, meio 'não tem mais discussão'... Foi como um ultimato."

A forma como Mary pareceu reagir a tal ultimato foi um tanto quanto falsa, pois conheço sua raiva quando ela sente que está recebendo ordens de maneira autoritária ou quando acha que sua privacidade está sendo invadida. Nesses casos, ela se torna inacessível a argumentos ou à persuasão daqueles que acham que a ofenderam.

Há duas coisas que costumam ocorrer quando ela fica com raiva. Uma é que ela direciona a raiva para dentro de si, sai, caminha durante horas e, quando volta para casa, vai dormir. Mas retém aquela raiva interna por algum tempo, dias e semanas durante os quais, de modo incomum para ela, fica fria e retraída em relação à pessoa pela qual se sentiu atacada ou ofendida.

A sua segunda reação, em vez de retrair-se, é o ataque verbal: para repreender quem a ofendeu, seu tom de voz fica muito afiado. Não os termos que ela utiliza, já que ela nunca é vulgar, mas sua voz, que normalmente é tanto baixa quanto hesitante, eleva-se uma oitava e as palavras tornam-se repentinamente muito precisas, articuladas e definidas. "Estou fu-ri-o-sa", dirá ela, "ab-so-lu-ta-men-te fu-ri-o-sa". E quanto mais nervosa fica, mais seu sotaque fica parecido com o da classe média, e menos com o ritmo mais suave de Newcastle.

Eu poderia ter previsto sua reação naquele dia em Yorkshire, pois o Dr. Henderson, por bons motivos, *estava* dando ordens autoritárias a ela. Sua mãe e Georgie, segundo Mary, foram para uma pousada. Ela havia ficado em casa naquela noite, mas sem falar com o Dr. Henderson, e passou o dia seguinte com a mãe e com George.

"Fomos de carro para uma cidade vizinha e era dia de feira, quando os *pubs* estavam abertos – o dia todo, acho. De qualquer forma, havia uma livraria e eu disse que queria dar uma olhada lá, mas minha mãe foi atrás de mim. Ela perguntou o que eu queria com todos aqueles livros e me chamou para ir ao *pub,* aí fui junto com ela, e eles... Ah... Se ajeitaram por lá. Eu me lembro de dizer 'Deus, como vocês conseguem ficar sentados aqui enquanto o dia está bonito lá fora?'. Estava frio, mas ensolarado – tocava muita música, como toca por toda parte na época de Natal; estava lindo mesmo. E ela começou a tagarelar sobre como eu estava vivendo em um mundo de faz de conta, que era irreal para mim estar onde eu estava. 'Essas pessoas', ela disse, referindo-se a Liz e Geoff, e disse que eu não pertencia àquele lugar e que a vida que eu estava vivendo não era para alguém como eu. Prestei atenção, e senti o contrário: senti o quanto eu era uma pessoa diferente e que não podia pertencer a... À cena social da minha mãe.

"Mas aí, quando ela disse: 'É Natal, venha passar o Natal conosco em casa', eu não consegui dizer não. Agora sei... Claro que agora sei que eu poderia ter lidado com a situação muito melhor com Geoff..."

Você ainda estava com raiva dele?

Mary não respondeu. "Eu gostava tanto deles; todos os filhos deles estavam vindo para casa. Alguns já estavam lá. Sei que poderia ter chegado a algum tipo de acordo com ele, mas não cheguei. Só fui para o Norte naquela noite, para o lugar onde eles moravam na região de Whitley Bay."

Assim, Betty, que sempre soubera como manipular Mary, havia tido sucesso novamente. Contando sem dúvida com o espírito festivo, ela entrou em cena pouco antes do Natal e usou o jovem e simpático padrasto de Mary – de quem sabia que a filha gostava – para usar a cartada de "mãe", o que sempre funcionava. No *pub*, no dia da feira, Mary percebeu isso claramente por um momento e poderia ter hesitado. Mas àquela altura o Dr. Henderson, a forte figura paterna de uma família de Quakers, já tinha não apenas exercido sua autoridade – o que, para Mary, era como agitar um pano vermelho na frente de um touro –, mas também, ao desafiar a lealdade dela para com a mãe, tinha dado um ultimato que ela considerou ofensivo tanto para a mãe quanto para si própria. E naquela véspera de feriado, com os quatro filhos dos Henderson em casa para o Natal, eles deixaram claro para Mary – ou assim ela pensou – que a casa dos Henderson não seria seu lar, mas sim um refúgio do qual ela poderia ser expulsa caso desobedecesse. Por mais que ela gostasse deles, por mais preparada que estivesse até mesmo para amá-los, os laços eram frágeis.

"Penso neles agora como uma família distante", ela diria dezesseis anos mais tarde.

Como *sua* família distante?

"Como uma família distante para mim", ela teve cuidado ao explicar. "Quero dizer, é bastante improvável que eles precisem de mim algum dia. Mas se no Dia de São Nunca eles precisarem de mim, qualquer um deles, bem, eu estarei lá para ajudar."

Eles haviam, de fato, estado lá para ajudá-la quando ela precisou exatamente daquilo que ofereciam. E embora o Dr. Henderson soubesse claramente que as autoridades queriam reduzir o contato entre Mary e a mãe, ele concordou com o desejo de Mary de fazer uma rápida visita a Betty quando eles estiveram nas proximidades da sua casa. Foi quando Betty forçou novos contatos com Mary meses depois, sem aviso prévio, que ele – desconhecendo tanto a complexidade do relacionamento entre as duas quanto a incapacidade de Mary de ceder a coerção – provavelmente não viu alternativa a não ser dar um ultimato.

O Natal, Mary contou, passou em um borrão de álcool.

"Entre o Natal e o Ano-Novo, acho que não fiquei sóbria de manhã até a noite. Tudo aconteceu no *pub* dela; eu apenas bebia junto com todo mundo. Mas aí devo ter recobrado a consciência. De repente, percebi novamente que qualquer coisa que envolvesse minha mãe não era, nem poderia ser, um 'lar' para mim. Era como uma licença para ir para casa que eu não devia ter aceitado. Assim, em 4 de janeiro, saí de lá e fui a York, para o Serviço de Condicional."

Ann Sexton não havia voltado, contou Mary, mas a agente de condicional de plantão disse-lhe que ela definitivamente não poderia voltar para os Henderson e que estava proibida de se comunicar com eles, exceto por meio de Ann, quando ela retornasse.

"Ela era uma senhora muito amável, casada com um leiteiro, e naquela primeira noite fiquei com eles", Mary disse. "Eles me arrumaram um quarto no interior, com uma professora primária, mas não tinha emprego lá, não tinha nada para fazer. Então, depois de duas semanas, me mudaram para Harrogate, a uns trinta quilômetros dali, onde disseram que seria mais fácil. Mas não foi e durante meses foi tudo muito frustrante."

Esse foi um período no qual, saltando de emprego em emprego, em sua maioria como garçonete, Mary viveu de pensões do governo em pousadas pagas pelo dinheiro da assistência social.

"Eu tinha que sair às 9 horas da manhã e não podia voltar até as 4 horas da tarde. Sempre existem vagas de garçonete, onde quer que você esteja, mas elas nunca duram: você trabalha direito, gosta do emprego, e aí é demitida, entre uma refeição e outra, e você não sabe o motivo."

Foi somente no ano passado, depois de ela ter sido demitida novamente de um restaurante, e eu ter telefonado ao gerente para saber o motivo, que Mary e eu descobrimos que é somente empregando trabalhadores temporários, as quais podem ser dispensados antes das contribuições sociais começarem a ser cobradas, que muitos pequenos restaurantes conseguem sobreviver.

"Foi uma época muito deprimente, muito solitária", Mary disse. "Não é de se admirar, é?, que tantas pessoas sejam reincidentes..."

O estado de espírito de Mary em relação a qualquer período e a qualquer assunto sobre o qual ela estava falando sempre foi refletido em sua forma de se expressar. Não é somente seu corpo e seu rosto que espelham todos os seus sentimentos, mas também a mente dela que parece ser regulada ou desregulada pelo assunto discutido, nunca o contrário.

Assim, a depressão, o fator preponderante daqueles meses ruins de pousadas – daquilo que Mary chamou de "dar de cara com a parede o tempo todo" – tomou conta dela em um grau tão elevado durante os dois dias inteiros em que falou sobre essas semanas chocantes que eu fiquei com páginas quase vazias em meu computador, apesar de diversas fitas de três horas de duração cheias de interjeições, pausas, suspiros, risadas desprovidas de alegria, repletas de embaraço e pedidos de desculpa. Tocando as fitas – ou partes delas – para que meu marido pudesse ouvir mais tarde, tudo que conseguimos fazer foi olhar um para o outro sem entender.

"O que eles estavam pensando?", ele disse. "Uma garota que esteve presa desde que tinha 11 anos; eles a libertam em um mundo de estranhos, sem trabalho, sem formação, sobrevivendo de caridade? Ela está certa. *Não é* de se espantar que tantas pessoas voltem a transgredir a lei."

Enfim, Mary conseguiu um quarto em uma casa que pertencia ao proprietário de uma escola de inglês para estrangeiros e, nesse ponto, a sorte dela mudou.

"Ele disse que era ridículo que eu ficasse vivendo nesse vazio e me colocou na faculdade."

Ao todo, ela passou seis meses (dois períodos letivos) em uma faculdade em West Yorkshire – a "uni", como ela diz – estudando Psicologia, Filosofia e Literatura Inglesa. O primeiro semestre letivo foi o tempo mais despreocupado de que ela se lembra. Estava morando em uma república da universidade, sem preocupações financeiras, com uma bolsa que cobria tanto sua mensalidade quanto suas despesas.

"Eu me diverti mais do que nunca, mais do que sabia que poderia me divertir", ela disse. "Na Uni, eu não era Mary Bell. Ninguém sabia... Eu sentia que era [seu novo nome], uma pessoa diferente, mas eu podia ser eu mesma, aquela de quem o Sr. Dixon se orgulharia, que ele sabia que eu era. Adorava as aulas, adorava a biblioteca. Eu tinha um quarto legal, um quarto de dormir e de estudar, todo para mim; e tinha um monte de coisas acontecendo, um monte de gente de quem eu gostava."

Eu estava prestes a descobrir que Mary ficava curiosamente contida com relação aos detalhes desses primeiros meses felizes. Era como se coisas demais tivessem acontecido em um tempo muito curto, tudo de muito feliz, mas nada constituindo experiências com profundidade o bastante para que valesse a pena lembrar ou relatar em detalhes episódios individualmente.

Perguntei se ela saía com alguém.

"Não queria me envolver... Íamos nadar, a jogos de futebol, corridas de carro, e dançar também."

Usavam drogas?

"Eu tinha experimentado LSD enquanto ainda estava andando sem rumo em Yorkshire. Ele travou minha mandíbula e eu tive acessos de riso; depois todas aquelas luzes intensamente coloridas... Mas acabei me sentindo muito cansada, então decidi que não estava a fim de fazer aquilo com muita frequência. E quando tomei anfetaminas na uni, como todo mundo fazia, não teve nenhum dos efeitos que era para ter; não fiquei alegre nem nada, só me fez ficar cansada. Não acho que eu tenha uma personalidade propensa ao vício."

E quanto a todas as drogas na prisão?, perguntei. E quanto aos cigarros que ela não consegue largar?

Ela deu de ombros. "O que mais há para fazer na prisão?" E acrescentou de modo defensivo: "Cigarros? Eu só fumo quando estou sozinha ou fora de casa".

Perguntei se as pessoas na faculdade perguntavam sobre os pais dela, sobre sua casa.

"Eu... Eu não *mentia*, apenas omitia, sabe?", ela explicou. "Eu dizia que o Dr. e a Sra. Henderson eram meus tios. Quero dizer, não era uma interpretação errada que prejudicaria alguém."

E quanto a seus pais?

"Eu dizia que não me dava muito bem com minha mãe, e que ela e meu pai estavam vivendo separados. Na verdade, era isso."

Como sua mãe se sentiu em relação a você estar na faculdade?

"Como se tivesse sido uma vitória dela."

Você a viu?

"Sim, fui vê-la algumas vezes. Ela dizia para as pessoas que eu era a prima dela de Liverpool, 'aquela da universidade'. E naquele Natal [1981], eu fiquei com ela, mas na verdade passei todo o tempo com meus amigos da faculdade."

Mary começara a pensar sobre si como uma professora ou como uma terapeuta em potencial.

"Eram mais como sonhos", ela disse. "Sabe, sonhos de ser pioneira na utilização de novos métodos e esse tipo de coisa. Mas aí, logo depois que voltei para o outro período letivo, minha agente de condicional, que aparentemente não tinha se dado conta até então do que eu estava estudando ou planejando, me disse que eu nunca teria permissão para trabalhar em nenhuma dessas áreas, que essas eram profissões proibidas para mim. Então escrevi uma carta para a diretoria da faculdade pedindo transferência para um curso de esteticista, e eles escreveram de volta dizendo que não. E o diretor, com quem o Serviço de Condicional havia conversado e para quem haviam contado sobre mim desde o início, me convidou para jantar com a esposa na casa deles, mas eu disse que não. Não me sentia confortável com a ideia, porque ninguém que eu conhecia tinha sido convidado para jantar lá, então eu pensei... Ah, você sabe... Como... Como..."

Como uma peça em exposição?

"É", ela disse. "Algo assim. Aí fui chamada no seu escritório e ele disse que estava preocupado por eu tentar sair da vida acadêmica. Ele achava que eu devia manter contato com o tipo de gente que passei a conhecer e com quem tinha afinidade, que era assim que meu talento se desenvolveria. Ele também disse que eventualmente eu acharia meu caminho em algo que eu tanto queria quanto poderia fazer. Tinha boas intenções, eu sabia. Então, depois disso... Bem, voltei a estudar meio sem entusiasmo. Mas, no fim das contas, eu simplesmente não conseguia enxergar para onde eu estava indo, o que eu estava fazendo. Não conseguia achar uma área acadêmica em que pudesse me encaixar e com a qual pudesse fazer alguma coisa no futuro. Eu estava tentando equilibrar um futuro desconhecido e o que minha mãe chamava de 'vida real'."

Àquela altura, ela também havia se metido em uma bagunça financeira, com uma dívida alta que o banco disse que ela teria que pagar.

"Eu só comprei roupas, roupas e roupas – sem motivo, só estava nervosa, impaciente, estúpida." George pagou a dívida e, na Páscoa, Betty conversou com ela novamente sobre encarar a realidade. "Ela me disse em qual realidade eu devia viver – a 'do meu tipo', ela disse. Aí, eu pensei, 'Ela provavelmente está certa', e pedi a George que me levasse de carro de volta para pegar minhas coisas; então voltei para ficar com eles."

Duas pessoas que ela conheceria nos meses seguintes teriam uma importância decisiva. A primeira era um rapaz (nós o chamaremos de Rob), quase ainda um garoto aos 18 anos, que ela conheceu em uma festa em setembro e o viu apenas ocasionalmente por diversas semanas. Perguntei a Mary se ela dormiu com ele.

"Claro que não", ela me respondeu indignada. "Não durante o primeiro mês. O Nordeste não era como Londres. Não naquela época." No fim das contas, Rob se tornaria o pai da filha dela.

A outra pessoa era Pat Royston, que assumiu a função de agente de condicional de Mary em outubro de 1982. Àquela altura, Mary estava trabalhando havia seis meses – o período mais longo pelo qual ela manteve um mesmo emprego –, novamente em um asilo, mas dessa vez com a esperança de obter alguma qualificação em enfermagem geriátrica.

"Pat me falou logo de cara que, apesar de apreciar o fato de eu gostar do trabalho, eu teria que desistir. Eu não teria permissão para me qualificar, mesmo que fosse muito boa", Mary disse. "Ela disse que era para eu imaginar como me sentiria se tivesse um parente no hospital e descobrisse que a enfermeira responsável cumpriu prisão perpétua por assassinato. Bem...", ela disse, um pouco agressivamente e, logo em seguida, resignada, "Eu sentiria que dependeria das circunstâncias e do que a pessoa se tornou. Mas não tinha motivo para dizer isso, mesmo se eu a conhecesse melhor; ela tinha que seguir regras também. De qualquer forma, entendi o que ela estava falando. Era verdade que sempre haveria pessoas que reclamariam de eu fazer esse tipo de trabalho, talvez até mais se tivesse uma qualificação e fosse colocada em posições de responsabilidade".

Perguntei a Pat Royston por que nenhuma das duas outras pessoas que a antecederam na supervisão de Mary após ela retornar ao Nordeste haviam feito objeções ao fato de ela trabalhar em um asilo; e ela disse somente que a primeira era jovem demais para aquela função. A segunda, um homem mais velho, que ela pensou ter sido designado na esperança de se tornar uma espécie de figura paterna para Mary, era provavelmente protetor demais e, por fim, passou a apoiar os interesses da mãe dela: algo raro para os agentes de condicional de Mary, ele havia construído uma relação amigável com Betty, que queria ver a filha em um emprego "adequado ao seu status" e ficando em casa.

"É difícil dizer não para pessoas que estão necessitadas", Pat disse, em uma tentativa de dar mais explicações. "E tanto a mãe quanto a filha estavam muito necessitadas."

O que Pat não disse, porque há um limite àquilo que ela pode revelar a quem está de fora, e o que a oficial que a antecedeu não sabia era que, enquanto essa necessidade tinha raízes distintas – Mary e sua carência de amor em relação à mãe, Betty e a necessidade de controlar a filha –, o resultado era que cada uma delas buscava a outra quase compulsivamente.

Pat disse que lera relatórios sobre Mary com bastante cuidado antes de assumir a função.

"Havia muita informação sobre o julgamento, os crimes, a defesa, o juiz, a sentença... Mas, exceto pelo fato de que sempre fora enurética, de ter tido uma infância problemática e de a mãe ser prostituta, não havia absolutamente nada sobre a criança: Mary[28] como pessoa. Uma vez longe de casa, tinha bastante informação sobre suas explosões de raiva em Red Bank, seus vários atos de rebeldia na prisão, as circunstâncias preocupantes do seu aborto, mais implícitas do que descritas, e as muitas dificuldades que minhas antecessoras haviam experimentado com ela desde que foi solta. E nesse ponto havia uma quantidade de observações sobre sua personalidade, como sua tendência a exagerar ou dramatizar na descrição de acontecimentos na prisão e posteriores. 'Ela é a rainha do drama', escreveu uma de minhas colegas.

"Mas o que estava muito evidente no registro de quatorze anos era o que eu pude rapidamente confirmar por mim mesma quando a conheci. Ou seja, que Mary estava muito confusa emocionalmente, com uma autoimagem quase catastrófica e, apesar da evidência de sua considerável inteligência, tinha enorme dificuldade de manter qualquer atividade intelectual ou emprego. O curso de três anos na faculdade para a qual foi admitida – uma tremenda chance oportunidade que eles não teriam lhe dado se não a considerassem capaz – é um exemplo cabal. Quando, depois de apenas um semestre letivo, ela descobriu que não teria permissão para ensinar ou exercer a profissão, imediatamente abandonou a vida acadêmica sem considerar outras carreiras possíveis. E quando se inscreveu para cursos de saúde ou de beleza e disseram a ela que havia várias inscrições, mas que Mary tinha grande chance de entrar a partir de uma lista de espera, ela recusou de imediato. Basicamente, ela não acredita que pode ser bem-sucedida em coisa alguma. Então, ela antecipou um fracasso que considerava inevitável, largou a bolsa de estudos e partiu para um lugar onde, logo percebi, ela nunca deveria estar: a casa da mãe."

---

[28] Nem Pat nem Sam, a agente de condicional de Mary entre 1988 e 1993, jamais se referiam a Mary pelo nome antigo dela, nem com Mae (como ela passou a grafar seu nome). Ambas utilizavam os apelidos carinhosos dela, os quais, para meu propósito, substituí por Mary.

Pat começou a trabalhar com Mary imediatamente, visitando-a uma ou duas vezes por semana durante várias horas.

"Eu a encontrava no Serviço de Condicional de Whitley Bay", disse Mary, "um edifício velho e deprimente de chão de tábua corrida que ficava rangendo, e onde nos sentávamos em um escritório escuro e empoeirado com cadeiras verdes e uma lareira que não era mais usada, ou saíamos para dar umas voltas de carro".

"Quando começamos", Pat disse, "ela estava muito confusa. Falava sem parar. Sua cabeça parecia não ter direção nenhuma, e ela resistia a se reestruturar. Era quase como se estivesse explodindo de necessidade de colocar palavras para fora, sem se importar com o que elas queriam dizer. Ela me passou a sensação de alguém terrivelmente reprimida, emocionalmente isolada".

Perguntei a Mary se ela percebeu logo de início que Pat era alguém com quem poderia conversar de verdade.

"Eu sentia que ela era responsável, não no sentido de responsável por mim como supervisora, mas como ser humano. Senti que seria um relacionamento que duraria, que ela estava do meu lado."

"Eu disse a Betty que queria encontrá-la", disse Pat, "para que pudéssemos nos conhecer, mas que eu tinha que ver o ambiente da casa de qualquer jeito, já que Mary estava morando lá. Ainda assim, levou algum tempo até ela concordar. Tenho que dizer que a casa era algo inesperado. Do lado de fora, era uma casa com pintura muito bonita, que certamente havia sido ampliada. Do lado de dentro, era uma autêntica criação da revista de decoração *House Beautiful* [Beleza doméstica], como Betty teria imaginado.

"Nunca vou esquecer: o carpete da sala era azul-turquesa, grosso o bastante para ficar marcado a cada passo. Logo percebi um ancinho desses de jardim em pé na parede interna da sala, perto da porta, destoando do ambiente. Assim que atravessei a sala e me sentei, ela apanhou o ancinho e passou sobre as marcas dos meus pés no carpete. Me senti um pouco envergonhada... Talvez eu devesse ter tirado os sapatos. Mas ela disse, de forma muito simpática e em tom de desculpas, que aquela era uma das suas manias. Foi muito, bem, esquisito, dado o que Mary me contou depois sobre como ela cuidava da casa durante sua infância. E depois que George a deixou, em 1987, o apartamento que ela havia alugado e onde morreu era igualmente impecável, embora ela tenha se tornado quase completamente alcoólatra."

"Conversamos durante um tempo, mas foi muito, muito difícil. Aquela primeira visita foi na mesma semana em que a televisão francesa, só Deus sabe por que, logo naquele momento, estava tentando localizar Mary – talvez isso também tivesse algo a ver com o fato de Betty de repente ter concordado em me ver. Betty, acho, estava aterrorizada com o risco de alguém descobrir que ela estava levando os repórteres até Mary, fosse por dinheiro, sob o efeito do álcool, fosse por outra razão psicologicamente complicada que ninguém jamais poderia entender. Claro que não demonstrei que suspeitava disso. Eu frisei para ela e para George, que estava lá também, para não falarem com ninguém da mídia, mas eu não tinha muita esperança com relação a Betty: ela já tinha conversado com muitos deles."

Em seguida, Pat me falou novamente sobre a oferta de aproximadamente 250 mil libras da revista estrangeira pela história de Mary, sobre a carta que consta do registro confirmando a oferta e sobre as abordagens que o correspondente de Londres aposentado da revista fez tanto a Pat quanto ao advogado de Mary.

"George não era de modo nenhum do jeito que eu imaginara", continuou Pat. "Era muito calado, educado, alto, esbelto e de boa aparência: uma pessoa simpática mesmo, com um rosto amigável. Mas ela, ah, ela era uma senhora muito estranha, magra, abatida e... Fria, muito fria, sem nenhum calor emanando dela. Era, sei lá, quase macabra. Se vestia muito bem; eu notei isso toda vez que fui visitá-la. Posteriormente, quando não estava me esperando e não me deixava entrar, ela estava sempre – claro que em casa também – bem-arrumada, com uma maquiagem cuidadosa e boas roupas. Mas conversar com ela era quase impossível: tudo se resumia a um bate-papo – muito semelhante a um relatório de Red Bank que descreve os seus encontros com Mary, em que elas falavam 'sobre nada'.

"Fiquei lá por algum tempo naquela primeira visita. Eles me ofereceram uma bebida. Mas a única coisa realmente importante que ela disse, de repente, sem propósito – mas importante porque confirmou o que Mary tinha me dito – foi que ela preferia considerar Mary como uma irmã ou uma prima. Mas quando eu tentei usar isso como o início de alguma conversa de verdade, ela se fechou."

Pouco depois da primeira visita de Pat, Betty expulsou Mary.

"Ela disse que era porque eu saía até tarde e ela ficava acordada preocupada comigo", Mary disse. "Mas, primeiro, eu tinha 21 anos de idade, e segundo, ela não ficava acordada: ficava bêbada toda noite. Mas talvez, de alguma forma, nada disso fosse o motivo: talvez fosse porque ela conheceu Pat e estivesse com medo do que eu pudesse contar. De qualquer forma, por mim, estava tudo bem. Eu arrumei um emprego como recepcionista em um hotel e fui morar com Rob."

"Tentei ver Betty várias vezes depois disso, mas só conseguiu em duas oportunidades", Pat disse. "Todas as outras vezes, ou ela abria a porta parcialmente com a tranca de corrente e a batia na minha cara, ou não atendia à campainha, mas olhava por trás da cortina; eu via a cortina balançar. Na segunda ocasião, quando consegui atravessar a porta, ela começou a berrar comigo, me culpando por Mary não ir visitá-la e culpando Mary por todas as suas doenças. Quando tentei questioná-la, sobre o fato de Mary molhar a cama quando criança e outras coisas, ela ficou silenciosa como uma pedra. Por fim, ela abriu a porta para mim, me mandando sair. 'Não tenho que conversar com você', disse ela. 'Não sou sua cliente.' E na única outra vez que consegui entrar ela gritou como uma *banshee*,[29] porque falei que queria que Mary fosse a um psiquiatra."

Perguntei a Pat se, durante a primeira visita, Betty havia mencionado o namorado de Mary, Rob.

"Não sei se Betty mencionou naquela ocasião ou em outras, mas ela não o aprovava de jeito nenhum: a idade e o histórico de classe média dele e mesmo o trabalho que ele tinha escolhido fazer [venda atacadista]. Como se mostrou depois, Rob *era* de fato muito jovem e imaturo para Mary. Mas claro que esse não era o ponto: vim a entender, quando Mary começou a conversar comigo de verdade, que Betty tentaria impedir qualquer relacionamento de Mary que pudesse levá-la a 'falar'. Com Rob, ela tomou a iniciativa de ir conhecê-lo, e não apenas contou a ele 'quem' Mary era, como também mentiu para ele, dizendo que Mary tinha sido esterilizada e não poderia ter filhos."

"Eu fiquei absolutamente chocada quando Rob me contou isso", Mary disse. "Não sobre a coisa de Mary Bell; eu estava acostumada com ela contando para todo mundo e eu mesma contaria para ele, talvez já tivesse contado. Ele tinha uma irmã mais nova, muito simpática, que ficou minha amiga; acho que contei para ela. Mas a outra coisa? Sei que ela estava jogando contra ele desde que comecei a sair com Rob, mas dizer *isso*... Por que ela diria uma coisa assim?"

---

[29] Segundo uma lenda irlandesa, *banshee* é um espírito feminino que entra nas casas anunciando a morte com um grito. [N.T.]

Rob comprou uma boa casa à beira-mar e, quando Mary foi morar com ele, deu a ela um anel de noivado.

"Acabou dando tudo terrivelmente errado" Mary deu aquela risada rouca que eu frequentemente ouvia quando ela estava prestes a admitir algo embaraçoso ou triste. "Provavelmente, era muito para Rob. Atribuí a ele mais maturidade do que ele tinha. E por que ele deveria ter? Era só um garoto. Mas achei que ele fosse boa pessoa por natureza e, no fim das contas, ainda acho que ele era, mesmo depois de tudo o que aconteceu."

"Mary me contou sobre seu desejo de ter um bebê logo que comecei a trabalhar com ela", Pat disse.

"Não foi por causa do que minha mãe tinha falado para Rob", Mary explicou. "Quero dizer, não era que eu quisesse ficar grávida só para provar que minha mãe estava errada. Isso não saía dos meus pensamentos desde o aborto. Esse não é o tipo de 'anticoncepcional' que cai fácil na consciência."

A vida pós-libertação de prisioneiros que cometeram crimes contra crianças está sujeita a uma série de regulamentações e precauções, e a segurança de crianças ainda não nascidas ocupa um posto alto entre elas. Pat Royston falou com Mary que, se ela e Rob estivessem planejando ter um bebê, ela deveria tomar providências para que Mary passasse por uma avaliação psicológica.

"Eu sabia que ela teria problemas com o serviço social a respeito disso, e um relatório poderia impedir antecipadamente as possíveis objeções deles", Pat me disse. "Ela concordou imediatamente, o que era interessante, porque eu sabia que ela seguia a mania da mãe contra psiquiatras. Tomar essa decisão na época mostrou a força do seu sentimento com relação a ter uma criança. Entretanto, o estranho foi que quase na mesma hora que Mary falou sobre ter um bebê, ela começou a falar sobre seus sentimentos por Martin e Brian, quem ela ainda não tinha mencionado até então. Era como se seu desejo por uma criança fosse inseparável da consciência que ela tinha de ter causado a duas famílias a perda de suas crianças.

"Ela me falou que não tinha admitido para si mesma, durante anos, que tinha matado. Disse que ficava se perguntando por que o remorso tinha demorado tanto para aparecer. Quando ela falava sobre isso, ficava claro que tinha cristalizado todas as emoções, com Betty – que ela mencionava constantemente – sempre em segundo plano dizendo 'não fale com ninguém sobre nada do que aconteceu ou você vai estar encrencada'.

"Mary me disse que tinha sido apenas naquele momento, depois de dezoito anos, que ela conseguiu pensar sobre os pais dos dois garotos e sobre como deve ter sido para eles. E, no momento em que mencionava os pais, ela começou a chorar. 'Isso nunca vai acabar para eles; nunca vai acabar para mim.' Ela sempre trazia Martin e Brian à tona e sempre em conexão com sua própria filha – não tanto os detalhes sobre o que ela fez com os dois garotinhos, nunca me contou isso, mas sim sua tristeza pelos pais e seu desespero por si mesma."

Pat pensou alguma vez, perguntei – como eu mesma havia pensado ao conversar com Mary pela primeira vez – que esse remorso vinha em benefício próprio, ou seja, que Mary a poderia estar manipulando?

"Eu certamente me perguntei a mesma coisa no começo. Sabia, claro, que algumas pessoas em Red Bank, e depois muitas outras nas prisões, falavam muito sobre ela ser manipuladora. E ela sem dúvida foi manipuladora em todos os seus relacionamentos lá. Mas a situação agora era diferente e era nova para ela. Eu estava tentando mesmo trabalhar com Mary, num sentido terapêutico, e ela estava reagindo a isso. Acho que quando a mãe concordou em me ver – e não se esqueça, isso foi enquanto Mary ainda estava morando com eles – foi em parte porque Betty se deu conta de que eu estava ficando mais próxima de Mary e entrou em pânico com isso. Vi isso bem depressa. Ela realmente tinha muito medo de mim. Isso era, afinal de contas, o que ela tinha tentado impedir durante todos aqueles anos. Era o pesadelo dela. E as evidências que ela me dava de hostilidade, raiva e claramente medo do que eu pudesse descobrir eram chocantes.

"Então, minha resposta para a sua pergunta é que, após minhas diversas experiências com Betty, embora eu não soubesse nenhum dos detalhes que conheceria mais tarde por meio de Mary, e depois por você, tive certeza de que os atos que Mary cometeu em 1968 só poderiam ser compreendidos no contexto de quaisquer que tenham sido os atos que a mãe dela cometeu na sua primeira infância. E associando essa certeza com o desespero que testemunhei em Mary, sim, eu estava convicta de que seu remorso era real e verdadeiro."

Em 28 de abril de 1983, Pat levou Mary até Londres, onde ela visitou um psiquiatra, o Dr. Arthur Hyatt-Williams, e um psicólogo, Paul Upson.

"Eu senti que não tinha nada a esconder deles", Mary disse. "Se tinha havido alguma coisa de errado comigo quando eu era criança, não havia mais. Sentia que, se eles pudessem tirar um raio x de mim por dentro, conseguiriam ver que qualquer coisa que estivesse quebrada havia sido consertada."

O Dr. Hyatt-Williams a recebeu em seu consultório em casa, e, de modo compreensível, eles imediatamente se viram em conflito.

"Sabe qual foi a primeira coisa que ele disse?", Mary me perguntou. "Ele disse: 'Que mãos grandes você tem. O que você sente quando você olha para as suas mãos?'. Quero dizer, você consegue imaginar um médico dizendo uma coisa dessas?"

Pontuei que ele estava tentando provocá-la. E claramente conseguira.

"Eu chorei. E aí ele disse que eu estava chateada porque a observação dele me fez lembrar de usar estas mãos para matar as crianças."

Eu disse a Mary que, por ter um tempo muito limitado para avaliar as emoções dela, fazer com que ela as manifestasse era exatamente o que ele pretendia.

"Talvez. Mas tudo o que eu sabia estar sentindo era raiva por ele ter dito algo tão pessoal e tão pouco gentil sobre minhas mãos. E aí ele perguntou se eu não achava estranho que tivesse escolhido me apaixonar por um homem que tinha exatamente a mesma idade que Martin teria."

Perguntei se ela se lembrava de sua resposta.

"Bem, não", ela disse. "Quero dizer, isso nunca me ocorreu. Eu gostava de Rob e, embora estivesse ciente de que ele era mais novo do que eu – afinal de contas, minha mãe não parava de me falar isso –, eu não me sentia mais velha. Eu me sentia bem jovem.

"Então ele me disse que eu estava 'em negação'. Eu sabia o que aquilo queria dizer – eu tinha lido sobre o assunto – e achei que ele estava errado, que eu estava fazendo algo diferente, embora não soubesse como aquilo era chamado."

Comentei que era uma pena que ela não tenha discutido seus sentimentos com ele. É exatamente assim que um bom psiquiatra iria querer ajudar.

"Não acho que ele queria isso. Ele só queria... Suponho que, como você disse, ele só estava me vendo aquela única vez para escrever um relatório, então ele apenas disse coisas – coisas provocativas – para ver como eu reagiria. Como dizer que me dei conta do que tinha feito aos 14 anos, simplesmente porque eu estava na puberdade, menstruava e tudo mais – mas não era só isso, era? Quero dizer, um monte de coisas aconteceu comigo naquela época, não aconteceu? E foram essas coisas que me fizeram pensar. É tudo muito clichê, a maneira como eles colocam as coisas, não é?

"Me mostraram os relatórios mais tarde. Ele disse que minhas 'manifestações homicidas' jamais 'explodiriam', apenas 'implodiriam', o que quer que isso queira dizer. E falou também sobre Rob ser sete anos mais novo, e que isso significava que eu estava procurando por uma 'expiação' ou coisa assim. O mais importante, entretanto, era que ele disse que eu não era um perigo para ninguém; então fiquei grata por isso. E o outro cara, o psicólogo, era muito mais fácil estar com ele e foi muito interessante; ele me mostrou um monte de cartões e eu tinha que dizer o que eu pensava ou sentia sobre eles. De qualquer forma, ele também escreveu que eu estava bem."

Embora os dois especialistas tenham levado seis meses para escrever seus relatórios, ambos disseram que, de fato, era inteiramente seguro que Mary tivesse um bebê.

"Rob tinha me perguntado depois que eu voltei de Londres se eu ainda queria ter um bebê, e decidimos pensar de verdade sobre isso", Mary disse, "o que significaria, como nós faríamos em termos financeiros e como a família dele se sentiria com isso. O pai dele havia morrido, e a mãe tinha acabado de se casar de novo, mas ela não tinha problemas comigo".

A mãe de Rob sabia sua verdadeira identidade?

"Sabia. Todo mundo parecia saber. Eu nunca tive muita certeza de como – talvez minha mãe, conversa de bar... Muito depois, quando as coisas deram errado, foi o próprio Rob que contou para as pessoas, mas naquele início estava tudo bem mesmo. Ele era alegre, trabalhava duro. Tínhamos uma casa boa. Ele tinha avós paternos maravilhosos que ficaram muito satisfeitos porque ele estava se acertando e porque eu era muito sensata – eles disseram –, e a irmã dele também gostava da ideia de um bebê na família, então estava tudo bem, bem mesmo."

Os dois relatórios ficaram prontos em outubro de 1983.

"Eu falei com Rob. Jogamos meus anticoncepcionais na privada." Mary deu uma risadinha. "Eu soube duas semanas depois que estava grávida e contei para Pat."

"Eu tinha que tratar Mary como qualquer um que cometeu crimes contra crianças", Pat disse. "Criminosos desse tipo raramente são autorizados a ficar com seus filhos e, no caso de Mary, também havia o problema da sua grande evidência. Tínhamos que assegurar que as informações sobre a gravidez dela e todas as decisões que fossem tomadas permanecessem em sigilo. É por isso que, quando eu convoquei uma reunião sobre o caso em janeiro de 1984, todos os chefes de departamentos – Saúde, Polícia, Serviço Social, Legal e Condicional – compareceram."

Na reunião, as autoridades receberam todas as informações disponíveis sobre a vida de Mary. A mãe foi descrita como mentalmente desequilibrada; Billy Bell, como irresponsável, com várias condenações criminais. Sobre a própria Mary, foi dito que ela havia sofrido violência emocional e física quando bebê, que a violência continuou até 1968, época em que Betty e Billy estavam morando separados, e o divórcio estava pendente. Havia velhos relatórios psiquiátricos dos doutores Westbury, Rowbotham e Cuthbert, que falavam do fato de Mary molhar a cama, inclusive com incontinência urinária diurna, mas, tirando isso, de um "desenvolvimento normal" (Cuthbert), e os novos relatórios, que declaravam ser seguro ela se tornar mãe.

"Ficou acordado que nada iria para o computador", Pat disse. "Todos os relatórios da época e posteriores passariam por mim e ficariam em meu escritório. O que estava em questão era basicamente quem deveria ter responsabilidade e controle sobre a criança assim que ela nascesse, os pais ou o Serviço Social. Mas, subjacente a isso, havia outro perigo: o de que Mary pudesse ser considerada inadequada para ficar com a criança.

"Eu mesma sentia – e já sentia isso havia meses", Pat disse, "que, enquanto a criança fosse, e sem dúvida seria, considerada protegida pelo tribunal, e todo mundo concordava com isso, Mary deveria ter permissão para ficar com a criança. Além disso, os pais – Mary e Rob – também deveriam ter responsabilidade e controle da criança. Os departamentos Legal e de Saúde sustentavam meu ponto de vista; a Polícia ficou em cima do muro até ser instruída pelo Serviço Social, que finalmente acabou concordando que Mary deveria ficar com a criança".

Dois ou três dias depois do nascimento do bebê, a primeira de três audiências *ex parte* [sem a presença de todas as partes envolvidas] foi realizada na Divisão de Família do Tribunal Superior.

"[O advogado de Mary] representou os pais, e eu apresentei evidências", disse Pat. "Tentamos manter os detalhes o mais longe possível de Mary.

Nessa primeira audiência, a criança foi colocada sob a proteção legal do tribunal e uma ordem interina foi emitida dando custódia para os pais até completarem-se as audiências, algumas semanas mais tarde. Mas, na segunda audiência, dez dias depois, o Serviço Social contestou essa ordem e o juiz chamou Pat Royston até sua sala para descobrir mais sobre a avaliação psiquiátrica prévia de Mary. Uma semana depois, na complementação das audiências, o Serviço Social solicitou custódia com a intenção de transferir Mary, Rob e a criança para um centro de observação de famílias – isso significaria até seis meses em uma unidade residencial, com diversas outras famílias, a quilômetros de distância de onde eles moravam e sob atenta supervisão, da manhã até a noite.

"Isso não era justificado, de jeito nenhum, e poderia ser destrutivo para o relacionamento deles", Pat explicou. "O advogado de Mary e eu lutamos contra essa proposta durante todo o dia e, ao final da audiência, o tribunal determinou que a custódia ficasse com os pais sob uma ordem de supervisão em relação à criança."[30]

"Nas últimas semanas antes de o bebê nascer eu me sentia – Ah, muito acalentada por dentro", Mary disse. "Contente. Apesar de Rob ter pedido demissão em 10 de maio, e eu mais tarde entendi o quanto isso foi ruim para ele e para nós, aquilo não me incomodou na época. Ele estava envolvido comigo e com o bebê, isso era tudo com que eu me importava naquele momento. Estávamos todos prontos: papel de parede no estilo dos livros infantis de Beatrix Potter, baú listrado, retratos na parede, um móbile de letras. Errei na data, é claro. Ela veio antes do esperado. Mas tudo bem. Eu me lembro mais de risadas do que de qualquer outra coisa: Rob apareceu com uma máscara, eu ri e ri, e eles disseram, 'Isso é bom, continue rindo'. E Rob ficou dizendo 'vamos, você consegue', como numa corrida de cavalos, e isso me fez rir mais. Aí eles disseram: 'É uma garotinha. Você tem uma garotinha'. Comecei a chorar e a segurei. Falaram que iam ter que levá-la para limpá-la, mas eu disse: 'Não, eu quero que ela fique aqui', mas a levaram assim mesmo e me trouxeram chá com torradas. Depois a trouxeram de volta toda enrolada. Eu a segurei, e lá estava ela: tão pequenininha, com uma penugem de cabelo meio alaranjado, arrepiado.

---

[30] A ordem de supervisão foi revogada em 1992, o que significava que os pais foram considerados capazes de cuidar da criança, à época com 8 anos.

Então eu disse, ou pensei, 'Olá, eu esperei por você durante muito tempo'. E ela ficou em um berço perto de mim. Às vezes, ela acordava durante a noite, eu a apanhava e ninava; as enfermeiras diziam que eu não devia, mas eu sentia que aquilo era o certo."

De repente Mary parava, dava risadinhas e, então, sussurrava para mim como se estivesse contando um segredo: "Eu a acordava às vezes para ter um motivo para pegá-la no colo". Ela riu. "Ela acordava os outros e aí voltava a dormir, e eles também."

Quando perguntei sobre sua mãe, Mary disse: "Não. Nem pensei nela. Eu não a via... Ah, havia um ano ou quase isso."

Perguntei se Mary achava que aquele era o momento em que ela esteve mais livre da mãe. Ela olhou para mim.

"Nunca me ocorreu... [Eu não] pensei nela; era o meu momento, o momento do meu bebê."

PARTE 5

De volta à infância: 1957 a 1968

"Tirem essa coisa de perto de mim"

1957 a 1966

Conforme eu havia descoberto naquele primeiro dia, em 1996, quando Mary e eu nos encontramos para conversar sobre a possibilidade deste livro, ela não leu *The Case of Mary Bell* até os 24 anos, quando enfim contrariou a mãe e leu "uns pedacinhos dele", como ela colocara. Betty sempre dissera a Mary que o livro era cheio de mentiras, que a família dissera a ela que nunca havia se encontrado comigo e que era para Mary jamais ler o livro ou falar comigo. Seriam necessários outros quatorze anos até que seu tio Jack lhe contasse que tudo era verdade.

Em 1969 e 1970, quando eu estava preparando o livro, as tias, os tios e a avó materna, horrorizados com o que havia acontecido e na esperança de que saber mais sobre a vida de Mary poderia fazer com que as pessoas a tratassem com mais gentileza nos anos seguintes, contaram-me tudo o que sabiam, ou talvez tudo o que conseguiam dizer, sobre sua primeira infância. Acho que Mary entendeu, desde o momento em que iniciamos nossas conversas, que as coisas que aconteceram com ela quando criança e, depois, a morte dos dois garotos teriam que ser a parte central da história que ela iria me contar e que eu iria escrever.

Nos dois primeiros dias que passamos juntas, conforme eu disse no início do livro, ela falou somente sobre a filha – e, por extensão, sobre si mesma como mãe. Foi no terceiro dia que eu disse a ela que precisávamos conversar sobre sua infância, indo até o mais cedo que ela conseguisse lembrar. O quanto ela sabia, perguntei, sobre o que a família me contara sobre sua mãe?

Ela me perguntou, reagindo à minha pergunta sem sequer uma pausa, se eu sabia que sua mãe ficara escondida em um convento enquanto estava grávida dela.

"Não, não sabia disso", respondi. "Quem lhe contou isso?"

"Ela contou", Mary disse. "Numa noite quando estava... Ah, bêbada, acho, para me mostrar como foi duro para ela, como as freiras eram difíceis, como ela teve que trabalhar duro, exatamente como era antigamente com garotas católicas que tinham filhos ilegítimos..."

Mary revelou que sabia que eu havia escrito sobre algumas das coisas que a mãe fizera com ela desde muito cedo, mas queria saber o que eu sabia. "Depois", disse, balançando a cabeça abruptamente de maneira curiosa, "vou contar para *você*".

Contei-lhe que sua tia Cath dissera que ela e a avó não entenderam quando a primeira coisa que Betty disse ao colocarem o bebê em seus braços foi: "'Tirem essa coisa de perto de mim'. Cath havia dito que você era o bebê mais lindo".

"Bem", respondeu, com a voz áspera, "foi esse o momento em que eles deveriam ter me tirado de perto dela para sempre, não é?".

Nunca houve qualquer possibilidade de Billy Bell ser o pai biológico de Mary. Betty o conheceu apenas alguns meses depois do nascimento da menina. Ela se casou com ele em março de 1958 e P., a segunda criança, filho de Billy, nasceria naquele outono. Eles estavam morando com a mãe e a irmã mais nova de Betty, Isa, em um agravável apartamento em Gateshead, logo em frente ao rio, próximo de Scotswood. A mãe, Sra. McC., apesar de sofrer de enxaqueca e tensão nervosa, para as quais tomava remédio, sempre soube como tornar o lar confortável. Era muito cuidadosa em relação ao lugar em que guardava seus remédios, conforme me contaria em 1970: "Especialmente quando havia crianças por lá". Mantinha o frasco atrás do compartimento de agulhas usadas de um velho gramofone que ficava no alto de um pequeno baú, e guardava em uma gaveta a agulha de tricô que usava para retirar o vidro do esconderijo.

Apesar dessas precauções, Mary, com 1 ano de idade, de alguma maneira pegou os comprimidos e os tomou. Para conseguir isso, o bebê precisou encontrar a agulha de tricô, escalar até onde ficava o gramofone, alcançar a parte de trás dele com a agulha para puxar o vidro, retirar a tampa de segurança e tomar o suficiente dos comprimidos de gosto ruim para quase se matar.

Por sorte, a avó a encontrou a tempo; correram com ela para o hospital, onde a menina se recuperou depois de passar por uma lavagem estomacal.

Um ano e meio depois, em novembro de 1959, Cath, irmã de Betty, recebeu uma carta dela dizendo que as coisas estavam ruins e que ela havia "dado May para os [D.]", amigos de Cath e do marido, Jack, que moravam em uma cidade próxima. Eles sempre haviam demonstrado interesse por Mary e, por várias vezes, pedido para adotá-la. Cath foi atrás dos D., e Mary foi devolvida à mãe.

Seis meses depois, quando Mary tinha quase 3 anos, Cath foi visitá-los e levou dois pacotes de doces sortidos, um para Mary, um para o irmão dela, P., que estava então com 18 meses de idade. As irmãs foram para a cozinha fazer chá e, quando Cath voltou, encontrou as crianças sentadas no chão comendo doces que haviam caído e se espalhado. Para seu horror, ela viu entre os doces uma grande quantidade de pequenos comprimidos azuis, que reconheceu como sendo Drinamyls (anfetaminas), e as crianças disseram que, sim, haviam comido alguns. Betty disse que as crianças deviam ter pegado o vidro em sua bolsa. Cath apressou-se em buscar um copo de água quente com sal. Ambas as crianças vomitaram na pia e foram então levadas para o hospital, mas os médicos disseram que tudo havia saído.

Algumas semanas depois disso, Cath e Jack, àquela altura seriamente preocupados com a segurança de Mary, escreveram para Betty e Billy, como já haviam feito duas vezes, e pediram que eles os deixassem ficar com Mary – "não adotar", eles deixaram claro, para tornar mais fácil para Betty, mas ficar com Mary até que ela terminasse a escola. Betty disse não.

Três meses depois, no verão de 1960, Betty e Mary estavam visitando a Sra. McC., em Glasgow. Como o apartamento dela ficava no terceiro andar e os banheiros, no primeiro nível, a família tinha o hábito de deixar as crianças fazerem xixi na pia, que ficava perto da janela.

Um dia, enquanto a mãe de Betty estava trabalhando como recepcionista em um hospital próximo, seu irmão, Philip, e sua irmã mais nova, Isa, estavam sentados no sofá a uns dois metros da pia. De repente, Philip viu Mary, que Betty estivera segurando de pernas abertas sobre a pia, caindo pela janela, que estava totalmente aberta. Ele atravessou a sala em disparada e de alguma maneira conseguiu agarrar a menina pelos tornozelos e puxá-la de volta para dentro: "Ele ficou sem trabalhar por três semanas depois disso, porque machucou as costas ao agarrá-la", contaram-me as irmãs dele mais tarde.

Mary tem uma vaga lembrança dos arranhões e esfolados em suas pernas e das vozes raivosas associadas a eles naquela ocasião. Ela também se lembra de parte do que aconteceu a seguir. A família de Betty havia ficado preocupada; Isa foi instruída pela mãe a não deixar que Betty e Mary saíssem de vista. Alguns dias depois do incidente da janela, Isa seguiu Betty enquanto esta levava Mary para uma agência de adoção. Uma mulher saiu da sala de entrevistas chorando e disse que não lhe dariam um bebê por causa da sua idade e porque ela estava emigrando para a Austrália. "Eu trouxe essa para ser adotada. Fique com ela", disse Betty, empurrando a garotinha para a estranha e indo embora em seguida.

Isa, que mais tarde me contou a história, seguiu a mulher e Mary e, após anotar o endereço para onde ela fora levada, correu até o hospital e contou à sua mãe. Elas correram para casa e a Sra. McC., ao que parece, falou com Betty que, se a menina não estivesse de volta em duas horas, ela contaria à polícia. Mary foi buscada, com alguns vestidos que a mulher já havia comprado para ela e permitira que ela levasse.

"É disso que me lembro", Mary disse. "Uma casa bonita e um monte de roupas novas, e Isa, eu acho, vindo e me levando embora. Por que eles fizeram isso?", ela me perguntou com voz de criança, como aconteceria várias vezes ao longo dos dias seguintes. "Por que não me deixaram com a senhora que queria uma filha?"

Mary de repente soou mais atenciosa.

"Essa seria uma oportunidade para ela também. Teria impedido, impedido o que quer que fosse. Ela não tem culpa", ela disse. "Você tem que dizer que ela não tem culpa. Eu não queria que ela parecesse meio 'Ah, que vagabunda, que horror', por que ela não era assim, não era."

Perguntei o que Mary achava que se passava com a mãe, e ela balançou a cabeça.

"Não sei. Simplesmente não sei."

O pior "acidente" de Mary aconteceu cerca de seis meses depois, quando ela tinha quase 4 anos. O registro no Hospital Geral de Newcastle declara: "Mary Flora Bell, Elswick Road, 28, Newcastle/Tyne, 6/3/61 a 9/3/61: sob os cuidados do Dr. Cooper".

Cath correu para Newcastle assim que um policial foi avisá-la (ela não tinha telefone) de que Mary estava no hospital. Quando chegou, Mary já havia passado por uma lavagem estomacal e voltado à consciência. Betty estava em pé do lado de fora da enfermaria. "Não acredite nela", ela implorou à irmã. "Está dizendo que eu dei os comprimidos para ela."

Dessa vez, aparentemente Mary havia engolido uma grande quantidade dos suplementos de ferro de sua mãe. Quando acordou, disse para o médico: "Minha mamãe me deu as bolinhas...", e ficou repetindo isso por 24 horas. E aqui houve uma testemunha, uma garotinha de 5 anos, a melhor amiga de Mary. Cath a encontrou na rua alguns dias depois, e a menina disse: "A mamãe de Mary deu as bolinhas para ela no quintal".

Depois desse incidente, Betty e a família trocaram palavras pouco amigáveis.

"Uma vez é acidente, até mesmo duas poderia ser", Cath se lembra de ter dito a ela, "mas três, e agora quatro vezes, é impossível".

Pouco depois, a Sra. McC. e as outras filhas receberam cartas de Betty – mais tarde, Cath me mostrou as que ela recebera – dizendo que não queria vê-los nunca mais. E eles não a viram por mais de um ano.

Em *The Case of Mary Bell,* do qual tirei a maioria das descrições que você acabou de ler, eu terminei essa seção sobre a infância de Mary dizendo que, embora a família não tivesse visto Betty durante um ano, de certa forma a preocupação deles teve o efeito desejado, pois esse acabou sendo o último dos acidentes domésticos de Mary. Mas eu estava terrivelmente enganada.

Não acho, por um minuto sequer, que qualquer membro da família de Betty sabia do terrível uso que ela estava fazendo de Mary a partir de determinado momento, logo depois que parou de ver a família. Durante os primeiros quatro anos da vida de Mary, independentemente do quanto seus familiares pudessem ter relutado em deixar que qualquer pessoa de fora da família soubesse dos sentimentos doentios de Betty em relação à criança, se eles tivessem a menor ideia do que estava para acontecer e continuaria acontecendo durante os quatro anos seguintes, tenho certeza de que eles teriam agido para salvá-la.

Mary se lembra tanto do hospital quanto de sua mãe lhe dando os comprimidos.

"Lembro que eu estava em um triciclo. Tenho certeza de que os comprimidos estavam em um tubo de confeitos de chocolate e eles não perderam a cor quando os coloquei na boca, como os de chocolate perdiam. Eu me lembro disso, e lembro que vomitei e me senti anestesiada. Me lembro de uma cama branca e de pessoas vestidas de branco em pé, em volta de mim. E de um dos médicos dizendo 'olhe para estes olhos'.

"Então lembro, não muito depois disso, que flagrei ela e o proprietário do imóvel onde morávamos: imagino que ela estava pagando o aluguel", ela disse com raiva. "Ela me bateu, e o proprietário tentou passar por mim e subir as calças ao mesmo tempo. Ela me agarrou pelo cabelo e me jogou na cozinha. Westmoreland Road, onde morávamos, tinha uma espécie de sala de estar onde meus pais e K. [a irmã mais nova dela] dormiam. Billy ficava a maior parte do tempo fora, e K. estava com minha tia Audrey. E aquele quarto era cheio de crucifixos e rosários dependurados – eles estavam por toda parte e, quando você estava na cama, encostavam em você. Tinha uma cozinha e um quarto nos fundos, que havia sido uma espécie de dispensa para guardar carvão, onde P. e eu dormíamos. Billy fez uma toca para o meu coelho. Tinha outros quartos na casa: Harry Bury, amigo de Billy, morava no andar de cima, e o irmão dele também tinha um quarto, e uma mulher chamada Frizzy, que tinha um bebê. Tudo estava bem quando meu pai estava lá. Mas, frequentemente, ele não estava."

A história parece ser toda uma única lembrança, contada de uma só vez, mas não foi assim de maneira alguma. Devo admitir que, a princípio, eu estava tão cética quanto aos detalhes de que ela se lembrava, e tão preocupada com a horrível natureza deles, que fiz com que ela me contasse três vezes ao longo dos meses.

A primeira vez foi duas semanas depois que começamos a conversar, em julho de 1996. A última foi no início de dezembro daquele ano. Em julho, ela demorou quatro dias para botar tudo para fora, às vezes com voz monótona, mas, com mais frequência, com profunda angústia. Seu rosto ia ficando mais e mais pálido, disparava a suar e, por fim, ela falava em meio a soluços de desespero, passando sua fala para o tempo presente, como já havia feito antes quando estava sob extrema pressão emocional.

Ela não se lembrava de quantos anos tinha, mas achava que 4 ou 5.

"Eu ainda não estava na escola", ela disse. Mary se lembra de que fizeram com que ela se sentasse na sala de estar e que havia um homem na cama com a mãe dela. "Pelo que lembro, o pênis desse homem era todo branco, isso é o que lembro, branco mesmo, e quando ele... É... *Você* sabe, a coisa sai, eu simplesmente não conseguia entender de onde saía, sabe, ou o que era." Ela franziu o nariz como se estivesse sentindo um cheiro nojento. "Tinha aquele cheiro, terrível, nojento... Era terrível, e aí eu estava na cama e aí... Eles vieram pra cima de mim."

À medida que ela respondia às minhas perguntas, uma lembrança se misturava à outra.

"Eu estava usando umas meiazinhas brancas e só uma blusa e, hum, uma fralda, uma coisa parecendo fralda... E minha mãe...", Mary suspirou profundamente (minhas anotações dizem: "soltando a respiração aos pouquinhos") e continuou. "Minha mãe me segurava, com uma mão puxando minha cabeça para trás, pelo cabelo, e a outra segurando meus braços atrás do meu corpo, meu pescoço para trás, e... E... Eles colocavam o pênis na minha boca e quando... Quando, sabe, eles... Ejaculavam, eu vomitava.

"Às vezes ela vendava meus olhos – ela chamava isso de 'brincar de cabra-cega'. Ela amarrava uma meia por cima dos meus olhos e me erguia e girava, rindo. E aí ela colocava uma coisa... Uma coisa de seda no meu rosto para... Para fazer minha boca ficar aberta e era tão terrível, com os rosários batendo em mim; eu me sentia muito mal, muito mal."

Ela me dissera que, quando o pai estava por lá, ela sempre se sentia segura. Então, perguntei, por que ela não contou a ele? Por que não pediu a ajuda dele?

"Eu tinha tanto medo, porque antes de acontecer, ou depois, ela *diz* que, se eu contasse qualquer coisa, ela me levaria para longe e me trancaria. Você sabe, te contei da guarita em Tyne Bridge? Era para lá que ela dizia que eu iria. E ela disse que ninguém acreditaria em mim. E, de qualquer jeito, acho que eu devo ter pensado que era minha culpa. Eu tinha feito algo de errado e estava sendo castigada. Eu... Eu..." Ela chorava e chorava. Foi um dos piores momentos do tempo que passamos juntas. "Eu me sentia tão... Tão suja."

Com que frequência isso acontecia?

"Não sei. Não com muita frequência, talvez, ou quem sabe algumas vezes. Sei lá."

O que fica claro é que tanto a imagem do pênis branco quanto o obsceno jogo de "cabra-cega" a que sua mãe a havia submetido tinham permanecido em sua memória inconsciente todo aquele tempo. Afinal, o "jogo" havia aparecido inesperadamente e sem contexto em uma visita de Mary, aos 14 anos, a um hospital psiquiátrico onde sua mãe estava presente. E, em 1983, ela havia falado com Pat Royston sobre memórias de pênis brancos e pessoas sendo espancadas, sem detalhar o resto do abuso.

Eu sabia que um exame médico antes de ela ser mandada a Red Bank havia mostrado que ela estava intacta. Perguntei a ela se os homens a haviam tocado, embaixo. Foi muito, muito difícil para ela encontrar palavras para responder.

"Sim, mas... Não quero dizer que... Não, acho que não colocavam o pênis lá, acho que não... Eu não... Quero dizer, me seguravam de barriga para baixo. Doía para diabos, doía... Doía mesmo, mesmo. Eu estava amordaçada, mas gritava 'está doendo, está doendo'. E ela dizia para mim suavemente 'não vai demorar, não vai doer por muito mais tempo'. Mas demorava. Eu ficava machucada. Quando eu ia no banheiro, estava machucada e tinha marcas, marcas de arranhão nas pernas e marcas onde eles enfiavam coisas em mim."

Coisas? Que tipo de coisas?

"Eram... Pareciam balas, tipo bala de espingarda, com uma coisa de metal, uma coisa que parecia supositório... Eles costumavam enfiar essas coisas em mim torcendo."

Onde?

"No meu... Bumbum... Em cima das pernas." Mary levantou a saia do longo vestido que estava usando e me mostrou umas curiosas cicatrizes arredondadas.

Perguntei se ela alguma vez se perguntou por que eles faziam isso. Ela balançou a cabeça.

"Talvez para me fazer chorar? Mas eu não chorava. Eu não iria chorar."

"Você está chorando agora; você está chorando aqui."

"Eu não chorava na hora", Mary repetiu.

Sua mãe lhe dava coisas depois?

"Sim, doces, e ela ficava simpática comigo e ria. Me lembro das vezes em que ela fazia isso, depois eu sentia que ela me amava. Eu ganhava um saco de batatas fritas e não apanhava. Me lembro dela muito linda, e não me xingava, e até mesmo me ensinava a tricotar. Mas aí, ela arrebentava os pontos do tricô e jogava as coisas em mim."

É de alguma relevância que, quando Pat Royston e eu conversamos, ela ainda não tinha lido meu primeiro livro.

"Mary mandou que eu não lesse", ela disse. "Então, não li. É assim que trabalhamos no serviço de Condicional: se eu tivesse lido, teria que contar a ela e poderia perder sua confiança. As lembranças de sua primeira infância", Pat disse, "pareciam inteiramente focadas em castigos, fossem surras, ser dada a estranhos, ser forçada a fazer outras coisas terríveis que ela não especificou, mas que pareciam ruins, tinham gosto ruim, cheiro ruim ou coisa assim. Todas essas terríveis recordações eram dominadas pela lembrança da mãe lhe dirigindo olhares cheios de ódio – da mãe olhando para ela com ódio. Ela me contou sobre essas surras constantes em casa, mas também das chicotadas, parece que na presença de homens que, ela se lembra, tinham pênis eretos. Foi um relato inacreditavelmente emocional. Me lembro de sentir que eu tinha que registrar tudo de uma vez, mas fiquei completamente exausta com o desespero dela. Me lembro de voltar para casa naquela noite, e meu companheiro, Martin, teve que me abraçar, de tão perturbada que eu estava".

Perguntei a Mary por quanto tempo esse terror continuou.

"Em Westmoreland Road", ela disse. "E também em outro quarto próximo, em Elswick Road, que acho que pertencia a uma amiga dela, Elsie. Acho que enquanto eu era pequena, pequena mesmo, 4, 5, 6 anos. Depois disso, ela ou Elsie me levavam para quartos onde viviam homens velhos e me deixavam lá."

E o que acontecia?

Ela deu de ombros. "Não muita coisa. Eles tocavam em mim. Eles se masturbavam. Eu não me importava."

Ela se importava, sim. E demonstrou isso de um jeito extraordinário quando tinha de 7 para 8 anos, ela acha.

"Te contei sobre o amigo de papai, Harry Bury, o homem que catava bugigangas na rua e morava no segundo andar da nossa casa em Westmoreland Road? Ele era fantástico. Me chamava de amuleto da sorte. Um dia subi até o quarto dele, e ele provavelmente tinha bebido e estava deitado dormindo de costas. Eu subi e comecei a mexer com a calça dele... Sabe, abri os botões ou o zíper ou sei lá o que e puxei para fora."

Puxou o pênis dele para fora? Por quê?

"Queria ver se ele era igual a todos os outros. E ele deu um pulo, ficou completamente enojado e disse: 'Que diabos você está fazendo...?'. Mas aí, quase de imediato, ele falou: 'Está tudo bem, tudo bem. Vamos tomar uma xícara de chá e dar comida ao gato'. Depois disso, me senti bem. Na vez seguinte em que surgiu o assunto, eu disse à minha mãe que não iria mais fazer aquilo..."

Em 1970, eu conversei brevemente com Harry Bury. Como ele achava que aquilo tinha acontecido – o que quer que tenha acontecido com Mary?

"Quando ela era muito pequena", ele disse depressa, "foi quando isso começou, parece..."

Uma decisão

1966 a 1968

Depois da experiência extraordinária de Mary – o "teste" que fez do caráter de Harry Bury –, ela disse que passou muito tempo andando atrás dele, ajudando-o a recolher trapos e quinquilharias, e de alguma maneira ineficaz Harry Bury provavelmente passou a se ver como o protetor da menina. Sem dúvida ele estava ciente da profissão de Betty – o fato de mulheres serem prostitutas e terem "especialidades" não era raro naquela parte da cidade –, mas tenho certeza de que ele não sabia como ela usava a filha.

Harry Bury, porém, não poderia proteger Mary da raiva que estava surgindo dentro dela e que, após a decisão de resistir à mãe, começou a se revelar em seu comportamento. Mesmo neste momento tardio, quando ela começou – de maneira inconsciente, mas deliberada – a se fazer visível, se alguém com bom senso ou compaixão tivesse se dado conta, as coisas terríveis que estavam prestes a ocorrer poderiam nunca ter acontecido.

É preciso imaginar o caos daquelas vidas. Betty e Billy; Betty e P., então com 6 anos e meio; Betty e Mary, de 8 anos; todos em relacionamentos mutuamente destrutivos, cada um buscando sua própria saída: a prostituição de Betty; Billy envolvido mais e mais em pequenos crimes, por várias vezes tendo problemas com a polícia; P., de 6 anos e meio, com suas estripulias, pelas quais apanhava da mãe de maneira cada vez mais severa; Mary começando a realizar sua vingança, usando os homens em vez de ser usada por eles: "Eu ganhava moedinhas para ver os caras velhos se masturbando".

Apenas um ano depois, quando eles se mudaram para Whitehouse Road, ela progrediria para provocar homens dentro de carros.

"Eu subia nas janelas e eles me chamavam para entrar. Eles se exibiam, alguns pediam para eu tocá-los e masturbá-los. Eu costumava odiá-los, ameaçá-los, apontava alguém e dizia 'aquele lá é meu tio, ele sabe que estou neste carro'." Àquela altura, obviamente, Betty havia mandado as crianças chamarem Billy Bell de "tio", para que ela pudesse pedir assistência social como mãe solteira.

"Eles me mandavam sair do carro", Mary continuou. "Mas eu ficava até eles ficarem assustados pra valer. Eles me faziam me sentir suja, mas eu continuava fazendo aquilo. Aí me ofereciam doces, e eu dizia: 'Você deve estar brincando'; eles me davam uma moeda, e eu ria, e lembro das marcas roxas nas minhas pernas, da sujeira e do esperma..."

Perguntei se sua mãe não sabia disso. Mary riu com deboche.

"Se ela soubesse, teria me pedido o dinheiro."

Você fazia isso com frequência?

"Fiz isso por cerca de um ano e meio", ela disse, agora parecendo cansada. "Acho que talvez só umas quatro ou cinco vezes."

Mas e quanto a Billy, seu pai? Você não poderia ter contado a ele?

"Ele os teria matado", ela respondeu de imediato, em seguida acrescentou com impaciência: "Mas já te disse, ele nunca estava lá quando ela estava; ela sempre estava lá quando não estava em Glasgow".

Após a mudança para Whitehouse Road, Betty começou a viver uma vida dupla. A nova casa, em uma rua muito melhor, logo em frente à casa de sua cunhada, dava-lhe respeitabilidade. A partir daí, ela transferiu seus "negócios" para Glasgow, desaparecendo por vários dias de uma vez. As duas garotas mais novas viviam então quase permanentemente com a tia Audrey, na sua casa impecável.

"Audrey era imaculada", Mary disse. "Eu tinha vergonha de ir para lá... Denise, a filha dela, estava sempre arrumadinha, de tranças no cabelo. Sempre achei que Audrey ficava incomodada achando que eu passaria piolho para Denise; [antes de nos mudarmos] a família toda costumava sair de Westmoreland Road e ir para lá tomar banho de banheira.

"P. e eu ficávamos sozinhos durante dias; pareciam semanas para mim", Mary disse. "P. ficava por todo lado da casa; tinha um monte de outras atividades. Ele era muito mais organizado do que eu. Sabia quando a padaria abria, e podíamos passar a mão em doces e pãezinhos e coisas assim – ele conseguia fazer as coisas sem confronto nem violência, entrava e saía rápido, ele era assim. Eu o segurava. Tinha que pagar para ficar com ele.

Ele me pagava para ir embora. Eu dizia: 'Te dou seis moedas para brincar comigo'; ele me dava seis moedas para não brincar comigo...

"Às vezes, quando ela [Betty] saía, meu pai vinha, mas não o contrário. E quando ele estava lá, Harry e ele traziam coisas para comer; ele cozinhava e comíamos juntos. Quando minha mãe estava lá, tinha tortas, pão com salsicha e peixe com batata frita que ela me mandava comprar. Ela nunca comia conosco e sempre tinha berros e surras. Ela machucava P. também. Era terrível com ele, ela o chamava de todo tipo de nomes, como 'babaca retardado' ou 'babaca idiota'. Ele a odiava."

Perguntei se a mãe alguma vez bateu nas garotinhas.

"Não, não bateu", Mary respondeu. "Não deixaríamos. Ela só batia em P. e em mim. Eu amava minhas irmãzinhas. Nunca a deixaríamos encostar nelas."

Billy alguma vez bateu em Mary? "Nunca", Mary respondeu com firmeza. "Ele não conseguia bater em nenhum de nós. Eu lembro um dia que minha mãe mandou que ele me desse uma surra. Ele me levou para o segundo andar e me mandou ficar pulando na cama, fazendo barulho como se estivesse me batendo, mas ele nunca bateu, nem em P. Nunca."

Apesar de estar "sempre fora", Betty sempre retornava para Scotswood. Era como se ela não conseguisse suportar se separar do objeto de seu amor e seu ódio. Talvez, sob a pressão da vida que ela criara, tenha se tornado mais violenta em relação às duas crianças e especialmente bruta em relação a Mary, por causa da revolta cada vez mais clara da filha contra ela.

"Era domingo e ela tinha saído ou viajado, então pensei em tomar banho", Mary disse. "Mas ela voltou quando eu estava na banheira. Eu tinha gastado toda a água quente; ela ficou enlouquecida e me fez encher a banheira de água fria e afundou minha cabeça na água e ficou segurando. Eu achei... Em algum lugar... Eu encontrei..."

"Forças?", perguntei a Mary, mas ela continuou, sem nexo, sem me ouvir.

"Talvez por causa da falta de oxigênio, eu prendi a respiração e coloquei minhas mãos para cima tentando agarrar algo; ela me bateu nas costas com alguma coisa e eu tentei pular para cima, mas ela me empurrou de volta para baixo. Mas aí eu consegui pular fora, coloquei meu pé em um buraco no chão, corri para fora e sentei, sem roupa, num degrau da escada que dava para o quintal. P. apareceu e entramos juntos, e ela foi para cima dele e para cima de mim também com uma corrente de prender cachorro. A polícia apareceu naquela noite. Nessa hora, eu estava vestindo um velho *baby-doll* marrom dela, rasgado e furado, mas ela disse que não era nada, e eles simplesmente foram embora..."

O ponto de ruptura

1968

Durante esse ano, Mary tornou-se a melhor amiga da vizinha da casa ao lado, Norma Bell. Mary estava se aproximando das semanas antecedentes ao primeiro incidente que a colocaria, junto com Norma, sob a atenção da polícia: o empurrão no pequeno John Best para baixo de um "aterro" próximo ao Delaval Arms.

Após os assassinatos, na histeria causada por eles, pessoas de Scotswood apareceram declarando ter visto Mary cometer todo tipo de atitudes violentas: estrangular um passarinho, matar um gato, colocar as mãos em volta do pescoço de um bebê – nada disso comprovado; tudo isso rejeitado no tribunal.

Tudo de que Mary se lembra é uma enorme carga de tensão dentro dela durante aquelas semanas. Sabemos, a partir do relato de vizinhos, que naquela ocasião ela chamou atenção de várias pessoas, que, porém, a ignoraram por considerarem seu comportamento como típico de sua má-criação.

Porém, esteja certa ou errada, ela passou a associar "o dia de Martin Brown", como ela o descreve, a uma briga específica com a mãe.

"Ela me mandou ir até a loja naquela manhã para comprar uma escova de vassoura. Quando cheguei, não sabia se era a ponta com a parte da escova ou uma vassoura [inteira], fiquei com medo demais para voltar e perguntar, e achei que era uma vassoura que ela queria. Então, voltei levando isso mas ela tirou o cabo que se encaixa na vassoura e me bateu com ele. Fugi para o andar de cima, para o quarto de P., para me esconder embaixo da cama, e ela ficou me cutucando com o cabo. Eu o agarrei e ela me puxou para fora, e eu ainda estava agarrada nele.

"E eu *diz*: 'Sua puta'; dei um soco na barriga dela, e ela me bateu e bateu enquanto eu descia as escadas em disparada; aí eu saí. Aquela foi a primeira vez que a enfrentei, a primeira vez que xinguei ou descontei uma pancada."

Contudo, Mary deve ter pensado que era seguro voltar na hora do jantar, porque, de acordo com a história contada à polícia tanto por ela mesma quanto por Norma Bell, após o jantar Betty mandou que ela fosse novamente à loja, dessa vez para comprar comida de cachorro e creme de ervilha. Mas aí suas recordações sobre aquele mês, aquele dia e tudo o que envolvia o que ela fez com Martin Brown são fragmentadas e confusas – não, acredito eu, porque ela estivesse mentindo nesta e em outras ocasiões quando tentava falar comigo sobre o que havia feito, mas porque o trauma estava inexplorado e não resolvido.

"Eu nem mesmo lembrava, até você me contar, que isso aconteceu na véspera do meu aniversário", ela disse com uma voz desanimada.

Nos anos que se passaram, ela apresentou diversas versões para a morte de Martin Brown. Em duas delas, em Red Bank e em Styal, quando tinha 14 e 18 anos, ela a descreveu como um acidente. Em outra, contada a Pat Royston em 1983, ela a descreveu como um ato cometido junto com Norma (que não estava presente). Em 1985, no rascunho para um livro que ela escrevia a pedido do ex-marido, ela disse que fizera apenas "na raiva".

Onze anos depois, com terrível dificuldade, ela me daria quatro diferentes versões, a última das quais eu decidi que provavelmente é o mais próximo da verdade que a memória dela consegue chegar. Venho citando trechos dessa versão em capítulos anteriores, mas devo agora apresentá-los em seu contexto. Cada um dos relatos seguintes foi intercalado por outras recordações – sobre Norma; sobre ver o caixão de um bebê em Westmoreland Road; sobre ter chorado até as lágrimas secarem ao ler o livro da mãe; sobre poema de Betty para o pai, *In memoriam*.

"Dá para acreditar?", Mary disse novamente, com o mesmo tom enojado de antes. "Um poema assim para o pai dela?"

No primeiro relato, Mary admitiu de imediato que estava sozinha. Ela fora para a casa abandonada em St. Margaret's Road, onde encontrou Martin Brown, que ela conhecia, brincando no quintal. Ele a havia seguido

Mary, que havia subido "como um macaco" pelas "vigas em cima de um quarto sem teto", mas mandara que ele não a seguisse.

"É irônico... Eu mandei que ele tivesse cuidado, mas ele veio assim mesmo, então segurei na sua mão e nós dois caímos."

A segunda versão foi um relato mais completo e, desta vez, ela estava em prantos.

"Martin já estava no quintal, mas pensei em brincar de morto..."

Um jogo?

"Não, não achei que fosse um jogo. Eu só pensei: 'Não estou machucando você de verdade. Vou deitar com você'. E deitei. Eu não o agarrei. Não houve gritos nem escândalo, senão todo mundo ouviria. Eu falei: 'Não vou machucar você, não de verdade'. E continuei: 'Vamos para o Céu...'. Eu mandei que ele colocasse as mãos no meu pescoço e coloquei as minhas no dele... Caímos das vigas. Não sei se ele caiu em cima de mim ou eu em cima dele... Tinha entulhos no chão, o tipo de coisa que você encontra em casas abandonadas... Já tinham agarrado meu pescoço várias vezes, minha mãe, alguns clientes dela. Quando minha mãe costumava puxar minha cabeça para trás, com o pescoço esticado, ela costumava dizer 'não vai doer...', e quando eu perdia a consciência e aí acordava eu ouvia quando ela ou eles diziam 'vai ficar tudo bem...'."

Perguntei se Mary alguma vez associou o que aconteceu a ela com o que ela fez com Martin naquele dia.

"Não até muito depois... Alguns anos... Alguns meses atrás."

Então por que ela não disse isso para Pat, por exemplo, ou mais tarde para mim?

"Eu nunca quis dizer isso. Nem mesmo hoje... Parece muito... Muito que..." Aguardei. Ela não conseguia, não iria dizer a palavra. "Nada pode justificar o que eu fiz", ela disse por fim. "Nada."

Na terceira descrição, quase idêntica à segunda, Mary citou seu companheiro, Jim, que lhe perguntou como ela sabia estrangular alguém, e a resposta foi que ela não sabia de verdade. Anos antes, ela supostamente teria dito a Norma que viu isso em um filme de James Bond.

"Mas eu sabia que ele estava inconsciente. Eu reconhecia aquele estado de a pessoa não se mexer, não querer mexer. Aí deitei ao lado dele e me cobri de tijolos."

De todas as fantasias e as associações que ouvi dela, essa foi uma das mais estranhas. Logo no início, primeiro em suas descrições dos abusos sexuais cometidos pela mãe, depois das mortes das duas crianças, eu perguntei a Mary o que ela havia lido sobre abuso sexual infantil, ou sobre assassinato de crianças. Ela me assegurou que não havia lido quase nada e que "nunca lia jornais". Eu soube desde muito cedo que isso não era verdade. Em Styal, uma grande quantidade de mulheres havia conversado com ela sobre Myra Hindley, inclusive a ex-freira, Tricia, que havia sido amiga íntima de Hindley, e todas elas teriam falado sobre os terríveis assassinatos de crianças que Brady e Hindley cometeram. Eu também sabia que Pat Royston, uma vez que se deu conta de que Betty Bell havia abusado sexualmente de Mary, havia emprestado a ela livros sobre abuso infantil, embora Pat tivesse certeza de que nenhum deles continha descrições como aquelas que Mary fez para nós duas. Como eu, ela achava que as recordações de Mary eram detalhadas demais, específicas demais e, até mesmo, estranhas demais para permitirem dúvidas. Contudo, nesse ponto Mary não havia contado a verdade sobre duas coisas, e isso era algo que eu tinha que discutir com ela.

Desde o início, eu havia notado que suas histórias sobre a morte de Martin, aquelas que ela contou para as outras pessoas e as primeiras versões que contou a mim, haviam sido inventadas em parte ou no todo. Era evidente que não se tratava de uma questão de exagero ou fantasia, mas de uma incapacidade de encarar a verdade. Essa descrição de "cobrir-se" de tijolos – também não verdadeira – parecia significar algo mais. Era possível, apesar da declaração dela de que nunca lia jornais, que isso tivesse sido acrescentado às imagens confusas em sua cabeça pelos relatos que diziam que os dois garotos que mataram James Bulger, em 1993, haviam coberto o corpo dele com tijolos, mas eu suspeitei que houvesse outros significados possíveis e relevantes para essa associação que eu não tinha treinamento para interpretar. Quando perguntei a Mary novamente, ela ainda disse que havia resistido a ler qualquer coisa sobre o assassinato de Bulger.

"Fiquei... Pareceu... Durante horas", ela continuou. "Por tanto tempo, não sei, eu poderia ter dormido, mas ninguém apareceu... Não me lembro de vozes."

Ela se lembrava de voltar a si? Perguntei.

"Não. Não. Só me lembro de estar do lado de fora. Não demorou muito para que tivesse muita comoção. Me lembro de pensar 'se eu tivesse ficado mais um pouco, eles teriam me achado... E Martin, e eu teria saído viva... E teria sido levada, e todos teriam entendido'."

Mas você sabia que *você* não estava morta de verdade. Você sabia que Martin estava morto?

"Morto, não, não morto de verdade; só inconsciente, como eu ficava... Eu não entendia o conceito de morte ser *para sempre*... Acho que para mim era 'você vai voltar à consciência a tempo para o chá'."

É extremamente difícil descrever a extensão da angústia de Mary durante os dez ou doze dias na primeira etapa de nossas conversas, na qual ela falou primeiro sobre o abuso que sofrera, depois sobre a morte dos dois garotinhos. Durante a primeira semana, quando ela ficou conosco em Londres, eu tinha certeza, a cada noite, de que ela não conseguiria continuar com aquilo na manhã seguinte. Na segunda semana, quando Mary já estava em casa e meu marido e eu nos hospedamos em um lugar próximo, eu duvidava a cada dia que ela fosse aparecer, porque não achava que Mary conseguiria se submeter àquilo outra vez. Embora soubesse que muito do que ela dizia era fantasia e evasão, eu havia cuidadosamente limitado minhas expressões de dúvida e formulado perguntas da maneira menos agressiva possível. Ainda assim, cerca de cinco meses depois, quando nos aproximávamos do fim de nossas conversas, fazer com que ela encarasse a realidade da morte de Martin tornara-se inevitável.

Falei com Mary que pensava haver alguma verdade em tudo o que ela havia dito sobre o assunto, mas as evidências apresentadas no julgamento demonstravam que a maior parte do que ela afirmara não poderia ter acontecido. Eu disse que ela não conseguia se lembrar daquilo como de fato aconteceu, mas que era importante tentar. Ela precisava fazer mais um esforço, um último esforço para contar com sinceridade. No fim das contas, eu disse a ela, somente a verdade serviria ao propósito deste livro: que era, por um lado, contar sua história do modo mais completo possível e, por outro, utilizar o que acontecera com ela, e as reações dos outros, como um exemplo e uma advertência.

"Não sei como fazer isso", ela disse. "Não sei se consigo."

Eu já sabia disso, é claro, havia meses. E, ao tentar fazer com que Mary encarasse sua lembrança mais difícil e contasse a verdade, eu havia discutido se deveria ou não continuar tentando com as poucas pessoas que sabiam sobre o livro, entre elas dois amigos psiquiatras, a Dra. Virginia Wilking, nos Estados Unidos, e o professor Dan Bar-On, em Israel. A Dra. Wilking, que trabalhava no Harlem havia anos, com crianças tão severamente traumatizadas quanto Mary, aconselhou-me a desistir de qualquer esforço: estava preocupada com a intensidade contínua daquelas sessões, que normalmente, sob as condições de um tratamento terapêutico, teriam provavelmente se estendido ao longo de anos.

O professor Bar-On não concordava: "A principal razão [para continuar] é que ela precisa urgentemente falar sobre isso".

Assim, algumas semanas antes do Natal, falei com Mary que a perguntaria mais uma vez sobre o dia em que matou Martin Brown e que ela deveria se concentrar como nunca. Eu havia desligado o telefone, a janela estava fechada e as cortinas, meio puxadas – não para tornar a atmosfera excessivamente dramática, mas para enfatizar para ela, que achava se concentrar muito difícil, a necessidade de buscar por esse dia no fundo de sua memória e relatar o que havia acontecido o mais detalhadamente possível em uma sequência de acontecimentos.

Mary sentou-se com os olhos cerrados e as mãos fechadas no colo, e, novamente, tudo veio muito devagar, com longas pausas entre as palavras e com choro. E mais uma vez, à medida que as frases se embaralhavam, ela mudou para frases no tempo presente.

Como dissera antes, você estava no quintal da casa abandonada.

"Martin está lá. Eu subo lá dentro para olhar o primeiro andar, e ele me segue." Mary parou. Eu a incentivei. "Eu *diz*: 'Vai para casa'. Ele não vai... Ele não vai... Eu pego a mão dele e o puxo na minha direção para cima das escadas... Escadas quebradas... Ele está chorando. 'Não quero', ele diz, 'quero descer... Descer... Descer...' Ele para em um degrau meio quebrado, que balança." Em seguida, ela disse asperamente: "Pare de chorar!".

Eu a interrompi.

"Mary", eu disse, "isso não está acontecendo agora, você apenas está vendo isso na sua cabeça".

Ela parou por um longo tempo e pensei que talvez isso fosse tudo o que ela diria. Mas, então, mantendo os olhos fechados, Mary balançou a cabeça duas vezes e falou de novo, dessa vez no passado.

"Ele não parava de chorar..." Então, ela se deteve novamente. "Quando chegamos ao alto... O choro dele tinha virado soluços... O nariz dele estava escorrendo. 'Quero descer', ele disse. Não sei por que o levei para cima. Eu disse: 'Tudo bem, vou te descer'... Mas eu não consigo carregá-lo... Eu sabia que não conseguiria descê-lo por aquela escada quebrada. Havia um buraco onde tinha sido o assoalho do segundo andar, o teto do quarto de baixo, um buraco pequeno, mas grande o suficiente. Eu disse a ele: 'Está vendo aquele buraco?'. Então, ele parou de chorar. 'Vou te descer por aquele buraco; segure a minha mão, não vou deixar você cair.' E fiz isso. Deitei de barriga para baixo, segurei a mão dele e o passei pelo buraco até não conseguir esticar mais meu braço, e aí ele se soltou. Mas não era alto. Ele caiu, mas não se machucou. E eu desci as escadas correndo..."

Sua concentração se dissipou.

"Ele podia ter fugido de mim nessa hora", ela disse em uma voz bem mais alta, soando defensiva pela primeira vez. "Também havia uma abertura onde tinha sido uma janela; ele poderia ter gritado... Chamado alguém, mas não fez isso, não fez. Ele não estava com medo de mim."

Perguntei o que aconteceu em seguida e disse a ela para fechar os olhos de novo. Mary recomeçou, a tensão aparecia em seu rosto.

"Ele está no quarto, perto da janela, em pé com as costas contra a parede. Não sei como ele chegou lá."

Ele está chorando?

"Não, não. Estou ajoelhada na frente dele. Acho que estou ajoelhada em cima de um tijolo. Eu digo..." Mary começou a chorar. "'Coloque as mãos em volta do meu pescoço', e ele coloca e... Eu coloco minhas mãos em volta do pescoço dele [as mãos dela estão abertas sobre o colo] e aperto, aperto, aperto..."

Mary havia se inclinado para a frente até que estivesse quase toda dobrada sobre a própria cintura, o rosto afundado nos joelhos, o corpo tremendo.

Perguntei se ela sabia por que fizera aquilo. Ela estava com raiva? Ela podia tentar me contar o que sentiu quando apertou o pescoço de Martin?

"Com raiva?" A voz de Mary estava abafada enquanto ela falava com o rosto sobre as pernas. "Não estou com raiva. Isso não é um sentimento... É um vazio que vem... Acontece... Abre... É um abismo... Está além da raiva, além da dor, é como um tecido de algodão preto..." Ela parou; o choro também havia parado.

É alguma espécie de empolgação?

"Não, não, não é. São como sentimentos sendo drenados."

Existe uma compulsão?

"É como uma lâmpada sendo apagada sem que você soubesse que ela estava acesa. É como um trem atrás de você. E você tem que andar, você tem que continuar andando, mas não tem barulho, nem mesmo o das batidas do seu coração... Às vezes, se você está assustada, como eu estava antes, você sente seu coração bater muito forte, mas nem mesmo isso... Águas turvas...", ela disse, de forma incompreensível. Ela estava sentada de novo, inclinada para trás novamente. Sua voz ficou monótona. "Te falei sobre quando eu pulei numa piscina e quase me afoguei, mas era diferente agora, porque daquela vez tinha luz – me lembro de olhar para cima e conseguir ver luz [e] por eu não saber que estava me afogando não senti apreensão nem medo. Embora fosse diferente com Martin, era de alguma maneira a mesma coisa, mas eu só posso igualar os dois até determinado ponto, porque não tinha luz nenhuma, nenhum impulso físico, nenhuma sensação..." Ela fez uma pausa.

Não havia nenhum sentimento do tipo "eu tenho que parar"?

"Não", ela disse. "Existe um ponto em que aquele caminhar na frente do trem fica mais sufocante na sua cabeça."

O que é que sufoca?

"Estou tentando... Tentando..." Às vezes eu sentia como se ela estivesse dizendo "Estou tentando por você". "Mas é um tecido de algodão preto, é preciso atravessá-lo... A pessoa morreria [se não atravessasse]... Estou dizendo isso agora. Agora que estou... Olhando para trás, sabe, sinto um traço de pânico dentro de mim que não estava lá, mas que, como adulta, eu consigo imaginar que estivesse."

"Você acha agora que deve ter tido pânico", eu disse. Mas o que *havia* de fato? O que você sentia?

"Silêncio", ela disse. "Tudo estava muito silencioso, muito quieto. Eu não tinha consciência de barulho em lugar nenhum, dentro da minha cabeça, fora, nem de ninguém. Martin... Ele... Tudo estava... Muito quieto." Ela parou.

Mary ficou imóvel pelo que pareceu um longo tempo antes de olhar para cima, seus olhos agora me vendo, não – como ela havia dito antes – olhando para o passado como se olha através de uma cortina.

"Em Styal, o Dr. Geoffrey me disse que eu jamais entenderia até que eu tivesse filhos, e ele estava certo. Eu não entendia, mas agora entendo." Agora, a voz dela soava cansada, mas clara, de um modo inusitado. "Eu não queria... Não pretendia machucar Martin; por que iria querer? Ele era apenas um menino pequeno que pertencia a uma família ali perto..."

Desde o início de nossas conversas sobre as duas mortes, houve uma grande diferença no modo como ela falava sobre a morte de Martin e sobre a de Brian, e levaria muito tempo até que eu compreendesse o motivo.

A partir do momento em que ela foi presa em diante, durante o julgamento, sua detenção, e nos quinze anos que se seguiram – 28 anos ao todo –, ela havia negado ter matado Martin Brown, mas havia admitido primeiro um papel passivo na morte de Brian Howe e, depois, o menor e mais inofensivo ato de tê-lo coberto de flores. O motivo, que agora pareço compreender, é que matar Martin foi sua própria decisão, ou necessidade. Ela estava sozinha quando sentiu aquilo, sozinha quando fez aquilo e, desde aquele momento, tem estado sozinha quanto a ter feito. Embora Mary tivesse escondido isso de si mesma, do mesmo modo como escondeu a lembrança daquele terrível abuso, em algum lugar dentro de si, a criança em crescimento sabia que havia feito algo terrivelmente errado e que somente uma pessoa poderia explicar para ela o que e o porquê, e essa pessoa era sua mãe.

Mary havia tentado uma vez, em Red Bank. E foi impedida com tal veemência – "Jamais fale sobre isso com ninguém" – que isso a havia impedido de perguntar de novo.

Matar Brian foi diferente em vários sentidos. Não apenas, ou não tanto, porque ela não estava sozinha – qualquer que tenha sido o papel que Norma possa ou não ter desempenhado, ela estava *presente*. O principal motivo é que, apesar de ela não ter tido um desejo ou uma necessidade consciente de matar Martin Brown, e, mais que isso, de deixar sua "marca" nele, nove semanas depois – seja porque ninguém havia prestado atenção, seja porque ninguém havia entendido – houve uma urgência de mostrar o que ela havia feito.

Chamei a atenção de Mary por diversas vezes para o fato de que, no caso de Brian, ela não podia mais se convencer de que a morte não significava para sempre. Era uma questão que coloquei para ela repetidas vezes: se ela entendia que havia assassinado Martin Brown, por que continuou com Brian Howe? Tive que concluir que ela não iria nem conseguiria responder.

Suas descrições da morte de Brian, tanto no julgamento quanto para mim, foram quase todas sobre Norma. Mary afirma que não sente raiva ou mesmo amargura em relação a ela, mas isso não é verdade, nem se pode esperar que seja. Independentemente do que a jovem garota fez ou não fez naquele dia de julho de 1968, sua própria presença servia como encorajamento e confirmação de um propósito para Mary.

Eu disse a Mary que sabia que ela tentou negar aquilo, mas sempre tive certeza de que naquele momento, também, Mary foi mais forte e, portanto, certamente desempenhou um papel na morte de Brian. E isso não levava em conta o quanto eu condenava o que o tribunal fez em relação a Norma.

"Sim, aceito isso", Mary disse. "Apesar de que quando alguém é o mais forte e o outro, o mais fraco, o mais fraco torna o outro mais forte por ser fraco..."

É possível que nunca saibamos exatamente o que aconteceu naquela tarde de verão, exceto por duas coisas que Mary me contou por fim. Foi logo após ela ter descrito o que eu acreditava ser inteiramente verdade – como Norma, vendo a criança deitada lá, havia começado a gritar: "Toquei o rosto dele [ela tocou o próprio rosto enquanto falava], os olhos dele não estavam abertos, ele não se levantava. Então, usei minha mão e fechei o pescoço dele".

Então, de fato, foi você quem o matou?

Mary não respondeu. Ela havia dito e não iria, não conseguiria, dizer novamente.

"E aí", ela disse, "Norma começou a rir histericamente... E tinha aquelas ervas daninhas e aquelas flores compridas... Eu cobri Brian todo com as ervas..."

Em seguida, Mary contou como elas voltaram mais tarde, com uma lâmina e uma tesoura. Em seus depoimentos, Norma havia dito uma coisa e Mary, outra; e provavelmente nunca saberemos quem cortou o cabelo do pequeno Brian, ou quem desenhou a letra N alterada para M na pele da sua barriga.

Então, você teria cortado o cabelo dele?

"Sim, e..."

Isso foi depois que vocês voltaram?

"Sim... E... Para cortar, tentar, tentar cortar... Cortar o pênis dele."

Assustada, eu perguntei: quem queria cortar o pênis dele? Norma ou você?

"Eu."

Mas isso não aconteceu, aconteceu?

"Não, não tive sucesso."

Perguntei se ela pensava alguma coisa sobre aquilo.

"Como adulta, penso, sim", ela disse. "Posso ver todos os motivos, todos os indicadores, todos os... Os... Tudo, sabe, sim, o que aconteceu comigo e blá, blá, blá. Mas talvez fosse apenas... Acho que foi apenas porque... Não foi como um troféu. Foi... Eu consigo falar *agora,* mas não naquela época, consigo usar as palavras que eu não conhecia então: uma espécie de castração simbólica, como tirar o órgão agressor."

Então, algumas semanas depois, quando pedi que Mary me contasse novamente o que aconteceu com Brian, como eu havia perguntado sobre Martin, ela contou toda a história exatamente como havia feito antes – no julgamento e, depois, para mim – acrescentando, como fez em nossa primeira conversa sobre isso alguns meses antes, que foi ela quem "fechou o pescoço dele". Mas não mencionou a tesoura.

Pontuei que, quando ela me contara sobre isso antes, ela disse que tentou cortar o pênis dele.

"Não disse isso."

Disse, sim.

"Não, não, não, ela... Eu... A lâmina e as marcas na barriga dele e minhas iniciais, você sabe..."

Mas você dissera que foi Norma quem fez isso...

"Sim, sim, sim, sim."

Relatei que, em seguida, eu perguntara sobre o que ela fez com a tesoura e, depois de longa hesitação, ela dissera: "Tentei cortar o pênis dele, mas não tive sucesso". Ela se lembrava disso?

"Não", ela disse. "Não, não lembro, não lembro, não lembro."

"Vou te mostrar", eu disse.

"Quando, quando eu disse isso?"

"Há algumas semanas; está na fita. Deve ter acontecido, senão você não teria dito isso."

E pouco depois – após um cigarro – ela disse: "Não, está certo, eu não teria inventado, Deus, não. Eu devo ter feito isso...".

"Você estava muito nervosa."

"Quero dizer, lembrar... Sentar aqui e dizer, sim, eu disse isso. Estou tão chocada por esquecer de ter dito algo tão repugnante quanto isso, tão repugnante para *mim*."

Mas, eu pontuei, repugnante como é, em conexão com o que havia acontecido com ela anos antes, isso era na verdade uma explicação para seu estado de espírito.

Ainda em óbvio estado de choque, ela perguntou se poderia telefonar para Jim, seu companheiro. "Ele sabe de tudo. Se eu disse isso, ele saberá."

Após uma longa conversa ao telefone com Jim, ela voltou, parecendo exausta. E com a voz quase sem entonação, ela disse: "Sim. Ele está dizendo que está certo. Eu disse".

PARTE 6

O começo de um futuro: 1984 a 1996

Passos hesitantes

1984 a 1996

Não acho que, na visão de Mary, os primeiros onze anos da infância de sua filha tenham sido determinados por seu desejo inconsciente de manter a maior distância possível entre a menina e a mãe de Mary. Mas o fato é que, no período entre pouco depois de sair da prisão e a gravidez, nem ela nem Betty conseguiam resistir a uma carência recíproca. Até o verão de 1985, por quase dois anos, nem Mary havia visto Betty, nem esta havia visto o bebê.

"Não queria que ela [a criança] sentisse a influência dela [Betty]", Mary explicou.

Em 1985, Mary fizera uma histerectomia devido a uma suspeita de câncer. Três semanas depois, segundo Pat Royston me contou, havia retornado ao hospital com uma infecção.

"Foi no dia em que Mary voltou", Pat disse, "que Betty apareceu de repente na casa deles, extraordinariamente vestida em calças de cetim roxas. Extraordinariamente", ela acrescentou, "por que era o tipo de coisa que ela vestia anos atrás, mas nenhum de nós a tinha visto assim desde que ela passou a viver respeitavelmente com George".

"Eu estava sentada segurando o bebê", Mary disse. "Não conseguia acreditar que ela [minha mãe] tinha vindo assim, sem ser convidada. Quero dizer, aquela era *minha* casa; eu não a queria lá. Nem mesmo queria que ela me visse com o bebê, então não disse nada, apenas escondi meu rosto no cabelo do bebê. Pat disse para a minha mãe 'O que você acha de sua neta? Não é linda?'. 'Não tenho que falar com você', minha mãe respondeu e saiu."

Mary não deu o bebê para ela segurar?

"Deus me livre!", ela respondeu com um tom sincero, mas, agora, quase com ironia em vez de raiva.

Foi também nessa época que o casamento de Mary mostrou suas primeiras fraquezas. Rob, ela me disse, e Pat confirmou, era jovem demais para entender os efeitos físicos e emocionais de uma histerectomia em uma jovem mulher.

"Eu fiquei sabendo que ele estava fazendo piadas sobre mim para os amigos dele... Falou com todo mundo que eu fiquei frígida."

Ele fez mais do que isso, porém. Começou a existir pela fama de Mary. "Como minha mãe sempre fez, mesmo", ela disse. Ele começou a falar cada vez mais sobre o passado dela, não apenas com amigos, mas também com estranhos.

"Quando nos tornamos amigos, cometi o erro fatal de contar a ele sobre a oferta de um cheque em branco pela minha história feita por uma revista estrangeira, e agora percebo que isso ficou na cabeça dele desde aquele instante. Quando largou o emprego, ele disse que queria passar mais tempo com o bebê, e fez isso – era verdade, ele amava o bebê –, mas tinha também outros planos".

Em algum momento no final daquele ano, Mary, incentivada por Rob, ficou uma semana (72 horas seguidas, ela me disse) passando parte de sua história para o papel – nada sobre sua infância, nada sobre sua mãe, uma repetição de seus depoimentos sobre os crimes no tribunal, e muita coisa sobre seus anos de detenção.

"Era fácil escrever a verdade sobre a prisão", ela disse, e deu de ombros. "Mas o restante era, em sua maioria, mentiras." Mary deu de ombros novamente. "Sensacionalismo: era o que eu sentia que as pessoas queriam."

Levaria muitos anos até que ela desenvolvesse juízo moral suficiente para entender que "sensacionalismo" era exatamente o que as pessoas rejeitariam se viesse dela, conforme demonstrou a agência que concordou em trabalhar seu manuscrito quando estipulou que cinquenta por cento do que o tal livro arrecadasse seria dado à Associação Nacional para a Prevenção da Crueldade contra Crianças.

"Achei que isso era pura hipocrisia. Era bajulação, mau gosto; seria como se eu estivesse dizendo 'por favor, gostem de mim, *sou* uma boa pessoa porque estou dando dinheiro para a caridade, para crianças, ainda por cima'. Era nojento. E eu não achava que, para pessoas decentes, aquilo me faria uma boa pessoa, nem provaria que eu era. Então, mandei eles se danarem."

Cerca de um ano depois, quando o casamento de Mary estava quase se acabando, George foi visitá-la e lhe disse que havia deixado Betty.

"Ele disse que ela tinha descontado todas as suas tristezas, suas mentiras e suas culpas nele durante 21 anos, mas ele não conseguiria mais suportar aquilo. Ele disse que garantiria que ela sempre estivesse bem em termos financeiros e, quanto a mim, sempre seria meu amigo, mas isso era tudo.

"Bem, fiquei com pena dela. Corri para lá, e ela estava sentada como um pato à beira da morte, e me implorou para trazê-lo de volta. Mas isso era impossível. Ele tinha encontrado outra pessoa muito boa e eu sabia que aquela seria a vida dele dali em diante."

Mas a vida de Mary também estava prestes a mudar. Durante vários meses, enquanto Rob estava cada vez mais "na gandaia", como ela diz, Mary havia conhecido um rapaz chamado Jim, em uma boate aonde ia com amigas de vez em quando, e de quem gostou.

"Eu não pensava nele seriamente", ela disse. "Mas como o relacionamento que eu vivia estava muito, muito abalado, eu ficava criando fantasias. Mas nunca sonhei que ele – Jim – estava pensando em mim do mesmo jeito. Nunca teria ousado..."

Eles se tornaram amigos e foi a Jim que ela recorreu quando, alguns meses depois, no começo de maio de 1988, uma briga mais séria (sobre Rob sair por aí falando de Mary como se ela fosse "algum tipo de aberração") pôs um fim no casamento.

"Entenda, eu *tinha* que sair dali", Mary explicou. "Durante doze anos, tinham repetido para mim que eu tinha que me controlar, e eu me controlei: não apenas aprendi isso, eu sentia isso. Mas naquela noite, quando uma amiga me contou o que Rob vinha falando sobre mim, esse controle se rompeu. Eu bati nele, dei socos, e aí me detive e saí correndo... Sabia que ele amava [a criança, que estava então com 4 anos] e era mais do que capaz de tomar conta dela durante uma noite. Eu *tinha* que sair."

"Eu vinha acompanhando aquele relacionamento havia quatro anos", Pat Royston disse, "e tinha me dado conta desde muito cedo de que Rob era imaturo demais. É claro que Mary é uma pessoa muito complexa, e ele não conseguiu lidar com isso. Em sua frustração, várias vezes ele havia sido violento com Mary, que tinha aceitado aquilo. Mas quando foi demais para ela, Mary se viu respondendo violentamente contra ele e, penso que de maneira muito correta, afastou-se ao perceber que estava perdendo o controle".

No dia seguinte, houve uma reunião no escritório do Serviço de Condicional e Pat levou a criança para Mary. Quatro dias depois, Jim, Mary e a garotinha se mudaram para o Sul. Era a intenção deles se estabelecerem lá, e Jim logo encontrou um emprego para trabalhar com instrumentos de precisão. Mas apenas seis meses depois, ele saiu de lá em protesto à demissão de um colega de trabalho. Jim estava convencido de que o colega fora demitido só porque era negro.

"Jim simplesmente não aceita isso", Mary disse, "mas não tínhamos dinheiro guardado, então tivemos que voltar para onde ele podia contar com os pais e eu podia contar com Pat...".

Pat havia trabalhado durante anos para reerguer a frágil autoestima de Mary e auxiliar nas emergências. "Mas a próxima foi verdadeiramente catastrófica", ela disse.

Os três haviam se estabelecido em uma pequena vila. "Onde quer que Mary (ou qualquer detento de prisão perpétua em liberdade) vá viver", contou Pat, "a agente de condicional dela tem que informar o Chefe de Polícia da região; e ele, por sua vez, deve contar à polícia local. Nessa circunstância, um policial na vila, ao saber quem era ela, contou à esposa".

Junto com outros moradores da vila, ela preparou uma petição e logo as pessoas estavam fazendo uma manifestação na rua com faixas: "Fora, assassina".

"Claro que tive que mudá-los de imediato", Pat disse. "Mary estava angustiada, completamente angustiada. Ela tinha dado graças a Deus que a criança ainda não soubesse ler, mas como poderia viver colocando-a sob esse risco? Era terrível. E disseram que queriam voltar para o Sul e nunca mais voltar para o Nordeste. Bem, achei que essa era uma reação legítima. Então, nós os ajudamos a se mudarem para uma área no sul da Inglaterra, em que ela poderia ter a ajuda de uma agente experiente."

Samantha Connolly, que se tornou a agente de condicional de Mary a partir de outubro de 1988, é uma das pessoas mais calorosas e atraentes que eu vim a conhecer enquanto trabalhei com Mary. Agora aposentada, ela trabalhou no Serviço de Condicional durante trinta anos e, com exceção de Pat Royston, tornou-se a mais sábia conselheira de Mary.

"Conheci Mary num dia de final de outono, no início da tarde", ela relembrou. "Eles haviam conseguido se estabelecer muito rapidamente em uma fazenda, onde os proprietários deram a eles uma casinha muito boa sem cobrar aluguel em troca da ajuda de Mary no casarão por doze horas semanais e de um dia inteiro de trabalho de Jim no campo. Durante o resto da semana, ele arranjou um emprego como carpinteiro que adorava e trabalhava duro."

Sam ficou impressionada com a recepção que a pequena família fez para ela.

"Mary foi muito amável, muito educada, quando telefonei para ela", a agente disse, "e tinha preparado a mesa para o chá quando eu cheguei. Não é com isso que estou acostumada ao visitar meus clientes". Ela riu. "Normalmente há uma xícara de café ou chá, mas não é com um pequeno banquete cuidadosamente preparado que eles costumam receber as pessoas. Você sabe, ela não estava fingindo para mim nem nada; era uma moça feliz com o lar e era tímida e calorosa... Tudo muito inesperado. Eu fiquei impressionada também com a delicadeza deles: a criança não estava lá quando cheguei – tinha sido levada para brincar com novos amigos; e Jim pediu licença após uma xícara de chá, dizendo que iria buscá-la, mas era claramente porque se deu conta de que eu queria falar com Mary sozinha.

"Pat, é claro, havia me informado até certo ponto, e eu havia lido cuidadosamente o arquivo que ela me mandou. Aprendi muito com Pat, mas muito pouco com a parte do arquivo anterior à liberdade de Mary, que afinal deveria cobrir 23 anos da sua vida. Fiquei surpresa.

"Mas estava claro, pelo que Pat havia me contado, que Mary havia conversado com ela sobre sua infância, e decidi não tocar no passado a não ser que houvesse uma iniciativa dela própria. Me parecia que minha função era ficar de olho em como as coisas estavam caminhando, com os empregos deles, com o relacionamento e, é claro, em relação à criança..." Durante os cinco anos seguintes, Sam não apenas supervisionaria e aconselharia Mary, mas também (como Pat fizera desde o início) ficaria de olho na criança, que permanecia protegida pela Justiça.

Sam tem tanto um senso de humor quanto um olhar crítico em relação ao que está atrás da fachada que as pessoas frequentemente constroem, e passou a simpatizar consideravelmente com Jim.

"Desde o começo, senti uma espécie de força interior nele que, como vim a entender, era absolutamente crucial para Mary", ela disse. "Observei também garotinha deles durante cinco anos; não sei como Mary faz isso, mas ela é uma criança inteiramente segura e feliz.

"De alguma forma", Sam disse, ecoando meus próprios sentimentos, "Mary tornou-se duas pessoas para o seu próprio bem. Há a Mary consistente, capaz daquilo que posso traduzir como uma disciplina suave e excelente para a criança, e princípios claros mesclados a muita alegria. E existe a outra Mary, cuja mente caminha desordenadamente sobre inúmeras coisas, incapaz de se agarrar a um mesmo assunto por mais de um instante, especialmente quando está deprimida; sua depressão é sempre em relação à própria culpa. Ao falar com ela, você não conseguiria tocar no assunto que ela própria introduziu antes que ele desaparecesse em um rebuliço de outros pensamentos e outras ideias. E se você quisesse voltar a ele em outro dia, *aquela* Mary não conseguiria fazer isso. Mas a outra Mary – a mãe da garotinha – era totalmente consistente não apenas no que fazia, mas também nos pensamentos e nas ideias que ela comunicava à criança".

Sam achava que não poderíamos sequer começar a entender como Mary aprendera a ser mãe de uma criança, dado seu modelo familiar, além do fato de que a fase final de sua infância, sua adolescência e sua fase de jovem adulta foram totalmente institucionalizadas.

"Observei-a durante anos", disse Sam. "Era meu trabalho, mas era também um prazer. Era extremamente interessante para mim o modo como ela, que não consegue se ater a nada nem por um instante – empregos, cursos, mesmo ideias –, era capaz de criar várias oportunidades para a criança. É quase como se ela pudesse transferir – se você quiser chamar assim – aquela habilidade enterrada em si mesma para a criança. Ela é muito, muito capaz de amar. Muito delicada, mas sem exageros; não satisfaz as próprias necessidades. É uma mistura de dar à criança muita liberdade para fazer as coisas por conta própria e com amigos e, por outro lado, conter esse lado muito protetor. Quando ela foi para a escola, Jim ou Mary sempre a levavam e buscavam. E eles faziam muitas coisas com ela: esporte, jogos, andar de bicicleta quando ela já tinha aprendido... Mas com tudo isso, Mary impunha muita disciplina – hora de dormir era hora de dormir. Se ela saísse para brincar, tinha lugares aonde ela não poderia ir. Se ela quisesse ir além de uma distância estabelecida, tinha que pedir e, se Mary dissesse que não e a criança ficasse emburrada dizendo 'você é uma mãe terrível', como as crianças fazem, Mary parecia conseguir aceitar aquilo com o tipo de tranquilidade que ajuda a criança a superar seu mau humor. Se a criança fizesse uma pergunta, a mãe dava uma resposta, não fugia do assunto. Sabe, no que diz respeito à filha, Mary pensa apenas de forma saudável. Lembro-me da segunda vez que a visitei; eu estava tomando chá com ela e, de repente, a garotinha disse: 'Tenho dois pais, não tenho?'. E Mary a abraçou e disse: 'Sim, você não é sortuda?'."

Tendo dito isso, Sam explicou que não queria me passar uma falsa impressão. Mary, embora fosse uma das "clientes" mais interessantes que ela teve, era também uma das mais difíceis e exaustivas.

"Depois de algum tempo, Mary conversou comigo sobre seu passado", ela disse. "Muitas vezes, só em algumas pinceladas. Acredito que as pessoas só conseguem lidar com um pouco de cada vez. Eu só reagia ao que ela me dizia. Houve muitos momentos bons, mas os ruins conseguiam ser ruins mesmo, muito intensos. Me lembro de dias em que, ao voltar para casa, eu tinha que me deitar de tão exausta que estava com aquilo, e várias vezes pensava 'Como Jim aguenta isso?', porque é claro que tudo devia cair em cima dele."

Sam não achava que Mary era o que ela chamava de uma pessoa "chorona".

"Ela só chorava quando estava muito para baixo, quando seus sentimentos de culpa a sobrecarregavam. Mas aí podiam vir tempestades de soluços incontroláveis. Você sabe, não tem como tirar a culpa dela. Está lá. É um fato. E, basicamente, tem que estar. A questão é: como se pode ajudar alguém a viver com isso?"

Sam achou a responsabilidade de supervisionar Mary particularmente solitária.

"Nossos departamentos são muito pequenos. Todo mundo lida com muitos casos e, ainda que a maioria dos clientes não seja tão complexa ou não envolva tantos riscos quanto esse pesadelo de publicidade como Mary, eles ainda são difíceis. [No caso de Mary] antes de tudo tinha a identidade secreta dela, com a qual já havia ocorrido aquele problema terrível no Norte; depois havia sua grande evidência, e a minha responsabilidade de manter a criança segura, longe disso tudo. E quando você está lidando com um ser humano com uma dor terrível dessas, você se preocupa muito se, mesmo com tudo o que aprendeu, você sabe o suficiente. Quando ocorre uma crise, você não pode trocar ideias com ninguém. Tem que aguentar sozinho a ansiedade de não saber se está fazendo a coisa certa, e isso é difícil." Pelo menos, Sam e Pat podiam se comunicar por telefone e resolver juntas um certo número de problemas práticos urgentes relativos a Mary.

Em questão de semanas após a chegada de Mary ao Sul, houve o relato de um garoto de 13 anos que havia matado uma garota de 2.

"A mídia enlouqueceu", Sam disse. "Pat telefonou para dizer que eles estavam procurando Mary por toda parte. Ela recebeu telefonemas da televisão e da imprensa e não sei de quem mais. Me disse para, pelo amor de Deus, avisar Mary. Fiquei andando para lá e para cá como uma barata tonta tentando encontrá-la; ela tinha saído para dar um passeio com um grupo de crianças. Por fim, me apressei para encontrá-la quando ela voltasse e falei com ela. Por mais estranho que possa parecer, ela estava completamente calma."

Mary se lembrava da ocasião, mas disse que foi apenas uma de várias, e que parecia que a imprensa a perseguia sempre que houvesse qualquer crime envolvendo crianças, fossem transgressoras ou vítimas.

"Naquele dia", Mary disse, "tudo que me deixou contente foi que eu não tinha dado meu endereço à minha mãe; se tivesse, eles já estariam em cima de mim. Do jeito que tudo estava, senti que estávamos seguros".

Sam contou que Mary havia finalmente conversado com ela sobre sua mãe, sua confusão por causa dela, sua necessidade de pertencer a ela, ao mesmo tempo em que existia a raiva dela.

"A raiva não era apenas pelo que a mãe havia feito com ela no passado", Sam explicou, "mas por continuar a fazê-la se sentir culpada e desvalorizada, isolando-a do resto da família e sugando-a emocionalmente. E claro que havia também a questão de quem era seu pai biológico, que parecia uma tortura para ela."

Finalmente – Sam acha que foi em 1992 – Mary lhe disse que queria ir até a mãe e tirar isso a limpo sozinha.

"Nós três íamos para o Norte em maio, mas eu fui mais cedo, para o Dia das Mães", Mary me disse. "Eu não tinha tido contato nenhum com ela e, logo que entrei na casa, ela disse: 'Não faz diferença nenhuma para mim se você vem ou não; você pode morar na mesma rua que a minha e eu nunca te veria'. Mas eu perguntei à queima-roupa, como tinha feito antes, lembra, depois que Chammy me contou, e ela apenas fugiu da minha pergunta. Mas dessa vez eu perguntei muito mais calmamente, e ela me falou um nome, um homem que era amigo do meu tio Jackie. Aí, alguns dias depois, Jim e eu fomos visitar tio Jackie, e eu disse: 'Você vai me contar a verdade, já que minha mãe me deu um nome?", e ele respondeu: 'Vou, se puder'. E eu disse:

'Meu verdadeiro pai é L. D.?'. E ele pareceu... Bem, o rosto dele mostrava surpresa total... Tanta surpresa que Jim e eu tivemos que acreditar que não era ele. Depois disso, fui visitar Georgie e perguntei a ele outra vez, mas ele disse o que tinha dito antes, 'É melhor você não saber'."

No dia seguinte, quando eles estavam hospedados com os pais de Jim, Mary e a mãe dele estavam sentadas na sala de estar no início da noite, conversando sobre a família de Jim, "e eu estava contando para ela sobre minha avó McC., que tinha morrido [em abril de 1981], e sobre como minha mãe não tinha me deixado ir ao funeral porque disse que minha tia Isa não iria querer me ver, pois ela ainda me culpava pela morte do pequeno John. Falei com a mãe de Jim sobre como me sentia péssima por não ter estado lá, pois amava muito minha avó, e, de repente, ela disse: 'Você se incomoda se eu perguntar uma coisa? Não quero parecer mórbida e não quero te aborrecer, mas é algo que está na minha cabeça, então quero perguntar'. Eu disse que tudo bem, e ela disse, do nada: 'Sua mãe abusou sexualmente de você?'. Ela disse que tinha lido seu livro e achava que tinha que haver um motivo para o jeito que eu era quando tinha 10 anos; que mais alguma coisa, que não estava no seu livro, devia ter acontecido. Então, contei para a mãe de Jim, e ela disse que me amava como uma filha e me disse para perdoá-la, mas que ela, sinceramente, poderia matar minha mãe. Mas eu disse: 'Ela é doente. Ela sempre foi doente'".

"Foi isso que ela me contou ao voltar", Sam disse. "Ela também falou que teria que desistir da questão de quem era seu pai verdadeiro. Mary tinha certeza de que a mãe nunca contaria, que era terrível demais para contar independente de quem fosse o pai. E Mary disse que queria e tinha tentado tanto estar mais próxima da mãe e que não achava que Betty quisesse conscientemente fazer mal a ela, ou fazer o que fez, ou fazê-la se sentir do jeito que se sentia. Ela parecia muito bem naquele dia, mas não estava; estava num estado lastimável que só piorava."

Em janeiro de 1993, Mary telefonou para Chammy e disse que queria vê-lo antes que ele morresse: ela não conseguia lidar com a culpa pelo que fizera.

"Sim, fiz isso", ela me disse. "Foi nessa hora que tudo começou a pesar para mim, eu não conseguia suportar. Martin e Brian estavam na minha cabeça todos os dias, qualquer dia, qualquer dia comum, alguma coisa trazia esses pensamentos, qualquer coisa: o Sol, uma noite bonita, a palavra 'Gillette', meu sentimento sobre ser mãe e sobre os pais deles, o que eles haviam passado por minha causa, ah Deus..." Ela começou a chorar. "Nunca vai ser o suficiente, nunca vai mudar... O peso disso. Sinto muito, sinto muito... Sinto... Mas são palavras... Não são? Só palavras..."

"Isso durou semanas, meses", Sam disse. "Ela teve enxaquecas terríveis, como as muitas outras que havia tido antes; infecções de ouvido, abscessos na boca, resfriados, gripe. O médico a receitou analgésicos, e Jim ficou muito preocupado com ela. E, ainda assim, mesmo que a dor estivesse claramente lá, ela conseguia deixá-la de lado quando a criança estava perto... Mas claro que, naquele momento", Sam explicou, "veio o pesadelo do caso Bulger".

"Foi mesmo um pesadelo", Mary disse. "Me senti esgotada." Ela afirmou que não sabia detalhe algum de como o pequeno James Bulger encontrou a morte, que não queria descobrir lendo artigos de jornais ou ouvindo os intermináveis noticiários sobre isso. "Mas fiquei imaginando se todo o pesadelo se repetiria: se aconteceria de novo do mesmo jeito que aconteceu comigo. Se condenariam um e absolveriam o outro. E me senti muito... Mal.... Pelos pais daquele garotinho. Mas, veja, pelos outros pais também, me senti enojada, absolutamente enojada com o circo que fizeram em torno daquilo, e que eu sabia que se tornaria ainda pior quando fossem levados a julgamento como eu fui, com os nomes revelados e com o público tendo permissão para assistir... Fazendo filas por horas para entrar – eu ouvi alguém dizer isso –, para ficar olhando para eles de boca aberta..."

Uma vez, ela disse, eu estava na casa de uma vizinha e a televisão estava ligada "e os garotos estavam sendo tirados do tribunal e havia pessoas, adultos, gritando, batendo, dando pancadas na van em que eles estavam como se quisessem matá-los. E aí – eu gelei – o apresentador comentou isso e mencionou meu nome: foi como um raio. De qualquer forma, os pais de Martin e Brian estavam na minha cabeça o tempo todo, mas quando isso aconteceu, ficou pior... Só pensei no que deve ter sido para eles ouvir isso; já era ruim demais sem precisar de comparações..."

"Todo mundo, todo mundo mesmo, falava sobre isso", ela disse. "Meus amigos também, por que não falariam? Não consigo te dizer como era ouvir 'Mary Bell' a toda hora, e inúmeras vezes eram mentiras. Uma vez, liguei o rádio e, por acaso, um apresentador de um programa de debates estava dizendo que eu tinha telefonado para ele. Achei que fosse desmaiar. Nunca telefonei para ninguém. Nunca conversei com ninguém; depois de um tempo, nem mesmo com os amigos. Eu tinha pavor que alguém pudesse me descobrir, me reconhecer em fotos antigas que de repente reapareceram nos jornais. Teve uma enquete por telefone, uma amiga me contou, em que eles perguntavam às pessoas o que pensavam sobre um toque de recolher para crianças. E uma mulher ligou e disse que se lembrava de um dia em que não entrou para casa quando a mãe dela a chamou, e, quando ela chegou, sua mãe a sacudiu e disse: 'Se você não entrar quando for chamada, Mary Bell vai te pegar'.

"Era como se eu não conseguisse me afastar do nome. Por fim, não conseguia pensar sobre mais nada: não conseguia comer, não conseguia dormir. Eu soube, pela Sam, que os jornais estavam procurando por mim, e ela me disse que estava preocupada com a polícia local. Ela tinha medo de que um deles fosse me entregar, como já tinha ocorrido. Eu achava que era uma questão de tempo até que me descobrissem, e fiquei desesperada com isso. Agora, não sei sobre o que eu pensava mais: o que tinha acontecido com o garotinho e o que aconteceria com os garotinhos que fizeram aquilo, ou minha terrível apreensão em relação às pessoas ligarem aquilo ao meu passado e me perseguirem.

"Sim, eu tinha medo não apenas da imprensa, mas também de que as pessoas me atacariam se descobrissem quem eu era. E foi tão difícil para Jim. Eu sabia que ele estava terrivelmente preocupado com minha reação, com o jeito como liguei aquele caso à minha história, com a dor que senti e com meu pânico. Manter aquilo tudo longe [da filha dela] era o máximo de controle que eu conseguia. Me ajudava um pouco ter que fazer aquilo: de alguma maneira me forçava a dar uma respirada, mas, fora isso, como durante o dia, quando ela estava na escola, ou à noite, quando ela estava dormindo, eu sentia que estava caindo aos pedaços.

Foi Pat Royston quem, enfim, decidiu que a única coisa segura era levá-los de volta para o Nordeste e estabelecê-los em uma área onde ela conhecesse o Chefe de Polícia e pudesse confiar na polícia local.

"Tive que aconselhá-los a irem", Sam disse. "Jim não se importou tanto assim; é verdade que havia recessão no Norte, mas ela nos atingiu também. Ele havia perdido o emprego e estavam vivendo do seguro social havia oito meses. Mary odiava ter que ir. Ela não queria levar a garotinha lá para o Nordeste. Acima de tudo, não queria a filha – ou ela mesma – perto de Betty. Mas eu concordei com Pat que os recursos dela para mantê-los seguros eram melhores do que os meus. Eles tinham que ir."

Embora Mary e Jim tenham trabalhado algumas vezes, ao longo dos dois anos seguintes eles viveram principalmente do seguro social.

"Eu odiava, odiava ficar lá", Mary disse. "Mal via minha mãe. Fiquei mais brava com ela depois da morte da minha avó McC. Ela não tinha o direito de me alienar... De todos, tinha? A família inteira foi ao funeral da minha avó. Só eu não fui. O que eles devem ter pensado? Que eu não me importava? Eu não conhecia nenhum deles. Como eles poderiam saber o quanto eu me importava?

"Ela fez algo ainda pior quando minha tia Cath morreu. Eu estava na casa dela [de Betty] e disse que estava indo visitar minha tia Cathleen, mas ela não me contou que minha tia tinha morrido. O funeral fora duas semanas antes. E lá fui eu, como o anjo da morte, perguntando por minha tia Cath, e eles olharam para mim como se eu fosse louca, como deveriam mesmo. Fui para a casa ao lado, onde o filho mais velho dela morava, meu primo R., e foi lá que fiquei fora de mim. Ele passou por maus bocados tentando me acalmar. Aí voltamos e ficamos vendo fotos com meu tio Jackie.

"Mas tudo o que estava dentro de mim... Aquilo tinha durado tempo demais, e eu estava muito cansada daquilo, dela."

Mas duas coisas aconteceram quase simultaneamente. Primeiro, por volta de três semanas antes do Natal de 1994, Betty entrou em contato com Mary e pediu para visitá-los.

"Ela parecia... Frágil, de algum modo", Mary disse, "e Jim disse que nós a encontraríamos em um *pub*. Ela perguntou o que estávamos preparando para o Natal, e Jim, acho que num impulso, perguntou por que ela não vinha passar o Natal conosco. Aí, falei com ela sobre [a filha]. Ela só a tinha visto uma vez, quando bebê. Mostrei as fotos para ela e sugeri que ela a conhecesse antes de vir para o Natal. 'Você é a vovó dela', eu disse. 'Sem chance de fazermos aquela merda de eu me passar por sua prima', e ela balançou a cabeça, obediente, como eu nunca a vi fazer".

Mary sempre falara à filha que a avó estava doente e que era por isso que ela não estava por perto.

"Naquela noite, quando falei a ela que iríamos ao Metro Centre [um grande *shopping center* em Gateshead] com a vovó antes do Natal, ela disse 'Ah, que bom. Ela está melhor, então?'. E de repente pensei, e Jim também pensou, que eu não tinha mais direito de isolar minha filha da avó do que minha mãe tinha de me afastar da minha família."

A data era uma semana antes do Natal.

"Fomos até lá. Havia centenas de pessoas, e [a criança] estava olhando ao redor e perguntou qual a cor do cabelo da avó. Eu brinquei dizendo que era alaranjado, mas claro que não era. Eu a vi sentada perto da fonte; não estava usando peruca e seu cabelo estava muito ralo, só um pouquinho de cabelo, meio cacheado e cinza... Ela não era velha, tinha só 56 anos, mas parecia uma senhora pequena, magra e velha. [A criança] correu na direção dela, quase a jogou no chão com toda aquela energia que ela tem e exclamou: 'Ei, vovó!'. E nas quatro horas seguintes, enquanto fazíamos compras, comíamos e andávamos, ela quase se esgotou, basicamente apenas falando. Ela estava uma tagarela, a minha garota. Mas foi um dia bom, um dia bom mesmo. Eu estava feliz; minha mãe também estava feliz e, mais tarde, [a criança] perguntou qual era o problema com ela. 'Ela *parece* bem', a menina disse. Então, falei com ela que a avó tinha um problema com bebida, e ela perguntou: 'Ela não consegue parar?'. Expliquei que, se alguém tem esse problema, não consegue parar se não quiser muito, e que eu achava que ela não queria. Tive que contar a ela: Jim e eu sempre tentamos falar a verdade para a nossa filha, até onde achamos que ela consegue lidar.

"Passamos dois dias verdadeiramente bons quando ela veio passar o Natal", disse Mary. "Talvez fosse porque o tempo foi curto o bastante para não darmos uma nos nervos da outra, mas durou o bastante para ela conhecer [a criança] e ainda assim para eu ficar calma, porque sabia que não seria tempo suficiente para ela influenciar a garota."

Mary considerava que a criança não estava sob risco algum em relação a Betty, primeiro porque não era responsabilidade da sua mãe, segundo porque a criança era muito segura.

"E ela conseguia fazer a avó dela rir... Ouvi-la rindo, rindo de verdade, era simplesmente fantástico."

Betty foi embora em um táxi na manhã de 27 de dezembro. Mary telefonou para ela naquela noite e ninguém atendeu. "Telefonei de novo no Hogmanay [véspera de Ano-Novo] e mais uma vez ninguém atendeu. Pensei que ela estivesse no *pub,* ou com Maggie, amiga dela..."

Não se sabe exatamente quando Betty morreu.

"Os vizinhos a viram na véspera de Ano-Novo", disse Pat Royston. "Eles deram o alarme no dia 3 de janeiro." Quando a polícia arrombou a porta e entrou, encontraram-na nua em uma cadeira bem próxima a um aquecedor a gás que estava ligado e que havia queimado um lado do corpo dela. A necropsia e o inquérito concluíram que ela teve peritonite, porém declararam pneumonia como causa da morte. Ela sofrera algum tipo de ataque, conseguira se levantar, tirar e limpar a roupa de cama e deixá-la junto da camisola, empilhada no chão do banheiro. Parece que, depois, ela tomou banho ou se limpou com uma esponja e se sentou na cadeira.

"Sei que Mary acha que ela queria morrer", Pat disse. "Mas a polícia não achou que foi suicídio. Havia batatas e vegetais limpos e prontos para cozinhar em um pote de água no fogão. O telefone estava mais ou menos ao alcance dela. E tinha uma grande amiga dela no andar debaixo: se tivesse gritado, ela teria sido ouvida. *Havia* vizinhos – mas, é verdade, ela não gritou.

"Georgie telefonou para me contar que ela estava morta e que visitaria Mary para contar a ela", Pat disse. Mary me telefonou logo que ele saiu e tanto ela quanto a garotinha choraram ao telefone. "No dia seguinte, quando eu a levei, junto com Jim, ao apartamento de Betty, ela demonstrou uma mistura de tristeza, alívio e raiva. Quando chegamos lá, o apartamento estava cheio de familiares, todos revirando as coisas dela, em busca do testamento. Era aquele 'livro' dela que estavam procurando. Era lá que eles achavam que ela teria colocado o testamento. Mas nunca encontraram o livro ou um testamento."

Perguntei a Mary se ela achava que pedir para passar o Natal com eles foi o jeito de sua mãe dizer adeus.

"Sim, sim...", ela respondeu hesitantemente.

Foi bom Mary, Jim e a garotinha terem dado a ela aqueles dois dias, não foi?

"Ela que os deu para mim, mais ou menos", ela disse. "No funeral, fiquei na frente com Jim e tia Isa... Toda a família estava lá, exceto as garotas e P., ele estava com problemas. Mas eu o vi depois e foi bom. Sempre vou amá-lo, vendo-o ou não. E acho que ele sente algo por mim. Algo de muito tempo atrás.

"Depois do funeral, a maior surpresa para mim foi o filho de Isa, D., um rapaz grandão e fantástico, jogador de futebol profissional. Ele se aproximou de mim; eu esperava que ele fosse apertar a minha mão, o máximo que a maioria das outras pessoas tinha feito, mas ele me puxou em direção a ele e disse: 'Me dá um abraço', e me deu um abraço de urso. Aquilo foi maravilhoso, maravilhoso.

"Mas, mesmo depois, nunca fiquei próxima da minha família. Eu acabei por fim indo ver minhas irmãs. Elas foram educadas, mas eu sabia que não me queriam – não podiam me querer – na vida delas. O que havia entre nós? Nossas vidas tinham sido diferentes demais. Acho que consigo entendê-las, mas não é possível a elas me entenderem. Elas têm suas famílias, suas crianças. Tempo demais se passou e somos estranhas. Eu queria que não fosse assim, mas é.

"Uma semana depois da morte de minha mãe, fui sozinha até o apartamento dela. Sentei lá, esperando não sei o quê. Não esperava visitas, vozes... Apenas sentei, olhei em volta; estava vazio, tinha somente a cadeira. Acho que eu estava esperando, que tinha esperança de um tapinha imaginário na cabeça... Algo como um 'muito bem', mas nada veio... Eu tinha esperanças de, ah, eu só queria..." Mary colocou a mão na barriga. "Só queria sentir. Aí, eu pensei 'Ah, merda. Você me procurou. Você foi na minha casa, brincou de vovó e aí você vai embora e morre na primeira vez em que agiu como uma pessoa normal perto de mim...'"

"E aí Jim telefonou e falou que eu fosse para casa. Balancei a cabeça. 'Sim, vou.'"

Foi pelo fato de o "livro" de Betty ter desaparecido que Mary imaginou que a mãe se matara – ou talvez se deixara morrer.

"Ela nunca, nunca estava sem aquele livro", Mary disse. "Todos vasculharam por toda parte, mas ele não estava lá. E se não estava lá, ela o destruíra. E ela não o teria destruído se fosse continuar a viver."

Enquanto todos estavam procurando pelo livro, no dia seguinte à morte de Betty, Mary abrira uma das gavetas da mãe. "Estava cheia de cartas minhas para ela. Elas começavam com 'Querida mamãe' e 'Querida querida mamãe', e eu não tinha escrito nenhuma delas."

Conclusão

—

Acredito que as experiências da infância de Mary Bell, da maneira como você leu sobre elas aqui, são a chave para a tragédia que ocorreu em Scotswood em 1968. Acredito também que, se devidamente investigados, traumas infantis semelhantes serão encontrados no histórico de casos muito similares onde quer que ocorram da Grã-Bretanha, da Europa ou da América. Acredito ainda mais no fato de que crianças com menos de 12 anos de idade não têm necessariamente o mesmo discernimento que adultos com relação ao bem e ao mal, a verdades e inverdades e, certamente, à morte. Penso que a primeira responsabilidade pelo comportamento e pelas atitudes de crianças mais novas seja dos pais, dos tutores e, até certo ponto, dos professores. Com isso, não tenho a intenção de oferecer uma desculpa para crianças que cometem crimes violentos: mesmo que não saibam de fato a gravidade do erro que cometem, *elas sempre sabem que estão fazendo algo de errado.* Assim, ainda que precisem ser auxiliadas imediatamente para entender tal "gravidade", também precisam ser punidas muito rapidamente, pois causa e efeito é a lógica do mundo e elas devem aprender isso. Se escrevo isso, não é por ser indulgente nem austera, mas sim porque – como se esquece com frequência – estamos falando de crianças, não de adultos em miniatura.

Acredito, como muitas outras pessoas na Inglaterra e em outros países, que, em uma sociedade civilizada, crianças com menos de 14 anos devem ser responsabilidade de uma autoridade formal quando cometem crimes, mas não podem ser consideradas *criminalmente* responsáveis e, mais certamente, não deveriam ser julgadas em um tribunal para adultos ou por um júri.

Conforme afirmei em minha introdução, meu propósito ao assumir este livro tinha vários aspectos. Ressaltei que, embora a história de Mary Bell, com seus muitos elementos trágicos, possa justificar um livro, meu propósito ia além disso: era *usar* Mary e sua vida.

Meu objetivo era mostrar como uma história terrível assim pode acontecer, com todas as muitas falhas que ela revela – primeiramente dentro da família, mas também dentro da comunidade. E isso a partir do fato de que os parentes, mantendo afastados aqueles que estão fora do núcleo familiar, tendem a proteger os seus, sem se importar ou sem se dar conta das consequências; que vizinhos fecham os olhos para os graves problemas manifestados na casa ao lado; que os policiais sobrecarregados subestimam o perigo potencial dos conflitos entre pais e filhos e, quase invariavelmente, ficam do lado dos pais contra a criança (a não ser que elas, nas raras ocasiões em que fazem isso, denunciem abuso sexual); que assistentes sociais protegem sua relação com os pais às custas das crianças; e que professoras e professores do ensino básico, com excesso de trabalho, não são treinados para detectar perturbações naqueles que estão sob sua responsabilidade. No mundo anglo-saxônico, nós da Grã-Bretanha não somos apenas discretos: fazemos da privacidade um fetiche. Não olhamos com atenção para as crianças de nossos vizinhos. Acima de tudo, não as escutamos; não – perdoem-me por repetir isso ainda mais uma vez – ouvimos seus gritos.

Foi fundamental para a minha determinação em escrever este livro o interesse que desenvolvi pela garotinha que vi naquele tribunal de Newcastle trinta anos antes, bem como minha inquietação quanto a ela naquela época e nos anos que se seguiram. Foi a primeira vez que vi crianças sendo julgadas em um tribunal para adultos e achei aquilo chocante. E, mesmo horrorizada pelos pais dos dois garotinhos que foram vítimas, achei assustadora a raiva cega, o medo irracional e a reação curiosamente impensada em relação a Mary que percebi tanto dentro quanto fora do tribunal. Como disse nas páginas anteriores, eu estava familiarizada com o mal: havia visto seu efeito em crianças das quais eu cuidava em campos de concentração na Alemanha ao final da Segunda Guerra Mundial, e o havia presenciado ao ver e ao ouvir os julgamentos dos acusados de crimes de guerra 22 anos depois – um ano antes de eu sentar no tribunal de Newcastle.

Lá, naquela garotinha, não percebi maldade, mas um certo tipo de angústia escondida e profunda. O tribunal, porém, com seu ritual, seu juiz de toga vermelha e seus advogados de peruca, não estava preparado e capacitado – nem era esperado dele que estivesse – para lidar com uma criança que, acima de todas as outras coisas, tinha que proteger os terríveis segredos de sua mãe.

Na Grã-Bretanha, colocamos repetidamente crianças sob julgamento em tribunais de adultos nos últimos trinta anos. Desde o caso de Mary Bell, houve três outros casos de crianças que mataram crianças (cujos nomes não foram tornados públicos) e dois outros em que os nomes foram revelados: o de Sharon Carr, que foi julgada aos 17 anos em 1997, quando confessou voluntariamente ter cometido, aos 12 anos de idade, o atroz assassinato de Katie Rackliff, de 18 anos; e depois o dos dois garotos de 10 anos que mataram James Bulger, cujos nomes não precisam ser mencionados novamente. Recentemente, houve também o horrorizante caso dos garotos, um de 11 anos e três de 10 anos, acusados de estuprar uma garota de 9 no banheiro da escola, que foram julgados (e então absolvidos) no Old Bailey – uma experiência vergonhosa, de qualquer ângulo que seja examinada, para todos aqueles que lá compareceram.

Mas embora a Grã-Bretanha tenha um número crescente de casos de crimes graves cometidos por crianças e seja, como vimos, particularmente ineficiente em lidar com eles, não estamos sozinhos nisso. Crimes juvenis nos Estados Unidos, incluindo muitos casos de estupro e assassinato, têm se tornado uma epidemia, e a maioria dos estados norte-americanos tem sido muito mais ineficiente em lidar com crianças e jovens do que nós. Mas os países do oeste europeu, com os sistemas mais progressistas em relação às crianças, tais como Holanda, Suécia, Noruega, Alemanha e França, também estão vivenciando um número sem precedente de crimes cometidos por elas, entre eles crianças pequenas que matam outras crianças.

Há, obviamente, uma diferença entre a elevação meteórica na Grã-Bretanha, nos Estados Unidos e no resto da Europa de crimes juvenis, como estupro e furto, e os exemplos, ainda raros se comparados aos primeiros, de crianças que cometem assassinato. Há também uma diferença entre crianças que matam e podem não saber o que estão fazendo e aqueles adolescentes mais velhos que fazem isso declaradamente. Há outra diferença importante entre o ato mais frequente de crianças que matam um irmão ou irmã, um dos pais ou um parente adulto devido a raiva, ciúme ou medo, e aqueles casos mais raros e mais impressionantes de crianças de qualquer idade que matam um estranho, e o pior de tudo, uma criança mais nova.

Enquanto estou escrevendo isto em 1997, os Estados Unidos estão arrasados, mas, mais que isso, confusos, tal qual a Inglaterra em 1968, por causa do massacre ocorrido na cidadezinha pacata e próspera de Jonesboro, Arkansas, onde dois garotos de 11 e 13 anos, carregando um verdadeiro arsenal, mataram quatro garotinhas e uma professora, e feriram outros onze jovens no pátio de uma escola.

Embora a associação desse caso com a cultura de armas dos Estados Unidos indique que ele apresenta características ainda não dominantes na Grã-Bretanha, há algumas semelhanças perturbadoras com os casos de Mary Bell e dos garotos que mataram James Bulger. Agora, como naquela época, o comportamento dos dois garotos norte-americanos tornou-se mais suspeito do que nunca ao longo da semana que precedeu o crime. Como em Scotswood, em 1968, os garotos anunciaram sua intenção em alto e bom som, chegando até mesmo ao ponto de escrever em letras enormes, passando o dedo sobre a poeira no vidro de um ônibus escolar, que iam cometer assassinato. Os Estados Unidos (segundo meu editor norte-americano me contou por telefone) estão "clamando pelo sangue deles", exatamente como aconteceu em Scotswood, em 1968, e em Liverpool, em 1993. E o promotor do Arkansas, tão ciente das possíveis consequências políticas caso não respondesse ao furor público como o secretário do interior britânico que estava no "caso Bulger", tem buscado caminhos para julgar ao menos o mais velho dos garotos como adulto, o que traria uma pena de prisão perpétua automática.

Esses casos, como já afirmei, são raros e, como a história de Mary Bell demonstra claramente, são consequência de pressões sofridas por muito tempo que acabam por levar a criança a um ponto de ruptura. A crescente frequência, porém, não pode ser desvinculada de mudanças ocorridas na sociedade.

As incertezas quanto aos nossos valores morais e – sim – espirituais têm causado uma quebra da redoma de segurança com a qual gerações anteriores protegiam as crianças de um crescimento prematuro. Agora, muito poucos pais aceitam a necessidade de as crianças crescerem "lentamente", ou percebem sua importância fundamental para o desenvolvimento da autoimagem da criança, a qual cabe a eles alimentar. São, penso eu – e a história que você acabou de ler demonstra isso –, a interferência na criação ou, pior ainda, a corrupção e a destruição dessa autoimagem nos primeiros anos da infância que plantam as sementes de graves problemas.

Mas há mais sobre o que ponderarmos: a cruel competitividade de nosso tempo leva a maioria de nós, adultos, a nos disciplinarmos em esforços crescentes, mas não disciplinamos nossas crianças. Temos medo delas. Sua aparente autoconfiança (que, na maioria das vezes, é somente um meio de disfarçar suas necessidades) nos desconcerta. Para compensar a resultante lacuna em nosso entendimento, nós as cercamos de vantagens materiais, mas não podemos dar a elas, e não temos energia para oferecer-lhes, muito mais de nós mesmos além de nossa presença ocasional, numa espécie de estado de coma, na poltrona em frente à televisão.

Não desejo me unir ao coro dos que condenam a televisão, que se tornou parte da vida de todos nós. Mas o que deve nos preocupar é que, em milhões de lares, a televisão representa para milhões de crianças não apenas o único alimento aceitável para a mente, mas também a única ocasião para o "estar junto" em família. Muito mais que a reação perturbadora de anestesia produzida pela abundante violência visual, uma mudança radical como essa na vida familiar pode afetar todas as crianças, mesmo se apenas inconscientemente. Pode-se argumentar que talvez seja esse isolamento dos adultos mais próximos que leva muitos jovens a buscarem ideais dentro de grupos e de gangues, a buscarem entusiasmo e valentia em drogas.

O crescimento da criminalidade juvenil é tal que, em muitos estados norte-americanos, casos de crimes graves cometidos por crianças de 13 anos são agora automaticamente transferidos para tribunais de adultos; crianças são mandadas para a prisão com idade cada vez menor, e até mesmo os países europeus mais preocupados com a criminalidade e o bem-estar social estão considerando um retrocesso o passo tomado para diminuir a idade de responsabilidade criminal. Somente os países escandinavos mantiveram até agora a idade de 15 anos como a do início de responsabilidade; na Alemanha, é 14 anos; na França, 13 anos e na Holanda, 12 anos, embora em todos esses países as crianças sejam até agora de responsabilidade das autoridades que lidam com jovens e raramente terminem em tribunais para adultos. Em Ontário, Canadá, onde a lei é especialmente punitiva em relação a jovens, as crianças tornam-se criminalmente responsáveis aos 12 anos e são amplamente tratadas como adultas. Nos Estados Unidos, a idade de responsabilidade criminal varia, segundo os estados, entre 11 e 14 anos; em alguns estados norte-americanos, jovens podem ser – e são – condenados à morte com 16 anos.

Aqui não é o lugar apropriado para analisar com mais detalhes as causas desse aumento global da criminalidade juvenil, mas é assustador pensar que outros países estão tentados a adotar os três piores aspectos da justiça britânica, que, em outros sentidos, tem sido um modelo para o resto do mundo: a responsabilidade criminal na Inglaterra a partir da idade de 10 anos (na Escócia é a partir de 8 anos); o julgamento de crianças que cometem crimes graves por tribunais para adultos; e o fato de mandar para a prisão jovens a partir de 16 anos (embora recentemente, no caso de algumas garotas, para quem não há outros estabelecimentos adequados, essa idade seja de 15 anos). O que devemos fazer?

No que diz respeito à aplicação da justiça para crianças, é na Grã-Bretanha que elas têm pior sorte, e é a Grã-Bretanha que agora é acusada perante a Comissão Europeia de Direitos Humanos. Mas a Grã-Bretanha ainda é considerada uma força moral, tanto nos Estados Unidos quanto em grande parte da Europa.

Considero urgente a adoção na Inglaterra, na Europa e nos Estados Unidos do que poderia ser chamado de um novo estatuto para crianças. Deveria começar com a indicação há muito atrasada de um ministro para Crianças e o restabelecimento em cada autoridade local do país de um departamento dedicado a elas: o Relatório de Seebohm de 1968, que recomendava a unificação dos departamentos de Crianças, do Bem-Estar Social e da Saúde Mental, foi provavelmente a reorganização menos aconselhável na história dos serviços públicos.

Mas é claro que isso não basta: recursos precisam ser disponibilizados e instituições, estabelecidas para o treinamento e o retreinamento intensivo em psicologia infantil e em patologias da relação mãe/filho e pai/filho, tanto para assistentes sociais que desejam se especializar em crianças quanto para professores da educação infantil ao ensino fundamental. O governo, por meio de seu recém-indicado ministro das Crianças, precisa encorajar e apoiar uma maior disciplina nas escolas e encontrar novos meios de lidar com o absenteísmo. Aqui, de novo, abordagens distintas precisam ser utilizadas para diferentes grupos etários. Por exemplo, por mais difícil que seja, e independentemente das medidas que possam ser necessárias para colocar isso em prática, os pais *devem* continuar a ser considerados responsáveis pela frequência regular de seus filhos durante os ensinos fundamental e médio (como, de fato, seguindo os modelos europeus, eles já são responsabilizados quando as crianças cometem contravenções). Mas não é razoável esperar que jovens acima de 15 anos, que faltam à aula habitualmente, de repente aceitem o controle dos pais. É preciso encontrar maneiras diferentes não para controlar, mas sim para fornecer alternativas educacionais e de treinamento a jovens que, talvez mesmo aos 14 anos, simplesmente não querem estar na escola.

O cerne da questão é que a responsabilidade individual precisa ser imposta aos adultos e alimentada nos jovens. O caminho principal para isso é dar voz à criança ou ao jovem; dar uma consciência de que vamos tratá-los como indivíduos, não como pedras no sapato de professores e assistentes sociais. Em vez de presumir que a criança ou a pessoa jovem que se comporta explicitamente mal quer ser má, precisamos primeiro confrontá-la com a pergunta "Por quê?" e trabalhar com ela até que seja respondida. Conforme podemos ver na história de Mary Bell, nada disso aconteceu então, nem está de fato acontecendo agora: nenhuma dessas perguntas é levantada, acredita-se automaticamente nos pais e a criança é posta de lado. Essas medidas e muitas outras decorrentes delas *podem* trazer mudanças, se não nessa geração de jovens adultos (um termo ainda aplicado a jovens entre 18 e 21 anos) ou mesmo no grupo dos que agora têm 16 ou 18 anos, certamente nos mais jovens.

Eu sugeriria que agora, em nosso mundo, rapazes e moças entre 18 e 21 anos, que podem votar e se casar, não se consideram mais, emocional e psicologicamente, como jovens, e nós – ou os tribunais – também não deveríamos. Então, como veremos, enquanto sugiro mudanças de longo prazo no sistema legal no tratamento de crimes graves cometidos por crianças de 10 a 14 anos e de 14 a 16, sou mais rígida com os grupos mais velhos: acredito que jovens de 17 e 18 anos, e jovens adultos de 18 a 21 anos, que cometem crimes graves *nessas idades*, deveriam ser julgados e punidos como adultos. Para tal propósito, seus casos continuariam a ser ouvidos em tribunais para adultos. As instituições para jovens transgressores – ainda há uma grave deficiência para garotas nesse setor – deveriam ser reservadas a jovens entre 16 e 18 anos a fim de distanciá-los da influência de transgressores mais velhos. Qualquer um acima de 18 anos deveria ir para a prisão, e qualquer um abaixo de 15 anos deve ser considerado, julgado e condenado como uma criança.

Os dois casos que mais citei aqui, o de Mary Bell e o dos dois garotos que mataram James Bulger, têm feito muitas pessoas nas comunidades legal, médica e penal repensarem o modo como nosso sistema atual lida com crianças que matam ou que cometem crimes graves. Em 1996, um grupo de seis especialistas, membros da famosa equipe de reforma legal *Justice*,[31] produziu um relatório intitulado "Crianças e homicídio" sobre procedimentos a serem utilizados com jovens em casos de homicídio doloso ou culposo, que incluía em suas recomendações que a idade de responsabilidade criminal deveria ser reavaliada em vista da situação de outros países europeus (possivelmente para 14 anos); que crianças com idade inferior a 14 anos não deveriam ser levadas a julgamentos públicos em tribunais para adultos; que seus casos deveriam ser ouvidos por um grupo constituído de um juiz e dois magistrados com experiência e treinamento relevantes, sem um júri; que a sentença obrigatória determinando prisão perpétua para pessoas entre 10 e 18 anos de idade condenadas por assassinato deveria ser abolida; que crianças consideradas culpadas de homicídio deveriam ficar detidas em uma unidade de segurança ou uma instituição para jovens transgressores, e não ser automaticamente transferidas para uma prisão de adultos.

Tais recomendações fazem eco às minhas próprias opiniões. Contudo, tenho propostas adicionais, com algumas das quais os membros desse grupo não concordarão, uma vez que, à primeira vista, elas entram em certo conflito com os princípios vigentes da Justiça britânica.

O sistema de tribunais juvenis foi consideravelmente reestruturado em decorrência da Lei da Justiça Penal, de 1991, e agora protege razoavelmente os jovens réus: os procedimentos não são abertos ao público; os nomes dos réus não podem ser revelados; e a cobertura midiática é restrita.

---

[31] Os seis eram: Dr. Norman Tutt, diretor-executivo dos Sistemas de Informação Social e, anteriormente, conselheiro do Departamento de Saúde e diretor dos Serviços Sociais, em Leeds; Edward Fitzgerald, QC [*Queen's Council* – Conselheiro da Rainha, um tipo de advogado especializado], especialista em Direito Penitenciário e direitos humanos; Allan Levy, QC, especialista em Direito da Infância; professor Sir Michael Rutter, psiquiatra infantil e pesquisador de desenvolvimento; Mike Thomas, presidente da Associação Nacional para a Justiça Juvenil e gerente de Justiça Juvenil, em Bedfordshire; e a juíza Kate Akester. O relatório também fornece, em um apêndice, estatísticas de assassinatos cometidos por jovens na Grã-Bretanha e breves descrições de procedimentos em tribunais juvenis em outros países europeus.

Contudo, tribunais da juventude, como eles agora são chamados, não lidam com casos de crimes graves ou homicídio. É pensando nesse grupo – cujos casos, no sistema vigente, são julgados em tribunais para adultos – que proponho o estabelecimento, em conjunto com os tribunais da juventude existentes, de um novo tipo de Tribunal Criminal Infantil. Para o banco dessa corte (de maneira muito parecida com o grupo especialmente convocado sugerido pelos autores do relatório *Justice*), o lorde chanceler[32] apontaria um juiz sênior e de dois a cinco magistrados com conhecimento e treinamento especiais.

Mas daqui em diante minhas ideias são diferentes. Como sabemos, sob o sistema vigente, as experiências da infância e possíveis explicações para o crime não são consideradas relevantes em um julgamento. Porém, sugiro que a função desse Tribunal Criminal Infantil seja averiguar não apenas se a criança cometeu o ato ou não, mas também, se sim, *por quê*. É fundamental para a compreensão do motivo que o tribunal seja informado sobre as experiências da infância e a dinâmica familiar dos jovens réus antes de o julgamento começar.

Portanto, sugiro que, assim que a criança seja presa ou acusada, os magistrados desse novo tribunal solicitem imediatamente uma profunda investigação a ser realizada por assistentes sociais sobre o histórico da criança (como é o procedimento padrão em todos os países europeus que mencionei) e recomendem que ela seja colocada, durante o período de custódia, em instituições de detenção com orientação psiquiátrica, onde possa ser observada e cujos relatórios possam ser submetidos ao tribunal. Tais medidas não existem atualmente nem na Grã-Bretanha, nem nos Estados Unidos porque se considera que qualquer coisa além do mais rotineiro exame psiquiátrico de uma criança acusada traz o risco de adulteração de evidências. Há o medo adicional de que, caso jovens réus conversem com psiquiatras para qualquer outro propósito que não permitir aos profissionais formar uma opinião sobre a habilidade da criança de diferenciar o certo do errado, eles possam perder seu (já muito contestado) direito ao silêncio. Para além disso, como o sigilo profissional de psiquiatras e terapeutas não é protegido por lei como ocorre com os advogados e eles podem ser

---

[32] Segundo cargo mais importante do governo britânico, o lorde chanceler é responsável pelo funcionamento eficiente e independente do Judiciário. Até 2005, atuava também como presidente da Câmara dos Lordes do Parlamento Britânico, como ministro da Justiça e como presidente do Tribunal da Chancelaria. [N.E.]

chamados como testemunhas pela promotoria, isso poderia levar as crianças a se incriminarem antes de serem julgadas no tribunal.

Embora eu esteja ciente desses riscos, minha experiência com Mary e outras crianças convenceu-me de que colocá-las em uma instalação quase punitiva durante muitos meses de custódia é prejudicial e que, a fim de evitar a ignorância dos membros do tribunal, conforme demonstrado nas páginas anteriores, é essencial que eles tenham ao seu dispor relatórios sociais e psiquiátricos abrangentes antes do julgamento.

Contudo, de maneira contrária à informalidade que geralmente é adotada por muitos tribunais juvenis europeus, o Tribunal Criminal Infantil que proponho deveria manter um considerável traço de formalidade. Estou ressaltando esse ponto porque penso que é importante para as crianças que a aparência do tribunal enfatize a gravidade da ocasião – experiências na França têm mostrado que com informalidade demais corre-se o risco de o crime e a forma como ele é condenado pela sociedade serem minimizados na cabeça da criança. Não há razão para perucas ou togas vermelhas. O juiz poderia se destacar usando uma toga preta e os advogados, ternos escuros, possivelmente mantendo o colarinho e as faixas brancas do traje costumeiro do Tribunal da Coroa, a fim de enfatizar a solenidade da ocasião.

Na hora do julgamento, a forma judicial britânica costumeira seria seguida, com um promotor para apresentar o caso e a criança acusada sendo defendida por um advogado. Mas o procedimento nesse tribunal seria diferente em dois aspectos principais: primeiro, a criança acusada teria o apoio de um novo oficial do tribunal, um advogado de infância que, especialmente interessado nesse aspecto do trabalho tanto com os tribunais quanto com as crianças, seria recrutado dos serviços sociais ou da área legal e treinado em psicologia infantil e procedimentos legais. Proporcionando à criança o que se poderia chamar de um amigo no tribunal, ele ou ela permaneceria em contato com a criança durante o julgamento, fornecendo-lhe explicações, dando apoio quando necessário, e possivelmente sendo convocado para falar pela criança.

Em segundo lugar – tomando-se emprestado do sistema de interrogatórios do continente europeu –, as crianças não seriam interrogadas pela acusação e, tornando o processo mais fácil e mais compreensível para elas, seriam questionadas somente pelo juiz. O sistema de debates seria mantido pelo promotor e pelo Conselho de Defesa, discutindo o caso entre si e com o juiz.

De resto, testemunhas e especialistas seriam ouvidos como em qualquer julgamento; os procedimentos (assim como proposto pelo relatório *Justice*) aconteceriam a portas fechadas, com acesso limitado para membros da mídia, que não poderiam publicar nomes que identificassem a criança. Concordo mais uma vez com os autores do relatório quanto à abolição da sentença obrigatória de prisão perpétua para crianças e adolescentes condenados por assassinato, e com sua proposta de que o juiz do tribunal tenha poderes absolutos para determinar a sentença em cada caso. Concordo também com a ideia geral de que, quando tais crianças ainda estão detidas aos 16 anos (momento em que, atualmente, os detentos de unidades especiais são transferidos para prisões ou instituições destinadas a jovens transgressores), elas não devem ser automaticamente transferidas para uma prisão de adultos.

Tudo que eu acrescentaria é que qualquer unidade especial para onde tal criança fosse mandada – que poderia combinar muitas das melhores qualidades de Red Bank – deve ser "especial" não apenas em sua segurança, mas também no treinamento de seus funcionários, na sua orientação terapêutica, na disponibilidade de aconselhamento psiquiátrico e, quando necessário, também de tratamento para as crianças. Do mesmo modo, porém, é parte essencial de qualquer tratamento às crianças que também se trabalhe com os pais simultaneamente.

Negar a importância das experiências da infância para lidar com crianças gravemente perturbadas (conforme foi declarado oficialmente antes da chegada de Mary Bell a Red Bank) é pouco inteligente, assim como representa uma atitude mais ideológica que protetora ou de compaixão. E privar as crianças que passaram pelo trauma de cometer crimes graves e frequentemente horripilantes da oportunidade de compreender o que fizeram me parece equivalente a uma punição "cruel e não usual".

Poderia parecer que, em toda essa discussão, esqueci-me das famílias das vítimas desses crimes. Não é esse o caso. Como eu disse várias vezes ao longo deste livro, elas têm estado sempre em meus pensamentos. Sei que o mais profundo desejo delas deve ser o de nunca precisar reviver as lembranças daqueles dias terríveis e nunca mais ouvir o nome de Mary Bell. Mas enquanto escrevia me perguntei se de alguma maneira, de modo sobre-humano, essas famílias que se viram tão terrivelmente roubadas de suas crianças poderiam vir a compreender meu propósito e encontrar alguma migalha de conforto nessa compreensão. Penso que a maioria de nós agora aceita que Mary Bell não era uma "assassina", ela era uma criança gravemente prejudicada que ninguém ajudou: nenhum mal foi percebido, nenhum mal foi pretendido, somente o desespero extremo de uma criança levou a essa tragédia.

***

Três questões ocuparam meus pensamentos desde que *Por que crianças matam* foi publicado.

Uma que me foi colocada muitas vezes é: uma vez que existem muitas crianças que tiveram infâncias terríveis, o que faz com que algumas poucas delas cometam crimes tão extremos em tão tenra idade?

Não é fácil explicar o quase inevitável "ponto de ruptura" em seres humanos que, quando criança, foram privados de amor, rejeitados e seriamente abusados, principalmente por um pai ou uma mãe. É preciso tomar cuidado para não generalizar. Mas, enquanto a violência que pessoas adultas cometem – como genocídio ou outros assassinatos ideológicos ou políticos, crimes passionais e também assassinatos sádicos – pode levar (e leva) a tendências e motivações sem relação com qualquer trauma de infância, a maioria dos especialistas em traumas na infância concordaria que, vendo no sentido contrário, nenhuma criança ou adulto passa incólume por rejeição e abuso na infância. Porém, a natureza desse "ponto de ruptura" e o momento em que ele resulta em um ato de violência ou em um crime sério – não necessariamente assassinato, é claro, mas vandalismo, incêndio, assalto, hoje em dia frequentemente à mão armada, e mesmo estupro – podem variar radicalmente; pode ser no comecinho da infância ou adolescência, mas também muito mais tarde, na vida adulta.

Essa ruptura também pode se manifestar bem cedo, e frequentemente o faz, em violência ou crueldade com animais, mesmo que a criança os ame. Pode – e com muita frequência acontece – se voltar contra parentes, mas também contra estranhos, tanto crianças quanto adultos. Se, porém, a criança não receber qualquer ajuda durante a infância, essa ruptura pode igualmente se inflamar como uma ferida aberta, a raiva e a dor crescendo com o tempo até arruinar quaisquer chances de que o adulto mantenha relacionamentos normais, e, novamente com muita frequência, se tornar um ciclo vicioso de rejeição e abuso dos filhos desse adulto.

O segundo aspecto das primeiras reações a este livro, que julguei serem muito significativas, foi a rejeição por parte de alguns comentadores das lembranças de Mary Bell sobre ser abusada sexualmente dos 4 anos e meio aos 8 anos de idade na presença de sua mãe pelos clientes dela. A razão pela qual eu acho isso significativo é porque mostra que existe um número pequeno, mas altamente expressivo de especialistas e um grande número de pessoas boas e decentes que simplesmente não conseguem encarar a existência da pedofilia. Dada a quantidade de provas da existência dessa terrível perversão, que devasta continuamente a vida de milhares de crianças, essa reação me parece ser quase tão assombrosa quanto a pedofilia em si.

Qualquer um que tenha trabalhado com crianças abusadas sexualmente sabe quão difícil é para elas falar sobre isso. E como existem riscos reais em fazer suposições sobre abuso dentro de famílias, e como crianças pequenas (frequentemente levadas a pensar, pelo pai ou pela mãe que abusa, que isso acontece com todas as crianças) essencialmente não compreendem o horror que acontece com elas, ainda estamos no escuro quanto a maneiras de detectar e, assim, prevenir o abuso de crianças pequenas, assustadas e incapazes de se expressar antes que elas sejam emocionalmente feridas – com frequência, de modo permanente.

Eu tive dificuldades consideráveis para ajudar Mary a lidar com o desespero enquanto, sem ser conduzida nem influenciada, ela me contava sobre o que fizeram com ela. Mais tarde, me dei conta, pelas reações de alguns críticos que levantaram o fantasma das "memórias falsas", que é somente considerando o que Mary nos contou no contexto dos outros muitos eventos na sua história que podemos perceber quão terrivelmente verdadeiras são suas lembranças. Existem quatro pontos relatados no livro que precisam ser conectados às recordações de Mary.

Primeiro, o fato de que a mãe de Mary, Betty, em um dos momentos de desespero que ela claramente tinha, contou ao funcionário responsável pelo setor infantil do Serviço Social de Newcastle, Brian Roycroft, em 1970, que sua especialidade era "chicotear" os clientes. "Mas eu sempre escondi o chicote das crianças", ela acrescentou.

O segundo fato – como eu relato no livro – aconteceu cerca de quinze anos mais tarde, quando Mary, soluçando desesperadamente, contou à sua agente de condicional, que se envolveu profundamente em ajudá-la, sobre se lembrar de chicotadas quando ela tinha 4 ou 5 anos na presença de homens que ela se lembrava de terem pênis eretos.

O terceiro fato relevante é que, na única ocasião em que Mary foi levada pela diretora de sua unidade especial para ver uma psiquiatra em um hospital de saúde mental, aos 14 anos, porque havia começado a se machucar (ou seja, a se cortar), a entrevista aconteceu, estranha e incompreensivelmente, na presença de sua mãe. E quando Betty Bell falou irritadamente para a psiquiatra que Mary era "pequena demais para se lembrar de qualquer coisa do passado", Mary a contradisse e pode-se pensar que até mesmo fez uma ameaça velada à mãe. Ela se lembrava, disse à psiquiatra. "Eu me lembro de um homem de três dedos e... Brancura... Eu me lembro de cabra-cega."

"Cabra-cega" é como a mãe dela chamava o ato sexual em que às vezes ela punha uma venda em Mary, e o "homem com três dedos" e a brancura do pênis, ou a ejaculação que emergia dele, apareciam constantemente nas lembranças de Mary do abuso sexual quando ela falou comigo.

E por fim, apesar de não ser em si mesmo uma prova, há ainda um outro ponto que me parece marcante e que, mesmo não sendo evidência factual, pode ser considerado significativo dentro das circunstâncias. É o fato de que a amorosa avó materna de Mary, assim como sua tia mais nova, me contou, também em momentos de desespero em 1969, como Betty, aos 13 anos de idade, cercou-se de crucifixos e rosários, pendurando-os no teto e nas paredes de seu quarto em Glasgow ("Todos nós pensamos que ela seria freira, de tão [devota]", disse a mãe de Betty).

A fim de proteger a relação entre Betty e sua família em 1969, eu não citei essa fala e outras de seus parentes no meu livro anterior. Exceto por algumas visitas de seu "pai" quando ela estava na unidade especial, e claro que, mais tarde, de sua mãe, Mary não teve praticamente nenhum contato com sua família desde que foi presa aos 11 anos de idade. Portanto, não há como Mary saber (ou seja, terem contato a ela) sobre a obsessão de Betty quando criança. Mas (como pode ser visto neste livro, na página 343), 27 anos depois, com o rosto pálido e coberto de suor, Mary me contou aos soluços sobre seu claro horror quando crucifixos e rosários dependurados a tocavam quando sua mãe a segurava contra a cama onde homens a machucavam ("...e era tão terrível, com os rosários batendo em mim; eu me sentia muito mal, muito mal"). Foi apenas muito mais tarde, quando o livro já havia sido publicado, que eu me lembrei daquilo de que Mary não sabia – a posição idêntica em que sua mãe, aos 13 anos, colocara aqueles objetos religiosos.

Há aqueles que duvidam que a história do sofrimento, do crime e da punição de uma só criança e jovem pode nos ajudar a chegar a quaisquer conclusões gerais, seja sobre outras crianças transgressoras, seja sobre mudanças na sociedade que protegeriam crianças em risco antes que elas cheguem a esse "ponto de ruptura", ou reformas na aplicação da justiça que podem levar crianças que cometem crimes sérios a receber ajuda e tratamento, em vez de serem apenas punidas ou encarceradas.

Esses mesmos céticos duvidam da veracidade de um relato como esse, basicamente, creio eu, porque não conseguem deixar de lado a convicção de que essa criança – já adulta ao relatar a história e que cometeu, por duas vezes, o pior dos crimes – era uma "assassina", ou seja, não uma *criança que matou*, mas sim, com todas as implicações de um mal imperdoável, uma "criança assassina", como todas as manchetes de tabloides anunciaram na última primavera. Não importa o fato de que ela era uma criança de 11 anos machucada, nem que ela levou uma vida inocente desde que foi libertada aos 23 anos. Para eles, ela continua sendo aos 41 o que eles acreditavam (erroneamente) que ela era aos 11: não progrediram de sua convicção medieval de um mal intrínseco; não acreditam em crianças traumatizadas.

Finalmente, a questão mais importante levantada pelo escândalo midiático britânico é: até que ponto nós acreditamos que uma pessoa, criança ou adulto, que comete um crime pelo qual é condenada e punida, pagou por esse crime quando é libertada da prisão? Acreditamos em reabilitação? Acreditamos que um prisioneiro libertado – acima de tudo, alguém condenado a prisão perpétua, cuja libertação é, em qualquer lugar ou momento, acompanhada por regulamentações especiais – recuperou o direito a uma vida normal, com trabalho e família? Acreditamos, de fato, em redenção?

Agradecimentos

Tenho apenas algumas pessoas a agradecer pela ajuda, pois somente alguns poucos sabiam deste projeto.

Antes de tudo, minha gratidão e admiração vão para minha editora, Macmillan, por sua coragem em aceitar fazer este livro controverso do jeito que ele tinha que ser feito. Para Ian Chapman e Peter Straus, pelo constante entusiasmo, e para Clare Alexander, desde o momento em que passou a ser editora-chefe, com sua inteligência brilhante e seu calor humano que tornaram mais leve meu conturbado caminho até o final.

Talvez eu deva agradecê-los, sobretudo, por terem me dado Liz Jobey para a edição de *Por que crianças matam*. Não sei o que elogiar mais: sua compreensão de meus propósitos e princípios; sua infinita boa vontade em me deixar compartilhar meus problemas com ela ou, simplesmente, seu extraordinário talento – obrigada, Liz.

Rachel Calder é minha agente e não sei como expressar minha gratidão a ela, bem como a Marina Cianfanelli, pelo inabalável apoio a qualquer hora do dia ou da noite. Sinto que tenho muita sorte por tê-las ao meu lado.

Tive ainda, ao longo desse difícil período, o aconselhamento e a consultoria de Allan Levy, que sabe mais sobre crianças e leis do que quase todo mundo que conheço; ele também se tornou um amigo.

Acho que posso dizer o mesmo das pessoas cujos nomes não tenho permissão de mencionar: as duas agentes de condicional que falam no livro, que, muito além de supervisionar Mary, deram-lhe calor humano e coragem em alguns de seus momentos mais difíceis; o casal que trabalhava em Red Bank quando Mary esteve lá e que compartilhou comigo tanto do seu conhecimento; a diretora da prisão de segurança máxima, cujo senso de humor e paixão por seres humanos fizeram as horas que estivemos juntas passarem como se fossem minutos; e, finalmente, "Chammy", de quem Mary se lembra com amor e a quem agradeço com afeição.

Agradeço a Dan Bar-On e Virginia Wilking por me emprestarem seu conhecimento; ao professor Guy Benoit por generosamente me doar seu tempo; a Angela e Mel Marvin, em Nova York, e a Hannerl e Fritz Molden, em Alpbach, no Tirol, por serem meus queridos amigos. E obrigada, Melani Lewis, que cuidou de nossa casa – não sei se teria conseguido sem você.

Um agradecimento especial, é claro, para o meu filho Chris e sua esposa Elaine por me encorajarem incansavelmente e por seu amor.

Parece-me que, em vez de novamente, em mais um livro, agradecer meu marido, Don, ele e eu podemos nos agradecer mutuamente por ser este o livro que está saindo em nosso 51º ano juntos.

Minha última palavra de agradecimento é para a minha filha Mandy, que, embora vários anos mais nova que Mary, esteve completamente ciente dela desde que escrevi *The Case of Mary Bell* [O caso de Mary Bell]. Agora, com este livro, ela tem me ajudado incomensuravelmente, com sua energia, sua inteligência, sua compreensão pelo que estou tentando fazer e, por último, mas não menos importante, com sua compaixão por Mary.

Este livro foi composto com tipografia Adobe Garamond e
impresso em papel Off-White 80 g/m² na Assahí.